Mohr Siebeck Lehrbuch

Marcus Schladebach
Weltraumrecht

Marcus Schladebach

Weltraumrecht

Mohr Siebeck

Marcus Schladebach, geboren 1972; Studium der Rechtswissenschaften in Berlin und San Antonio, Texas; 2000 Promotion; 2001 Zweites Juristisches Staatsexamen; 2002 LL.M. European Integration Law; 2002–12 Referent im Landes- und Bundesjustizministerium; 2013 Habilitation mit Lehrbefugnis für Öffentliches Recht, Europarecht, Völkerrecht, Luft- und Weltraumrecht; 2013–17 Lehrstuhlvertretungen in Kiel, Göttingen, Düsseldorf, Hagen und Potsdam; 2017 Inhaber der Professur für Öffentliches Recht, Medienrecht und Didaktik der Rechtswissenschaft an der Universität Potsdam.

ISBN 978-3-16-158266-0 / eISBN 978-3-16-158267-7
DOI 10.1628/978-3-16-158267-7

ISSN 2568-4566 / eISSN 2568-924X (Mohr Siebeck Lehrbuch)

Die Deutsche Nationalbibliothek verzeichnet diese Publikation in der Deutschen Nationalbibliographie; detaillierte bibliographische Daten sind im Internet über *http://dnb.dnb.de* abrufbar.

© 2020 Mohr Siebeck Tübingen. www.mohrsiebeck.com

Das Werk einschließlich aller seiner Teile ist urheberrechtlich geschützt. Jede Verwertung außerhalb der engen Grenzen des Urheberrechtsgesetzes ist ohne Zustimmung des Verlags unzulässig und strafbar. Das gilt insbesondere für die Verbreitung, Vervielfältigung, Übersetzung und die Einspeicherung und Verarbeitung in elektronischen Systemen.

Das Buch wurde von epline in Böblingen gesetzt und von Gulde Druck in Tübingen auf alterungsbeständiges Werkdruckpapier gedruckt und gebunden.

Printed in Germany.

Vorwort

Rund 60 Jahre nach dem Beginn weltraumrechtlicher Rechtsetzung durch die Vereinten Nationen ist es Zeit für ein deutsches Lehrbuch zum Weltraumrecht. Hierfür sprechen ein völkerrechtliches und ein historisches Motiv: Aus Sicht des Völkerrechts hat der Bestand an Regelungen für den Weltraum einen Umfang erreicht, der eine systematische Darstellung unter Einschluss vieler moderner Entwicklungen ermöglicht. Damit soll eine bestehende Lücke im mittlerweile recht ausdifferenzierten Besonderen Völkerrecht geschlossen werden. Außerdem hat Deutschland durch Raketenforscher wie *Hermann Oberth* und *Wernher von Braun* ganz maßgebliche Beiträge zur weltweiten Entstehung der Raumfahrt geleistet. Deutschland kann daher als Raumfahrtnation der ersten Stunde gelten. Zu betonen ist indes, dass diese technischen Pionierleistungen nicht ausschließlich dem wissenschaftlichen Forschergeist entsprangen. Vielmehr verfolgten sie vor und während des Zweiten Weltkriegs hauptsächlich militärische Ziele.

Mit dem Lehrbuch wird keine auf Vollständigkeit abzielende Darstellung angestrebt, die jedes Detail und jede Einzeldiskussion des Weltraumrechts behandelt. Vielmehr möchte das Buch dem interessierten Studierenden und dem mit der Materie befassten Praktiker eine auf das Wesentliche konzentrierte erste Orientierung bieten. Dem Buch liegen die Erfahrungen des Autors zugrunde, die er ab dem Wintersemester 2005/06 in weltraumrechtlichen Lehrveranstaltungen an der Humboldt-Universität zu Berlin, der Universität Augsburg, der Universität Kiel, der Universität Göttingen und der Universität Potsdam sammeln konnte. Die Gelegenheit zu solchen Vorlesungen und Seminaren war keine Selbstverständlichkeit, sondern geht in ihren Ursprüngen in Berlin auf die weitblickende Unterstützung meines hochverehrten Doktorvaters an der Humboldt-Universität zu Berlin, Herrn Prof. Dr. Dr. h. c. *Ulrich Battis*, zurück. Hierfür danke ich ihm sehr herzlich.

Darüber hinaus danke ich meinem Habilitationsvater, Herrn Prof. Dr. *Christoph Vedder*, vielmals für die wissenschaftliche Möglichkeit, innerhalb meines Habilitationsverfahrens an der Universität Augsburg neben der Lehrbefugnis für Öffentliches Recht, Europarecht und Völkerrecht auch diejenige für Luft- und Weltraumrecht erwerben zu können.

Bei der Vorbereitung dieses Lehrbuchs haben mich meine Lehrstuhlmitarbeiterinnen vielfältig unterstützt. Mein Dank gilt *Sarah Hamou*, *Hananeh Thomas*, *Francisca Kasujja*, *Merle Steinhuber*, *Marie-Christine Zeisberg* und *Anna Enthoven*. Darüber hinaus danke ich *Daniela Taudt* und *Jana Trispel* vom Verlag Mohr Siebeck für die hervorragende verlegerische Betreuung.

Ich widme das Buch meinem 2012 verstorbenen Vater, der als Lehrer für Geographie und Astronomie mein Interesse am Weltraum schon in frühester Kindheit geweckt und gefördert hat. Dass ich dieses Buch in Potsdam schreiben konnte, dem Studienort meiner Eltern in den 1960er Jahren, dürfte allenfalls durch überirdische Einflüsse erklärt werden können.

Potsdam, Juni 2020   Marcus Schladebach

Inhaltsübersicht

Vorwort V
Inhaltsverzeichnis IX
Allgemeine Literatur zum Weltraumrecht XIX
Einleitung 1

1. Teil: Grundlagen 3

§ 1   Geschichte der Raumfahrt 5
§ 2   Geschichte des Weltraumrechts 15
§ 3   Begriff des Weltraumrechts 21
§ 4   Regelungsbestand des Weltraumrechts 25
§ 5   Geltungsbereich des Weltraumrechts: Der Weltraum 38

2. Teil: Grundentscheidungen 47

§ 6   Rechtsstatus des Weltraums 48
§ 7   Aneignungsverbot 53
§ 8   Militarisierungsverbot 60
§ 9   Rettung von Raumfahrern 64
§ 10 Völkerrechtliche Verantwortlichkeit für Raumfahrtaktivitäten ... 75
§ 11 Haftung für Raumfahrtaktivitäten 81
§ 12 Hoheitsgewalt und Kontrolle 95
§ 13 Umweltschutz 107
§ 14 Institutionelles Weltraumrecht 119

3. Teil: Herausforderungen 125

§ 15 Die Vergabe von Satellitenpositionen 126
§ 16 Raumstationen 135
§ 17 Weltraummüll 144
§ 18 Weltraumtourismus 154
§ 19 Weltraumbergbau 159
§ 20 Der Schutz geistigen Eigentums im Weltraum 165
§ 21 Streitbeilegung im Weltraumrecht 171
§ 22 Nationales Weltraumrecht 175

4. Teil: Weltraumwissenschaften 183

§ 23 Studium des Weltraumrechts 184
§ 24 Weltraumwissenschaften 186
§ 25 Kontrollfragen 198
§ 26 Anhang 201

Epilog.. 239

Sachwortregister 241

Inhaltsverzeichnis

Vorwort V
Inhaltsübersicht VII
Allgemeine Literatur zum Weltraumrecht XIX

Einleitung 1

1. Teil: Grundlagen 3

§ 1 Geschichte der Raumfahrt 5
    I.   Von der Technik zum Recht 5
    II. Raketenkonstrukteure 6
        1. Konstantin Ziolkowski 6
        2. Robert Goddard 6
        3. Hermann Oberth 7
        4. Wernher von Braun 7
        5. Sergej Koroljow 8
    III. Raumfahrer und Raumfahrerinnen 9
        1. Juri Gagarin 9
        2. Alan Shepard 10
        3. Walentina Tereschkowa 10
        4. Neil Armstrong 11
        5. Edwin Aldrin 12
        6. Michael Collins 13
        7. Verunglückte Astronauten und Astronautinnen 13
           a) Raumfahrt als Risiko 13
           b) Raumfahrtunglücke 14

§ 2 Geschichte des Weltraumrechts 15
    I.   Anlass erster Regelungen 15
        1. Erklärung Eisenhowers von 1955 15
        2. Sputnik 1 und Explorer 1 15
    II. Errichtung des UN-Weltraumausschusses 16
        1. Ad-hoc-Ausschuss 16
        2. Ständiger Ausschuss 17

		III. Resolutionen der UN-Generalversammlung von 1961–1963	18
§ 3	\multicolumn{2}{l	}{**Begriff des Weltraumrechts** ....}	21
	I.	Begriffsvielfalt	21
	II.	Begriffsbestimmung..	22
	III.	Alternativkonzeption	23
		1. Ausgangspunkt	23
		2. Meta Law	23
§ 4	\multicolumn{2}{l	}{**Regelungsbestand des Weltraumrechts** ....}	25
	I.	Rechtsquellen	25
		1. Völkerrecht	25
		a) Weltraumrechtliche Verträge	26
		b) Weltraumgewohnheitsrecht	27
		c) Allgemeine Weltraumrechtsgrundsätze	29
		d) Gerichtsentscheidungen und Lehrmeinungen	30
		e) Rechtsquellen außerhalb von Art. 38 I IGH-Statut	30
		(1) Verbindliche Rechtsakte	31
		(2) Unverbindliche Rechtsakte	31
		2. Europarecht	31
		a) ESA-Konvention	32
		b) EU-Recht	32
		3. Nationales Recht	33
	II.	Der Weltraumvertrag als bedeutendste Rechtsquelle	33
		1. Erlass	33
		2. Kritik	34
		a) Kritische Ansichten	34
		b) Errungenschaften des Weltraumvertrags	35
§ 5	\multicolumn{2}{l	}{**Geltungsbereich des Weltraumrechts: Der Weltraum** ....}	38
	I.	Raumbezogenes Völkerrecht	38
	II.	Der Beginn des Weltraums	38
		1. Die Abgrenzung von Luftraum und Weltraum	38
		2. Abgrenzungstheorien	40
		3. Eigener Ansatz	42
	III.	Das Ende des Weltraums	44
		1. Weltraumvertrag..	44
		2. Mondvertrag...	45

			Inhaltsverzeichnis	**XI**

2. Teil: Grundentscheidungen 47

§ 6 Rechtsstatus des Weltraums 48
    I.   Hoheitsfreier Gemeinschaftsraum 48
    II. Freiheiten im Weltraum 49
        1. Zugangsfreiheit 49
        2. Forschungsfreiheit 50
        3. Nutzungsfreiheit 50

§ 7 Aneignungsverbot 53
    I.   Rechtliche Funktion 53
    II. Nationale Aneignung als Rechtsproblem 53
        1. Problemfälle 53
           a) Das Aufstellen der US-Flagge auf dem Mond 53
           b) Die Erklärung von Bogota 54
           c) Der Verkauf von Mondgrundstücken 54
           d) Der Verkauf von Sonnengrundstücken................. 55
           e) Der US-Act von 2017 56
        2. Rechtliche Würdigung............................... 56
           a) Bestehen einer Regelungslücke 56
           b) Fehlen einer Regelungslücke........................ 57
    III. Ausnahmen vom Aneignungsverbot 57
        1. Weltraumvertrag................................... 57
        2. Mondvertrag...................................... 58

§ 8 Militarisierungsverbot 60
    I.   Weltraumpolitische Ausgangslage......................... 60
    II. Freier Weltraum...................................... 61
    III. Mond und andere Himmelskörper 62

§ 9 Rettung von Raumfahrern 64
    I.   Menschen im Weltraum 64
        1. Bemannte Raumfahrt als Konzept 64
        2. Regelungsbestand 65
    II. Begriff des Raumfahrers 65
        1. Sprachliche Bezeichnung............................. 65
        2. Rechtliche Bezeichnung 65
    III. Rechtsstellung des Raumfahrers 67
        1. Boten der Menschheit............................... 67
        2. Raumfahrtkommandant............................. 68
    IV. Hilfeleistungspflichten................................. 69
        1. Weltraumvertrag................................... 69

				a) Gewährung „jeder möglichen Hilfe"	69
				b) Hilfeleistung nach Art. V Abs. 2 WRV	70
				c) Unterrichtungspflicht bei „Erscheinungen"	71
				(1) Existenz außerirdischen Lebens	71
				(2) Szenarien für den „Erstkontakt"	71
				(3) Asteroiden und Meteoriten	72
			2.	Weltraumrettungsübereinkommen	73
			3.	Seerechtsübereinkommen	74

§ 10 Völkerrechtliche Verantwortlichkeit für Raumfahrtaktivitäten 75

	I.	Verantwortlichkeit für staatliche Missionen	75
		1. Verantwortlichkeit im allgemeinen Völkerrecht	75
		2. Verantwortlichkeit im Weltraumvertrag	76
	II.	Verantwortlichkeit für private Missionen	77
		1. Ermöglichung privater Raumfahrtmissionen	77
		2. Voraussetzungen privater Raumfahrtmissionen	78
		a) Genehmigung	78
		b) Ständige Aufsicht	78
		3. Regelung im nationalen Weltraumgesetz	79
	III.	Verantwortlichkeit von Internationalen Organisationen	79

§ 11 Haftung für Raumfahrtaktivitäten 81

	I.	Rechtliche Grundlagen 81
		1. Trennung von Verantwortlichkeit und Haftung 81
		2. Weltraumrechtliche Regelung 82
	II.	Haftungsvoraussetzungen 82
		1. Begriff des Startstaats 83
		a) Bestimmung des Startstaats 83
		b) Haftung bei Staatenmehrheit 83
		2. Haftungsarten 85
		a) Gefährdungshaftung. 85
		b) Verschuldenshaftung 85
		c) Haftungsausschluss 86
		(1) Haftungsausschluss bei rechtswidrigem Vorverhalten 86
		(2) Haftungsausschluss bei eigenen Staatsangehörigen. 87
		3. Begriff des Weltraumgegenstands 87
		4. Begriff des Schadens 88
		a) Art des Schadens 88
		b) Höhe des Schadens. 88
		5. Geltendmachung von Schadensersatzansprüchen 89
		a) Frist. 89
		b) Vorrang der Diplomatie 89
		c) Verfahren vor der Schadenskommission. 90

	6. Haftungsrelevante Schadensereignisse	90
	a) Schadensfälle	90
	b) Der erste Fall: Die Kuh auf Kuba	91
	(1) Sachverhalt	91
	(2) Haftungsrechtliche Bewertung	91
	c) Kosmos 954	91
	(1) Sachverhalt	91
	(2) Haftungsrechtliche Bewertung	92
	d) Iridium 33	92
	(1) Sachverhalt	92
	(2) Haftungsrechtliche Bewertung	93
III.	Haftung nach nationalem Recht	94

§ 12 Hoheitsgewalt und Kontrolle ... 95

I.	Hoheitsgewalt in Art. VIII WRV und Aneignungsverbot in Art. II WRV: Ein Widerspruch?	95
II.	Hoheitsgewalt und Kontrolle im Weltraum	96
	1. Begriffe	96
	2. Hoheitsgewalt nach Registrierung	97
	a) Registrierungspflicht	97
	b) Mögliche Register	97
	(1) UN-Register	97
	(2) Nationales Register	98
	(3) Kritik an der Registrierung	98
	c) Registrierungsfunktionen	99
	(1) Verleihung der Staatszugehörigkeit	99
	(2) Identifizierung von Weltraumgegenständen	100
	(3) Rückführung von Weltraumgegenständen	101
	3. Ausübung von Hoheitsgewalt über den Weltraumgegenstand	101
	a) Pflicht zum Handeln	101
	b) Hoheitsgewalt bei Funktionslosigkeit	102
	4. Ausübung von Hoheitsgewalt über die Besatzung	102
	a) Begriff der Besatzung	103
	b) Pflicht zum Handeln	103
	5. Eigentum an Weltraumgegenständen	103
	a) Eigentumslage	103
	b) Sicherungsrechte	105
	(1) Interessenlage	105
	(2) Berliner Weltraumprotokoll, 2012	105

§ 13 Umweltschutz ... 107

I.	Umweltschutz als Menschheitsaufgabe	107
II.	Umweltrechtliche Regelungen	108

XIV Inhaltsverzeichnis

   1. Atomteststoppvertrag 1963 108
   2. Umfassender Atomteststoppvertrag 1996. 109
   3. Verbot von Kontaminationen, Art. IX WRV 110
    a) Kooperation und Rücksichtnahme. 110
    b) Kontaminationsverbot 111
    c) Konsultationsverfahren 114
   4. Mondvertrag. 115
   5. Verbot von Nuklearantrieben 117
   6. Sonderproblem „Weltraummüll" 118

§ 14 Institutionelles Weltraumrecht 119
  I. UN-Weltraumausschuss 119
  II. International Telecommunication Union 120
  III. European Space Agency 122
  IV. Weitere weltraumrechtliche Institutionen 123
  V. Internationale Astronomische Union 124

3. Teil: Herausforderungen 125

§ 15 Die Vergabe von Satellitenpositionen 126
  I. Wirtschaftliche Relevanz 126
  II. Konkurrenz bei der Positionsvergabe 127
  III. Regelung der Positionsvergabe 128
   1. Entwicklung beim GSO und anderen Umlaufbahnen 129
    a) Geostationärer Orbit 129
    b) Alle Erdumlaufbahnen 131
   2. Weltraumrechtliche Wirkung des besonderen Rechtsstatus 132
  IV. Papiersatelliten als Vergabeproblem 132
  V. Antragsverfahren in Deutschland 133
   1. Regelung durch § 56 TKG 133
   2. Verwaltungsvorschrift VVSatSys 134

§ 16 Raumstationen 135
  I. Begriff und Historie. 135
   1. Raumstationen in den 1970/80er Jahren. 135
   2. Westliche internationale Raumstation 135
  II. Die Internationale Raumstation 136
   1. Grundlagen. 136
   2. Stellung der Vertragspartner. 138
   3. Hoheitsgewalt und Eigentumslage 139
   4. Nutzungskonzeption 139

	5. Besatzung	140
	6. Haftungsregelung	141
	7. Herausforderungen	141
	a) Finanzierungsaufwand und Forschungsertrag	141
	b) Transportsysteme	142
	c) Zur Zukunft der ISS	143

§ 17 Weltraummüll ... 144

    I. Begriff und Bedeutung ... 144
   II. Entstehung ... 145
       1. Funktionslose Weltraumgegenstände ... 145
       2. Trümmerteile ... 146
       3. Gefahren durch Weltraummüll ... 147
  III. Regelungssituation ... 149
       1. Fehlende Regelung ... 149
       2. UN Space Debris Mitigation Guidelines ... 150
          a) Inhalt ... 150
          b) Verbindlichkeit ... 151
       3. Eigener Vorschlag ... 151
          a) Begründung von Verpflichtungen ... 151
              (1) Rückholung ... 151
              (2) Kostentragung ... 153
          b) Regelungsvorschlag ... 153

§ 18 Weltraumtourismus ... 154

    I. Begriff und Realität ... 154
   II. Die Reise in den Weltraum: Suborbitalflüge ... 155
       1. Touristen auf der ISS ... 155
       2. Touristen in Raumfähren ... 155
          a) Funktionsweise ... 155
          b) Rechtsfragen ... 156
  III. Der Aufenthalt im Weltraum: Mondhotel ... 157
       1. Ankündigungsrhetorik als Subventionsanlass ... 157
       2. Rechtsrahmen ... 158

§ 19 Weltraumbergbau ... 159

    I. Wirtschaftliche Relevanz ... 159
   II. Bergbaukonzept des Mondvertrags ... 160
       1. Geltung des Mondvertrags ... 160
       2. Rohstoffabbau nach Art. 11 MondV ... 161
  III. Bergbau nach dem Weltraumvertrag ... 162
  IV. Bergbau nach nationalem Recht ... 162

　　　　　　　1. USA 163
　　　　　　　2. Luxemburg 163
　　　　　　　3. Bewertung und Ausblick 163

§ 20 **Der Schutz geistigen Eigentums im Weltraum** 165
　　　　I. Urheberrecht und Weltraumrecht 165
　　　　　　　1. Urheberrecht als territoriales Recht 165
　　　　　　　2. Weltraumrecht als extraterritoriales Recht 166
　　　　II. Mögliche weltraumrechtliche Schranken des Urheberrechts 166
　　　　　　　1. Weltraumvertrag 166
　　　　　　　2. Allgemeinwohlverpflichtung als Grenze 167
　　　　III. Quasi-territoriale Weltraumrechtsordnung und urheberrechtliche
　　　　　　　Folgen 168
　　　　　　　1. Hoheitsgewalt und Registrierung, Art. VIII WRV 168
　　　　　　　2. Spezialfall ISS, Art. 21 ISS-Ü 169
　　　　IV. Neuregelung im internationalen Recht 170

§ 21 **Streitbeilegung im Weltraumrecht** 171
　　　　I. Relevanz 171
　　　　II. Internationaler Gerichtshof (IGH) 172
　　　　III. Ständiger Schiedshof (PCA) 172
　　　　IV. Streitbeilegung nach Art. IX WHÜ 173
　　　　V. Weltraumgerichtshof 174

§ 22 **Nationales Weltraumrecht** 175
　　　　I. Völkerrechtliche Verpflichtung 175
　　　　II. Deutsches Weltraumgesetz 176
　　　　　　　1. Rechtslage in Deutschland 176
　　　　　　　2. Grundfragen eines Weltraumgesetzes 177
　　　　　　　　　a) Verfassungsrecht 177
　　　　　　　　　b) Verwaltungsrecht 178
　　　　　　　　　c) EU-Beihilfenrecht 180
　　　　III. Weltraumgesetze anderer Staaten 181

4. Teil: Weltraumwissenschaften 183

§ 23 **Studium des Weltraumrechts** 184

§ 24 **Weltraumwissenschaften** 186
　　　　I. Begriff und Bedeutung 186
　　　　II. Rolle des Weltraumrechts 186

	III. Teildisziplinen	188
	1. Weltraumtechnik	188
	2. Weltraumgeschichte	188
	3. Weltraumphilosophie	188
	4. Weltraumsoziologie	189
	5. Weltraumpsychologie	191
	a) Der Overview-Effekt	191
	b) Der Mond-Effekt	192
	6. Weltraumkultur	194
	7. Weltraumwirtschaft	196
	8. Weltraumpolitik	196
§ 25	**Kontrollfragen**	**198**
	1. Teil: Grundlagen	198
	2. Teil: Grundentscheidungen	198
	3. Teil: Herausforderungen	199
	4. Teil: Weltraumwissenschaften	200
§ 26	**Anhang**	**201**
	I. Weltraumvertrag, BGBl. 1969 II S. 1967	201
	II. Mondvertrag, ILM 18 (1979), 1434	207
	III. ISS-Übereinkommen, BGBl. 1998 II S. 2445	216
Epilog		**241**
Sachwortregister		**243**

Allgemeine Literatur zum Weltraumrecht

Bücher

Böckstiegel, Karl-Heinz (Hrsg.): Handbuch des Weltraumrechts, 1991.

Catalano Sgrosso, Gabriella: International Space Law, 2011.

Cheng, Bin: Studies in International Space Law, 1997.

Diederiks-Verschoor, Isabella/Kopal, Vladimir: An Introduction to Space Law, 3rd ed., 2008.

Dunk von der, Frans/Tronchetti, Fabio (eds.): Handbook of Space Law, 2015.

Fasan, Ernst: Weltraumrecht, 1965.

Fawcett, James: Weltraumrecht, 1970.

Hobe, Stephan: Space Law, 2019.

Hobe, Stephan/Schmidt-Tedd, Bernhard/Schrogl, Kai-Uwe (eds.): Cologne Commentary on Space Law, 3 Volumes, 2009/2013/2015.

Jakhu, Ram/Dempsey, Paul (eds.): Routledge Handbook on Space Law, 2016.

Kries von, Wulf/Schmidt-Tedd, Bernhard/Schrogl, Kai-Uwe: Grundzüge des Raumfahrtrechts, 2002.

Lyall, Francis/Larsen, Paul B.: Space Law – A Treatise, 2nd ed., 2018.

Zeitschriften

Air & Space Law (Wolters Kluwer Verlag, Alpheen aan den Rijn, Niederlande).

Annals of Air and Space Law (Hein Online, Montreal, Kanada).

Journal of Space Law (Hein Online, Oxford, Mississippi, USA).

Proceedings of the International Institute of Space Law (Eleven International Publishing, Amsterdam, Niederlande).

Space Policy (Elsevier Verlag, Amsterdam, Niederlande).

Zeitschrift für Luft- und Weltraumrecht (Carl Heymanns Verlag, Köln, Deutschland).

Einleitung

> „Gib mir Schiffe oder richtige Segel für die Himmelsluftfahrt her und es werden auch Menschen da sein, die sich vor den entsetzlichen Weiten nicht fürchten."
>
> *Kepler an Galilei*
> *(Dissertatio cum Nuncio Sidereo, Prag 1610)*

Das Weltraumrecht nimmt an deutschen Universitäten und Fachhochulen bislang noch eine sehr untergeordnete Rolle ein. Allenfalls punktuell werden im Schwerpunktbereich „Völkerrecht" weltraumrechtliche Fragen angesprochen, etwa bei der vertikalen Grenze des Staatsgebiets. Während in diesen Schwerpunkten, in denen der Autor an mehreren Juristischen Fakultäten mitgewirkt hat, die Menschenrechte und das Humanitäre Völkerrecht einen übergroßen Anteil im Besonderen Völkerrecht ausmachen, an dessen Ende sich Professoren/-innen und Studierende gemeinsam desillusioniert die fehlende Durchsetzbarkeit dieser wichtigen internationalen Regelungen eingestehen müssen, wird dem raumbezogenen Völkerrecht nur selten die ihm gebührende Aufmerksamkeit geschenkt. Das ist gleich aus zwei Gründen bedauerlich:

Erstens sind es gerade das Umweltrecht, das Seerecht, das Luftrecht, das Weltraumrecht und das Cyberrecht, in denen sichtbare und gesellschaftlich relevante Fortentwicklungen des Völkerrechts zu verzeichnen sind. Die hier erfolgten Entdeckungen und technischen Fortschritte aus völkerrechtlicher Sicht zu behandeln, bereitet besondere wissenschaftliche Freude und verspricht bedeutende Erkenntnisgewinne. Hierzu zählt auch das Weltraumrecht mit seiner vergleichsweise noch recht jungen Geschichte und seinen großen künftigen Entwicklungspotenzialen. Es unterscheidet sich nicht grundlegend von den anderen raumbezogenen völkerrechtlichen Teilrechtsordnungen wie dem Seerecht oder dem Luftrecht, weshalb seine regelmäßige Nichtberücksichtigung im völkerrechtlichen Fächerkanon verwundern muss.

Zweitens sollte sich Deutschland als Staat, der eine zunehmend wichtigere Rolle in der internationalen Gemeinschaft zu spielen beabsichtigt, bewusst sein, dass das Weltraumrecht an ausländischen Universitäten eine viel größere Rolle spielt. Für ausländische Jurastudierende, die für einen Studienabschnitt an eine deutsche Juristische Fakultät kommen, ist das Weltraumrecht ein bekanntes Studienfach, für die einheimischen Jurastudierenden dagegen eine rechtliche Black Box. Die aufstrebenden Raumfahrtnationen wie China, Indien, Japan, Kanada, Australien, Brasilien, Südafrika, Ägypten und andere mehr unterrichten auch das Weltraumrecht an ihren Universitäten. In Deutschland, dem Erfinderstaat der aktiven Raumfahrt in den 1930/40er Jahren, wird oft rücksichtsvoll belächelt, wer auf das Weltraumrecht, seine Modernität und seine vielfältigen Potenziale hinweist.

Als raumbezogenes Völkerrecht vereint das nachfolgend dargestellte Weltraumrecht alle Faktoren eines modernen Rechtsgebiets. Die Rechtsanwender können sich mit völkerrechtlichen Themen auseinandersetzen, die oft noch nicht abschließend diskutiert worden sind, für die sich jedoch unter Anwendung der Auslegungsmethoden der Art. 31 ff. WVRK sachgerechte Lösungen finden lassen. Die Beschäftigung mit dem Weltraumrecht verlangt deswegen fundierte Kenntnisse des Völkerrechts und der internationalen Politik. Von Vorteil ist es darüber hinaus, wenn diese Kenntnisse durch ein wirtschaftliches Grundverständnis sowie eine Aufgeschlossenheit gegenüber technischen Sachverhalten ergänzt werden.

Außerdem trägt das Weltraumrecht zu internationaler Kooperation bei. Wie wohl nur noch Musik und Sport lässt die Raumfahrt nationale Grenzen zurücktreten und sorgt für ein völkerverbindendes Gemeinschaftsgefühl. Charakteristisch für das Weltraumrecht ist die Einsicht, dass die Erde nicht das Zentrum des Weltalls, sondern nur ein Teil davon ist. Mit seinem wichtigen Grundkonzept des Weltraums als „hoheitsfreier Gemeinschaftsraum", wonach der Weltraum allen Staaten gemeinsam gehört, formt das Weltraumrecht eine internationale Rechtsordnung, deren kooperativer und damit friedensstiftender Leitgedanke nicht hoch genug geschätzt werden kann.

Das Lehrbuch ist in vier Teile gegliedert. Der erste Teil behandelt die Grundlagen des Weltraumrechts, wozu dessen historische Entwicklung, seine Begriffsbildung, seine Rechtsgrundlagen und sein Geltungsbereich gehören. Im zweiten Teil werden die durch den Weltraumvertrag getroffenen Grundentscheidungen des Weltraumrechts präsentiert. Darunter werden die wesentlichen Rechtsfragen verstanden, die ihren Ausgangspunkt im Weltraumvertrag selbst haben. Der dritte Teil thematisiert die Herausforderungen des Weltraumrechts in Gegenwart und Zukunft. Charakteristisch für sie ist, dass sie außerhalb des Weltraumvertrags entstanden sind und das Weltraumrecht noch keine abschließende Antwort darauf gefunden hat. Eine solche Antwort ist jedoch erforderlich oder wird in Zukunft erforderlich werden. Das betrifft etwa den Weltraumbergbau, die Reduzierung von Weltraummüll oder die Genehmigungsvoraussetzungen für private Raumfahrtaktivitäten in nationalen Weltraumgesetzen.

Der vierte Teil nimmt eine interdisziplinäre Perspektive ein und will mit der Vorstellung der Weltraumwissenschaften aufzeigen, dass sich neben dem Weltraumrecht auch andere Wissenschaftszweige mit dem seit 60 Jahren neu erschlossenen Interaktionsraum „Weltraum" gewinnbringend beschäftigen. Der bzw. die problembewusste Weltraumrechtler/-in sollte sich stets bewusst sein, dass die Entwicklung einer Rechtsordnung für den Weltraum nur eine unter mehreren Möglichkeiten ist, um als Gesellschaft auf neue Entdeckungen zu reagieren. Auch politische, soziologische, wirtschaftliche oder kulturelle Betrachtungen liefern wertvolle Einsichten bei der gesamthaften Untersuchung und Beschreibung neuer Themenfelder. Das gilt insbesondere für den Weltraum und das ihn juristisch vermessende, nachfolgend zu behandelnde Weltraumrecht.

1. Teil

Grundlagen

§ 1 Geschichte der Raumfahrt

I. Von der Technik zum Recht

Ohne die Erfindung der Raumfahrttechnik wäre die Entstehung des Weltraumrechts nicht denkbar gewesen. Erst die wissenschaftlich-technischen Leistungen bekannter Raketenkonstrukteure des letzten Jahrhunderts haben die Raumfahrt und damit die Erschließung des Weltraums durch den Menschen möglich werden lassen. Ähnlich wie bei der Befahrung der zunächst für unbeherrschbar gehaltenen Meere mit Schiffen und dem Aufsteigen in den ebenfalls zunächst für unbeherrschbar gehaltenen Luftraum mit Luftfahrzeugen war es nach der Erfindung von Raketen nur eine Frage der Zeit, bis es die stets wissensdurstige Menschheit versuchen sollte, auch in diesen durch Raumschiffe **neu zu erschließenden Raum** zu gelangen.

1

Technische Entwicklungen in der Raumfahrt, insbesondere im „Internationalen geophysikalischen Jahr 1957/58" führten so zu der Frage, ob der absehbar neu zu erschließende Raum möglicherweise auch einer rechtlichen Ordnung bedurfte. Insofern unterscheidet sich das damals im Entstehen begriffene Weltraumrecht nicht von anderen Rechtsgebieten: Nach zunächst rein technischen Entwicklungen setzt eine kürzere oder längere Phase **gesellschaftlicher Reflexion** über die Chancen und Risiken der neuen Errungenschaft ein, um sodann über eine Verrechtlichung des neuen Bereichs zu beraten. Solche Metamorphosen von der Technik zum Recht brachten etwa das Seerecht,[1] das Luftrecht,[2] das Medienrecht[3] oder das Cyberrecht[4] hervor. Angesichts dieser Vorbedingungen von Recht, hier des Weltraumrechts,[5] sollen zunächst die maßgeblichen Akteure der Entwicklung der Raumfahrt, unterteilt in Raketenkonstrukteure (II.) und Raumfahrer/innen (III.) kurz biographisch vorgestellt werden.

2

---

[1] *Vitzthum*, Handbuch des Seerechts, 2006; *Schladebach/Esau*, DVBl. 2012, 475 ff.
[2] *Schladebach*, Luftrecht, 2. Aufl. 2018; *Schladebach/Platek*, JuS 2010, 499 ff.
[3] *Schladebach*, Jura 2013, 1092 ff.; *ders./Zeisberg*, *studere 2019, 12 ff.
[4] *von Arnauld*, Völkerrecht, 4. Aufl. (2019), Rn. 859 ff.
[5] *Schladebach*, JuS 2008, 217 ff.; *ders.*, NVwZ 2008, 53 ff.; *ders.*, Hastings Int'l & Comp. L. Rev 41 (2018), 245 ff.; *ders.*, APuZ 29–30/2019, 26 ff.

II. Raketenkonstrukteure

1. Konstantin Ziolkowski

3   *Konstantin Ziolkowski* (1857–1935) war ein russischer Raketenkonstrukteur und gilt als „Großvater der russischen Raumfahrt".[6] Nach dem Studium in Moskau der Physik, Astronomie, Mechanik und Geometrie arbeitete *Ziolkowski* ab 1879 als Privatlehrer für Mathematik und Physik und entwickelte in Auswertung zahlreicher einfacher Experimente erste theoretische Grundlagen des Weltraumflugs. Diese Erkenntnisse wurden von ihm in zumeist selbstfinanzierten Monographien bzw. in Aufsätzen veröffentlicht, so seine erste Untersuchung „Der freie Raum" (1883) oder die nach ihm benannte „Raketenformel" in der „Wissenschaftlichen Rundschau" (1903). Mit dem Vorschlag der Verwendung von flüssigem Raketentreibstoff und der von ihm erarbeiteten Raketenformel, mittels derer die Endgeschwindigkeit einer Rakete bestimmt werden konnte, schuf er wichtige theoretische Voraussetzungen für die spätere sowjetische Raketentechnik. Weitere Konzeptionen *Ziolkowskis* betrafen die Entwicklung von Mehrstufenraketen, von Satelliten, von Raumstationen und von Besiedlungsplänen des Weltraums durch Menschen in Raumanzügen.

4   *Ziolkowski*, der wegen einer Scharlacherkrankung seit dem 10. Lebensjahr nahezu taub war und sich hauptsächlich autodidaktisch weitergebildet hatte, prognostizierte den Beginn der Raumfahrt für das Jahr 1950 (tatsächlich 1957) und den ersten Menschen im Weltraum für das Jahr 2000 (tatsächlich 1961). Nach der Oktober-Revolution 1917 wurde er vielfach geehrt. Seine Werke wurden gedruckt, und er wurde Mitglied der sowjetischen Akademie der Wissenschaften. In einem von der sowjetischen Regierung vorformulierten Dankesschreiben würdigte er kurz vor seinem Tod deren Rolle: „Alle meine Arbeiten über das Flugwesen, den Raketenflug und den interplanetaren Verkehr übergebe ich der Partei der Bolschewiki und der Sowjetmacht – den wahren Führern des Fortschritts der menschlichen Kultur. Ich bin sicher, dass sie dieses Werk erfolgreich zu Ende führen werden."[7]

2. Robert Goddard

5   *Robert Goddard* (1882–1945) war ein US-amerikanischer Raketenkonstrukteur. Nach Bachelor-, Master- und Promotionsstudium an der Clark University Worcester/Massachusetts blieb er dieser Universität zeitlebens verbunden. Seine Raketenforschung, insbesondere zu Raketen mit flüssigem Treibstoff, stellte er ab 1918 in den Dienst der US-Armee. Seine 1920 veröffentlichte Studie „A Method of Reaching Extrems Altitudes" sorgte zunächst für Unverständnis in der damaligen Wissenschaftsszene. In der Medienöffentlichkeit als Phantast abgetan, experimentierte *Goddard* unermüdlich mit Raketenmodellen, die immer größere Geschwindigkeiten und damit Höhen erreichten. Die erforderliche finanzielle Unterstützung für

---

[6] *Richers*, APuZ 29–30/2019, 11 (16).
[7] *Richers*, APuZ 29–30/2019, 11 (16).

seine Startversuche erhielt er Ende der 1920er Jahre u. a. von *Charles Lindbergh* (erste Nonstop-Atlantiküberquerung am 20.5.1927) und von *Daniel Guggenheim*. Erst nach dem Zweiten Weltkrieg und damit nach seinem Tode bekam *Goddard* die ihm gebührende öffentliche Anerkennung, z. B. durch die Errichtung des Goddard Space Flight Center in Maryland im Jahre 1959.

3. Hermann Oberth

Hermann Oberth (1894–1989) war ein österreichisch-ungarisch-deutscher Physiker und Raketenkonstrukteur. Als Sohn einer siebenbürgisch-sächsischen Familie in Hermannstadt (Rumänien) geboren, studierte er ab 1912 zunächst Medizin in München und nahm von 1914–1918 am Ersten Weltkrieg teil. Nach Kriegsende entschied er sich gegen die Fortsetzung seines Medizinstudiums und begann 1919 an der TU Klausenburg (Rumänien) ein Physikstudium, das er in München, Göttingen und Heidelberg fortsetzte. Sehr bemerkenswert war, dass seine 1922 in Heidelberg eingereichte Dissertation „Die Rakete zu den Planetenräumen" als Dissertation abgelehnt wurde, da es zu dieser Zeit in Heidelberg keinen ausgewiesenen Experten für die Begutachtung gab. *Oberth* reichte das Manuskript dann als (bloße) Diplomarbeit in Klausenburg ein und bestand 1923 das Physikexamen. Auf private Initiative *Oberths* wurde diese Arbeit 1923 im Münchner Wissenschaftsverlag Oldenbourg publiziert und wurde zu seiner ersten erfolgreichen und weltweit beachteten Veröffentlichung.[8] Im Jahre 1930 eröffnete *Oberth* zusammen mit *Rudolf Nebel* in Berlin-Reinickendorf den ersten Raketenflugplatz der Welt. Unter seinen Mitarbeitern war auch der erst 18jährige *Wernher von Braun*. Ab 1941 war *Oberth* in der Heeresversuchsanstalt Peenemünde tätig. Von 1955–1958 arbeitete er auf Vermittlung seines Schülers *von Braun* im Raketenentwicklungszentrum in Huntsville/Alabama mit. Im Juli 1969 verfolgte *Oberth* den Start von Apollo 11 in Cape Canaveral. In Feucht bei Nürnberg, dem langjährigen Wohnort *Oberths*, wurde zu seinen Ehren bereits 1971 das Hermann-Oberth-Raumfahrt-Museum gegründet.

4. Wernher von Braun

Wernher von Braun (1912–1977) war zunächst ein deutscher, nach dem Zweiten Weltkrieg ein US-amerikanischer Raketenkonstrukteur. *Von Braun* studierte ab 1930 an der TH Berlin-Charlottenburg (heute TU Berlin) und erwarb dort 1932 ein Diplom als Ingenieur für Mechanik. Im Jahre 1934 wurde er an der Friedrich-Wilhelms-Universität in Berlin (heute Humboldt-Universität zu Berlin) mit einer Arbeit über „Konstruktive, theoretische und experimentelle Beiträge zu dem Problem der Flüssigkeitsrakete" zum Dr. phil. promoviert. Zu diesem Zeitpunkt arbeitete er bereits mit anderen Wissenschaftlern, u. a. mit *Hermann Oberth*, an einfach konstruierten Raketen. Ab 1937 war *von Braun* technischer Direktor der neu gegrün-

---
[8] *Oberth*, Die Rakete zu den Planetenräumen, 1923 (5. Aufl. 1984, Reprint 2013).

deten Heeresversuchsanstalt Peenemünde an der Ostsee. Hier wurde unter seiner Leitung die Rakete A4, eine Großrakete mit Flüssigtreibstoff, entwickelt und nach ihren ersten Einsätzen auf London im Zweiten Weltkrieg dann V2 (Vergeltungswaffe 2) genannt. Am 4.10.1942 erreichte eine V2-Testrakete erstmals eine Höhe von ca. 95 km und damit in etwa die Grenze zum Weltraum. *Von Braun* war in das NS-System involviert: Ab 1937 als Mitglied der NSDAP, ab 1940 auch als SS-Mitglied. *Hitler* persönlich soll ihm bei einem Besuch in der Wolfsschanze am 8.7.1943 – ohne jedes weitere akademische Verfahren – den Professoren-Titel verliehen haben.

8   Nach englischen Luftangriffen auf Peenemünde im Sommer 1943 wurde die Raketenproduktion in den Harz nach Mittelbau-Dora verlegt, wo tausende KZ-Häftlinge unter unmenschlichen Bedingungen eine neue Produktionsstätte unter der Erde bauen mussten. Bei der Arbeit starben viele Häftlinge. Die Duldung dieser Geschehnisse durch *von Braun* wurde später vielfach hart kritisiert. Unmittelbar bei Kriegsende Anfang Mai stellten sich *von Braun* und sein engeres Team den US-Soldaten. Da die USA an der Raketentechnik hochinteressiert waren, wurden er und über 100 Peenemünder Wissenschaftler ohne jede kritische Auseinandersetzung mit deren Verstrickung in das NS-System in die USA ausgeflogen. Seine großen technischen Leistungen erbrachte *von Braun* bis 1945 vorbehaltlos für das menschenverachtende NS-System, dessen militärische Zielsetzungen von ihm – soweit ersichtlich – nie kritisch hinterfragt worden sind.

9   In den Folgejahren sollte *von Braun* sein Wissen in die US-Raketenforschung einbringen, was er mit seinem Team zunächst in Texas, später in Huntsville/Alabama erfolgreich tat.[9] Ab 1959 war das Team Teil der NASA. *Von Braun* wurde auf diese Weise der technische Kopf der großen Raumfahrtprogramme der NASA (Mercury, Gemini, Apollo). Als sein größter Erfolg gilt die von ihm geplante Mondlandung von Apollo 11 im Juli 1969 und die dafür von ihm konstruierte Saturn-V-Rakete.[10] Nach dem Wechsel in die Privatwirtschaft zum Luft- und Raumfahrtkonzern Fairchild im Jahre 1972 war er dort für das Auslandsgeschäft verantwortlich. *Von Braun* starb 1977 in Alexandria/Virginia.

5. Sergej Koroljow

10   *Sergej Koroljow* (1907–1966) war der bekannteste sowjetische Raketenkonstrukteur und gilt als „Vater der sowjetischen Raumfahrt".[11] Er war der Kontrahent des Deutschen *Wernher von Braun*. Der Name „*Koroljow*" wurde bis zu dessen frühem Tod 1966 jedoch von der Sowjetunion geheimgehalten, so dass *von Braun Koroljow* nicht kannte. Umgekehrt nutzte *Koroljow* die Erkenntnisse *von Brauns* mit der V2-Rakete zur Entwicklung sowjetischer Raketen des Typs „Sojus", der in modernisierter Form bis heute das Rückgrat des russischen Raumfahrtprogramms bildet.

---

9 Dazu die Reportage von *Sattar*, FAZ-Magazin Juli 2019, 16 ff.
10 Dazu *Imhasly/Röttele*, FAZ-Magazin Juli 2019, 21.
11 *Harford*, Korolev: How One Man Masterminded the Soviet Drive to Beat America to the Moon, 1997; *Richers*, APuZ 29–30/2019, 11 (16).

Koroljows Werdegang ist sehr bemerkenswert. Nach seinem Diplom 1930 als Ingenieur für Flugzeugbau war er in einem Raketenforschungsinstitut bei dem bekannten russischen Flugzeugkonstrukteur *Andrej Tupolew* (1888–1972) tätig. Im Zuge des stalinistischen Terrors gegen die eigene Bevölkerung wurde er 1938 verhaftet. Nach einem erzwungenen Geständnis als Verschwörer und Saboteur wurde er unschuldig und ohne förmliches Gerichtsverfahren zu zehn Jahren Gulag verurteilt. Dieses Schicksal hatte ein Jahr zuvor bereits seinen Förderer *Tupolew* ereilt. In dem sibirischen Arbeitslager Maldjak war *Koroljow* Folter, Umerziehung und Demütigungen ausgesetzt.[12] Im Jahr 1945 erhielt der mittlerweile rehabilitierte *Koroljow* den Auftrag, das deutsche Raketenprogramm zu erkunden. Er lebte dazu verdeckt im thüringischen Bleicherode, dem damaligen Wohnort *von Brauns*. Mit einigen Plänen und einigen deutschen Raketenkonstrukteuren, die sich nicht *von Braun* angeschlossen hatten, kehrte er 1946 in die Sowjetunion zurück. Seine größten Erfolge als Raketenkonstrukteur waren der Sputnik-Start 1957 und der erste Weltraumflug eines Menschen 1961. Charakteristisch für das Wirken des „Vaters der sowjetischen Raumfahrt" war die Anfrage des Stockholmer Nobelpreiskomitees im Jahre 1957. Als sich dieses beim damaligen Staats- und Parteichef *Nikita Chruschtschow* erkundigte, wer denn Schöpfer des „Sputnik" gewesen sei, antwortete dieser unter abermaligem Verschweigen des Namens „*Koroljow*": „Das ganze sowjetische Volk!"[13] Ohne jede öffentliche Anerkennung und ohne Physik-Nobelpreis starb *Koroljow* im Alter von nur 59 Jahren am 14.1.1966.

III. Raumfahrer und Raumfahrerinnen

In den Raumfahrtnationen existieren seit langem unterschiedliche Bezeichnungen für dieselbe Person: Den „Raumfahrer". Aus Gründen der politischen Abgrenzung und Herkunftszuordnung wird von der westlichen Seite die Bezeichnung „Astronaut/-in",[14] von der sowjet-russischen Seite „Kosmonaut/-in",[15] von der chinesischen Seite „Taikonaut/-in" und von der indischen Seite „Vyomanaut/-in" verwendet. Für die richtige Bezeichnung kommt es daher auf die Herkunft des Raumfahrers/-in an. Bei den folgenden bekanntesten Raumfahrern/-innen soll dieses Prinzip beibehalten werden.

1. Juri Gagarin

Juri Gagarin (1934–1968) war der erste Mensch im Weltraum. Mit dem Raumschiff „Wostok 1" umkreiste er am 12.4.1961 in rd. 100 Minuten einmal die Erde. Er war

---
[12] *Richers*, APuZ 29–30/2019, 11 (18); *Kowalski*, Der Spiegel vom 14.1.2016.
[13] *Kowalski*, Der Spiegel vom 14.1.2016; *Sergej Chruschtschow*, NZZ vom 30.9.2007.
[14] Zusammengesetzt aus den griechischen Wörtern „Astron" (Stern) und „Nautes" (Seefahrer).
[15] Zusammengesetzt aus den griechischen Wörtern „Kosmos" (Weltraum) und „Nautes" (Seefahrer).

1955 in die sowjetischen Luftstreitkräfte eingetreten. Im März 1960 wurde er in die Gruppe potenzieller Kosmonauten aufgenommen, erhielt eine knapp einjährige Ausbildung und wurde schließlich aus den 20 möglichen Kandidaten für den ersten bemannten Weltraumflug ausgewählt. Nach seinem spektakulären Flug war *Gagarin* Kommandeur der sowjetischen Kosmonautengruppe. Beim Flug von „Sojus 1" war er 1967 als Ersatzpilot für den später bei diesem Flug tödlich verunglückten *Wladimir Komarow* vorgesehen. Unter bis heute nicht vollständig geklärten Umständen kam *Gagarin* bereits am 27.3.1968 bei einem Übungsflug mit einem Kampfflugzeug des Typs MiG-15 ums Leben. Auch der zusammen mit *Gagarin* in dieser Maschine sitzende Pilot, der sehr erfahrene *Wladimir Serjogin*, starb beim Absturz. Der Untersuchungsbericht vom 4.9.1968 wurde erst im April 2011 zum 50. Jahrestag des Gagarin-Fluges in vollem Umfang veröffentlicht. Demnach soll ein schwieriges Ausweichmanöver, das die beiden Piloten wegen eines Wetterballons geflogen sein sollen, die Absturzursache gewesen sein. Ebenfalls im April 2011 erklärte die Generalversammlung der Vereinten Nationen den 12. April zum Internationalen Tag der bemannten Raumfahrt und würdigt auf diese Weise den Weltraumflug *Gagarins*.[16]

2. Alan Shepard

14 *Alan Shepard* (1923–1998) war der erste US-Astronaut im Weltraum und später als Kommandant von Apollo 14 (31.1.–9.2.1971) der 5. Mensch auf dem Mond. Nach Studien an der US Naval Academy und dem Naval War College flog *Shepard* am 5.5.1961 mit dem Raumschiff „Freedom 7" in den Weltraum. Dieser Flug sollte nicht als Erdumrundung, sondern als ballistischer Flug erfolgen. Er dauerte 15 Minuten und erreichte eine Höhe von 187 km. Im Gemini-Programm war *Shepard* wegen gesundheitlicher Probleme nicht eingesetzt. Während der erfolgreichen Mondlandung von Apollo 14 (5.2.1971) schlug *Shepard* mit einem Golfschläger einige Golfbälle. Wie wichtig dieses Experiment für die wissenschaftlichen Ambitionen des Apollo-Programms war, soll hier nicht hinterfragt werden. Nach dem Ausscheiden aus der NASA im Jahre 1974 arbeitete er als Geschäftsmann.

3. Walentina Tereschkowa

15 *Walentina Tereschkowa* (geb. 1937) ist eine sowjetische Kosmonautin und flog am 16.6.1963 mit dem Raumschiff „Wostok 6" als erste Frau in den Weltraum. Sie ist bisher die einzige Frau, die ohne Begleitung männlicher Kollegen einen Weltraumflug absolvierte. Von 1962–1963 durchlief sie die Ausbildung zur Kosmonautin. Bei ihrer dreitägigen Reise in den Weltraum (16.–19.6.1963) umkreiste sie die Erde 48 Mal. Ab 1966 bekleidete sie verschiedene hochrangige politische Ämter in der Sowjetunion. So war sie ab Mai 1966 Mitglied des Obersten Sowjets, in der jüngeren

---

16 UN, A/RES/65/271 vom 7.4.2011.

Vergangenheit dann Abgeordnete der Partei „Einiges Russland" zunächst auf regionaler Ebene, ab 2011 dann in der Staatsduma in Moskau.

Nach dem Flug *Tereschkowas* dauerte es bis 1982, bis die nächste Frau (*Svetlana Sawizkaja*) in den Weltraum flog. Dies soll vor allem daran gelegen haben, dass der sowjetische Raketenkonstrukteur *Sergej Koroljow* (s. oben) mit dem Verlauf des Tereschkowa-Flugs höchst unzufrieden war. Neben der von ihm (*Koroljow*) zu verantwortenden falschen Programmierung der Wostok-6-Kapsel soll *Tereschkowa* sich nicht an seine Anweisungen gehalten haben. Will man den Berichten Glauben schenken, so habe sie Weisungen ignoriert, stundenlang nicht auf Funkrufe reagiert, zu falschen Zeiten gegessen, getrunken und geschlafen sowie sich mehrmals über die drückende Enge in der Kapsel beschwert. Auch konnten keine Aufzeichnungen angefertigt werden, weil in der Hektik alle Bleistifte abgebrochen waren. Zudem verteilte *Tereschkowa* nach ihrer Landung im tiefsten Sibirien ihre übriggebliebene Weltraumnahrung großzügig an die örtliche Bevölkerung und aß dort einfache irdische Nahrung, was alles strengstens verboten war. Bei der Auswertung dieses Flugs soll *Koroljow* in kleinem Kreis geäußert haben: „Mir kommen keine Weiber mehr ins All."[17] Tatsächlich flog dann erst 1982 und damit 16 Jahre nach dem Ableben *Koroljows* die nächste sowjetische Frau in den Weltraum.

4. Neil Armstrong

Neil Armstrong (1930–2012) war Kommandant der NASA-Mission „Apollo 11" und betrat dabei am 21.7.1969 als erster Mensch den Mond.[18] *Armstrong* wurde Ende der 1940er Jahre zum Kampfpiloten ausgebildet, nahm ab 1950 am Koreakrieg teil, schloss 1955 sein Bachelorstudium in der Luftfahrttechnik ab und arbeitete später als NASA-Testpilot. In dieser Zeit flog er über 200 verschiedene Flugzeugtypen vom Jet über Raketenflugzeuge und Hubschrauber bis zu Gleitflugzeugen. Er wurde 1962 von der NASA für das „Gemini-Programm" ausgewählt. Als Kommandant von Gemini 8 unternahm er am 16.3.1966 seinen ersten Weltraumflug, bei dem zum ersten Mal zwei Raumfahrzeuge im All zusammengekoppelt wurden.

Im Jahre 1967 wurde *Armstrong* für das Apollo-Programm der NASA nominiert, für das eine Gruppe von 41 Astronauten ausgewählt wurde, die in Abhängigkeit von ihrer Erfahrung und einem bestimmten Rotationssystem auf die geplanten Apollo-Missionen aufgeteilt wurden. *Armstrong* wurde für eine recht späte Mission eingeteilt, bei der keineswegs feststand, dass diese auch die erste Mondlandemission werden würde. Schon 1966 hatte er in einem Interview zur Frage, wer seinen Fuß als erster Mensch auf die Mondoberfläche setzen sollte, gesagt: „Wer dieser Mensch ist, das entscheidet eine Art glücklicher Umstand."

Bei der Mondlandemission „Apollo 11" vom 16.–24.7.1969 übernahm *Armstrong* am 20.7.1969 wegen technischer Systemfehler beim Landeanflug auf den Mond die manuelle Steuerung der Mondlandefähre „Eagle" von seinem Co-Pilo-

---
17 *Kowalski*, Der Spiegel vom 6.3.2017.
18 Biographisch *Hansen*, Aufbruch zum Mond, 2018.

ten *Buzz Aldrin*. Er lenkte die Fähre über steinigen Boden bei geradezu dramatisch ausgehendem Treibstoff zu einem entfernt liegenden, aber sicheren Landeplatz und setzte sie am 20.7.1969, 21.17 Uhr auf der Mondoberfläche ab. Mit seinen Worten „Houston, Tranquility Base her. The Eagle has landed." informierte er in seiner präzisen, nüchternen Art die in Houston ansässige Leitstelle „Mission Control". Sechs Stunden später verließ *Armstrong* die Mondlandefähre und betrat am 21.7.1969, 3.56 Uhr als erster Mensch den Mond. Seine hierbei gesprochenen Worte dürften die bekanntesten Worte zumindest des 20. Jahrhunderts sein:

„That's one small step for (a) man, one giant leap for mankind."
(„Das ist ein kleiner Schritt für einen Menschen, aber ein riesiger Sprung für die Menschheit.")

20   Nach der Rückkehr zur Erde am 24.7.1969 erhielt er 1970 seinen Masterabschluss in Luft- und Raumfahrttechnik und einen Ehrendoktor in Ingenieurwissenschaften. Bereits 1971 verließ er die NASA und lehrte bis 1979 als Professor für Luft- und Raumfahrttechnik an der University of Cincinnati. Zu Beginn der 1980er Jahre wechselte er in die Wirtschaft. Im Jahre 1986 war er Mitglied der Kommission zur Untersuchung der Katastrophe des Space Shuttles „Challenger" vom 28.1.1986. In Folge einer Herzoperation starb *Neil Armstrong* am 25.8.2012 in einem Krankenhaus in Cincinnati. Wie die New York Times am 23.7.2019 berichtete,[19] soll es bei der Nachsorge der an sich erfolgreich verlaufenen Operation zu Fehlern gekommen sein. Nachdem die beiden Armstrong-Söhne das Krankenhaus im Jahr 2014 damit konfrontiert hatten, soll dieses ein Schweigegeld von rd. 6 Mio. US-Dollar an die Familie gezahlt haben, um die medizinischen Fehler weiter geheimzuhalten.

5. Edwin Aldrin

21   *Edwin „Buzz" Aldrin* (geb. 1930) war bei der Mondlandemission „Apollo 11" Pilot der Mondlandefähre „Eagle" und betrat als zweiter Mensch den Mond. Er absolvierte die Militärakademie in West Point, verließ sie 1951 mit einem Bachelor in Maschinenbau, diente als Kampfpilot im Koreakrieg und war später u. a. in Bitburg/Deutschland stationiert. Ab 1959 studierte er Luft- und Raumfahrttechnik am MIT in Boston, wo er 1963 promoviert wurde. Im selben Jahr wurde er von der NASA für das „Gemini-Programm" ausgewählt. Er war der erste Astronaut mit einem Doktorgrad. Nach seiner organisatorischen Mitwirkung an frühen Gemini-Missionen startete *Aldrin* am 11.11.1966 zusammen mit *Jim Lovell* zu seinem ersten Weltraumflug als Pilot von „Gemini 12".

22   Im Januar 1969 wurde *Aldrin* in die Mannschaft von Apollo 11 berufen. Er betrat am 21.7.1969, 4.15 Uhr als zweiter Mensch den Mond. *Aldrin* verließ ebenfalls sehr früh und zwar 1971 die NASA. In den Folgejahren hatte er große Schwierigkeiten, ein strukturiertes Leben zu führen. Für seinen Lebensunterhalt war er kurze Zeit sogar darauf angewiesen, Gebrauchtwagen in Kalifornien zu verkaufen. Er

---
19 New York Times vom 23.7.2019.

sagte später, der schwerste Teil seines Lebens bestand nicht darin, zum Mond zu fliegen, sondern darin, wieder auf die Erde zurückzukehren. Nach der erfolgreichen Überwindung dieser Lebensphase ist *Aldrin* heute vielgefragter Raumfahrtexperte und Berater für Film- und Internetproduktionen. Im hohen Alter von 86 Jahren war *Aldrin* der älteste Mensch, der den Südpol erreichte.

6. Michael Collins

Michael Collins (geb. 1930) war als Pilot der Kommandokapsel „Columbia" Teil der Apollo-11-Mannschaft und umkreiste in Wartestellung den Mond, während *Armstrong* und *Aldrin* den Mond betraten. Er studierte ebenfalls an der Militärakademie in West Point und verließ sie 1952 mit einem Bachelorabschluss. Nach seiner Pilotenausbildung flog er Kampfjets der US-Luftwaffe. Ab 1960 war er als Flugzeug-Testpilot in Kalifornien tätig. Die NASA wählte ihn 1963 aus. Seinen ersten Weltraumflug absolvierte *Collins* vom 18.–21.7.1966 als Pilot der Mission „Gemini 10". Dabei unternahm er zwei Außenbordeinsätze.

Am 16.7.1969 startete er gemeinsam mit *Armstrong* und *Aldrin* zum Mond. Nach dem erfolgreichen Apollo-11-Flug wurde ihm angeboten, als Kommandant von Apollo 17, der letzten Mondmission der NASA, selbst den Mond zu betreten, was *Collins* jedoch ablehnte. Auch *Collins* verließ die NASA bereits 1970 und wurde später erster Direktor des National Air and Space Museum in Washington D. C.

7. Verunglückte Astronauten und Astronautinnen

a) Raumfahrt als Risiko

Bei aller Raumfahrteuphorie, die nicht nur in den 1960er Jahren, sondern auch kürzlich beim 50. Jubiläum der Mondlandung am 20./21.7.2019 herrschte,[20] darf nicht vergessen werden, dass die Entwicklung der Raumfahrt auch mehrere Tote gefordert hat. Verständlicherweise soll davon wenig bekannt werden, um die tatsächlich bestehenden Gefahren für den Menschen möglichst auszublenden, den Enthusiasmus, in den Weltraum, zum Mond oder zum Mars zu fliegen, nicht zu bremsen und potenzielle Investoren nicht unnötig zu verschrecken. Denn es ist mehr als offensichtlich, dass sowohl die technischen Herausforderungen der Raumfahrt als auch die menschenfeindlichen Bedingungen im Weltraum ohne jeden Sauerstoff massive Gefahren für Leben und Gesundheit der Astronauten und Astronautinnen verursachen. Lag die Wahrscheinlichkeit, den Weltraumflug nicht zu überleben, bei *Juri Gagarins* Flug 1961 noch bei beängstigenden 1 zu 3, so wurde beim Apollo-11-Flug prognostiziert, dass *Armstrong* und *Aldrin* mit einer Wahrscheinlichkeit von 1 zu 10 nicht lebend zur Erde zurückkehren. Nach mehrmaliger Aussage von *Aldrin* führte die Apollo-11-Crew aber weder Pistolen noch Giftkapseln mit sich, um sich

---
20 FAZ-Magazin vom 13.7.2019; SZ-Magazin vom 13.7.2019; APuZ-Themenheft „Weltraum" vom 15.7.2019; *Schladebach*, Potsdamer Neueste Nachrichten vom 9.7.2019, S. 9.

damit dem entsetzlichen Verbleib im Weltraum oder auf dem Mond entziehen zu können.

b) Raumfahrtunglücke

26 Angesichts dieser Grundbedingungen können die menschlichen und technischen Leistungen der vielen erfolgreichen Weltraummissionen der USA und der Sowjetunion nicht hoch genug gewürdigt werden. Jedoch muss auch an die Opfer der Raumfahrt erinnert werden, wenn man ein weitgehend vollständiges Bild der Geschichte der Raumfahrt zeichnen will. So verunglückte *Wladimir Komarow* am 24.4.1967 bei der Landung von Sojus 1 tödlich. Während eines Bodentests in Cape Canaveral kam es am 27.1.1967 – ausgerechnet am Tag der Unterzeichnung des Weltraumvertrags – zu einem Brand in der Testkapsel von Apollo 1, wobei die Astronauten *Edward White*, *Virgil Grissom* und *Roger Chaffee* ums Leben kamen.[21]

27 Am 28.1.1986 starben die sieben Astronauten/-innen des Space Shuttles „Challenger" *Francis Scobee, Michael Smith, Judith Resnik, Ellison Onizuka, Ronald McNair, Gregory Jarvis* und *Christa McAuliffe*, als die „Challenger" auf ihrem 10. Flug 73 Sekunden nach dem Start explodierte. Dieses Unglück wurde zum nationalen Trauma und führte zu einer mehrjährigen Unterbrechung der US-Raumfahrtprojekte. Das US-Space-Shuttle „Columbia" verunglückte auf seinem 28. Flug am 1.2.2003 während des Landevorgangs. Die sieben Besatzungsmitglieder *Rick Husband, William McCool, Michael Anderson, Kalpana Chawla, David Brown, Laurel Clark* und *Ilan Ramon* kamen nach dem am 16.1.2003 problemlos gestarteten zweiwöchigen Flug ums Leben. Es soll beim Wiedereintritt in die Erdatmosphäre zu Komplikationen am Hitzeschutzschild gekommen sein, woraufhin die Raumfähre beim Landeanflug auf Florida in etwa 60 km Höhe über Texas explodierte. Am 31.10.2014 zerbrach das Space Ship Two, ein für den privaten Weltraumtourismus vom Unternehmen „Virgin Galactic" entworfenes Raumfahrzeug, während eines Testflugs. Der namentlich nicht bekannte Co-Pilot kam ums Leben, der Pilot überlebte nach Betätigung des Schleudersitzes schwer verletzt.

---

[21] *Hansen*, Aufbruch zum Mond, 2018, S. 195 ff.

§ 2 Geschichte des Weltraumrechts

I. Anlass erster Regelungen

1. Erklärung Eisenhowers von 1955

Die ersten weltraumrechtlichen Regelungen wurden als Reaktion auf den in den 1950er Jahren zwischen der Sowjetunion und den USA begonnenen Wettlauf in den Weltraum („Race to Space") erlassen. In einer Erklärung vom Juli 1955 verkündete US-Präsident *Dwight D. Eisenhower*, dass die USA im Internationalen Geophysikalischen Jahr (1.7.1957–31.12.1958) einen Weltraumgegenstand konstruieren würden, um ihn mit einer Rakete auf eine Erdumlaufbahn in ca. 500 km Höhe zu befördern. Er sollte die Erde als künstlicher Mond umkreisen und wichtige Forschungsdaten liefern. Das Internationale Geophysikalische Jahr war dazu bestimmt worden, Forscher von 64 Nationen zur gemeinsamen Untersuchung der Erde und ihrer näheren Umgebung zusammenzuführen.[1] Diese Wissenschaftsinitiative ging nicht von den Vereinten Nationen aus, sondern vom Internationalen Wissenschaftsrat, einem bereits 1931 gegründeten Dachverband der wissenschaftlichen Gesellschaften und wissenschaftlichen Akademien mit Sitz in Paris.

Unmittelbar nach der Erklärung *Eisenhowers* kündigte die Sowjetunion an, dass der erste erdumkreisende Satellit ein sowjetischer Satellit sein werde, an dem sowjetische Wissenschaftler bereits bauen würden. Diese technische Meisterleistung gelang am 4.10.1957 tatsächlich der Sowjetunion mit dem Start des Kleinsatelliten „Sputnik 1". Die aktive Raumfahrt hatte mit diesem Ereignis begonnen und verdeutlichte der Welt, dass die technischen Voraussetzungen vorhanden waren, um diesen neuen Interaktionsraum zum Nutzen der Menschheit zu erschließen.

1

2

2. Sputnik 1 und Explorer 1

Sputnik 1, der von der Sowjetunion gestartete erste erdumkreisende Weltraumgegenstand, hatte eine Kugelgestalt und ein Gewicht von 83 kg. Dieses epochale technische Ereignis, für das der verantwortliche Raketenkonstrukteur *Sergej Koroljow* den Physik-Nobelpreis 1957 erhalten sollte, aber aus Gründen der sowjetischen Geheimhaltungspolitik nicht bekam (siehe oben), soll nach herkömmlichem Ver-

3

---

[1] *Sullivan*, Angriff auf das Unbekannte. Das internationale geophysikalische Jahr, 1962; *Richers*, APuZ 29–30/2019, 11 (12).

ständnis einen Schock, den „Sputnik-Schock" in den USA ausgelöst haben.[2] Nach dieser – kaum in Frage gestellten – Lesart sollen die USA vollkommen überrascht gewesen sein, über welches technisch-wissenschaftliche Knowhow die – vom Krieg wirtschaftlich noch sehr geschwächte – Sowjetunion verfügte.

4   Ob diese Überlieferung eines „Schocks" tatsächlich historisch belegbar ist oder nicht vielmehr eine medial willkommene politische Zuschreibung im schon begonnenen Kalten Krieg war, erscheint fraglich. Ein Schock setzt ein völlig unerwartetes Ereignis voraus, auf das der Betroffene nicht oder nur sehr langsam reagieren kann. Das mag allenfalls beim breiten Publikum der Fall gewesen sein. Die Annahme einer solchen Überraschung dürfte jedoch zumindest die seinerzeitigen Erkenntnisse der US-Politik und der US-Geheimdienste zu geringschätzen. In beiden Großmächten war jedenfalls überschlägig bekannt, dass die Gegenseite im Jahr 1957 mit Hochdruck an dem ersten Satelliten baut. Auch die Ankündigung *Eisenhowers* und die sofortige Erwiderung der Sowjetunion im Sommer 1955 widerlegen die These eines Schocks. Sowohl für westliche Naturwissenschaftler als auch für gut informierte Laien hatte es sogar in der internationalen Presse schon im Vorfeld zahlreiche Hinweise auf einen baldigen Satellitenstart gegeben, etwa sowjetische Agenturmeldungen (Agentur „TASS") über die geplante Umlaufhöhe und die exakten Radiofrequenzen, auf denen die piepsenden Signale des Satelliten zu empfangen sein werden.[3] Es war demnach nur eine Frage der Zeit, wer von beiden Staaten diesen Wettlauf in der Technikgeschichte gewinnen würde. Wer deshalb vom „Sputnik-Schock" der USA spricht, verkennt den damaligen gegenseitigen Kenntnisstand und die gerade im Kalten Krieg hochprofessionalisierten Informationskanäle.

5   Die USA starteten ihren ersten Satelliten „Explorer 1" am 31.1.1958 (Ortszeit) von Cape Canaveral/Florida. Seine Gesamtmasse betrug nur rd. 14 kg. Die für das Erreichen der Erdumlaufbahn eingesetzte Jupiter-Rakete, eine mittelbare Nachfolgerin der deutschen V2-Rakete, wurde von *Wernher von Braun* konstruiert (siehe oben). Der Satellit lieferte zahlreiche Messdaten über die Ionosphäre. Am 31.3.1970 verglühte Explorer 1 in ca. 100 km Höhe.

II. Errichtung des UN-Weltraumausschusses

1. Ad-hoc-Ausschuss

6   Nach den erfolgreichen Satellitenstarts, denen in den Jahren 1957/58 noch weitere folgten – darunter der Start von Sputnik 2 am 3.11.1957 mit der Hündin *Laika* als erstem Lebewesen im Weltraum –, traten einerseits die Sowjetunion (März 1958) und andererseits die USA (September 1958) an die Vereinten Nationen mit Vorschlägen für die internationale Zusammenarbeit in Weltraumangelegenheiten heran.

---

2 Launius/Logsdon/Smith (eds.), Reconsidering Sputnik. Forty Years Since the Soviet Satellite, 2000; *Dickson*, Sputnik. The Shock of the Century, 2001.
3 So zutreffend *Richers*, APuZ 29–30/2019, 11 (12).

US-Außenminister *Dulles* schlug der UN-Generalversammlung am 18.9.1958 die Errichtung eines Ad-hoc-Ausschusses vor „to prepare for a fruitful program on international cooperation in the peaceful uses of outer space."[4] Diesem Ansinnen kamen die Vereinten Nationen sodann zügig nach. Die UN-Generalversammlung beschloss am 13.12.1958 die Errichtung eines Ad-hoc-Ausschusses für die friedliche Nutzung des Weltraums.[5] An diesem Errichtungsbeschluss waren trotz seiner Kürze drei Aspekte perspektivisch bedeutsam:

Erstens werden in der bereits auffällig langen Präambel zahlreiche Erwägungen angestellt, die sich später in den materiellen Regelungen des Weltraumrechts wiederfinden. So werden das gemeinsame Interesse der Menschheit am Weltraum sowie die Erwartung betont, dass der Weltraum nur für friedliche Zwecke genutzt werden soll. Außerdem sollen nationale Rivalitäten vermieden, die internationale und wissenschaftliche Kooperation gefördert und neue Dimensionen der menschlichen Existenz im Weltraum erforscht werden. Einen bedeutenden Beitrag hierzu sah die UN-Generalversammlung in der Schaffung einer internationalen Einrichtung.

Zweitens wurde der Ad-hoc-Ausschuss als institutionelles Forum eingesetzt. Er sollte gegenüber der UN-Generalversammlung über den Stand der internationalen Kooperation in Weltraumangelegenheiten berichten. Dabei sollten alle Staaten berücksichtigt werden, und zwar unabhängig von ihrer wirtschaftlichen oder wissenschaftlichen Entwicklung. Auch dieser Aspekt – die absolute Gleichbehandlung aller Staaten in Bezug auf den Weltraum – avancierte später zu einem weltraumrechtlichen Grundprinzip.[6]

Für die Entwicklung des Weltraumrechts von besonderer Bedeutung war jedoch drittens, dass der Ausschuss die Aufgabe erhielt, über Rechtsprobleme zu berichten, die bei der Durchführung von Programmen zur Erforschung des Weltraums entstehen können. Exakt dieser Berichtsauftrag stellt den Beginn des materiellen Weltraumrechts auf internationaler Ebene dar. Die UN-Resolution von 1958 bahnte daher in klug vorausschauender Weise den Weg für ein UN-Weltraumrecht, dessen Ausgestaltung sodann auch im Schrifttum zunehmend intensiver diskutiert wurde.[7]

2. Ständiger Ausschuss

Ein Jahr später und nach einem Grundsatzbericht[8] des Ad-hoc-Ausschusses wurde dieser in einen ständigen UN-Weltraumausschuss umgewandelt.[9] Grundlage hier-

---

[4] Department of State Bulletin 1958, S. 529; *Böckstiegel*, in: ders., HdWR, 1991, S. 9.
[5] A/Res. 1348 (XIII); *Fasan*, Weltraumrecht, 1965, S. 22 ff.
[6] *Fawcett*, Weltraumrecht, 1970, S. 13.
[7] *Probst*, ZaöRV 19 (1958), 637 ff.; *v. Münch*, AVR 8 (1959/60), 151 ff.; *Bödigheimer*, EA 1959, 172 ff.; *Meyer*, in: FS Schätzel, 1960, S. 317 ff.; *Hartwig*, NJW 1962, 1593 ff.; *Rehm*, EA 1962, 235 ff.; *Schwenk*, VN 1963, 124 ff.
[8] UN Doc. A/4141 vom 14.7.1959.
[9] *Böckstiegel*, in: ders., HdWR, 1991, S. 1 (10); *Fasan*, Weltraumrecht, 1965, S. 25.

für war eine weitere Resolution der UN-Generalversammlung vom 12.12.1959.[10] Diese bestätigte die grundsätzlichen Erwägungen zur friedlichen Nutzung des Weltraums. Außerdem wurde nun das „Comittee on the Peaceful Uses of Outer Space" (COPUOS) errichtet. Erneut forderte die UN-Generalversammlung den UN-Weltraumausschuss auf, über die möglicherweise entstehenden Rechtsprobleme zu berichten, die aus der Erforschung des Weltraums resultieren. Mit dem ständigen UN-Weltraumausschuss hat die Beschäftigung der Vereinten Nationen mit Weltraumangelegenheiten eine sachgerechte Institutionalisierung erfahren, die sich bis heute bewährt hat. Der UN-Weltraumausschuss erhielt einen rechtlichen Unterausschuss („Legal Subcommittee") und einen wissenschaftlich-technischen Unterausschuss („Scientific and Technical Subcommittee"). Innerhalb dieser Subcommittees gibt es weitere spezifische Arbeitsgruppen. Sitz des UN-Weltraumausschusses ist Wien.

III. Resolutionen der UN-Generalversammlung von 1961–1963

11   Nach der Schaffung des institutionellen Grundgerüsts für die Erörterung von Weltraumangelegenheiten waren die folgenden Jahre von einer verstärkten und vom UN-Weltraumausschuss vorbereiteten Tätigkeit der UN-Generalversammlung geprägt.[11] Obwohl die von ihr erlassenen Resolutionen völkerrechtlich nicht verbindlich sind,[12] besitzen sie als soft law gleichwohl einen empfehlenden Charakter für die UN-Mitgliedstaaten. Die in diesem Kontext erste wesentliche Resolution vom 20.12.1961[13] empfahl den Staaten,

1. dass das Völkerrecht auf den Weltraum und seine Himmelskörper Anwendung finden soll,
2. dass deren Erforschung und Nutzung allen Staaten offenstehen sollen und
3. dass jene nicht nationaler Aneignung unterliegen sollen.

12   Die zweite relevante Resolution vom 17.10.1963[14] begrüßte die Erklärungen der Sowjetunion und der USA, keine Objekte, die nukleare Waffen oder andere Massenvernichtungswaffen tragen, im Weltraum zu stationieren und rief zugleich alle Staaten auf, keine Massenvernichtungswaffen im freien Weltraum und auf Himmelskörpern zu platzieren.

13   Die bedeutendste dieser Resolutionen aus den frühen 1960er Jahren war die Resolution 1962 (XVIII) vom 13.12.1963.[15] Sie enthält die „Erklärung von Rechtsgrundsätzen zur Regelung der Tätigkeiten von Staaten bei der Erforschung und Nutzung des Weltraums". Die zentralen Aussagen der darin aufgestellten Grundsätze lauten:

---
10 A/Res. 1472 (XIV).
11 *Böckstiegel*, in: ders., HdWR, 1991, S. 1 (10 f.).
12 *von Arnauld*, Völkerrecht, 4. Aufl. (2019), Rn. 276.
13 A/Res. 1721 (XVI).
14 A/Res. 1884 (XVIII).
15 A/Res. 1962 (XVIII).

1. Die Erforschung und die Nutzung des Weltraums werden zum Nutzen und im Interesse der gesamten Menschheit durchgeführt.
2. Der Weltraum und die Himmelskörper stehen der Erforschung und Nutzung durch alle Staaten auf der Grundlage der Gleichheit und in Übereinstimmung mit dem Völkerrecht offen.
3. Der Weltraum und die Himmelskörper unterliegen nicht der nationalen Aneignung durch Hoheitsansprüche, durch das Mittel der Nutzung oder Okkupation oder durch sonstige Mittel.
4. Die Tätigkeiten der Staaten bei der Erforschung und Nutzung des Weltraums sind in Übereinstimmung mit dem Völkerrecht, einschließlich der Satzung der Vereinten Nationen, im Interesse der Aufrechterhaltung des internationalen Friedens und der internationalen Sicherheit […] durchzuführen.
5. Die Staaten tragen die völkerrechtliche Verantwortlichkeit für die nationalen Tätigkeiten im Weltraum, gleichgültig, ob sie durch staatliche oder nichtstaatliche Stellen durchgeführt werden; sie gewährleisten, dass die nationalen Tätigkeiten gemäß den in dieser Erklärung aufgestellten Grundsätzen erfolgen. Die Tätigkeiten nichtstaatlicher Stellen im Weltraum bedürfen der Genehmigung und laufenden Aufsicht durch den betreffenden Staat. Werden Tätigkeiten im Weltraum durch eine internationale Organisation durchgeführt, so obliegt die Verantwortlichkeit für die Befolgung der in dieser Erklärung aufgestellten Grundsätze der internationalen Organisation und den an ihr beteiligten Staaten.
6. Die Staaten haben sich bei der Erforschung und Nutzung des Weltraums von dem Grundsatz der Zusammenarbeit und gegenseitigen Unterstützung leiten zu lassen […].
7. Der Staat, in dessen Register ein in den Weltraum entsandter Gegenstand geführt wird, behält die Gerichtsbarkeit und die Kontrolle über diesen Gegenstand und die in ihm befindlichen Personen während der Zeit, in welcher er sich im Weltraum befindet. Das Eigentum an in den Weltraum entsandten Gegenständen sowie an ihren Bestandteilen wird durch ihre Durchquerung des Weltraums oder durch ihre Rückkehr zur Erde nicht berührt. […]
8. Jeder Staat, der einen Gegenstand in den Weltraum entsendet, oder die Entsendung besorgt, sowie jeder Staat, von dessen Gebiet oder Anlage aus ein Gegenstand entsandt wird, haftet völkerrechtlich für Schäden, die einem fremden Staat oder dessen natürlichen oder juristischen Personen durch einen derartigen Gegenstand oder Bestandteile davon auf der Erde, im Luftraum oder im Weltraum zugefügt werden.
9. Die Staaten haben die Raumfahrer als Boten der Menschheit im Weltraum anzusehen und ihnen jede mögliche Hilfe bei Unfall, Gefahr oder Notlandung auf dem Gebiet eines fremden Staats oder auf hoher See zu gewähren. Raumfahrer, die eine derartige Landung vornehmen, sind sicher und unverzüglich in den Staat zurückzuführen, in welchem ihr Raumfahrzeug eingetragen ist.

14 Die Resolution 1962 (XVIII) war für die **Ausgestaltung des materiellen Weltraumrechts** von erheblicher Bedeutung.[16] Die meisten der von ihr fixierten Rechtsgrundsätze haben einen Konkretisierungsgrad, der über die bisher verwendeten Termini „Interesse aller Staaten" oder „Kooperation zwischen allen Staaten" hinausgeht. Die niedergelegten Rechtsgrundsätze sind dann später mit maßgeblichem Gewicht in den 1966 erarbeiteten und am 27.1.1967 unterzeichneten Weltraumvertrag eingeflossen.[17] Zudem ist diese Resolution einstimmig beschlossen worden, was einen übergreifenden Konsens hinsichtlich der genannten Rechtsgrundsätze ausdrückt. In der Geschichte des Weltraumrechts nimmt diese Resolution daher einen herausgehobenen Platz ein.

15 Die letzte Resolution in diesem Kontext ist ebenfalls am 13.12.1963 angenommen worden.[18] Ihr bedeutendster Gehalt lag in der Empfehlung der UN-Generalversammlung an die Staaten, die „Rechtsgrundlagen zur Regelung der Tätigkeiten von Staaten bei der Erforschung und Nutzung des Weltraums", soweit es als zweckmäßig erachtet wird, **in Form einer internationalen Vereinbarung** zu verankern. Damit wurde ein Prüfungsauftrag erteilt, ob diese Rechtsgrundsätze in verbindliches Völkerrecht überführt werden sollten.

---

16 Dazu *Fawcett*, Weltraumrecht, 1970, S. 13 ff.
17 *Schladebach*, NVwZ 2008, 53 (54).
18 A/Res. 1963 (XVIII).

§ 3 Begriff des Weltraumrechts

I. Begriffsvielfalt

Mit dem Aufkommen erster Regelungen über die Erforschung und Nutzung des Weltraums wurde – wie schon früher beim Seerecht oder dem Luftrecht – versucht, diese neu entstehende Rechtsmaterie wissenschaftsdogmatisch einzuordnen und insbesondere begrifflich zu erfassen. Die Suche nach einer geeigneten Begrifflichkeit für ein neues Rechtsgebiet sieht sich – gerade im Völkerrecht – der Schwierigkeit ausgesetzt, multipolare Interessen und Impulse zu berücksichtigen und sodann zusammenzuführen. So muss nicht nur ein gemeinsames inhaltliches Verständnis geschaffen, sondern hierfür auch ein **international konsentierter Begriff** gefunden werden. Zwar sollte eine solche Begriffsentwicklung nicht überbewertet werden, da eine einzig richtige und allgemeinverbindliche Definition von niemandem verbindlich vorgegeben werden kann. Jedoch kann an eine Begriffsbestimmung die berechtigte Erwartung gerichtet werden, eine gemeinsame Sprachregelung zu finden, die eine rationale Kommunikation zwischen den Weltraumjuristen ermöglicht. Dies kann mit *Böckstiegel* als „funktionale" Begriffsbestimmung des Weltraumrechts bezeichnet werden.[1]

Ähnliche Diskussionen fanden etwa zum Begriffspaar „Air Law/Aviation Law", „Internet Law/Cyber Law" oder „International Investment Law/Investment Protection Law" statt. Die Debatten um kleinere begriffliche Nuancierungen machen hier wie da das Ringen um eine klare, international anerkannte Begriffsbestimmung deutlich. So war es auch nicht verwunderlich, dass gerade in der **Entwicklungsphase des Weltraumrechts** zunächst unterschiedliche Bezeichnungen verwendet wurden.

Für das neu entstehende Rechtsgebiet wurden neben dem deutschen „Weltraumrecht" auch „Raumfahrtrecht"[2], „Raumvölkerrecht", „Space Law", „Outer Space Law", „Law of Outer Space", „Astronautical Law", „Interplanetary Law"[3], „Interstellar Law", „Extraterrestial Law", „Cosmic International Law"[4], „Satellite Law" sowie Begriffe in anderen Sprachen, insbesondere in französischer Sprache (droit spatial, droit de l'espace, droit interplanétaire, droit astronautique, droit aérospatial) benutzt.[5]

---

1 *Böckstiegel*, in: ders., HdWR, 1991, S. 1 (6).
2 *von Kries/Schmidt-Tedd/Schrogl*, Grundzüge des Raumfahrtrechts, 2002.
3 *Buecking*, Interplanetarisches Kooperationsrecht, 1960.
4 *Vazquez*, Cosmic International Law, 1965.
5 Überblick bei *Böckstiegel*, ebd., S. 6 f.

II. Begriffsbestimmung

4 Betrachtet man diese Begriffsvielfalt näher, so wird deutlich, dass die jeweils damit angesprochenen Inhalte im Wesentlichen dieselben sind. Durchgesetzt haben sich die gleichbedeutenden Begriffe „Weltraumrecht" bzw. englisch „Space Law"[6] oder „Law of Outer Space". Unter „Weltraumrecht" wird demnach **übereinstimmend** verstanden:

„Die Gesamtheit der Rechtsnormen, die die Erforschung und Nutzung des Weltraums durch den Menschen betreffen."[7]

5 Zu dieser Normengesamtheit gehören vor allem völkerrechtliche Normen, die in multilateralen Abkommen niedergelegt sind. Dieser Regelungsbestand wird durch zahlreiche unverbindliche Resolutionen der UN-Gremien (UN-Generalversammlung, UN-Weltraumausschuss) ergänzt. Weltraumrecht ist daher in erster Linie Völkerrecht und stellt als solches Besonderes Völkerrecht dar. Es reiht sich insofern in die sich kontinuierlich ausdifferenzierenden völkerrechtlichen Teilrechtsordnungen ein, wie es zuvor bereits beim Seerecht, Luftrecht, Wirtschaftsrecht, Umweltrecht oder Humanitären Völkerrecht geschehen ist. Das Weltraumrecht baut den Bestand an besonderem Völkerrecht, genauer **raumbezogenem Völkerrecht**, weiter aus. Es kann deshalb nicht als Kuriosität belächelt, als politische Symbolik abgetan, als Gemeinsinn stiftende Rhetorik diskreditiert, als zu besonderer Rechtfertigung aufgefordert und ihm folglich die Charakterisierung als Recht mit arroganter Grunddiktion abgesprochen werden.

6 Weltraumrecht ist zu einem kleineren Teil auch **EU-Recht** und **nationales Recht**. Gerade der Ausbau nationaler weltraumrechtlicher Regelungen schreitet derzeit rasant voran. Denn die Raumfahrt betreibenden Staaten werden sich immer mehr bewusst, ihren international übernommenen Verpflichtungen zur Normierung eines Genehmigungs- und Kontrollverfahrens auch für nichtstaatliche Tätigkeiten im Weltraum nachzukommen. Diese schon eingeführten oder noch einzuführenden innerstaatlichen Vorschriften ändern indes an der im Kern völkerrechtlich grundierten Weltraumrechtsordnung nichts.

7 Mit Blick auf die Rechtstheorie lässt sich das Weltraumrecht als **eigenständiges Rechtsgebiet** einordnen. Es dürfte gesicherter rechtstheoretischer Erkenntnis entsprechen, dass ein Rechtsgebiet durch drei wesentliche Merkmale geprägt wird: (1) Eine Vielzahl von Regelungen, denen (2) eine bereichsspezifische Zielsetzung, gemeinsame Prinzipien und eine Systematik zugrunde liegen und die (3) eine Kodifizierung erfahren haben.[8] Alle diese Voraussetzungen werden vom Weltraumrecht erfüllt, wie an späterer Stelle zu zeigen sein wird.

8 Die Herausbildung des Weltraumrechts kann darüber hinaus nicht als Beleg für die bereits im Ansatz verfehlte Debatte um eine **sog. Fragmentierung des Völker-**

---

6 *Hobe*, Space Law, 2019; *Lyall/Larsen*, Space Law. A Treatise, 2nd. ed., 2018; *Jakhu/Dempsey*, Handbook of Space Law, 2016; *Catalano Sgrosso*, International Space Law, 2011.
7 *Schladebach*, JuS 2008, 217 (218); *Böckstiegel*, ebd., S. 7.
8 Dazu *Korte*, in: Kirchhof/Korte/Magen, Öffentliches Wettbewerbsrecht, 2014, § 3 Rn. 4 ff.

rechts verwendet werden.⁹ Diese grundlos begonnene Debatte versuchte künstlich zu problematisieren, dass sich die Völkerrechtsordnung nicht systematisch und kohärent, sondern nur punktuell und ungleichzeitig fortentwickelte. Hierin sollte eine Gefahr für das Völkerrecht liegen, weil jenes sich zunehmend als „fragmentiert" darstelle. Übersehen wurde dabei, dass die Fortentwicklung des Völkerrechts ein rundum positiver Umstand ist, da international vereinbarte Regelungen immer stärker verschiedene Lebens- und Wirtschaftsbereiche der Staaten durchdringen. Wie man in dem Zuwachs an völkerrechtlichen Regelungen einen Nachteil erblicken kann, erschließt sich nicht. Der Ausbau des Völkerrechts ist, so speziell und gegenständlich beschränkt er auch sein mag, stets etwas Positives. Die mit einem Negativverdikt geführte Fragmentierungsdebatte ist daher nicht nur generell eine für das Völkerrecht destruktive Scheindiskussion, sondern darf erst recht nicht die wertvollen Errungenschaften im Weltraumrecht relativieren.

III. Alternativkonzeption

In der Entstehungsphase des Weltraumrechts sind darüber hinaus auch Alternativkonzeptionen angedacht worden, die hier nur aus rechtsgeschichtlichen Gründen ergänzend erwähnt werden sollen.

9

1. Ausgangspunkt

Mit bemerkenswerten philosophischen und z. T. auch theologischen Erwägungen wurde bemängelt, dass ein allein erdzentrierter Ansatz bei der Schaffung von Weltraumrecht unzureichend sei. Wer den Weltraum und seine rechtliche Ordnung nur aus der Perspektive der Erde gestalten wolle, übersehe, dass man damit die Rechtspositionen von – gegebenenfalls vorhandenen – außerirdischen Lebewesen ungefragt mitregeln würde. Einen solchen Anspruch dürfe das Weltraumrecht nicht haben. Es maße sich damit Befugnisse für einen Raum an, dessen rechtliche Regelung auch andere Lebewesen berücksichtigen müsse.

10

2. Meta Law

Der österreichische Weltraumrechtler *Ernst Fasan* hat hierfür das Konzept des „Meta Law" vorgeschlagen.¹⁰ Es zielt stärker auf die Frage ab, wie ein friedliches Begegnen und Zusammenleben mit **außerirdischen Lebensformen** rechtlich orga-

11

---

9 Diese Debatte schließt an *Koskenniemi*, Report of the Study Group of the ILC: Fragmentation of International Law. Difficulties arising from the Diversification and Expansion of International Law, 2006, A/CN.4/L.682 an; dazu *Thiele*, AVR 46 (2008), 1 ff.; *Martineau*, LJIL 22 (2009), 1 ff.; *Sieber*, Max Planck UNYB 14 (2010), 1 ff.; *Vranes*, ZÖR 65 (2010), 87 ff.; *von Arnauld*, Völkerrecht, 4. Aufl. (2019), Rn. 33.
10 *Fasan*, Weltraumrecht, 1965, S. 148 ff.

nisiert werden kann. Denn zumindest die Möglichkeit des Zusammentreffens mit anderen Intelligenzen könne nicht geleugnet werden.[11] Für diese intersubjektiven Kommunikationsanlässe unterbreitet *Fasan* Vorschläge. So könnte man daran denken, die Zehn Gebote aus der Bibel zum rechtlichen Maßstab friedlicher Begegnungen mit Außerirdischen zu erheben. Denkbar sei auch, den kategorischen Imperativ *Immanuel Kants* anzuwenden. Schließlich könnten auch einige Grundsätze aus der UN-Charta als rechtliche Vorgaben verwendet werden. Hier böten sich das Gewalt- und Interventionsverbot aus Art. 2 UN-Charta an. Allerdings wird dann insoweit unterstellt, dass diese Werte auch für die Lebenswelt der außerirdischen Lebewesen leitend sind. Die Konzeption eines „Meta Law" hat sich in der Weltraumrechtswissenschaft nicht durchgesetzt.

---

11 *Fasan*, Weltraumrecht, 1965, S. 145; dazu jüngst *Anton/Schetsche*, APuZ 29–30/2019, 40 ff.

§ 4 Regelungsbestand des Weltraumrechts

I. Rechtsquellen

Das Weltraumrecht weist völkerrechtliche, europarechtliche und nationale Rechtsquellen auf. Unter ihnen nimmt das Völkerrecht den wichtigsten Platz ein, denn die Vereinten Nationen bilden das zentrale Diskussions- und Rechtsetzungsforum für die Erforschung und Nutzung des Weltraums.

1. Völkerrecht

Die Quellen des Weltraumrechts folgen aus dessen Begriff. Wird „Weltraumrecht" hauptsächlich als Völkerrecht und in kleinerem Umfang als nationales Recht verstanden, so sind auch die Rechtsquellen dieser beiden Bereiche für die systematische Erfassung des Weltraumrechts maßgebend.[1] Für das völkerrechtliche Weltraumrecht gelten daher die Völkerrechtsquellen, wie sie allgemein von **Art. 38 I IGH-Statut** kategorisiert werden:

a) internationale Übereinkünfte allgemeiner oder besonderer Natur, in denen von den streitenden Staaten ausdrücklich anerkannte Regeln festgelegt sind;
b) das internationale Gewohnheitsrecht als Ausdruck einer allgemeinen, als Recht anerkannten Übung;
c) die von den Kulturvölkern anerkannten allgemeinen Rechtsgrundsätze;
d) vorbehaltlich des Artikels 59 richterliche Entscheidungen und die Lehrmeinungen der fähigsten Völkerrechtler der verschiedenen Nationen als Hilfsmittel zur Feststellung von Rechtsnormen.

Innerhalb dieser als echte Rechtsquellen einerseits (a–c) und als Rechtserkenntnisquellen andererseits (d) bezeichneten Völkerrechtsquellen stellen völkerrechtliche Verträge nach Buchstabe a) den größten Teil des Weltraumrechts dar. Auf deren Abschluss und insbesondere deren Auslegung ist das **Wiener Übereinkommen über das Recht der Verträge von 1969**[2] anwendbar, was zwar erst nach dem Abschluss der meisten weltraumrechtlichen Verträge in Kraft getreten ist,[3] aber nach über-

---

[1] *Böckstiegel*, in: ders., HdWR, 1991, S. 17; umfassend dazu auch *Jakhu/Freeland/Chen*, The Sources of International Space Law: Revisited, ZLW 2018, 606 ff.
[2] 1155 UNTS 331; BGBl. 1985 II S. 927.
[3] Für Deutschland am 20.8.1987 (BGBl. 1987 II S. 757).

wiegender Auffassung das bereits zuvor geltende Völkergewohnheitsrecht lediglich kodifiziert hat.[4]

a) Weltraumrechtliche Verträge

4 Das Weltraumrecht besteht im Wesentlichen aus **fünf völkerrechtlichen Verträgen**. Daneben existieren weitere Abkommen, die jedoch nur Einzelaspekte betreffen und daher für die Grundarchitektur des Weltraumrechts von lediglich untergeordneter Bedeutung sind. Die fünf großen weltraumrechtlichen Verträge zeichnen sich dagegen durch inhaltlich umfangreiche Regelungen und zumeist eine Verknüpfung untereinander aus. In chronologischer Reihenfolge ihres Abschlusses sind zu nennen:

– Vertrag über die Grundsätze zur Regelung der Tätigkeiten von Staaten bei der Erforschung und Nutzung des Weltraums einschließlich des Mondes und anderer Himmelskörper vom 27.1.1967[5] („Weltraumvertrag" = WRV),
– Übereinkommen über die Rettung und Rückführung von Raumfahrern sowie die Rückgabe von in den Weltraum gestarteten Gegenständen vom 22.4.1968[6] („Weltraumrettungsübereinkommen" = WRÜ),
– Übereinkommen über die völkerrechtliche Haftung für Schäden durch Weltraumgegenstände vom 29.3.1972[7] („Weltraumhaftungsübereinkommen" = WHÜ),
– Übereinkommen über die Registrierung von in den Weltraum gestarteten Gegenständen vom 14.1.1975[8] („Weltraumregistrierungsübereinkommen" = WRegÜ),
– Übereinkommen zur Regelung der Tätigkeiten von Staaten auf dem Mond und anderen Himmelskörpern vom 18.12.1979[9] („Mondvertrag" = MondV).

5 Ergänzend ist zu erwähnen, dass ein weiteres Übereinkommen mit weltraumrechtlich großer Relevanz existiert, das allerdings nicht zu den zentralen fünf Abkommen gezählt werden kann:

– Übereinkommen über die Zusammenarbeit bei der zivilen internationalen Raumstation vom 29.1.1998[10] („ISS-Übereinkommen" = ISS-Ü)

6 Dieses Übereinkommen ist zum einen „nur" ein **Regierungsabkommen** zwischen einigen nationalen Raumfahrtagenturen und zum anderen hinsichtlich der Vertragsparteien nicht beitrittsoffen konzipiert.[11] Als Vertragsparteien fungieren die USA,

---
[4] IGH, Urt. v. 25.9.1997, ICJ Rep. 1997, 7 (38); *Ipsen/Heintschel von Heinegg*, Völkerrecht, 7. Aufl. (2018), vor § 12 Rn. 5.
[5] 610 UNTS 205; BGBl. 1969 II S. 1967.
[6] BGBl. 1971 II S. 237.
[7] BGBl. 1975 II S. 1209.
[8] BGBl. 1979 II S. 650.
[9] A/Res/34/68 (1979); ILM 18 (1979), 1434.
[10] BGBl. 1998 II S. 2445; dazu *Nagel*, ZLW 1998, 143 ff.; *von Kries/Schmidt-Tedd/Schrogl*, Grundzüge des Raumfahrtrechts, 2002, S. 220 ff. Das ISS-Übereinkommen ist für Deutschland am 28.6.2005 in Kraft getreten (BGBl. 2006 II S. 152).
[11] *Schladebach*, ZLW 2013, 709 ff.

Russland, die European Space Agency (ESA), Japan und Kanada. Einige andere Staaten, wie etwa Brasilien, kooperieren mit den ISS-Partnern, können aber nicht echte Vertragsparteien werden, weil dieses Abkommen auf die genannten Vertragsparteien beschränkt ist.

Die Verbindung zwischen den Verträgen besteht darin, dass der von 1967 stammende Weltraumvertrag wegen seines Grundsatzcharakters durch die Abkommen 2–5 **konkretisiert** werden sollte und auch konkretisiert worden ist.[12] So wird die in Art. V WRV statuierte Pflicht zur Rettung von in Not geratenen Raumfahrern durch das Weltraumrettungsübereinkommen spezifiziert. Das Weltraumhaftungsübereinkommen hat diese Aufgabe für Art. VII WRV, das Weltraumregistrierungsübereinkommen für Art. VIII WRV übernommen. Nachdem bereits der Weltraumvertrag ausweislich seines Titels auch für den Mond Geltung beansprucht, sollte dieser der Erde nächst gelegene Himmelskörper – insbesondere auch wegen den erfolgreichen Mondlandungen der USA zwischen 1969 und 1972 – einem speziellen weltraumrechtlichen Regime unterworfen werden. Der sodann 1979 geschlossene Mondvertrag wurde allerdings nur von 18 Staaten ratifiziert und trat am 11.7.1984 nur für die damals und später ratifizierenden Staaten in Kraft. Alle bedeutenden Raumfahrtnationen haben den Mondvertrag hingegen nicht ratifiziert, wodurch er praktisch bedeutungslos blieb.[13]

b) Weltraumgewohnheitsrecht

Die Entstehung von Völkergewohnheitsrecht setzt nach Art. 38 I b) IGH-Statut eine allgemeine Übung und eine darauf gerichtete Rechtsüberzeugung voraus. Die Voraussetzung einer „**allgemeinen Übung**" als sog. objektives Element des Gewohnheitsrechts verlangt eine einheitliche Staatenpraxis, die – um überhaupt eine „Praxis" darstellen zu können – von einer gewissen Dauer sein muss. Die Staatenpraxis muss darüber hinaus von der Überzeugung getragen sein, dass es sich bei der Praxis auch tatsächlich um Recht handelt („opinio iuris"). Dies wird als „subjektives Element" der Entstehung von Gewohnheitsrecht bezeichnet.

Welche staatlichen Akte erforderlich sind, um zunächst eine **Staatenpraxis** zu schaffen und sodann eine hierauf bezogene Rechtsüberzeugung, also einen rechtlichen Bindungswillen, auszudrücken, kann nicht abschließend erörtert werden und muss der Diskussion im allgemeinen Völkerrecht vorbehalten bleiben. Generell wird man dazu sämtliche in offizieller Form verkündete Erklärungen von Regierungsvertretern eines Staates verstehen können, die jene in Bezug auf eine völkerrechtliche Angelegenheit abgegeben haben. Gerade aber wegen der als Konsequenz eintretenden rechtlichen Bindungswirkung des Völkergewohnheitsrechts als bedeutende Rechtsquelle ist insoweit vieles umstritten. Angesichts des Umstands, dass eine länger andauernde Staatenpraxis sich durch eine gemeinsame Rechtsüberzeugung zu einer allgemein anerkannten Rechtsnorm verdichten kann, dürfte die Ein-

---

[12] *Schladebach*, JuS 2008, 217 (218).
[13] *Schladebach*, APuZ 29–30/2019, 26 (27).

schätzung zutreffend sein, dass das Völkergewohnheitsrecht gegenüber dem Völkervertragsrecht das ursprünglichere, weil länger „gewachsene" Völkerrecht bildet.

10 Ob diese Entstehungsvoraussetzungen nach allgemeinem Völkerrecht auch für das Weltraumrecht als Besonderem Völkerrecht Relevanz haben, ob sich also auch **„Weltraumgewohnheitsrecht"** bilden kann, wurde in der Vergangenheit durchaus unterschiedlich beurteilt. So ist zum Teil vertreten worden, dass auf eine länger andauernde Staatenpraxis verzichtet werden könne und allein die staatliche Zustimmung zu weltraumrechtlichen UN-Resolutionen, also mithin die Rechtsüberzeugung, für die Entstehung von Weltraumgewohnheitsrecht ausreiche. Letzteres könne sich daher mit dem Bekenntnis zu einem geschriebenen Rechtsakt sofort („instant") bilden. In technisch-geprägten Bereichen wie der Raumfahrt sei es nicht geboten, erst eine längere Staatenpraxis als allgemeine Übung feststellen zu müssen. Dieses Konzept ist wegen des Verzichts auf eine Staatenpraxis als „sofort entstehendes" Völkergewohnheitsrecht, als **„instant customary law"** charakterisiert worden.[14] In den 1980er Jahren versuchten andere Autoren – allerdings nicht unter diesem Begriff – zu begründen, in welchen Fällen „Weltraumgewohnheitsrecht" entstanden sei, etwa bei der bekannt problematischen Abgrenzung von Luftraum und Weltraum.[15]

11 Konnte man diese Positionen noch als Ausdruck des Wunsches der weiteren Verrechtlichung der Nutzung des Weltraums in den frühen Jahren der Raumfahrt begreifen, so wurden diese Überlegungen im Jahre 1991 aus berufenem Mund erneuert. So erscheine es nach *Böckstiegel*

„nicht ausgeschlossen, dass trotz der in historischen Dimensionen relativ kurzen Zeitspanne, während welcher die Staaten sich mit dem Weltraum beschäftigen, bereits ein gewisses Weltraumgewohnheitsrecht entstanden ist. (…) Insbesondere die Prinzipien der Freiheit des Weltraums, des Verbots nationaler Aneignung und Souveränität über Teile des Weltraums und die im Weltraumvertrag enthaltenen Haftungsprinzipien müssten als Teil des Weltraumgewohnheitsrechts angesehen werden."[16]

12 Obwohl es grundsätzlich sicher nicht ausgeschlossen ist, dass sich auch ein Weltraumgewohnheitsrecht etablieren kann, muss dessen Entstehung strikt nach den allgemeinen völkerrechtlichen Regeln erfolgen. Es bedarf einer längeren, einheitlichen Staatenpraxis **und** einer hierauf bezogenen Rechtsüberzeugung. Eine relative Rechtsüberzeugung ohne vorherige Staatenpraxis kann es bereits definitorisch nicht geben: Es fehlt an einer „Gewohnheit", auf die sich die Rechtsüberzeugung beteiligter Staaten beziehen kann.[17]

13 Andernfalls würde man Art. 38 I b) IGH-Statut abwandeln und insbesondere die völkerrechtlich harten Bindungswirkungen zu früh und zu einfach eintreten lassen.

---
14 *Jennings*, ICLQ 13 (1964), 385 ff.; *ders.*, RdC 121 (1967 II), 334 ff.; *Cheng*, IJIL 5 (1965), 23 (35 ff.); *ders.*, Studies in International Space Law, 1997, S. 125; *Parry*, The Sources and Evidences of International Law, 1965, S. 59 ff.; rückblickend *Mejia-Lemos*, IJIL 55 (2015), 85 ff.
15 *Schwartz*, ZLW 1988, 228 ff.; *Vereshchetin/Danilenko*, J. Space L. 13 (1985), 22 ff.
16 *Böckstiegel*, in: ders., HdWR, 1991, S. 28.
17 *Verdross/Simma*, Universelles Völkerrecht, 3. Aufl. (1984), §§ 566, 571; *Ipsen/Dörr*, Völkerrecht, 7. Aufl. (2018), § 19 Rn. 13.

Zweck der Definition im IGH-Statut war gerade, eine anhand staatlichen Verhaltens feststellbare Gewohnheit, die sich nicht im geschriebenen Recht findet, als Völkerrecht anzuerkennen. Wenn schon keine Gewohnheit identifizierbar ist, fehlt – trotz verständlicher Weltraumeuphorie – **das tatsächliche Verhalten**, das einen faktischen Anknüpfungspunkt für anschließende rechtliche Wertungen ist. Ohne Dauer und Einheitlichkeit einer Staatenpraxis kann diese nicht als verbindliches Völkerrecht „geadelt" werden.

Vor dem Hintergrund dieser klaren völkerrechtlichen Ausgangslage kann die Ansicht *Böckstiegels* nicht überzeugen. Ihm ist durchaus zuzugeben, dass einzelne Prinzipien des Weltraumrechts, formuliert im Weltraumvertrag, so fundamental sind, dass ihnen zweifellos eine universale Rechtsüberzeugung zugrunde liegt. Danach dürften auch diejenigen Staaten handeln müssen, die nicht Vertragspartei des Weltraumvertrags von 1967 sind. Jedoch kann die unbestreitbare Überzeugungskraft dieses Arguments nicht dazu führen, dass von der Erforderlichkeit einer existierenden einheitlichen Staatenpraxis abgesehen wird. Eine solche gibt es in der Raumfahrt nicht. **Nur wenige Staaten** können als Raumfahrtnationen bezeichnet werden. Praktische, gleichförmige und wiederkehrende Erfahrungen einer größeren Zahl von Staaten im Weltraum sind – trotz des erfolgreichen Gemeinschaftsprojekts der Internationalen Raumstation – nicht zu verzeichnen. Eine regelmäßige, verlässliche und einheitliche Staatenpraxis hat sich noch nicht entwickelt. Zudem können die punktuellen Raumflüge der USA, Russlands, Chinas und der ESA keine für die gesamte Staatenwelt verbindliche Staatenpraxis schaffen. Wegen des Fehlens des objektiven Elements für die Entstehung von Völkergewohnheitsrecht, auf das schon wegen Art. 38 I b) IGH-Statut nicht verzichtet werden kann, ist es jedenfalls gegenwärtig nicht zutreffend, von der Existenz eines Weltraumgewohnheitsrechts zu sprechen. Zwar ist die Diskussion um die Möglichkeit von Weltraumgewohnheitsrecht kürzlich wieder aufgenommen worden,[18] allerdings ohne neue Erkenntnisse.

c) Allgemeine Weltraumrechtsgrundsätze

Voraussetzung für das Vorliegen allgemeiner Rechtsgrundsätze ist nach Art. 38 I c) IGH-Statut, dass sich im Rahmen einer rechtsvergleichenden Untersuchung ein Rechtsgrundsatz in allen oder zumindest in den meisten nationalen Rechtsordnungen nachweisen lässt. Dabei soll hier nicht der vom Allgemeinen Völkerrecht zu klärenden Frage nachgegangen werden, in welchem Maße die Beschränkung der Feststellung allgemeiner Rechtsgrundsätze auf „**Kulturvölker**" eine völkerrechtliche Diskriminierung davon offensichtlich nicht erfasster anderer Völker darstellt.

Gegenwärtig bildet sich zunehmend nationales Weltraumrecht in vielen Staaten heraus, auch in Deutschland.[19] Häufig wird darin die Haftung des Staates für Weltraumtätigkeiten privater Unternehmen übernommen oder in bestimmtem Umfang eingeschränkt. Auch die Aufsicht der Staaten über solche Unternehmen wird oft

---
18 *Vecchio*, ZLW 2017, 491 ff.; *Jakhu/Freeland/Chen*, ZLW 2018, 606 (620 ff.).
19 *Schladebach*, DRiZ 2019, 392 ff.; *ders.*, ZRP 2011, 173 ff.

thematisiert. Darüber hinaus ist auf die Existenz der äußerst allgemeinen Rechtsgrundsätze „Treu und Glauben" und „Billigkeit" hingewiesen worden, die allen nationalen Rechtsordnungen gemeinsam sein sollen.[20] Obwohl sich diese Rechtsgrundsätze in allen nationalen Rechtsordnungen nachweisen lassen dürften, bleibt ihr konkreter Erkenntnisgewinn für das Weltraumrecht sehr gering. **Gemeinwohlklauseln** finden sich auch im Weltraumvertrag selbst an mehreren Stellen. Selbst bei Akzeptanz von „Treu und Glauben" und „Billigkeit" als allgemeine Rechtsgrundsätze vermittelt diese völkerrechtliche Rechtsquelle keine gegenüber dem Völkervertragsrecht zusätzlichen Gehalte. Obwohl sich kontinuierlich nationales Weltraumrecht entwickelt, können einheitliche Rechtsgrundsätze im Sinne von Art. 38 I c) IGH-Statut, die dann zu verbindlichem Völkerrecht erstarken, nicht ermittelt werden.

d) Gerichtsentscheidungen und Lehrmeinungen

17 Wegweisende Gerichtsentscheidungen zum Weltraumrecht sind bisher nicht ergangen, so dass diese völkerrechtliche Hilfsquelle noch **keine Bedeutung** besitzt.[21] Jedoch soll erwähnt werden, dass der Permanent Court of Arbitration (PCA) im Jahr 2011 „Optional Rules for Arbitration of Disputes Relating to Outer Space Activities" erlassen hat.[22] Hiermit wird zum Ausdruck gebracht, dass künftig weltraumrechtliche Konflikte erwartet werden, auf deren Beilegung dieses besondere internationale Schiedsgericht vorbereitet sein will.

18 Dagegen ist die wissenschaftliche Beschäftigung mit dem Weltraumrecht weltweit gewachsen. Über Publikationen[23] oder wissenschaftliche Foren (z. B. International Institute of Space Law, IISL; Space Law Committee der International Law Association) nehmen **Weltraumrechtsexperten** Einfluss auf die Fortentwicklung und Interpretation des Weltraumrechts.[24]

e) Rechtsquellen außerhalb von Art. 38 I IGH-Statut

19 Bekanntlich enthält Art. 38 I IGH-Statut nicht alle völkerrechtlichen Rechtsquellen. Vielmehr gibt es daneben eine Vielzahl von Rechtsakten, bei denen zwischen verbindlichen und unverbindlichen Rechtsakten zu unterscheiden ist. Ob die begriffliche Zusammenfassung der unverbindlichen Rechtsakte unter der Bezeichnung „**soft law**" treffend ist, erscheint fraglich. Denn Recht zeichnet sich durch seinen verbindlichen Charakter aus. Sind Normen zur Verhaltenssteuerung nicht verbindlich, kann man bereits an deren Charakter als Recht zweifeln. „Soft rules" wäre der geeignetere Terminus. Generell besitzen mehrere Rechtsquellen außerhalb des Art. 38 I IGH-Statut Bedeutung für das Weltraumrecht:[25]

---

20 *Jakhu/Freeland/Chen*, ZLW 2018, 606 (629 ff.).
21 *Böckstiegel*, in: ders., HdWR, 1991, S. 29.
22 *Baez*, Arbitration L. Rev. 4 (2012), 218 ff.; *Hobe*, ZLW 2012, 4 ff.
23 *Hobe/Schmidt-Tedd/Schrogl*, Cologne Commentary on Space Law, Vol. I–III, 2009–2015.
24 *Böckstiegel*, in: ders., HdWR, 1991, S. 30.
25 *Jakhu/Freeland/Chen*, ZLW 2018, 606 (645 ff.).

(1) Verbindliche Rechtsakte. **Resolutionen des UN-Sicherheitsrats** sind nach Art. 25 UN-Charta verbindlich. Werden sie im Kontext von Weltraumtätigkeiten erlassen, so stellen auch sie eine Rechtsquelle des Weltraumrechts dar. So sind etwa im Mai 2017 die Raketentests Nordkoreas durch entsprechende Resolutionen als völkerrechtswidrig verurteilt worden.[26] Im Jahr 2017 hatte Nordkorea trotz striktester Sanktionen des UN-Sicherheitsrats mehrfach Raketen in östlicher Richtung gestartet, die zwar vor Japan ins Meer stürzten, in der Region aber für erhebliche Verunsicherung sorgten.

20

(2) Unverbindliche Rechtsakte. Dagegen sind **Resolutionen der UN-Generalversammlung** völkerrechtlich unverbindlich. Sie können allerdings vorbereitende Grundlage für spätere verbindliche Rechtsakte sein, entweder für völkerrechtliche Verträge – wie beim Weltraumvertrag – oder für Resolutionen des UN-Sicherheitsrats. Neben den in § 2 genannten Resolutionen hat die UN-Generalversammlung zahlreiche Resolutionen im Weltraumkontext erlassen.[27] Aus Gründen der Übersichtlichkeit werden diese unverbindlichen Resolutionen hier nicht weiter behandelt.

21

Neben der UN-Generalversammlung stellt auch der **UN-Weltraumausschuss** eine Institution des Weltraumrechts dar, die unverbindliche Akte erlassen kann. Zu nennen sind vor allem die „2007 Space Debris Mitigation Guidelines of the Committee on the Peaceful Uses of Outer Space",[28] die (zusätzlich) auch von der UN-Generalversammlung befürwortet worden sind.[29]

22

2. Europarecht

Bei der seltener gestellten Frage, ob sich weltraumrechtliche Vorschriften auch aus dem Europarecht ergeben, ist zunächst daran zu erinnern, dass Europa nur eine unter mehreren Regionen der Welt darstellt, die sich für die Raumfahrt engagieren. Für die eher **europazentrierte Perspektive Deutschlands** ist die Kenntnis des europäischen Weltraumrechts aus integrationspolitischen Gründen unabdingbar. Auf anderen in der Raumfahrt aktiven Kontinenten wie Amerika, Asien oder Afrika dürfte das Interesse am europäischen Weltraumrecht eher gering ausgeprägt sein. Dort stehen deren regionale Initiativen im Vordergrund, wie etwa die Ende 2017 von der Afrikanischen Union (AU) beschlossene Raumfahrtstrategie, die u. a. eine panafrikanische Raumfahrtagentur mit Sitz in Kairo (Ägypten) vorsieht.[30]

23

---

[26] A/Res. 2356 (2017) vom 2.6.2017; A/Res. 2371 (2017) vom 5.8.2017.
[27] *Hobe/Schmidt-Tedd/Schrogl*, Cologne Commentary on Space Law, Vol. III, 2015.
[28] UN Doc. A/62/20, Annex.
[29] UN GA, Res. 62/217 vom 22.12.2007; dazu *Hobe/Schmidt-Tedd/Schrogl*, Cologne Commentary on Space Law, Vol. III, 2015, S. 605 ff.; *Benkö/Schrogl*, ZLW 2008, 335 ff.
[30] Der Freitag 49/2018 vom 31.12.2018; Focus vom 28.3.2019.

a) ESA-Konvention

24 Mit der ESA-Konvention vom 30.5.1975 ist die European Space Agency (ESA) gegründet worden.[31] Die Konvention ist von ihrer Rechtsnatur ein völkerrechtlicher Vertrag, betrifft sachlich aber Europa und zielt auf eine gemeinsame europäische Weltraumpolitik.[32] Der ESA gehören derzeit **22 europäische Staaten** an, deren Mitgliedschaft von der Zugehörigkeit zur EU unabhängig ist. So sind auch die Nicht-EU-Staaten Norwegen und Schweiz ESA-Mitglieder. Die ESA ist keine EU-Institution, sondern eine Internationale Organisation mit Sitz in Paris. Systematisch kann die ESA-Konvention somit als europäisches Weltraumrecht eingeordnet werden.

b) EU-Recht

25 Nach dem Prinzip der begrenzten Einzelermächtigung können die EU-Organe nur in den Bereichen europäisches Sekundärrecht erlassen, für welche die EU-Mitgliedstaaten der EU ausdrücklich Kompetenzen übertragen haben (Art. 5 I, II EUV). Die Raumfahrt wird im Kompetenztitel des Art. 4 III AEUV und in der Kompetenzgrundlage des Art. 189 AEUV thematisiert. Nach Art. 189 I AEUV arbeitet die EU eine **europäische Raumfahrtpolitik** aus. Hierzu können vom Europäischen Parlament und vom Rat unter Ausschluss jeglicher Harmonisierung der Rechtsvorschriften der Mitgliedstaaten gemäß dem ordentlichen Gesetzgebungsverfahren die notwendigen Maßnahmen erlassen werden, was in Form eines europäischen Raumfahrtprogramms geschehen kann. Wegen des „Ausschlusses jeglicher Harmonisierung" kann die EU keinerlei Sekundärrechtsakte (Verordnungen, Richtlinien) mit weltraumrechtlichem Bezug erlassen. Die EU-Kompetenz ist daher sehr eingeschränkt und geht über ein EU-Raumfahrtprogramm nicht hinaus. Im Jahr 2016 hat die EU-Kommission sodann eine „Weltraumstrategie für Europa" präsentiert.[33]

26 Art. 189 III AEUV sieht vor, dass die EU die zweckdienlichen Verbindungen zur Europäischen Weltraumorganisation – also der ESA – herstellt. Dem liegt die richtige Überlegung zugrunde, dass für die EU-Aktivitäten im Weltraum keine originär eigenständige EU-Institution geschaffen, sondern die Kapazitäten der seit 1975 bestehenden ESA genutzt werden sollen. Die EU-Raumfahrtpolitik ist somit externalisiert worden. Dazu hat die EU mit der ESA am 25.11.2003 ein **Rahmenabkommen über die Kooperation** geschlossen.[34] Europäisches Weltraumrecht ergibt sich daher auch aus Art. 189 AEUV und dem zwischen der EU und der ESA geschlossenen Rahmenabkommen.

---

31 BGBl. 1976 II S. 1861; *Spude*, in: Böckstiegel, HdWR, 1991, S. 667 ff.
32 *Schladebach*, JuS 2008, 217 (218).
33 KOM (2016), 705; dazu *Froehlich*, ZLW 2017, 58 ff.
34 ABl. EU Nr. L 261 vom 6.8.2004, S. 64; dazu *Reuter*, ZLW 2004, 56 ff.; *Wittig*, ZLW 2004, 415 ff.; *Hobe/Reuter/Kunzmann*, ZLW 2005, 336 (342 ff.); *Froehlich*, ZLW 2015, 54 ff.

3. Nationales Recht

Als weitere Rechtsquelle des Weltraumrechts treten zunehmend nationale Weltraumgesetze hinzu. Verfügten in den frühen Jahren der Raumfahrt nur die großen Raumfahrtnationen über eigene Gesetze, sind in den letzten Jahren weltweit viele solcher Gesetze erlassen worden. Deren Erlass steht nicht im Belieben der Staaten und ist auch nicht allein mit der Ratifizierung des Weltraumvertrags erledigt. Vielmehr sind die Vertragsstaaten jedenfalls dann zum Erlass nationalen Weltraumrechts nach Art. VI WRV völkerrechtlich verpflichtet, wenn sie Raumfahrtaktivitäten „nichtstaatlicher", also **privater Unternehmen** zulassen wollen. Ohne hier schon auf den Bestand und die konkreten Inhalte solcher nationalen Weltraumgesetze einzugehen, ist an dieser Stelle zunächst festzuhalten, dass bei der Identifizierung weltraumrechtlicher Rechtsquellen mittlerweile auch das nationale Recht seinen festen dogmatischen Platz besitzt.[35]

II. Der Weltraumvertrag als bedeutendste Rechtsquelle

Die bedeutendste Rechtsquelle des Weltraumrechts stellt der Weltraumvertrag von 1967 dar. Auch nach über 50 Jahren regelt er die zentralen Entscheidungen zur friedlichen Nutzung des Weltraums. Seine Vorgeschichte und sein Erlass sollen daher etwas ausführlicher betrachtet werden.

1. Erlass

Auf der Grundlage der in §2 erwähnten Resolutionen der UN-Generalversammlung vom 13.12.1963 wurde unter der Schirmherrschaft der UN und unter maßgeblichem Einfluss der USA und der Sowjetunion am 27.1.1967 der „Vertrag über die Grundsätze zur Regelung der Tätigkeiten von Staaten bei der Erforschung und Nutzung des Weltraums einschließlich des Mondes und anderer Himmelskörper" (Weltraumvertrag) in London, Moskau und Washington zeitgleich unterzeichnet.[36] Er trat für einige Staaten bereits am 10.10.1967, für Deutschland dann am 10.2.1971 in Kraft.[37] Derzeit haben 109 Staaten den Weltraumvertrag ratifiziert, weitere 23 Staaten haben ihn unterzeichnet. Er gilt als „**Magna Charta des Weltraumrechts**"[38] oder „Weltraumverfassung".[39]

Der Tag seiner Unterzeichnung wurde von einem tragischen Unglück für die Raumfahrt überschattet. Während eines Bodentests in Cape Canaveral kam es am

---
[35] *Böckstiegel*, in: ders., HdWR, 1991, S. 30; *Schladebach*, JuS 2008, 217 (218); *ders.*, APuZ 29–30/2019, 26 (32).
[36] 610 UNTS 205; BGBl. 1969 II S. 1967; *Schladebach*, APuZ 29–30/2019, 26; *ders.*, NVwZ 2008, 53 (54).
[37] BGBl. 1971 II S. 166.
[38] *Böckstiegel*, in: ders., HdWR, 1991, S. 11.
[39] *von Kries*, in: Böckstiegel, HdWR, 1991, S. 349.

27.1.1967 zu einem Brand in der Testkapsel von **Apollo 1**, wobei die Astronauten *Edward White*, *Virgil Grissom* und *Roger Chaffee* ums Leben kamen.[40] Dieser Unfall führte dazu, dass das ambitionierte Apollo-Programm der USA vorübergehend ausgesetzt wurde. Das Apollo-Programm war Folge des ersten bemannten Weltraumflugs um die Erde des Russen *Juri Gagarin* am 12.4.1961. Unter dem politischen Druck dieses Ereignisses hatte der damalige US-Präsident *John F. Kennedy* in einer Rede vor dem amerikanischen Kongress am 25.5.1961 angekündigt, „noch vor Ende dieses Jahrzehnts einen Menschen auf dem Mond zu landen und ihn wieder sicher zur Erde zurückzubringen."[41] Nur wer sich dieses Unglücks zu Beginn des Jahres 1967 bewusst ist, kann die menschliche und technische Meisterleitung der ersten Mondlandung der USA im Juli 1969 richtig würdigen.

2. Kritik

a) Kritische Ansichten

31 Der Weltraumvertrag hat von Anfang an viel grundsätzliche Kritik erfahren.[42] Im Mittelpunkt standen dabei inhaltliche, formale und rechtspolitische Aspekte. So wurde bemängelt, der Weltraumvertrag sei größtenteils eine **bloße Wiederholung der Resolution von 1963**. Eine nähere Erläuterung oder Präzisierung der darin verwendeten Begriffe habe nicht stattgefunden. Die wenigen neuen Bestimmungen seien so ungenau ausgearbeitet, dass der Gedanke naheliege, die Verfasser hätten niemals erwartet, dass der Vertrag je aktuelle Bedeutung erlangen werde und eine genaue Auslegung erforderlich werden könnte. Vielmehr hätten sie geglaubt, dass die Vertragsurkunde – solange sie nur leidlich nach einem Vertrag aussehe – ihren Hauptzweck bereits erfülle.[43]

32 Rechtspolitisch sei der Vertrag nicht mehr als ein von den Hauptnutzern des Weltraums erarbeitetes Instrument, um **politische Entspannung** zu signalisieren. Die Vereinten Nationen sollten zu einem Rechtsakt veranlasst werden, der die psychologische Wirkung von gegenseitigen Zusicherungen habe und als beruhigender Beweis für eine internationale Zusammenarbeit angesehen werde.[44] Ziel sei daher ein Vertrag mit möglichst geringer Verbindlichkeit und Wirkung gewesen. Dies komme vor allem darin zum Ausdruck, dass der Weltraumvertrag keine Streitschlichtung und Sanktionen, dafür aber eine einschränkungslose Kündigungsmöglichkeit (Art. XVI WRV) enthalte. Deshalb trage er wenig oder überhaupt nichts dazu bei, die bereits in den Resolutionen der UN-Generalversammlung festgelegten Grundsätze weiter auszuarbeiten und abzusichern. Der schlecht aufgebaute Vertrag stelle somit insgesamt einen Rückschritt dar.[45]

---

40 *Hansen*, Aufbruch zum Mond, 2018, S. 195 ff.
41 *Werth*, Ersatzkrieg im Weltraum. Das US-Raumfahrtprogramm in der Öffentlichkeit der 60er Jahre, 2006.
42 Vor allem von *Fawcett*, Weltraumrecht, 1970, S. 25 ff.
43 *Fawcett*, a. a.O, S. 25.
44 *Fawcett*, a. a.O, S. 26.
45 *Fawcett*, a. a.O, S. 27.

Neben dieser **überzogenen Grundsatzkritik**, welche die beim Abschluss des Weltraumvertrags vorherrschende rechtspolitische Atmosphäre vollkommen ausblendete, gab es weitere kritische Stimmen. Diese äußerten sich im Gegensatz zu der beschriebenen Fundamentalkritik moderater. So ist in erster Linie von *Bueckling* in bemerkenswerter Häufigkeit angemerkt worden, dass viele Formulierungen des Weltraumvertrags inhaltsleere General- und Gemeinwohlklauseln darstellten, unpräzise und lückenhaft seien sowie juristisch unbrauchbare Präambellyrik enthielten.[46] Dem folgten andere Autoren insoweit, als sie auf die geringe Präzision einiger Vorschriften hinwiesen.[47] Überdies offenbaren viele Regelungen ein kommunikatives Harmoniebedürfnis und einen fragwürdigen politischen Erfolgsdruck, sich auf den kleinsten gemeinsamen Nenner einigen zu müssen.[48] Jedoch sind solche Bewertungen eines völkerrechtlichen Vertrags nicht ungewöhnlich. Diese Ansichten konnten vor allem deshalb eine sachliche Ausgewogenheit für sich beanspruchen, weil sie nicht nur kritisierten, sondern auch die positiven Gesichtspunkte des Weltraumvertrags in den Blick nahmen.

b) Errungenschaften des Weltraumvertrags

Der größte Vorzug des Weltraumvertrags besteht darin, dass er **hervorragende Grundentscheidungen** über die Erforschung und Nutzung des Weltraums getroffen hat.[49] Mit der Erforschungs- und Nutzungsfreiheit im Weltraum (Art. I WRV), dem Verbot nationaler Aneignung (Art. II WRV), der Anwendbarkeit des Allgemeinen Völkerrechts (Art. III WRV), dem Verbot von Kern- und Massenvernichtungswaffen auf Erdumlaufbahnen (Art. IV WRV), der Kooperation bei der Sicherung von Raumfahrern (Art. V WRV), der Verantwortlichkeit und Haftung bei Weltraumtätigkeiten (Art. VI, VII WRV), der Zulässigkeit nichtstaatlicher, also privater Tätigkeiten im Weltraum (Art. VI WRV) und dem Umweltschutz im Weltraum (Art. IX WRV) sind wegweisende Grundsätze des Weltraumrechts aufgestellt worden, die sich in den zurückliegenden 50 Jahren eindrucksvoll bewährt haben.

Zweiter Vorzug des Weltraumvertrags ist seine **zukunftsgerichtete inhaltliche Ausgestaltung**.[50] Diese war möglich, weil die Raumfahrt 1967 noch am Beginn ihrer Entwicklung stand. Größere praktische Schwierigkeiten oder sonstige äußere Bedingungen, die einen völkerrechtlichen Vertrag über die Weltraumnutzung unabdingbar erforderten, gab es noch nicht. Deshalb muss es als sehr fortschrittlich bewertet werden, dass der Weltraumvertrag schon zum großen Teil Sachbereiche regelte, die erst in der Zukunft relevant werden sollten. Hierzu zählen insbesondere die Bestimmungen über Weltraumtätigkeiten von Privatunternehmen, den Umwelt-

---

46 *Bueckling*, ZLW 1976, 94 ff.; *ders.*, DRiZ 1977, 76 (77); *ders.*, DRiZ 1979, 264 (266 f.); *ders.*, ZLW 1979, 363 ff.; *ders.*, J. Space L. 7 (1979), 15 ff.; *ders.*, MDR 1980, 624 ff.; *ders.*, DRiZ 1981, 288 ff.; *ders.*, ZRP 1983, 190 ff.; *ders.*, ZLW 1986, 202 ff.; *ders.*, HdWR, 1991, S. 55 (75 ff.).
47 *Wollenschläger/Hablitzel*, in: FS Küchenhoff, 1972, S. 869 (882); *Matte*, in: Bernhardt, EPIL III, 1997, 836 (838); *ders.*, in: Bernhardt, EPIL IV, 2000, 552 (553).
48 *Bueckling*, DRiZ 1977, 76 (77); *Matte*, ebd., S. 838.
49 *Böckstiegel*, in: ders., HdWR, 1991, S. 11.
50 *Böckstiegel*, in: FS Carstens, Bd. 1, 1984, S. 307 (309) und in: HdWR, 1991, S. 8.

schutz und die Haftung. Die erhebliche Qualität des Weltraumvertrags liegt somit auch darin begründet, dass er im Vorgriff auf künftige Entwicklungen geschaffen worden ist. Er ist daher Vorbild für eine vorausschauende, also präventive Rechtsetzung. Zu Recht ist darauf hingewiesen worden, dass ein solches Vertragswerk nicht entstanden wäre, wenn die Interessenlage der beteiligten Staaten bereits differenzierter und damit konfliktträchtiger gewesen wäre.[51] Dann hätte die Verfolgung von Einzelinteressen eine Einigung in den zentralen Punkten mit Sicherheit nicht zugelassen. Doch die Aufbruchsstimmung in der Raumfahrt beförderte zukunftsgerichtete Inhalte im Vertrag.

36   Wie bereits angemerkt, darf auch das internationale **politische Klima dieser Zeit** nicht übersehen werden. Der Ende der 1950er Jahre eröffnete Wettlauf in den Weltraum hätte es durchaus nahegelegt, dass die beiden führenden Raumfahrtnationen USA und Sowjetunion jeweils nationale und nicht völkerrechtlich determinierte Wege beschritten hätten. Diese Alternative musste sich spätestens geradezu dann aufdrängen, als Mitte der 1960er Jahre damit begonnen wurde, den Weltraum auch militärisch zu nutzen. Vor diesem Hintergrund war es fortschrittlich, dass der Weltraumvertrag überhaupt geschlossen und durch ihn ein rechtlich verbindlicher Rahmen für die Weltraumnutzung niedergelegt wurde.[52] Dies stellt den dritten Vorzug dar. Unterstrichen wird diese Bewertung auch durch Prognosen zur Weiterentwicklung des Weltraumrechts, die noch vor Abschluss des Weltraumvertrags abgegeben wurden. So wurde in einer umfangreichen Studie von 1965 vermutet, die Zukunft des Weltraumrechts liege eher in weiteren UN-Resolutionen und allenfalls in eng begrenzten Bereichen wie der Haftung in einem Vertrag.[53] Diese Prognose hat sich durch den Erlass des Weltraumvertrags nicht erfüllt, denn mit dem völkerrechtlich verbindlichen Vertrag ist die Entwicklung und Kodifizierung deutlich darüber hinausgegangen.

37   Bei aller Kritik an unpräzisen Formulierungen und inhaltsleeren Gemeinwohlklauseln muss überdies daran erinnert werden, dass der Weltraumvertrag ausweislich seines Titels und seiner Präambel (nur) Grundsätze und Prinzipien zu regeln beabsichtigt.[54] Sein **Anspruch** war es gerade nicht, bis ins Detail ausgearbeitete Vorschriften zu schaffen. Diese Erwartung wäre politisch – wie dargelegt – auch gar nicht realistisch gewesen. Wer daher dem Weltraumvertrag mangelnde Präzision und fehlende Definitionen vorwirft, verkennt nicht nur die politischen Umstände der Entstehung dieses Vertrags, sondern auch seine in Titel und Präambel klar zum Ausdruck kommende Zielsetzung.

38   Die grundsätzliche Kritik an Inhalt und Zweck des Weltraumvertrags ist schließlich auch deshalb entschieden zurückzuweisen, weil der Vertrag eine klarere und **sicherere Rechtsgrundlage** für seinen Bereich bietet, als sie für andere Völker-

---

51 *Böckstiegel*, in: ders., HdWR, 1991, S. 8.
52 Zu den Schwierigkeiten unmittelbar vor dem Vertragsschluss *Meyer*, ZLW 1967, 66 ff.; *Rehm*, VN 1967, 1 ff.; *Wollenschläger/Hablitzel*, in: FS Küchenhoff, 1972, S. 869 (872).
53 *Fasan*, Weltraumrecht, 1965, S. 156.
54 *Matte*, in: Bernhardt, EPIL III, 1997, 836 (837); *ders.*, in: Bernhardt, EPIL IV, 2000, 552 (553).

rechtsgebiete besteht.⁵⁵ Dass einige seiner Bestimmungen einer Auslegung bedürfen, spricht nicht gegen diesen Befund, sondern ist für einen Vertrag völlig normal. Mit den anerkannten Auslegungsmethoden lassen sich – wie in allen anderen Rechtsgebieten – auch im Weltraumrecht sachgerechte Ergebnisse erzielen. Zudem trägt die Weltraumrechtswissenschaft dazu bei, den im Weltraumvertrag verwendeten Begrifflichkeiten klare Konturen zu verleihen. Beispiele hierfür sind die Begriffe „nationale Aneignung" in Art. II WRV⁵⁶ oder „Besatzung/Raumfahrer" in den Art. VIII und V WRV.⁵⁷ Dass ein Vertrag der Auslegung bedarf, stellt deshalb keinen qualitativen Mangel, sondern vielmehr ein **Wesenselement dieser Kooperationsform** dar.

---

55 *Böckstiegel*, in: FS Carstens, Bd. 1, 1984, S. 307 (324); *Matte*, in: Bernhardt, EPIL IV, 2000, 552 (556).
56 *Ipsen/Hobe*, Völkerrecht, 7. Aufl. (2018), §47 Rn. 14; *von Kries/Schmidt-Tedd/Schrogl*, Grundzüge des Raumfahrtrechts, 2002, S. 18.
57 *Bittlinger*, in: Böckstiegel, HdWR, 1991, S. 205 (212, 223); *Cheng*, in: Bernhardt, EPIL I, 1992, 278 (279); *ders.*, Studies in International Space Law, 1997, S. 459.

§5 Geltungsbereich des Weltraumrechts: Der Weltraum

I. Raumbezogenes Völkerrecht

1   Vor dem Hintergrund zunehmender Differenzierung im Völkerrecht lässt sich mit dem raumbezogenen Völkerrecht ein Teilbereich ausmachen, der den Raumcharakter vieler völkerrechtlicher Regelungen in den Mittelpunkt stellt und diese Teilrechtsordnungen in ihrem Raumkontext denkt und behandelt. Wird man das raumbezogene Völkerrecht als solches dogmatisch nicht als eigenes Rechtsgebiet, sondern eher als gröbere systematische Zuordnung verstehen, so haben sich die einzelnen raumbezogenen Disziplinen durchaus zu **selbstständigen Rechtsgebieten** entwickelt. So sind die Seegebiete im Seevölkerrecht, der Luftraum im Luftrecht, der Weltraum im Weltraumrecht, der Cyberspace im Cyber Law bzw. Internetvölkerrecht, kulturelle Räume im Kulturvölkerrecht und Wirtschaftsräume im Wirtschaftsvölkerrecht rechtlich verortet. Es erscheint daher gerechtfertigt, von einem raumbezogenen Völkerrecht zu sprechen.[1]

2   Das Weltraumrecht ist ein raumbezogenes Völkerrecht par excellence. Es hat den Weltraum zum Regelungsgegenstand und erfordert daher in einem nächsten Schritt, sich die **Grenzen des so konturierten Raums** zu vergegenwärtigen. Dabei sind von vornherein Versuche zurückzuweisen, die hinsichtlich dieser Aufgabe einwenden, dass eine Eingrenzung des Weltraums durch eine physische Grenze unmöglich sei. Denn dies ist im Völkerrecht auch nicht notwendig. Gerade im raumbezogenen Völkerrecht werden Grenzen regelmäßig geographisch fingiert. Deshalb steht die Weltraumrechtswissenschaft vor der in Bezug auf den Geltungsbereich des Weltraumrechts logisch zwingenden Frage, wo der Weltraum beginnt und wo er endet. Diese ist vom Weltraumrecht nicht ausdrücklich geregelt.

II. Der Beginn des Weltraums

1. Die Abgrenzung von Luftraum und Weltraum

3   Um den Beginn des Weltraums räumlich zu bestimmen, muss geklärt werden, in welchem Verhältnis er zum darunterliegenden Luftraum steht. Der Luftraum ist die senkrecht über dem Territorium eines Staates (Festland und Hoheitsgewässer)

---

[1] *Odendahl/Giegerich*, Räume im Völker- und Europarecht, 2014; *Proelß*, in: ders./Vitzthum, Völkerrecht, 8. Aufl. (2019), S. 463 ff.

stehende Luftsäule. Diese kann sich nicht unbegrenzt in vertikaler Richtung fortsetzen. Ab einer bestimmten Höhe beginnt der Weltraum, in dem sich Flugobjekte nicht mehr auf der Grundlage der Aerodynamik – wie im Luftraum –, sondern **auf Erdumlaufbahnen** bewegen. Eine Abgrenzung dieser beiden Räume ist jedoch nicht nur flugtechnisch bedingt. Vielmehr bedarf es der Abgrenzung auch aus zwei rechtlichen Erwägungen:

Erstens unterliegt der sich oberhalb des Luftraums anschließende Weltraum einer **unterschiedlichen Rechtsordnung**. Während im (staatlichen) Luftraum das Prinzip der Lufthoheit des Bodenstaats herrscht,[2] ist der Weltraum ein hoheitsfreier Gemeinschaftsraum. Dies bedeutet, dass der Weltraum und seine Himmelskörper allen Staaten als „Gemeinsames Erbe der Menschheit" gemeinsam gehören (Art. I WRV) und sich daher kein Staat Teile des Weltraums oder seiner Himmelskörper aneignen darf (Art. II WRV). Um deshalb eindeutig bestimmen zu können, welche rechtlichen Regelungen auf ein Flugobjekt anzuwenden sind, bedarf es einer Entscheidung der Abgrenzungsfrage.

Der Lösung dieser Rechtsfrage kann sich ein Großteil des Schrifttums nicht dadurch entziehen, dass er auf deren fehlende praktische Relevanz verweist.[3] Vielmehr muss klar sein, ob ein Staat aufgrund seiner Lufthoheit zur Anwendung seines nationalen (Luft-)Rechts befugt ist oder aber sich wegen der Hoheitsfreiheit des Weltraums einer Anwendung seiner nationalen Rechtsordnung zu enthalten hat, weil internationales (Weltraum-)Recht gilt. Der unterschiedliche Rechtsstatus von Luftraum und Weltraum ist somit der erste wesentliche Grund für die erforderliche Abgrenzung.

Zweitens hat jeder Staat ein existenzielles Interesse an der exakten **Festlegung seiner Grenzen**. Da der Luftraum zum Staatsgebiet im Sinne der *Jellinek*schen Drei-Elemente-Lehre[4] gehört, dürfte ein jeder Staat wissen wollen, wo die räumlichen Grenzen seines Staatsgebiets verlaufen, innerhalb derer er seine vollständige und ausschließliche Hoheitsgewalt auszuüben berechtigt ist. Die Forderung nach einer genauen Bestimmung dieser Grenzen ist inhaltlich nicht deshalb anders verfasst, weil es sich bei dem Luftraum um einen Teil des Staatsgebiets handelt, bei dem die eindeutige Grenzziehung vermeintlich schwierig erscheint. Das Bedürfnis eines Staates an der Abgrenzung seines Hoheitsgebiets im Luftraum ist vielmehr strukturell identisch mit demjenigen auf dem Land oder auf der See. Die zahlreichen Luftzwischenfälle und die daraus resultierenden diplomatischen Verwicklungen über die Verletzungen der Luftraumgrenzen zeigen dies überdeutlich.[5] Der lang andauernde Konflikt zwischen der Türkei und Griechenland über die Grenze der

---

2 *Schladebach*, Lufthoheit, 2014.
3 Zu dieser „No present need"-Theorie *Oduntan*, Sovereignty and Jurisdiction in the Airspace and Outer Space, 2012, S. 285 ff.
4 Gelegentlich wird eingewandt, *Jellinek* habe seine Lehre eher zur sozialen, nicht zur rechtlichen Beschreibung des Staatsbegriffs entworfen und sie sei außerdem zu statisch und veraltet. Sie hat allerdings ihre Bedeutung für die völkerrechtliche Feststellung eines Staates seit über 100 Jahren behalten.
5 *Bentzien*, Der unerlaubte Einflug von Luftfahrzeugen in fremdes Staatsgebiet und seine Rechtsfolgen, 1982; *ders.*, ZLW 1990, 345 ff.; *ders.*, ZLW 1991, 144 ff.; *ders.*, ZLW 1991, 366 ff.

jeweiligen Lufträume in der Ägäis[6] oder die Flugzeugkatastrophe über der russischen Halbinsel Sachalin im Jahr 1983[7] machen auf eindringliche Weise bewusst, dass sich im Luftrecht das Erkenntnisinteresse hinsichtlich des exakten Verlaufs der Staatsgrenzen weit brisanter stellt als bei der Menge seerechtlicher Grenzstreitigkeiten um unbedeutende, oft unbewohnbare Felsen, die den Internationalen Gerichtshof oder den Ständigen Schiedshof insbesondere aus dem asiatischen und mittelamerikanischen Raum erreicht haben.[8]

2. Abgrenzungstheorien

7   In den letzten Jahrzehnten hat sich ein **breites Meinungsspektrum** entwickelt, das nach Einschätzung mancher Autoren zu 32[9] bzw. zu 35[10] Auffassungen geführt hat. Die Debatte ist dabei nicht nur von rechtlichen Erwägungen, sondern auch von Sicherheits-, Wirtschafts-, Verkehrs-, Kommunikations- und Militärinteressen und damit von außerrechtlichen Wertungen geprägt. Nachfolgend sollen nur die Haupttheorien vorgestellt werden.[11]

8   Die beiden Extrempositionen stammen bereits aus den Jahren 1957 und 1960. So hat der sowjetische Völkerrechtler *Zadoroshny* 1957 vorgeschlagen, die obere Grenze des Luftraums bei **20–30 km Höhe** festzulegen.[12] In Anbetracht der von ihm erkannten Potenziale, die der erste Sputnik-Start am 4.10.1957 für die gesamte Menschheit eröffnete, verband er mit dieser niedrigsten Grenzlinie die Erwartung, dass der Weltraum als neu erschlossener Interaktionsraum der damaligen Sowjetunion die größten Nutzungsmöglichkeiten erhielt.

9   Dagegen vertrat der deutsche Völkerrechtler *Rinck* im Jahre 1960, die Lufthoheit eines Staates müsse so weit reichen wie die **Anziehungskraft der Erde**.[13] Der Luftraum ende daher in einer Höhe von **1,5 Mio. km**. Seiner Ansicht nach diene die Lufthoheit dazu, dass der Staat nicht gegen seinen Willen umkreist, fotografiert und bombardiert werden könne. Dies aber sei heute (1959) auch durch Erdsatelliten möglich, was mit dem Schutzzweck der Souveränität kollidiere. Deshalb sollte die staatliche Souveränität im Luftraum räumlich so weit ausgedehnt werden, dass sie auch Erdsatelliten erfasse. Beide Ansichten waren durch die einsetzende Raumfahrt veranlasst und konnten sich vor allem deswegen nicht durchsetzen, weil sie grundlegende physikalische Gesetzmäßigkeiten außer Acht ließen.

---

6 *Schladebach*, ZLW 2003, 355 ff.
7 *Richard*, AASL IX (1984), 147 ff.; *Milde*, ZLW 1993, 357 ff.; *Mukai*, AASL XIX-II (1994), 567 ff.; *Tompkins/Harakas*, AASL XIX-II (1994), 375 ff.; *Kido*, J. Air L. & Com. 62 (1997), 1049 ff.
8 *Jessen*, Ad Legendum 2013, 250 ff.
9 *Goedhart*, The never ending Dispute: Delimitation of Air Space and Outer Space, 1996, S. 3 ff.
10 *Matte*, in: Bernhardt, EPIL IV, 2000, S. 552 (555).
11 Umfassend dazu *Schladebach*, Lufthoheit, 2014, S. 168 ff.
12 *Reinhardt*, J. Air L. & Com. 72 (2007), 65 (115 Fn. 377 unter Hinweis auf die London Times, Oct. 18, 1957, S.); *Khan*, Die deutschen Staatsgrenzen, 2004, S. 634 in Fn. 79.
13 *Rinck*, ZLW 1960, 191 (196); *ders.*, in: Strupp/Schlochauer, Wörterbuch des Völkerrechts, Bd. 2, 1961, S. 437 (438).

Unter den zahlreichen Vorschlägen ragen die vier folgenden heraus: Schon 1957 hatte der ungarisch-amerikanische Naturwissenschaftler *Theodor von Kármán* (1881–1963) die theoretisch maximale Höhe, bis zu der Flugverkehr auf der Grundlage des hierfür zwingend notwendigen Luftauftriebs (Aerodynamik) noch möglich ist, berechnet.[14] Grundthese seiner Überlegungen ist die Tatsache, dass mit zunehmender Höhe und dünner werdender Luft ein Luftfahrzeug immer schneller fliegen müsse, um genügend Luftauftrieb zu bekommen. Ab einer bestimmten Grenze würde das Luftfahrzeug jedoch durch die Reibungshitze schmelzen. Oberhalb dieser Höhe seien Flüge nur mit der *Keplerschen* Kraft und somit auf einer Erdumlaufbahn möglich. Danach liegt die **maximale Flughöhe für Luftfahrzeuge bei 83 km**.

10

Diese Theorie wurde nachfolgend vielfach juristisch als ***Kármán Primary Jurisdictional Line*** übernommen.[15] Sie beruht unter juristischen Aspekten auf der Vorstellung, dass das internationale Luftrecht in Form des früheren Pariser Luftverkehrsabkommens von 1919 (Anhang A) und des Chicagoer Abkommens von 1944 (Anhang 7) von der Lufthoheit der Staaten ausgeht, die durch Luftfahrzeuge wahrgenommen wird. Diese werden in den erwähnten Anhängen wie folgt erläutert: „Das Wort ‚Luftfahrzeug' umfasst alle Geräte, die sich infolge der Eigenschaften der Luft im Luftraum halten können." (1919) bzw. „Luftfahrzeug: Jedes Gerät, das sich infolge der Eigenschaften der Luft im Luftraum halten kann." (1944). Souveränität im Luftraum könne nicht jenseits einer Höhe existieren, bis zu der Luftfahrzeuge noch die Fähigkeit besitzen, zu fliegen.

11

Eine zweite Ansicht will die obere Luftraumgrenze aus der Sicht des Weltraums, d. h. als **unterste Grenze des Weltraums**, bestimmen.[16] Danach solle die Grenze flexibel in Abhängigkeit vom Stand der Satellitentechnik verlaufen. So gehöre derjenige Teil seiner Satellitenumlaufbahn (schon) zum Weltraum, in welchem der Satellit bei größtmöglicher Annäherung an die Erde nicht abstürze. Diese Grenze liege derzeit bei etwa 100 km.

12

Auf eine Initiative der früheren Sowjetunion bei den Vereinten Nationen im Jahre 1978 geht der – 1983 wiederholte – Vorschlag zurück, **generell eine Grenze bei 100 km** über der Erdoberfläche anzuerkennen, verbunden mit dem Recht auf friedlichen Durchflug von Satelliten zum bzw. vom Weltraum unterhalb dieser Grenze.[17] Die erwähnte Grenze machte sich die Russische Föderation im Jahr 1996 ausdrücklich zu Eigen.[18]

13

---

14 Dazu *Meyer*, ZLW 1965, 296 (309); *Dauses*, Die Grenze des Staatsgebiets im Raum, 1972, S.77 ff.; *Vitt*, in: Böckstiegel, HdWR, 1991, S. 40 f.; *Oduntan*, Hertfordshire Law J. 1 (2003), 64 (72 ff.); *ders.*, Sovereignty and Jurisdiction in the Airspace and Outer Space, 2012, S. 297 ff.; *Hobe*, in: ders./von Ruckteschell, Kölner Kompendium des Luftrechts, Bd. 1, 2008, II A Rn. 12.
15 *Haley*, Space Law and Government, 1963, S. 75 ff.,107; *Meyer*, ZLW 1965, 2 (14); *ders.*, ZLW 1965, 296 (309).
16 Dazu *Oduntan*, Hertfordshire Law J. 1 (2003), 64 (79); *ders.*, Sovereignty and Jurisdiction in the Airspace and Outer Space, 2012, S. 306 ff.
17 Siehe die Nachw. bei *Schladebach*, Lufthoheit, 2014, S. 172.
18 UNCOPUOS, U. N. Doc. A/AC 105/635/Add. 1, S.6 (Mar. 15, 1996).

14   Eine **vierte Ansicht** lehnt das Erfordernis einer Grenzziehung zwischen beiden Räumen kategorisch ab. Die Gründe hierfür sind vielfältig:[19] Einige Autoren wollen es der internationalen Praxis überlassen, Abgrenzungskriterien zu identifizieren. Andere Vertreter befürchten, eine Grenzziehung könnte zu Kollisionen mit dem internationalen Luftverkehr führen. Wiederum andere Teile überantworten das Problem den Naturwissenschaftlern. Ein weiteres gängiges Argument besteht in dem Hinweis, dass das Fehlen einer solchen Grenze bisher noch zu keinen Schwierigkeiten geführt habe. Der Versuch, ein Abkommen über eine feste Grenze zu schließen, solle zudem das unerwünschte Risiko bergen, dass einige Staaten neue Hoheitsansprüche in Analogie zur Hohen See erheben könnten. Darüber hinaus wird prognostiziert, ein späteres Abkommen würde eine tiefere Grenze fixieren als ein gegenwärtiges Abkommen. Bemängelt wird außerdem die fehlende spätere Reduzierbarkeit einer einmal zu hoch festgelegten Grenze. Schließlich ist zu berücksichtigen, dass eine Grenzziehung vielfach insbesondere deshalb für entbehrlich erachtet wird, weil sie die Freiheit der wirtschaftlichen Weltraumnutzung, vor allem der nahen Weltraumschichten, einschränken würde. Die erwähnten Gründe, die einer Grenzziehung die praktische Relevanz absprechen, offenbaren in ihrer Gesamtheit, dass es sich in erster Linie um politische Erwägungen handelt, für welche die rechtlichen Maßstäbe nur als formaler Transporteur dienen.

3. Eigener Ansatz

15   Diese relativierende Haltung kann nur begrenzt überzeugen. Denn – wie erwähnt – wird mit der oberen Luftraumgrenze das Staatsgebiet in vertikaler Richtung markiert. Hierfür bedarf es **klarer Festlegungen**, die von den weltraumpolitischen Interessen weder beschränkt werden, noch praktisch betroffen sein können.

16   Gelegentlich wird die Thematik auch als unbeachtliche Wiederholung einer Entwicklungsländerproblematik der 1970er Jahre betrachtet. Diese despektierliche Kategorisierung erscheint ebenso zweifelhaft wie die Annahme, die Bestimmung der Grenzlinie könne sich gewohnheitsrechtlich ermitteln lassen. Dies wurde zum Teil unter Hinweis auf die tiefsten Umlaufbahnen amerikanischer und russischer Satelliten vertreten.[20] Jedoch sind nur sehr wenige Staaten technisch in der Lage, Raumfahrt zu betreiben und insoweit eine lang andauernde, einheitliche Übung zu etablieren. Der Vorschlag, auf eine solche Übung in derart neuen Rechtsgebieten wie dem Weltraumrecht auf der Grundlage eines behaupteten „Instant Customary Law" verzichten zu können,[21] hat wegen seiner konzeptionellen Brüche zu Recht

---

19 Dazu *Goedhart*, The never ending Dispute: Delimitation of Air Space and Outer Space, 1996, S. 6 ff.; *Oduntan*, Sovereignty and Jurisdiction in the Airspace and Outer Space, 2012, S. 285 ff.; *Vitt*, in: Böckstiegel, HdWR, 1991, S. 44 ff.; *Matte*, in: Bernhardt, EPIL IV, 2000, S. 552 (555); *Häußler*, JA 2002, 817 (823).
20 *Schwartz*, ZLW 1988, 228 (233); *Vitt*, in: Böckstiegel, HdWR, 1991, S. 46.
21 *Cheng*, United Nations Resolutions on Outer Space: „Instant" International Customary Law?, IJIL 5 (1965), 23 ff.; *ders.*, Studies in International Space Law, 1997, S. 125 ff.; *Jennings*, ICLQ 13

keine Gefolgschaft gefunden.²² Auch die Tatsache, dass der zu beobachtenden Umlaufpraxis von der überwiegenden Zahl der anderen, nicht Raumfahrt betreibenden Staaten nicht widersprochen worden ist, kann ein zu erwägendes Gewohnheitsrecht nicht entstehen lassen. Es fehlt an einer entsprechenden Übung und deshalb am objektiven Element der Entstehung von Völkergewohnheitsrecht.

Jüngere Untersuchungen zu dieser Frage beweisen deren bleibende Aktualität. Neben den genannten ausführlichen Analysen von *Goedhart* (1996), *Oduntan* (2003 und 2012) und *Reinhardt* (2007)²³ hat sich auch der UN-Weltraumausschuss kürzlich erneut mit der Thematik befasst.²⁴ Das neuere Schrifttum sieht die Abgrenzungsfrage somit keineswegs als aktualisiertes Entwicklungsländerproblem der 1970er Jahre an, sondern setzt sich – unabhängig von der im Einzelfall sinnvoll erscheinenden genauen Höhe – für eine klare Grenzziehung ein.²⁵ In diesem Sinne merkte *Maurice N. Andem* ebenso zutreffend wie prägnant an:

„As a matter of fact, mankind cannot wait another 50 years in order to accumulate enough scientific and technical data before practical steps could be taken to select a specific altitude above sea level as a boundary between airspace and outer space."²⁶

Bei der staats- und völkerrechtlich zwingend erforderlichen Bestimmung der vertikalen Grenze des Luftraums kann nicht ignoriert werden, dass Flugverkehr nach den **Grundsätzen der Aerodynamik** nur bis zu einer maximalen Höhe von 83 km möglich ist. Dem steht nicht entgegen, dass es bislang praktisch nur möglich ist, mit Militärflugzeugen in einer Höhe von 50–60 km zu fliegen. Oberhalb dieser 83 km kann der Bodenstaat Hoheitsgewalt mit Luftfahrzeugen nicht ausüben. Der Festlegung der Luftraumgrenze bei 83 km steht ebenfalls nicht der gelegentlich zu vernehmende Einwand entgegen, dass der Bodenstaat sich doch auch mit Raketen schützen könne, die deutlich größere Höhen als 83 km erreichen.²⁷ Der Einsatz von Raketen richtet sich nach dem raumunabhängigen Kriegsrecht und gerade nicht nach dem Luftrecht. Der Betrieb von Raketen erfolgt nicht auf der physikalischen Grundlage der Aerodynamik. Für die luftrechtliche Abgrenzungsfrage kann sich daher aus dem Raketenbetrieb nichts ergeben.

Alle anderen Theorien, die Grenzlinien ab 100 km oder mehr präferieren, können nicht überzeugend erklären, wie Flugverkehr und damit Ausübung von Luft-

---

(1964), 385 ff.; *ders.*, RdC 121 (1967 II), 334 ff.; *Parry*, The Sources and Evidences of International Law, 1965, S. 59 ff.
22 *Verdross/Simma*, Universelles Völkerrecht, 1984, § 5/1; *Kempen*, Völkergewohnheitsrecht, in: Schöbener, Völkerrecht, 2014, S. 504 (506).
23 *Reinhardt*, J. Air L. & Com. 72 (2007), 65 ff.
24 UNCOPUOS, U. N. Doc. A/67/20: Report of the 55th. Session of UNCOPUOS, 6.–15.6.2012, para 254 f.: „Definition and Delimitation of Outer Space".
25 *Matte*, in: Bernhardt, EPIL IV, 2000, S. 552 (555); *Oduntan*, Hertfordshire Law J. 1 (2003), 64 (69 ff., 81 ff.); *ders.*, Sovereignty and Jurisdiction in the Airspace and Outer Space, 2012, S. 290 ff.; *Harris/Harris*, Space Policy 2006, 3 (6); *Reinhardt*, J. Air L. & Com. 72 (2007), 65 (135); *Schladebach/Platek*, JuS 2010, 499 (501).
26 *Andem*, International Legal Problems in the Peaceful Exploration and Use of Outer Space, 1992, S. 153.
27 Dazu *Schladebach*, Lufthoheit, 2014, S. 177.

hoheit über 83 km und damit entgegen anerkannter aerodynamischer Gesetzmäßigkeiten betrieben werden sollen. Der staatliche Luftraum endet in vertikaler Richtung somit bei der von *Theodor von Kármán* erarbeiteten **Höhenlinie von 83 km**.

20   Mit dieser Grenze ist allerdings noch nichts zu der weiterführenden Frage gesagt, ob sich direkt daran der hoheitlich freie Weltraum anschließt. Für diesen ist kennzeichnend, dass Weltraumgegenstände sich auf **Erdumlaufbahnen** bewegen. Übereinstimmend wird angenommen, dass die Bewegung auf Erdumlaufbahnen nur bis zu einer maximalen Tiefe von 100 km möglich ist. Andernfalls wirkt die Luftdichte der Erde so stark bremsend, dass die Erdanziehungskraft über die für den Weltraumflug essentielle Zentrifugalkraft die Oberhand gewinnt, wodurch der Weltraumgegenstand zum Absturz gebracht wird. Aufgrund dieser physikalischen Umstände kann der Weltraum erst bei einer Höhe von 100 km beginnen.

21   Dies hat eine weder dem Luftraum, noch dem Weltraum zuzuordnende **Zwischenzone** von etwa 17 km Höhe zur Folge. Mit der Anerkennung dieser Zone zwischen Luft- und Weltraum ist ein Angrenzen von Luft- und Weltraum abzulehnen, was kürzlich als „Zwischenzonentheorie" in die wissenschaftliche Debatte zum Luft- und Weltraumrecht eingeführt worden ist.[28] Das in dieser Zwischenzone geltende Rechtsregime wurde mittlerweile näher konturiert. Es enthält insbesondere ein Recht auf friedlichen Durchflug von Weltraumgegenständen, insbesondere von Raumfähren, vom Luftraum zum Weltraum und zurück. Festzuhalten bleibt im Ergebnis, dass der Weltraum bei einer Höhe von 100 km beginnt.

III. Das Ende des Weltraums

22   Wenngleich die Frage nach dem Ende des Weltraums zunächst wenig sinnvoll erscheinen mag und wohl selbst von Weltraumphilosophen[29] kaum plausibel beantwortet werden könnte, kann ein raumbezogenes Völkerrecht wie das Weltraumrecht bei dieser behaupteten Unmöglichkeit nicht stehen bleiben. Es steht vielmehr vor der Aufgabe, auch eine äußere räumliche Grenze zu bestimmen, durch die sodann **der räumliche Geltungsbereich** des Weltraumrechts festgelegt wird. Bei der Suche nach dieser äußeren Grenze erscheinen zwei weltraumrechtliche Verträge aussichtsreich:

1. Weltraumvertrag

23   Eine ausdrückliche äußerste Grenze des Weltraums und damit seines Geltungsbereichs legt der Weltraumvertrag nicht fest. Jedoch bezieht er sich in vielen seiner Artikel auf den „Mond und andere Himmelskörper". Eine Grenze könnte sich also aus der geographischen Position des letzten Himmelskörpers ergeben. Gene-

---

28 Dazu *Schladebach*, Lufthoheit, 2014, S. 179 ff.
29 *Sandvoss*, Space Philosophy. Philosophie im Zeitalter der Raumfahrt, 2008.

rell schließt der Begriff „Himmelskörper" alle natürlichen körperlichen Objekte im Weltraum ein, wozu (selbststrahlende) Sterne und (lediglich angestrahlte) Planeten sowie auch alle Kleinkörper wie Asteroiden und Kometen zählen.[30] Allerdings ist auch die **Zahl der Himmelskörper** wenig verlässlich. Insbesondere hat die Aberkennung des Planetenstatus des ehemaligen neunten Planeten „Pluto" durch eine geradezu lächerliche Entscheidung der – überdies nicht völkerrechtlich legitimierten – Internationalen Astronomischen Union (IAU) aus dem Jahr 2006 gezeigt, dass schon die Zahl der Planeten variieren soll. Da das für die Himmelskörperkategorie „Sterne" erst recht gilt, kann jedenfalls aus der Bezugnahme auf „andere Himmelskörper" keine äußerste Grenze abgeleitet werden.[31]

2. Mondvertrag

Etwas ergiebiger erscheint insoweit der Mondvertrag, von dessen eingeschränkter Geltung bereits oben die Rede war. Jedoch enthält er in Art. 1 I eine Regelung zu seiner Anwendbarkeit. Denn er soll nicht nur auf den Mond anwendbar sein – was sein Titel zunächst mehr als deutlich nahelegt –, sondern darüber hinaus auch auf andere Himmelskörper „**innerhalb des Sonnensystems**". Soweit ersichtlich, ist dies der einzige Anhaltspunkt dafür, wie das Weltraumrecht seine räumliche Anwendbarkeit versteht. Trotz seiner äußerst limitierten Geltung verkörpert der Mondvertrag in jedem Fall aber einen bestimmten Staatenkonsens der 1970er Jahre, der Hochzeit der Raumfahrt. Dieser Konsens kann zumindest für die Suche nach einer äußeren Grenze des Weltraums genutzt werden. Wenn auch nicht übersehen werden kann, dass auch diese Art der Grenzbestimmung alles andere als präzise ist, so kann in der Regelung des Art. 1 I MondV ein rechtlicher Anknüpfungspunkt erblickt werden, dass die **Grenze unseres Sonnensystems** die äußere Grenze des Weltraums darstellt.[32]

Zu diesem Ergebnis gelangen auch *von Kries/Schmidt-Tedd/Schrogl*, allerdings mit etwas anderer Begründung.[33] Danach sei unter dem Begriff des Weltraums jener außerirdische Raumbereich zu verstehen, in dem **menschliches Handeln praktisch möglich** sei. Damit bestimme die Raumfahrttechnik den räumlichen Geltungsbereich des Raumfahrtrechts. Trotz einiger Ausnahmen bleibe aber auch die erdferner durchgeführte Weltraumforschung auf das irdische Sonnensystem beschränkt. Ob der Geltungsbereich eines völkerrechtlichen Vertrags derart flexibel in die Hände der – heutzutage auch privaten – Raumfahrtwirtschaft gelegt werden sollte, dass deren technischer Entwicklungsstand über die geographische Reichweite der getroffenen weltraumrechtlichen Regelungen entscheiden soll, dürfte nur eine Deutungsoption darstellen. Jedenfalls wird aber auch von diesen Autoren die Be-

---

30 *von Kries/Schmidt-Tedd/Schrogl*, Grundzüge des Raumfahrtrechts, 2002, S. 17.
31 *Schladebach*, Hastings Int'l & Comp. L. Rev. 41 (2018), 245 (262); *ders.*, APuZ 29–30/2019, 26 (27).
32 *Schladebach*, Hastings Int'l & Comp. L. Rev. 41 (2018), 245 (263); *ders.*, APuZ 29–30/2019, 26 (27).
33 *von Kries/Schmidt-Tedd/Schrogl*, Grundzüge des Raumfahrtrechts, 2002, S. 15 f.

schränkung auf das irdische Sonnensystem befürwortet, die hier weltraumrechtlich mit dem Mondvertrag begründet worden ist. Damit ist die Geltung des Weltraumrechts generell und diejenige des Weltraumvertrags sowie des Mondvertrags im Besonderen bestimmt. Wo die Grenze unseres Sonnensystems tatsächlich verläuft, ist der Astrophysik überantwortet.

2. Teil

Grundentscheidungen

§ 6 Rechtsstatus des Weltraums

I. Hoheitsfreier Gemeinschaftsraum

1   Der Rechtsstatus des Weltraums wird in Art. I WRV bestimmt. Wie auch in anderen raumvölkerrechtlichen Verträgen wird auch im Weltraumvertrag durch die Festlegung des Rechtsstatus die Grundausrichtung der nachfolgenden Regelungen vorgegeben. Als vertraglicher Fixpunkt ist der Rechtsstatus **Ausgangspunkt der Rechtsanwendung**. Er steuert die Auslegung des Weltraumvertrags selbst sowie der aus ihm heraus entwickelten sonstigen weltraumrechtlichen Vorschriften. Es handelt sich also gerade nicht um bloße Präambellyrik, die dem Weltraumvertrag in pauschaler Weise vorgeworfen worden ist,[1] sondern um systematisch relevante Gewichtungsprioritäten.

2   Gemäß Art. I Abs. 1 WRV wird die Erforschung und Nutzung des Weltraums einschließlich des Mondes und anderer Himmelskörper zum Vorteil und im Interesse aller Länder ohne Ansehen ihres wirtschaftlichen und wissenschaftlichen Entwicklungsstandes durchgeführt und ist Sache der gesamten Menschheit. Der Rechtsstatus wird durch die letzte Passage dieses Satzes bestimmt: Der Weltraum ist „Sache der gesamten Menschheit." Der so definierte Rechtsstatus basiert auf dem auch für andere völkerrechtliche Räume normierten Gedanken des „Common Concern of Mankind" und bedeutet, dass der Weltraum ein **hoheitsfreier Gemeinschaftsraum** ist: Er gehört allen Staaten gemeinsam und damit keinem Staat allein. Kein Staat darf separat von anderen Staaten Hoheitsgewalt im Weltraum ausüben.

3   Hoheitsfreie Gemeinschaftsräume sind ebenfalls die Antarktis, die Hohe See, die Tiefsee und der nichtstaatliche Luftraum. Insofern steht die Erklärung des Weltraums zum hoheitsfreien Gemeinschaftsraum in einer historisch logischen Folge. Das Entwerfen des Weltraumvertrags orientierte sich in dieser Frage am **Antarktisvertrag von 1959**[2], der zwar nicht im eigentlichen Vertragstext, aber in seiner Präambel (Abs. 2) den Hinweis enthält, dass es „im Interesse der ganzen Menschheit liege, die Antarktis für alle Zeiten ausschließlich für friedliche Zwecke zu nutzen (…)". Der so umschriebene Rechtsstatus eines besonderen völkerrechtlichen Raums wurde sodann vom Weltraumvertrag aufgenommen und setzte sich im späteren Mondvertrag von 1979 und im Seerechtsübereinkommen von 1982 fort. So benutzt Art. 11 Abs. 1 MondV für den Mond und seine Ressourcen den Begriff **„Common Heritage of Mankind"**, also eine kleinere Begriffsnuancierung von „An-

---

[1] *Bueckling*, in: Böckstiegel, HdWR, 1991, S. 55 (84); deutlich dagegen *Schladebach*, NVwZ 2008, 53 (54 ff.); *ders.*, Hastings Int'l & Comp. L. Rev. 41 (2018), 245 (247); *ders.*, APuZ 29–30/2019, 26.
[2] Antarktisvertrag vom 1.12.1959 (402 UNTS 71; BGBl. 1978 II S. 1517).

gelegenheit" zu „Erbe". In Art. 4 Abs. 1 MondV ist von „province of all mankind" die Rede. Im Seerecht ist die Hoheitsfreiheit der Hohen See in Art. 87, 89 SRÜ, die der Tiefsee in Art. 136, 137, 140, 141 SRÜ geregelt worden.

II. Freiheiten im Weltraum

Ist der Weltraum zum Gemeinschaftsraum aller Staaten erklärt worden, so folgen für sie daraus drei Freiheiten: Die Freiheit des Zugangs zum Weltraum (1.), die Freiheit, den Weltraum zu erforschen (2.) und die Freiheit, den Weltraum zu nutzen (3.).

1. Zugangsfreiheit

Alle Staaten haben gleichermaßen Zugang zum Weltraum. Diese Zugangsfreiheit ist hinsichtlich des Betretens von Himmelskörpern in Art. I Abs. 2, 2. HS WRV ausdrücklich angesprochen, liegt aber als generelle Freiheit des Zugangs zum freien Weltraum Art. I WRV unausgesprochen zugrunde: Wer erforschen und nutzen darf, muss vorher in den Weltraum gelangen können. Dieses Zugangsrecht ist nicht an die technische, wirtschaftliche oder wissenschaftliche Leistungsfähigkeit eines Staates geknüpft, sondern besteht unabhängig davon. Aus dem Gemeinschaftsgedanken folgt, dass auch die Staaten einen Zugang garantiert bekommen, die derzeit noch nicht über die tatsächliche Fähigkeit verfügen, in den Weltraum fliegen zu können. So steht der Weg in den Weltraum auch allen Staaten zu, die momentan keine Raumfahrtaktivitäten planen. Die Norm hebt insoweit hervor, dass der Zugang aller Länder zum Weltraum **„ohne Ansehen ihres wirtschaftlichen und wissenschaftlichen Entwicklungsstandes"** besteht.

Diese Rechtsposition ist eine Zugangsfreiheit, nicht aber eine Pflicht der Staatengemeinschaft, weniger entwickelten Staaten den Zugang technisch-wirtschaftlich zu ermöglichen. Denn zunächst liegt der Einwand nahe, dass weltweit nur sehr wenige Staaten diese Zugangsfreiheit tatsächlich wahrnehmen können. Die weitaus überwiegende Zahl der Staaten könne aber davon keinen Gebrauch machen. Das ist angesichts des sehr unterschiedlichen Entwicklungsstandes vieler Staaten verständlich, führt jedoch **nicht zu einem Anspruch** dieser Staaten, bei eventuellen Raumfahrtprojekten gefördert zu werden. Ein derart weites Verständnis eines wirtschaftlich zu ermöglichenden Zugangs lässt sich Art. I WRV nicht entnehmen.

Beispiel: Bei der intensiv praktizierten Positionierung von Kommunikationssatelliten auf Erdumlaufbahnen („Orbits") besteht grundsätzlich die Gefahr, dass dabei nur Raumfahrtnationen berücksichtigt werden und nur diese Satelliten nutzen können. Aufgrund technischer Bedingungen ist die maximale Anzahl positionierbarer Satelliten begrenzt. Es droht eine alleinige Aufteilung aller Positionen unter den Raumfahrtnationen. Als Ausfluss der Zugangsfreiheit aller Staaten sieht das einschlägige Recht der International Telecommunication Union (ITU) jedoch vor, dass für jeden Vertragsstaat der ITU zumindest eine Satellitenposition auf jeder Erdumlaufbahn reserviert bleibt.

Damit soll allen Staaten, die aus unterschiedlichen Gründen bislang noch keine Satellitenpläne haben, der Zugang zu den Erdumlaufbahnen erhalten bleiben.[3]

2. Forschungsfreiheit

7   Als weitere Freiheit im Weltraum formuliert Art. I WRV gleich an mehreren Stellen die Forschungsfreiheit. So wie auch der Titel des Weltraumvertrags anzeigt, ist das Interesse der Staaten zuvörderst darauf gerichtet, den noch weitgehend fremden Weltraum zunächst zu erforschen. Daher legt der Weltraumvertrag einen seiner Schwerpunkte auf die Forschung: Einerseits die praktische Erforschung durch Raumfahrtaktivitäten (Abs. 1, 2), andererseits die wissenschaftliche Forschung (Abs. 3). Beide **Forschungsarten** werden für frei erklärt. Die praktische Erforschung des Weltraums wird allerdings unter gewisse Vorbehalte gestellt: Sie soll „zum Vorteil und im Interesse aller Länder" durchgeführt werden sowie diskriminierungsfrei, gleichberechtigt und im Einklang mit dem Völkerrecht erfolgen.

8   Die Forschungsfreiheit gestattet es, über Art, Form und Ort von weltraumbezogenen Forschungstätigkeiten frei bestimmen zu können.[4] Konkrete Unterstützungsmaßnahmen durch die internationale Gemeinschaft, etwa auf Finanzierung einzelner Forschungsprogramme, ergeben sich daraus jedoch nicht. Das mag zu bedauern sein, immerhin ist Weltraumforschung **einer der kapitalintensivsten Forschungsbereiche** überhaupt. Doch gewährt Art. I WRV lediglich die Berechtigung zur Forschung, nicht aber das Recht auf Schaffung finanzieller Bedingungen für die Forschung.

9   Die Befugnis, im Weltraum frei zu forschen, steht sowohl öffentlichen als auch privaten Akteuren zu. Waren es in den Anfangsjahren der Raumfahrt regelmäßig nur öffentliche Institutionen, die über das erforderliche Know-how und die erheblichen finanziellen Kapazitäten verfügten, um Weltraumforschung zu betreiben, so hat sich das personelle Spektrum der Forschung mittlerweile stark verbreitet. Große **private Raumfahrtunternehmen** wie Virgin Galactic (*Richard Branson*), Blue Origin (*Jeff Bezos*) und SpaceX (*Elon Musk*), aber auch die Airbus Group (Toulouse/Frankreich) und OHB (Otto Hydraulik Bremen) belegen, dass sich Raumfahrtforschung zu großen Teilen in den privatwirtschaftlichen Bereich verlagert hat. Dass die Forschungsfreiheit des Art. I WRV auch privaten Akteuren zusteht, lässt sich zusätzlich durch Art. VI WRV begründen: Da der Weltraumvertrag durch Art. VI WRV mit großem Weitblick auch nichtstaatliche Raumfahrtunternehmen einbezogen hat, besitzen diese ebenfalls Forschungsfreiheit im Weltraum.

3. Nutzungsfreiheit

10 Die von Art. I WRV deutlich akzentuierte Nutzungsfreiheit im Weltraum meint in erster Linie die **wirtschaftliche Nutzung**. Wie auch bei den anderen Weltraumfrei-

---
3 *Schladebach*, JuS 2008, 217 (219); *ders.*, Hastings Int'l & Comp. L. Rev. 41 (2018), 245 (257 ff.).
4 *von Kries/Schmidt-Tedd/Schrogl*, Grundzüge des Raumfahrtrechts, 2002, S. 20.

heiten steht die wirtschaftliche Nutzungsfreiheit auch privaten Unternehmen zu (s. Art. VI WRV). Die sehr offene Fassung der Nutzungsfreiheit lässt es zu, jedwede Nutzungsformen von Art. I WRV erfasst zu sehen.[5] Die Nutzung muss nicht ausschließlich im Weltraum stattfinden, sondern kann durchaus auch einen Erdbezug aufweisen wie die Erdfernerkundung[6] oder die Satellitenpositionierung und -nutzung.[7] Dagegen sind rein erdgebundene Aktivitäten nicht von der Nutzungsfreiheit des Art. I WRV umfasst.

Die Nutzung des Weltraums für eigene kommerzielle Zwecke durch Staaten oder Unternehmen ist schon seit langem Realität. Betrachtet man Art. I WRV allerdings genauer, so ist die Nutzungsfreiheit in einen – oben angesprochenen – gemeinschaftlichen Kontext gestellt: Die Nutzung des Weltraums soll „**zum Vorteil und im Interesse aller Länder**" erfolgen. Das könnte als rechtliche Verpflichtung der den Weltraum aktiv wirtschaftlich nutzenden Akteure zu verstehen sein, die Nutzungsgewinne zu sozialisieren, also die anderen, wirtschaftlich passiv bleibenden Staaten daran zu beteiligen. Auch wenn diese Interpretation angesichts des Weltraums als hoheitsfreier Gemeinschaftsraum naheliegt, geht die Staatenpraxis von einem Verständnis aus, das allein auf den Eigennutzen abstellt. Eine andere Sichtweise dürfte die Gefahr bergen, die Weltraumnutzung faktisch stark zu begrenzen: Wäre ein Staat oder ein Unternehmen verpflichtet, Nutzungsgewinne mit anderen zu teilen, fänden sich wahrscheinlich nur wenige Staaten oder Unternehmen, die bereit wären, die erheblichen technischen und finanziellen Aufwendungen für die wirtschaftliche Weltraumnutzung zu tätigen und anschließend alle anderen Staaten an den Erfolgen partizipieren zu lassen.

11

Exakt dieselbe Rechtsfrage stellte sich später im **Seerechtsübereinkommen von 1982**, das in seiner damals schon unterzeichneten und für die Ratifizierung bereiten Fassung hinsichtlich der Nutzung des Tiefseebodens ein vergleichbares Konzept vorsah. Danach waren die im Tiefseebergbau aktiven Staaten verpflichtet, die Gewinne aus dem Bergbau in der Tiefsee – einem hoheitsfreien Gemeinschaftsraum – auch allen anderen SRÜ-Vertragsstaaten zugutekommen zu lassen. Dieses von den meisten Industriestaaten als zu sozialistisch kritisierte Verteilungsregime führte dazu, dass noch vor dem Inkrafttreten des SRÜ am 16.11.1994 in einem Durchführungsübereinkommen vom 29.7.1994[8] eine Abänderung und damit eine Lockerung der hierfür relevanten Art. 133 ff. SRÜ vorgenommen wurde.[9] Andernfalls hätte die begründete Gefahr bestanden, dass viele Industriestaaten eine Ratifizierung des SRÜ ablehnen würden.[10] In abgeschwächter Weise findet sich dieses – durch den Rechtsstatus als hoheitsfreier Gemeinschaftsraum bedingte – Verteilungskonzept schon in Art. I WRV. Es wurde in recht konkreter Weise später auch

12

---

5 *von Kries/Schmidt-Tedd/Schrogl*, Grundzüge des Raumfahrtrechts, 2002, S. 20.
6 *Schladebach*, JuS 2008, 217 (219).
7 *Schladebach*, JuS 2008, 217 (219); *ders.*, Hastings Int'l & Comp. L. Rev. 41 (2018), 245 (257 ff.).
8 ILM 33 (1994), 1309; BGBl. 1994 II S. 2566.
9 *König*, Jura 1995, 127 ff.; *Anderson*, ZaöRV 55 (1995), 275 ff.; *Rattray*, ZaöRV 55 (1995), 298 ff.; *Wolfrum*, in: Vitzthum, Handbuch des Seerechts, 2006, Kap. 4 Rn. 135.
10 *Schladebach/Esau*, DVBl. 2012, 475 (478).

in **Art. 11 des Mondvertrags von 1979** normiert, was zur weitgehenden Ablehnung dieses speziellen weltraumrechtlichen Vertrags führte. Als generelle Erkenntnis lässt sich hieraus ableiten: Die Staaten sind nicht bereit, allein die Aufwendungen für die Nutzung zu tragen und dann die erzielten Vorteile teilen zu müssen.

13   Hieran wird sich auch die Auslegung des Art. I WRV zu orientieren haben. Mit der beim Mondvertrag und beim Seerechtsübereinkommen deutlich zum Ausdruck gebrachten Ablehnung, andere Staaten an den eigenen Gewinnen aus der wirtschaftlichen Nutzung zu beteiligen, wird Art. I WRV in Anwendung des Auslegungsgrundsatzes nach Art. 31 III lit. c WVRK einschränkend dahin zu interpretieren sein, dass eine wirtschaftliche Nutzung des Weltraums auch nur **zum eigenen Vorteil** zulässig ist.

§ 7 Aneignungsverbot

I. Rechtliche Funktion

Nach Art. II WRV unterliegt der Weltraum einschließlich des Mondes und anderer Himmelskörper keiner nationalen Aneignung durch Beanspruchung der Hoheitsgewalt, durch Benutzung oder Okkupation oder durch andere Mittel. Die Norm ergänzt Art. I WRV für den Bereich der Hoheitsgewalt. Man könnte sich durchaus auf den Standpunkt stellen, dass es des Aneignungsverbots nicht bedarf. Denn wenn Hoheitsgewalt im Weltraum nach Art. I WRV nur gemeinschaftlich ausgeübt werden darf, so erscheint fraglich, warum zusätzlich noch die separate Ausübung von Hoheitsgewalt in Form einer Aneignung verboten werden muss. Eine solche Auslegung wäre allerdings zu eng. Der oben dargelegte Status des Weltraums als „Angelegenheit der gesamten Menschheit" geht weit über die bloße Frage der Hoheitsgewalt hinaus. Angelegenheiten des Zugangs zum, der Erforschung und Nutzung des Weltraums folgen aus diesem Status, sind aber mit dem Problem der Hoheitsgewalt nicht deckungsgleich. Daher ist Art. II WRV als speziell auf die Hoheitsgewalt bezogene Ausprägung des „Common Heritage of Mankind"-Prinzips aus Art. I WRV zu verstehen und ihm damit eine eigenständige Berechtigung zuzuerkennen.[1]

1

II. Nationale Aneignung als Rechtsproblem

Das Verbot nationaler Aneignung in Art. II WRV hat in mehreren Fällen zu größeren rechtlichen Diskussionen geführt, die bis in die Gegenwart reichen.

2

1. Problemfälle

a) Das Aufstellen der US-Flagge auf dem Mond

Nach der Landung auf dem Mond am 21.7.1969 stellten die US-Astronauten *Armstrong* und *Aldrin* dort eine US-Flagge auf, um zu manifestieren, dass die USA die erste Nation auf dem Mond waren. Vielfach wurde diese Geste so interpretiert, als wollten die Astronauten damit Souveränitätsansprüche der USA geltend machen.

3

---

1 *Schladebach*, Hastings Int'l & Comp. L. Rev. 41 (2018), 245 (251).

Jedoch haben die USA selbst betont, dass es sich dabei lediglich um „a symbolic gesture of national pride" gehandelt habe.[2]

b) Die Erklärung von Bogota

4　Im Jahre 1976 erhoben acht Äquatorialstaaten in der „Erklärung von Bogota" den Anspruch, dass ihnen Eigentumsrechte am Geostationären Orbit, einer in Höhe von ca. 36.000 km verlaufenen Erdumlaufbahn, zustünden.[3] Da sich dieser Orbit wegen bestimmter physikalischer Besonderheiten stets senkrecht über dem Staatsgebiet dieser Staaten befinde und sich somit praktisch als stationär darstelle, müssten die **Eigentumsrechte daran den Bodenstaaten** gehören. Der UN-Weltraumausschuss stellte erst im Jahr 2000 zutreffend fest, dass es sich dabei um eine nationale Aneignung von Teilen des Weltraums handele und die Erklärung deshalb gegen Art. II WRV verstoße.[4]

c) Der Verkauf von Mondgrundstücken

5　Der bis heute bekannteste Fall zu Art. II WRV ist das seit 1980 aufgebaute Geschäftsmodell des US-Unternehmers *Dennis Hope*, Grundstücke auf dem Mond, dem Mars und anderen Planeten gegen Aushändigung einer „Besitzurkunde" an Privatpersonen zu verkaufen.[5] *Hope* wandte sich 1980 an das Registergericht für Grundstücksangelegenheiten des US Governmental Office mit Sitz in San Francisco und beanspruchte dort das Eigentum am Mond und allen anderen Planeten, außer der Erde und der Sonne. Er stützte seinen Anspruch auf den Homestead Act von 1862, der es zu Zeiten der Besiedlung des amerikanischen Westens Siedlern unter bestimmten Bedingungen ermöglichte, bislang herrenlosen Grund gegen Zahlung einer geringen Registrierungsgebühr zu erwerben. Unter bemerkenswerter Verkennung der weltraumrechtlichen Rechtslage sprach ein Grundbuchrichter dieser kalifornischen Behörde das **Eigentum am Mond und anderen Planeten** dem Antragsteller *Hope* zu. Denn von einer „Herrenlosigkeit" dieser Himmelskörper kann nicht die Rede sein: Denn nach dem auch von den USA ratifizierten Weltraumvertrag, konkret dessen Art. I und II, sind Mond und alle anderen Himmelskörper nicht herrenlos, sondern stehen im gemeinschaftlichen Eigentum aller Staaten.

6　Ausgestattet mit seiner „Eigentumsposition" gründete *Hope* im November 1980 das bis heute bestehende Unternehmen „Lunar Embassy"[6] und sendete eine **„Declaration of Ownership"** an den UN-Generalsekretär, die US-Regierung und die Regierung der damaligen Sowjetunion. Er bat darum, ihm mögliche Einwän-

---

2 *von Kries/Schmidt-Tedd/Schrogl*, Grundzüge des Raumfahrtrechts, 2002, S. 18.
3 *Wolfrum*, in: Böckstiegel, HdWR, 1991, S. 351 (356 ff.); *Schladebach*, JuS 2008, 217 (219); *Häußler*, JA 2002, 817 (823); *von Kries/Schmidt-Tedd/Schrogl*, Grundzüge des Raumfahrtrechts, 2002, S. 68; *Lee*, Law and Regulation of Commercial Mining of Minerals in Outer Space, 2012, S. 171 ff.
4 UN Doc. A/AC.105/738 vom 20.4.2000, Annex III.
5 Dazu *Schladebach*, Hastings Int'l & Comp. L. Rev. 41 (2018), 245 (251 f.); *ders.*, JuS 2008, 217 (219); *ders.*, APuZ 29–30/2019, 26 (27 f.); *Catalano Sgrosso*, International Space Law, 2011, S. 62.
6 www.lunarembassy.com.

de gegen seine Eigentümerstellung mitzuteilen. Offensichtlich nahmen diese Institutionen diese Anfrage nicht ernst und antworteten nicht. Das betrachtete *Hope* als konkludente Zustimmung zu seiner Eigentümerposition und begann sodann in den 1990er Jahren damit, Mondgrundstücke zu kartographieren und zu veräußern. *Hope* betont auf seiner Homepage die Legalität seiner Aktivitäten und bezieht sich insbesondere darauf, dass der Weltraumvertrag in Art. II WRV nur die „nationale", nicht aber eine Aneignung durch Privatpersonen verbiete.

Diese rechtlich zweifelhaften Besitzurkunden bietet er für ca. 30 $ an, was als Preis wohl zu gering sein dürfte, um eine seriöse rechtliche Diskussion auszulösen, jedoch als **kuriose Geschenkidee** für ein Massenpublikum offensichtlich sehr attraktiv erscheint. *Hope* wirbt damit, dass viele „Very Important Persons" wie Ärzte, Lehrer und Politiker zu seinen Kunden zählen. Das Geschäft sei nicht nur vollkommen legal, sondern auch sehr einträglich und habe ihn zum Millionär gemacht.

d) Der Verkauf von Sonnengrundstücken

In diesem Kontext ist weiterhin die bizarre Initiative der in Vigo/Spanien lebenden Spanierin *Maria Angeles Duran Lopez* zu erwähnen.[7] Im Jahr 2010 erinnerte sie sich daran, dass von *Dennis Hope* nicht das **Eigentum an der Sonne** beansprucht worden war. Deshalb machte *Lopez* vor der lokalen Behörde für Grundstücksregistrierungen in Vigo das Eigentum an der Sonne geltend und erhielt daraufhin – offenbar auch ohne irgendeine rechtliche Prüfung – ein Zertifikat über ihre (neue) Eigentümerstellung. Auf deren Grundlage startete sie 2013 eine Versteigerung auf eBay und bot Teile der Sonne zu einem Startangebot von 1 Euro pro qm an. Getragen von einer tiefen sozialen Motivation plante sie, die erzielten Gewinne nach folgenden Prozentsätzen zu teilen: 50 % für die spanische Regierung, 20 % für die spanische Rentenkasse, 10 % für die Forschung, 10 % für den Kampf gegen Armut und Hunger in der Welt und die verbleibenden 10 % für sich selbst. Einige Tage später löschte eBay das Angebot unter Berufung auf seine allgemeinen Geschäftsbedingungen.

Im Jahr 2014 verklagte *Lopez* das Online-Auktionshaus eBay auf 10.000 Euro Schadenersatz. Ein spanisches Gericht in Madrid entschied 2015 immerhin, dass es sich in diesem Rechtsstreit für zuständig halte. Allerdings sei als Streitgegenstand lediglich die Vereinbarkeit des Löschens des Angebots mit den **eBay-Geschäftsbedingungen** anzunehmen. Das Gericht musste daher nicht über die Rechtmäßigkeit der Eigentümerstellung von *Lopez* hinsichtlich der Sonne entscheiden. Das Gericht erklärte das eingestellte Angebot für rechtswidrig, weil es gegen die eBay-Geschäftsbedingungen verstieß. Das durchaus interessante Angebot musste daher von der Auktionsplattform umgehend entfernt werden.

---

[7] *Schladebach*, Hastings Int'l & Comp. L. Rev. 41 (2018), 245 (252 f.); *Dewey*, The curious case of the woman suing eBay over ownership of the sun, Washington Post vom 4.6.2015; *Hooton*, eBay vs. woman who claims ownership of the Sun is actually going to court, The Independent vom 4.6.2015.

e) Der US-Act von 2017

10 Eine jüngere rechtliche Initiative stellt der US Commercial Space Launch Competitiveness Act vom 25.11.2015 dar.[8] Er beinhaltet in seinem Teil IV die Regelung, dass jeder US-Bürger als Mitglied einer US Space Mission berechtigt sein soll, dabei gefundene Rohstoffe auf Himmelskörpern zur Erde mitzunehmen.[9] Zu Recht ist dieses Gesetz auf erhebliche Kritik gestoßen, denn es verstößt gegen das **Verbot nationaler Aneignung nach Art. II WRV**.[10] An dieses US-Gesetz, unterzeichnet vom ehemaligen US-Präsidenten *Obama*, schließt nun auch ein luxemburgisches Gesetz an. Das luxemburgische Weltraumressourcengesetz, das eine vergleichbare Aneignungsmöglichkeit vorsieht, trat am 1.8.2017 in Kraft. Beide Gesetze werden näher im Kapitel über den Weltraumbergbau (§ 19) behandelt.

2. Rechtliche Würdigung

11 Die zentrale Rechtsfrage in den Problemfällen 3–5 besteht darin, ob durch Art. II WRV nur die ausdrücklich angesprochene „nationale" oder aber jedwede, also auch die „private" Aneignung verboten wird.

a) Bestehen einer Regelungslücke

12 Ein kleiner Teil im Schrifttum weist auf eine Regelungslücke in Art. II WRV dergestalt hin, dass die Norm nicht die Aneignung von Teilen des Weltraums oder von Himmelskörpern durch private Unternehmen erfasse.[11] Zudem zeige ein Vergleich von Art. II WRV (1967) mit Art. 11 Abs. 3 MondV (1979), dass Art. II WRV eine **private Aneignung** zulasse.[12] Der rund zehn Jahre später erlassene Mondvertrag sieht in dieser Norm vor, dass eine Aneignung nicht nur von staatlichen Institutionen, sondern auch von „non-governmental entities" und „any natural person" verboten ist. Die Aufnahme von Privatpersonen in Art. 11 Abs. 3 MondV belege, dass es ein Bedürfnis nach Ergänzung der zuvor durch Art. II WRV statuierten Rechtslage gab. Aus dieser Ergänzung würde folgen, dass Art. II WRV sich nur auf staatliche Aneignung beschränkt habe. Weil nun aber der Mondvertrag wegen mangelnder Ratifikation keine Rolle spiele, ergebe sich die Rechtslage hinsichtlich privater Aneignung aus dem (älteren) Art. II WRV, der eine solche weltraumrechtlich zulasse. Dass sich insbesondere der US-Geschäftsmann *Dennis Hope* diese Auslegung zunutze macht, dürfte ohne Weiteres verständlich sein.

---

[8] Pub. L. No. 114–90, 129 Stat. 704 (nov. 25, 2015).
[9] *Schladebach*, Hastings Int'l & Comp. L. Rev. 41 (2018), 245 (253).
[10] *Tronchetti*, Air & Space Law 2016, 143 ff.; *Hobe*, ZLW 2016, 204 ff.
[11] *Gorove*, Interpreting Article II of the Outer Space Treaty, in: Proceedings of the Eleventh Colloquium on the Law of Outer Space, 1968, S. 40; *White*, Interpreting Article II of the Outer Space Treaty, in: Proceedings of the Forty-Sixth Colloquium on the Law of Outer Space, 2003, S. 175.
[12] Zu diesem Argument schon *Schladebach*, Hastings Int'l & Comp. L. Rev. 41 (2018), 245 (254).

b) Fehlen einer Regelungslücke

Die deutlich überwiegende herrschende Meinung[13] lehnt eine Regelungslücke in Art. II WRV ab und vertritt, dass diese Vorschrift auch die Aneignung durch private Unternehmen erfasse und mithin verbiete. Dabei werden **folgende Argumente** genannt: (1) Ein Eigentumserwerb durch Private würde die in Art. I WRV garantierten Freiheiten des Zugangs, der Erforschung und der Nutzung für alle Staaten beeinträchtigen. Würde es privates Eigentum auf Himmelskörpern geben können, wären diese Freiheiten limitiert und der Rechtsstatus des Weltraums als hoheitsfreier Gemeinschaftsraum im Umfang des bestehenden Privateigentums beschränkt. (2) Wenn schon eine nationale Aneignung ausgeschlossen sei, dann müsse erst recht eine private Aneignung verboten sein. (3) Den Staaten solle es verwehrt sein, sich in private Rechtsformen zu begeben und dadurch das Verbot nationaler Aneignung zu umgehen. (4) Art. VI WRV zeige, dass der Weltraumvertrag auch an nichtstaatliche Unternehmen gedacht habe, für die der Staat verantwortlich bleibe. Dieses Konzept, dass der Staat seine jeweiligen privaten Raumfahrtunternehmen stets „mitdenke" und „mitregele", müsse auch für Art. II WRV bestimmend sein.

13

Insgesamt überzeugen die Argumente, die vom **Fehlen einer Regelungslücke** in Art. II WRV ausgehen. Dass Art. 11 Abs. 3 MondV durch Aufnahme von Privatpersonen „nachgezogen" hat, bedeutet nicht, dass Art. II WRV zuvor Lücken aufwies. Auch Art. II WRV enthält bereits wie gezeigt das Verbot privater Aneignung. Art. 11 Abs. 3 MondV hat insoweit nur Klarstellungsfunktion, ändert also nicht die vorher bestehende Rechtslage konstitutiv, sondern stellt sie lediglich deklaratorisch klar. Das oben erläuterte Argument aus dem Mondvertrag greift somit nicht durch.

14

III. Ausnahmen vom Aneignungsverbot

Das Aneignungsverbot unterliegt gewissen sachlichen Beschränkungen. Sie ergeben sich aus dem Weltraumvertrag selbst und – je nach Sichtweise – auch aus dem Mondvertrag.

15

1. Weltraumvertrag

Durch Art. IV Abs. 2 WRV ist bestimmt, dass der Mond und die anderen Himmelskörper von allen Vertragsstaaten ausschließlich zu friedlichen Zwecken benutzt werden. Aus der hier und in Art. I Abs. 1 WRV geregelten Möglichkeit, alle Himmelskörper nutzen zu können, folgt, dass **Equipment und Ausrüstung** in gewissem Umfang mitgeführt werden müssen. Weltraumforschung kommt nicht ohne Ausrüs-

16

---

13 *Schladebach*, JuS 2008, 217 (219); *ders.*, NVwZ 2008, 53 (55); *ders.*, Hastings Int'l & Comp. L. Rev. 41 (2018), 245 (253); *ders.*, APuZ 29–30/2019, 26 (28); *Catalano Sgrosso*, International Space Law, 2011, S. 62; *von Kries/Schmidt-Tedd/Schrogl*, Grundzüge des Raumfahrtrechts, 2002, S. 18 f.; *Tronchetti*, The Exploitation of natural Resources of the Moon and other celestial bodies, 2009, S. 29 ff., 217 ff.

tungs- sowie Forschungsgegenstände aus. Diesen logisch-praktischen Grundgedanken greift Art. IV Abs. 2 S. 3 u. 4 WRV auf: Die Verwendung von Militärpersonal für die wissenschaftliche Forschung oder andere friedliche Zwecke ist nicht untersagt. Ebensowenig ist die Benutzung jeglicher für die friedliche Erforschung des Mondes und anderer Himmelskörper notwendiger Ausrüstungen oder Anlagen untersagt.

17 Die für eine Erforschung von Himmelskörpern, aber auch zum Überleben in mehr als unwirtlicher Umgebung notwendigen Ausrüstungsgegenstände müssen auf dem Mond oder einem anderen Himmelskörper aufgestellt bzw. gelagert werden. Dies nimmt Platz in Anspruch, gilt nach Art. IV Abs. 2 S. 3 u. 4 WRV dann aber nicht als verbotene „Aneignung" der dafür benutzten (Mond-)Oberfläche. Fraglich könnte sein, ob diese Ausnahme vom Aneignungsverbot nur dann zulässig sein soll, wenn der agierende Staat auf das **Führen von Hoheitszeichen** verzichtet. Denn Flaggen und andere Hoheitszeichen könnten der Öffentlichkeit den naheliegenden Eindruck vermitteln, dass der Staat auf diese Weise durchaus Hoheitsgewalt ausübt, was nach Art. I, II WRV verboten ist. Jedoch stellt Art. IV Abs. 2 WRV ersichtlich auf Militärpersonal ab. Dieses ist nach nationalem Recht zu kennzeichnen. Eine Pflicht zum ungekennzeichneten Auftreten des Militärpersonals ist daher als sachfremd abzulehnen.

2. Mondvertrag

18 Da sich Art. IV Abs. 2 WRV insbesondere auf den Mond und seine Nutzung zu friedlichen Zwecken bezieht, finden sich im Mondvertrag einige **Konkretisierungen**. So ist u. a. bestimmt worden, dass die Errichtung bemannter und unbemannter Stationen möglich ist und diese das hierfür erforderliche Gebiet in Anspruch nehmen dürfen (Art. 9 Abs. 1 MondV). Das Aufstellen von benötigter Forschungsinfrastruktur begründet kein Eigentumsrecht des handelnden Staates an der Mondoberfläche (Art. 11 Abs. 3 MondV). Nach Art. 6 Abs. 2 MondV können die Staaten zu wissenschaftlichen Zwecken Bodenproben nehmen, erlangen daran sogar das Eigentum, müssen sie aber anderen Staaten und der wissenschaftlichen Gemeinschaft zu Forschungszwecken zugänglich machen.[14]

Beispiel: Die Astronauten der Apollo-Missionen brachten insgesamt 382 kg Mondgestein von ihren sechs Mondlandungen mit zur Erde. Waren es bei der ersten Mondlandung von Apollo 11 noch 22 kg, transportierten Apollo 15 bis 17 dank der eingesetzten Mondfahrzeuge mehr Gestein. Apollo 17 brachte als letzte Mondmission 111 kg Mondgestein zur Erde. Der größte Teil lagert im Johnson Space Center in Houston. Zum Teil wurde Mondgestein auch an andere Staaten verschenkt. Etwa ein Viertel des Gesteins soll für wissenschaftliche Untersuchungen oder Ausstellungen genutzt worden sein.[15]

19 Diese Regelungen sind angemessene und praktikable Konkretisierungen für die Mondnutzung. Sie basieren auf dem zutreffenden Grundgedanken, dass das An-

---
[14] *von Kries/Schmidt-Tedd/Schrogl*, Grundzüge des Raumfahrtrechts, 2002, S. 18.
[15] Göttinger Tageblatt vom 21.7.2019.

eignungsverbot die Erforschung der Himmelskörper **nicht behindern** soll.[16] Da sich der Weltraumvertrag sowohl zur Forschungs- und Nutzungsfreiheit auch auf dem Mond und den anderen Himmelskörpern bekennt (Art. I WRV) als auch ein Aneignungsverbot statuiert (Art. II WRV), muss das hierin angelegte Spannungsverhältnis so aufgelöst werden, dass beide weltraumrechtlichen Rechtsgüter zu einem möglichst weitgehenden Bedeutungserhalt und damit zu einem schonenden Ausgleich gebracht werden. Insofern könnte man von einer praktischen Konkordanz im Weltraumrecht sprechen. Diesem systematischen Anspruch werden die Regelungen im Mondvertrag gerecht.

Jedoch muss deutlich bezweifelt werden, ob diese anwendbar sind. Ihr ausgewogener Inhalt darf nicht darüber hinwegtäuschen, dass der Mondvertrag von den meisten Staaten, insbesondere den großen Raumfahrtnationen, **nicht ratifiziert** worden ist. Zudem kann man beim Mondvertrag auch nicht von Völkergewohnheitsrecht sprechen. Ungeachtet seiner praktischen Vernünftigkeit geht das Konkretisierungsziel des Art. IV Abs. 2 WRV weltraumrechtlich ins Leere: Mangels ausreichender Ratifizierung kann der Mondvertrag – jedenfalls gegenwärtig – keine präzisen rechtlichen Vorgaben für die wissenschaftliche Erforschung des Mondes bieten.

---

16 *von Kries/Schmidt-Tedd/Schrogl*, Grundzüge des Raumfahrtrechts, 2002, S. 17.

§ 8 Militarisierungsverbot

I. Weltraumpolitische Ausgangslage

1   Jede neue technische Entdeckung wird anfänglich zumeist auf ihre militärische Nutzbarkeit geprüft. Bevor sinnvolle zivile Anwendungen erwogen werden, ist von Seiten des Militärs oft bereits darüber befunden worden, ob sich die wissenschaftliche oder sonstige Entdeckung für militärische Zwecke eignet. Nachdem das Segelschiff erfunden worden war, wurde es sofort zu Kriegshandlungen auf See eingesetzt. Kaum war der erste motorgetriebene Flug der Gebrüder *Wright* in Kitty Hawk, North Carolina im Dezember 1903 erfolgreich absolviert[1], wurden nach kürzester Zeit Militärflugzeuge im Ersten Weltkrieg verwendet und der erste Luftkrieg der Geschichte begann.[2] Es kann daher nicht verwundern, dass der ab 1957 kontinuierlich neu erschlossene Weltraum ebenfalls **militärische Aufmerksamkeit** erhielt. Obwohl sich in den maßgebenden weltraumrechtlichen Rechtsakten seither der stark betonte Konsens wiederfindet, den Weltraum und seine Himmelskörper ausschließlich zu friedlichen Zwecken zu nutzen, so hat sich parallel dazu eine militärische Seite der Raumfahrt entwickelt, die für viele unsichtbar bleibt.[3] Die schnell wachsende Raumfahrtindustrie besitzt auch immer eine latente Militärrelevanz. Mittlerweile hat die Weltraumbewaffnung ein Ausmaß angenommen, das an der weltraumvertraglichen Prämisse der ausschließlich friedlichen Nutzung zweifeln lässt.[4]

2   Offensichtlich ist dieses Potenzial von den Raumfahrtnationen, den USA und der Sowjetunion, schon beim Entwerfen des Weltraumvertrags gesehen worden. Mit dem mehrfachen Hinweis auf eine ausschließlich **friedliche Nutzung des Weltraums** wurde versucht, die Militarisierung des Weltraums völkerrechtlich weitgehend zu verhindern. Das hat die militärischen Einrichtungen der Staaten nicht daran gehindert, tatsächliche oder vermeintliche Lücken des Weltraumvertrags für militärische Operationen zu nutzen oder aber strategische Konzepte für eine stärkere Bewaffnung im Weltraum zu entwickeln. Das ist nicht lediglich „Science Fiction" oder die Realisierung der sowohl ethisch als auch weltraumrechtlich unverantwortlichen Grundidee jeglicher Star Wars-Filme. Vielmehr zeigt der Ende 2019

---

1 *Schladebach*, Lufthoheit, 2014, S. 24; *ders.*, Luftrecht, 2. Aufl. (2018), § 2 Rn. 11.
2 *Schladebach*, Lufthoheit, 2014, S. 62; *Wissmann*, Geschichte der Luftfahrt, 1960, S. 279 ff.; *Streit/ Taylor*, Geschichte der Luftfahrt, 1988, S. 107 ff.
3 *Neuneck*, APuZ 29–30/2019, 33.
4 *Neuneck*, APuZ 29–30/2019, 33 ff.; *ders./Rothkirch*, ZLW 2006, 501 ff.

gesetzlich beschlossene Aufbau der US Space Forces,[5] dass die Pläne der USA für eine Militarisierung des Weltraums einen erschreckenden Konkretisierungsgrad angenommen haben. Nach Meinung des US-Präsidenten *Trump* „ist der Weltraum das neue Kriegsgebiet". Es ist daher von größtem Interesse, welche völkerrechtliche Antwort der Weltraumvertrag auf diese dramatische Aussage des Präsidenten der größten Raumfahrtnation geben kann.

II. Freier Weltraum

Bei der Zulässigkeit einer Militarisierung ist nach Art. IV WRV zwischen dem freien Weltraum (Abs. 1) und dem Mond bzw. anderen Himmelskörpern (Abs. 2) zu unterscheiden. Im freien Weltraum ist es verboten, Gegenstände, die Kernwaffen oder andere Massenvernichtungswaffen tragen, in eine Erdumlaufbahn zu bringen. Handelt es sich indes nicht um solche Waffenarten oder werden diese nicht in eine Erdumlaufbahn gebracht, greift das Verbot des Art. IV Abs. 1 WRV nicht ein.[6] Nicht erfasst sind davon etwa ballistische Raketen (bogenförmige Flugbahn) und sog. Orbitalbomben. Die damit vorhandene Regelungslücke ist zum Teil durch Rüstungskontrollvereinbarungen mit zeitlich begrenzter Geltung geschlossen worden.[7] Dazu zählt etwa der **SALT II-Vertrag von 1979**, nach dem auf die Entwicklung von „fractional orbital missiles" verzichtet werden sollte, die von Art. IV Abs. 1 WRV nicht erfasst werden.[8]

Fallkonstellationen, welche die Begrenztheit des Art. IV Abs. 1 WRV verdeutlichen, gibt es viele. An erster Stelle ist dabei an die 1983 von US-Präsident *Reagan* angekündigte „Strategic Defense Initiative" (**SDI**) zu erinnern. Die SDI-Planer begannen, ein weltraumgestütztes Raketenabwehrsystem zu entwickeln, das mittels Lasern im Orbit oder später lenkbarer Kleinsatelliten feindliche Raketen und Satelliten im All bekämpfen können sollte.[9] Wegen der horrenden Kosten wurde SDI zwar schon in einer frühen Planungsphase wieder eingestellt,[10] warf jedoch auch die Frage nach seiner rechtlichen Zulässigkeit auf.[11] Da es sich hierbei nicht um Kernwaffen oder andere Massenvernichtungswaffen handeln sollte, hat das SDI-System nicht gegen Art. IV Abs. 1 WRV verstoßen.[12] Das Gleiche wird für **chinesische und indische Aktionen** zu gelten haben,[13] bei denen 2007 bzw. 2019 eigene aus-

---
[5] SPIEGEL vom 21.12.2019.
[6] *Schladebach*, JuS 2008, 217 (220); *ders.*, NVwZ 2008, 53 (56); *ders.*, APuZ 29–30/2019, 26 (28).
[7] *Wolter*, ZaöRV 62 (2002), 941 (959 ff.); *Bentzien*, ZLW 1986, 319 (329 f.); *von Kries/Schmidt-Tedd/Schrogl*, Grundzüge des Raumfahrtrechts, 2002, S. 258 f.; *von Kries*, in: Böckstiegel, HdWR, 1991, S. 307 (336).
[8] *von Kries/Schmidt-Tedd/Schrogl*, Grundzüge des Raumfahrtrechts, 2002, S. 258.
[9] *Neuneck*, APuZ 29–30/2019, 33 (36).
[10] *Schladebach*, Hastings Int'l & Comp. L. Rev. 41 (2018), 245 (255); *Neuneck*, APuZ 29–30/2019, 33 (36).
[11] *Gallagher*, Mil. L. Rev. 111 (1986), 11 ff.; *Bernhardt*, J. Legis. 15 (1989), 251 ff; *von Kries*, ZLW 1985, 267 ff.
[12] So auch *von Kries/Schmidt-Tedd/Schrogl*, Grundzüge des Raumfahrtrechts, 2002, S. 260.
[13] *Schladebach*, APuZ 29–30/2019, 26 (28).

gediente Satelliten mittels Lasertechnik abgeschossen wurden.[14] Darüber hinaus sind folgende Pläne der USA zu nennen, die wegen der sehr wechselhaften US-Weltraumpolitik im Ankündigungsstatus verblieben sind:

Im Oktober 2006 hatte US-Präsident *Bush* eine neue **US-Weltraumstrategie** vorgestellt.[15] Darin erklärten die USA, dass sie alle künftigen Rüstungskontrollabkommen ablehnen werden, die der Bewegungsfreiheit der USA im Weltall schaden könnten. Nationen, die sich nicht amerikanischen Interessen gemäß verhielten, werde der Zugang zum Weltraum versperrt.[16] Diese Absichten stehen in einem bemerkenswerten Widerspruch zum Gemeinschaftsgeist, auf den der Weltraumvertrag ausgerichtet ist.

Ebenfalls unter US-Präsident *Bush* wurde 2008 zwischen den USA und Polen vereinbart, ein bodengestütztes **Raketenabwehrsystem in Polen** zu errichten.[17] Dabei sollte sich dieses System nicht gegen Russland, sondern gegen die Bedrohung aus dem Iran richten.[18] Ursprünglich war geplant, ein Teil auch in Tschechien zu stationieren. Wegen erheblicher Differenzen der tschechischen Regierung mit US-Präsident *Obama* zog sich Tschechien von diesen Planungen zurück.[19] Auch diese Initiative sorgte verständlicherweise nicht nur in Mittel- und Osteuropa für politische Irritationen. Zweifelhaft war zudem ihre Vereinbarkeit mit Art. IV Abs. 1 WRV.[20]

Ein weiteres aktuelles Beispiel für den rüstungspolitischen Druck, unter dem Art. IV Abs. 1 WRV steht, sind die **Raketentests Nordkoreas** seit 2017. Trotz zahlreicher Sanktionen des UN-Sicherheitsrats entwickelt und erprobt Nordkorea ballistische Raketen, die vornehmlich in östlicher Richtung abgeschossen werden, insbesondere das japanische Volk beunruhigen und zumeist bislang noch vor Japan ins Meer stürzen. Obwohl man meinen könnte, dass sich Nordkorea nicht den weltraumrechtlichen Bindungen unterworfen hat, ist zu konstatieren, dass Nordkorea 2009 den Weltraumvertrag ratifiziert hat. Jedoch bleibt das rechtliche Problem, dass ballistische Raketen nicht von Art. IV Abs. 1 WRV verboten werden. Gibt es darüber hinaus keine Rüstungskontrollverträge oder beteiligen sich bestimmte Staaten an bestehenden Verträgen nicht, so klafft bei dem Militarisierungsverbot im Weltraum eine spürbare und bedenkliche Lücke. Im Falle von Nordkorea sind aber jedenfalls Verstöße gegen die konkreten Sanktionen des UN-Sicherheitsrats anzunehmen.[21]

III. Mond und andere Himmelskörper

5   Für den Mond und die anderen Himmelskörper gilt nach Art. IV Abs. 2 WRV ein Militarisierungsverbot. Der so umschriebene „feste" Weltraum darf ausschließlich zu friedlichen Zwecken benutzt werden. Die Errichtung militärischer Stützpunkte,

---

14 *Neuneck*, APuZ 29–30/2019, 33 (37); *Schladebach*, Max Planck UNYB 17 (2013), 61 (67); *Catalano Sgrosso*, International Space Law, 2011, S. 128.
15 *Robinson*, ZLW 2007, 45 ff.
16 *Schladebach*, NVwZ 2008, 53 (56).
17 SPIEGEL vom 14.8.2008; Zeit-Online vom 15.8.2008.
18 *Schladebach*, NVwZ 2008, 53 (56).
19 Süddeutsche Zeitung vom 15.6.2011.
20 *Schladebach*, NVwZ 2008, 53 (56).
21 *Schladebach*, Hastings Int'l & Comp. L. Rev. 41 (2018), 245 (255).

Anlagen und Befestigungen, das Erproben von Waffen jeglicher Art und die Durchführung militärischer Übungen auf Himmelskörpern sind verboten. Will jedoch ein Staat für die wissenschaftliche Forschung **Militärpersonal** einsetzen, ist das gestattet. Die dafür notwendige Ausrüstung oder sonstige Anlagen dürfen mitgeführt und benutzt werden.

Die allein zulässige Nutzung des Mondes und anderer Himmelskörper „**ausschließlich zu friedlichen Zwecken**" hatte zu der mittlerweile geklärten Frage geführt, wie der Begriff „friedlich" zu verstehen ist. Gelegentlich wurde vertreten, dass der Zielsetzung des Art. IV WRV nur ein Verständnis entspreche, wonach „friedlich" als „nicht-militärisch" zu interpretieren sei.[22] Jedoch zeigt ein Blick auf Art. III WRV, dass ein kompletter Ausschluss militärischer Gewalt nicht geregelt worden ist. Art. III WRV stellt die Anwendbarkeit der UN-Charta und damit auch deren in Art. 51 vorgesehenes Selbstverteidigungsrecht fest. Ein solcher Verweis habe nur dann einen Sinn, wenn eine Selbstverteidigung im Weltraum auch tatsächlich möglich bleibe. Eine Selbstverteidigung ohne Militär erscheint aber weltfremd. Wegen des vorbehaltenen Selbstverteidigungsrechts dürfe „friedlich" nicht als „nicht-militärisch", sondern müsse als „**nicht-aggressiv**" ausgelegt werden. Andernfalls liefe das Selbstverteidigungsrecht leer.[23]

Aus dieser zutreffenden Argumentation kann indes nicht gefolgert werden, dass auf dem nach Art. IV Abs. 2 WRV völlig entmilitarisierten Mond Militäreinheiten vorgehalten werden dürfen, um im **Selbstverteidigungsfall** geeignete Verteidigungsmaßnahmen vornehmen zu können. Dies ließe die Norm nicht zu. Die wegen Art. III WRV aber weiterhin zulässige Selbstverteidigung darf daher nur aus dem freien Weltraum kommen. Diese rechtlichen Überlegungen entbehren für die Gegenwart und die nähere Zukunft jedes tatsächlichen Anlasses.

Das Spannungspotenzial, das aus der Friedlichkeitspflicht des Art. IV Abs. 2 WRV einerseits und dem weiterhin ermöglichten Selbstverteidigungsrecht aus Art. III WRV i. V. m. Art. 51 UN-Charta andererseits resultiert, führt allerdings zu einer **verallgemeinerungsfähigen Aussage**: Die dargestellte Rechtsfrage wurde zumeist nur in Bezug auf Art. IV Abs. 2 WRV, also den „festen" Weltraum, aufgeworfen. Da das – militärisch wahrzunehmende – Selbstverteidigungsrecht in Art. III WRV aber auch auf den freien Weltraum des Art. IV Abs. 1 WRV anzuwenden ist, wird man auch insoweit ein Verhalten als zulässig anzusehen haben, das zwar nicht „friedlich", aber jedenfalls „nicht aggressiv" sein muss. „Friedlichkeit" im Weltraumvertrag ist deshalb regelmäßig als „ohne Aggression" auszulegen.[24]

---

[22] *Schwenk*, VN 1963, 124 (128).
[23] *Schladebach*, JuS 2008, 217 (220); ders., NVwZ 2008, 53 (56); *Häußler*, JA 2002, 817 (823); *von Kries/Schmidt-Tedd/Schrogl*, Grundzüge des Raumfahrtrechts, 2002, S. 256; *von Kries*, in: Böckstiegel, HdWR, 1991, S. 307 (338 f.).
[24] *Schladebach*, JuS 2008, 217 (220); ders., NVwZ 2008, 53 (56).

§ 9 Rettung von Raumfahrern

I. Menschen im Weltraum

1 Seit den Anfängen des Weltraumrechts in den 1960er Jahren verfolgen die Raumfahrtnationen das Konzept der bemannten Raumfahrt, also den Plan, Menschen in den Weltraum und von dort wieder sicher zur Erde zurückzubringen. Das Bewusstsein, dass der Aufenthalt von Menschen im Weltraum sowohl gesundheitlich als auch technisch ein gefahrenträchtiges Vorhaben ist, erforderte es, dass beim Erarbeiten weltraumrechtlicher Regelungen auch an die Rettung von in Not geratenen Raumfahrern gedacht werden musste.

1. Bemannte Raumfahrt als Konzept

2 Das Konzept der bemannten Raumfahrt liegt einer Vielzahl von WRV-Normen zugrunde. Dass der Weltraum nicht lediglich ein unpersönlicher, ausschließlich technisch ausgerichteter Aktionsraum, sondern als künftiges Betätigungsfeld für Menschen gedacht ist, drückt sich in **unterschiedlichen Bezeichnungen** für Menschen im Weltraum aus. So ist erwartungsgemäß von „Menschen", aber auch von „Raumfahrer", „Besatzung", „natürliche Person", „Militärpersonal", „Staatsangehörige", „Ausländer", „wissenschaftliches und sonstiges Personal", „Vertreter anderer Vertragsstaaten" oder sogar der „gesamten Menschheit" die Rede.[1] Unter diesen Bezeichnungen stellen die Rechtsbegriffe „Raumfahrer" (Art. V WRV) und „Besatzung" (Art. VIII WRV) die weltraumrechtlich wichtigsten dar.

3 Dieses Konzept der auf den Menschen ausgerichteten Raumfahrt, also einer anthropozentrischen Raumfahrt, stand im Verlaufe der Entwicklung der Raumfahrt mehrmals an einem Scheideweg. Grund dafür waren **schwerste Raumfahrtunglücke der USA**, die stets die Frage aufwarfen, ob sich die USA zumindest zeitweise aus der bemannten Raumfahrt und allen damit zusammenhängenden Vorbereitungs- und Planungsarbeiten zurückziehen sollten. Schon die Katastrophe in der Bodentrainingskapsel von Apollo 1 am 27.1.1967, dem Tag der Unterzeichnung des Weltraumvertrags,[2] verdeutlichte die Gefahren, die mit dem Konzept der bemannten Raumfahrt perspektivisch verbunden sein würden. Noch viel grundsätzlicher wurde der Fortbestand der bemannten Raumfahrt nach den Explosionen der US-Space Shuttles Challenger am 28.1.1986 und Columbia am 1.2.2003 mit vielen Toten de-

---

[1] *Bittlinger*, in: Böckstiegel, HdWR, 1991, S. 205 (207); *Schladebach*, JuS 2008, 217 (220).
[2] Siehe § 1.

battiert. Nach beiden Unglücken wurden US-Missionen für längere Zeit ausgesetzt. Trotzdem haben die USA, Russland und die europäische Raumfahrtagentur ESA bekräftigt, an der bemannten Raumfahrt festhalten zu wollen.

2. Regelungsbestand

Die Rettung von Raumfahrern regelt Art. V WRV. Zusätzlich ist bereits 1968 das Weltraumrettungsübereinkommen (WRÜ) geschlossen worden. Es konkretisiert die Rettungspflichten des Art. V WRV und wurde von der Mehrzahl der Staaten ratifiziert.[3] Der Umstand, dass das konkretisierende Übereinkommen schon ein Jahr nach dem Weltraumvertrag erlassen wurde, belegt die große Bedeutung, die der Rettung von Raumfahrern durch die Raumfahrtnationen beigemessen wurde.

II. Begriff des Raumfahrers

1. Sprachliche Bezeichnung

Wie bekannt, werden Raumfahrer je nach politischer Hemisphäre oft unterschiedlich tituliert. Spricht die westliche Welt von „Astronauten", so war in der Rhetorik der ehemals sozialistischen Staaten der Begriff „Kosmonaut" üblich. Im asiatischen Sprachgebrauch wird vielfach der Begriff „Taikonaut" verwendet. Allerdings folgen aus dieser unterschiedlichen Bezeichnung keine rechtlichen Konsequenzen. Sie sind alle „Raumfahrer" im Sinne von Art. V WRV.[4]

2. Rechtliche Bezeichnung

Der Begriff des Raumfahrers wird – wie so viele andere Begriffe – vom Weltraumvertrag nicht definiert. Er ist aber Rechtsbegriff, da an sein Vorliegen nach Art. V WRV konkrete völkerrechtliche Pflichten geknüpft sind. Eine Definition ist demnach erforderlich. Dabei ist auf eine terminologische Kongruenz hinzuweisen. Es besteht weitgehend Einigkeit, dass ein **„Raumfahrer"** nach Art. V WRV automatisch auch Mitglied der **„Besatzung"** nach Art. VIII WRV ist, weshalb die Beschreibungen, insbesondere zum Begriffsverständnis, aufeinander Bezug nehmen. Danach korrespondieren beide Begriffe derart miteinander, dass grundsätzlich alle sich im Weltraum aufhaltenden Menschen „Raumfahrer" darstellen und zur „Besatzung" gehören sollen.[5] Das erscheint schon deshalb naheliegend, weil der Raumfahrer die kleinste menschliche Einheit der Besatzung eines Raumschiffs ist.

---

3 672 UNTS 119; BGBl. 1971 II S. 237.
4 *Bittlinger*, in: Böckstiegel, HdWR, 1991, S. 205 (208); *Herkommer*, Die Rechtsstellung des Raumfahrers nach geltendem Weltraumrecht, 1974, S. 68; *Dettmering*, Die Rechtsstellung von Menschen, Stationen und Niederlassungen auf Himmelskörpern, 1971, S. 217 ff.
5 *Bittlinger*, in: Böckstiegel, HdWR, 1991, S. 205 (223 f.); *Schladebach*, JuS 2008, 217 (221).

7   Allerdings konkurrieren zwei Ansichten bei der Frage, wer weltraumrechtlich als „Raumfahrer" zu verstehen ist und mithin zur „Besatzung" gehört. Dies ist schon an dieser Stelle zu klären. Beim Besatzungsbegriff kann dann auf die hiesigen Erörterungen verwiesen werden.

8   So existiert eine enge und eine weite Auffassung zum Raumfahrerbegriff.[6] Nach der **engen Ansicht** ist Raumfahrer nur derjenige, der am praktischen Betrieb des Weltraumgegenstands funktional mitwirkt.[7] Dem liegt die Idee zugrunde, dass ein Raumfahrer langfristig ausgebildet worden ist und zwar sowohl in betrieblich-technischer als auch in verhaltensbezogener, insbesondere sprachlicher Hinsicht. Dem Raumfahrer werden also antrainierte professionelle Fähigkeiten zugeschrieben, die ihn in die Lage versetzen, einen klar definierten Beitrag zum Erfolg der einzelnen Mission erbringen zu können. Dieses Bild eines Raumfahrers ist realistisch und mehrfach dokumentarisch beschrieben worden.[8] Dieses realistische Verständnis hat allerdings zur Folge, dass andere Personen an Bord eines Raumschiffs nicht als „Raumfahrer" verstanden werden können und mithin nicht nach Art. V WRV gerettet werden müssten: Kranke, Verletzte, blinde Passagiere, Straftäter und Weltraumtouristen wären dann von der Rettungspflicht nicht geschützt. Dagegen wären Wissenschaftler und Nutzlastexperten wegen ihres möglichen Mitwirkungsbeitrags noch von der Norm erfasst.

Beispiel: Diese Frage hatte vor allem Bedeutung, als ab 2001 mehrere Privatpersonen als Touristen auf die – damals noch nicht vollbesetzte – Internationale Raumstation (ISS) geflogen sind. So hatten etwa *Dennis Tito* (2001), *Mark Shuttleworth* (2002), *Gregory Olsen* (2005) und *Anousheh Ansari* (2006) die Möglichkeit, sich einige Tage auf der ISS aufzuhalten. Das war mehr als nur die Erfüllung von Kindheitsträumen dieser „Weltraumtouristen". Mit den zu zahlenden ca. 20 Mio. Euro pro Flug sollte auch zur Finanzierung des weiteren Ausbaus der Raumstation beigetragen werden. Auf diese Weise konnten die seinerzeit noch nicht besetzten Plätze auf der ISS durchaus kräftig kommerzialisiert werden, eine für das Fortbestehen der Raumstation nicht unwesentliche Herausforderung.[9] Da diese Privatpersonen als Weltraumtouristen keine für den Betrieb der ISS wesentliche Aufgabe hatten, ist ihre Rechtsstellung als „Raumfahrer" nach der engen Ansicht mehr als fraglich.

9   Die **weite Ansicht** will dagegen alle natürlichen Personen als „Raumfahrer" betrachten, die sich an Bord eines Raumschiffs oder außerhalb davon im freien Weltraum oder auf einem Himmelskörper aufhalten.[10] Hierdurch würden vor allem Schutzlücken geschlossen, denn es ist nicht erklärbar, bestimmte Personen von der Schutz-

---

6 Überblick bei *Bittlinger*, in: Böckstiegel, HdWR, 1991, S. 205 (211, 223); *Schladebach*, JuS 2008, 217 (221); *ders.*, NVwZ 2008, 53 (57); *ders.*, Hastings Int'l & Comp. L. Rev. 41 (2018), 245 (256); *ders.*, APuZ 29–30/2019, 26 (29).
7 *Gorove*, IISL-Proceedings 1968, 93; *Dula*, IISL-Proceedings 1981, 25, 36.
8 *Hansen*, Aufbruch zum Mond, 2. Aufl. (2018) zu *Neil Armstrong*.
9 *Schladebach*, ZLW 2013, 709 ff.; *ders.*, Hastings Int'l & Comp. L. Rev. 41 (2018), 245 (264); *ders.*, APuZ 29–30/2019, 26 (31).
10 *Bittlinger*, in: Böckstiegel, HdWR, 1991, S. 205 (211, 223); *Cheng*, Studies in International Space Law, 1997, S. 458; *Schladebach*, JuS 2008, 217 (221); *ders.*, NVwZ 2008, 53 (57); *ders.*, Hastings Int'l & Comp. L. Rev. 41 (2018), 245 (256); *ders.*, APuZ 29–30/2019, 26 (29).

verpflichtung auszunehmen. Diese Auffassung lässt sich nicht auf die Auslegungsmethode nach Sinn und Zweck des Art. V WRV stützen. Diese Norm knüpft an den professionell ausgebildeten und agierenden Raumfahrer an, wozu andere Personen nicht gehören. Zudem kann Art. V WRV im Jahre 1967 noch nicht der Sinn und Zweck unterstellt werden, man habe außerhalb der professionellen Raumfahrt auch sonstige Personen in einem Raumschiff als schützenswert betrachten wollen. Eine an Sinn und Zweck des Art. V WRV orientierte Auslegung gemäß Art. 31 Abs. 1 WVRK führt daher nicht weiter.

Da nur die zweite Ansicht überzeugt, muss nach ihrer methodischen Begründbarkeit gefragt werden. Die klassischen Auslegungsmethoden[11] erbringen keinen Erkenntnisgewinn. Deshalb ist hier auf die schon andernorts vorgestellte[12] neue Auslegungsmethode der **humanistischen Auslegung** hinzuweisen. Wie an anderer Stelle betont,[13] lässt sich der Grundsatz der Humanität aus einer Vielzahl völkerrechtlicher Vorschriften entnehmen (z.B. UN-Charta, IPbürgR) und findet sich im vorliegenden Zusammenhang auch in der Präambel des Weltraumrettungsübereinkommens („sentiments of humanity"). Als Konkretisierung des Art. V WRV greift das WRÜ daher diesen Grundsatz auf und gebietet eine Auslegungsrichtung, die auf den Schutz jeglichen Lebens im Weltraum und somit nicht nur desjenigen von professionellen Raumfahrern abzielt. Diese neue Auslegungsmethode der humanistischen Auslegung wird hiermit dem klassischen Auslegungskanon nach *Savigny* als fünfte Methode hinzugefügt.[14] Sie führt hinsichtlich der in Rede stehenden Frage des weiten Raumfahrerbegriffs dazu, alle Personen als „Raumfahrer" einzuordnen, die sich an Bord eines Raumschiffs und während eines Außeneinsatzes außerhalb desselben befinden.

III. Rechtsstellung des Raumfahrers

1. Boten der Menschheit

Von Art. V Abs. 1 S. 1 WRV werden Raumfahrer als „**Boten der Menschheit**" bezeichnet. Diese Formulierung hat zu der Frage geführt, ob Raumfahrer damit einen besonderen völkerrechtlichen Status erhalten haben.[15] Einige Vertreter meinen, diesem Begriff ein „Element der Unverletzlichkeit" entnehmen zu können. Andere Autoren wollen den Raumfahrern eine „supranationale Immunität" zuerkennen, wenn sie sich in fremden Hoheitsbereichen bewegen. Ein diplomatischer Status

---

11 *von Savigny*, System des heutigen römischen Rechts, Bd. 1, 1840, S. 213 f.
12 *Schladebach*, JuS 2008, 217 (221); *ders.*, NVwZ 2008, 53 (57); *ders.*, Hastings Int'l & Comp. L. Rev. 41 (2018), 245 (256); *ders.*, APuZ 29–30/2019, 26 (29).
13 *Schladebach*, Lufthoheit, 2014, S. 251; auf die „humanitäre Ausrichtung der WRÜ-Vorschriften" weist auch *Bittlinger*, in: Böckstiegel, HdWR, 1991, S. 205 (232) hin.
14 *Schladebach*, Hastings Int'l & Comp. L. Rev. 41 (2018), 245 (256).
15 Überblick bei *Bittlinger*, in: Böckstiegel, HdWR, 1991, S. 205 (216 f.); *ders.*, Hoheitsgewalt und Kontrolle im Weltraum, 1988, S. 102 ff.

solle damit allerdings nicht einhergehen. Schließlich wurde aus dieser Formulierung die Bestätigung abgeleitet, dass es den „Weltbürger im juristischen Sinne" gebe. Die herrschende Ansicht geht jedoch zutreffend davon aus, dass aus dem Begriff „Boten der Menschheit" kein zusätzlicher rechtlicher Schutzgehalt resultiere.[16] Er habe lediglich einen symbolischen Wert. Maßgeblich für die Rettung von Raumfahrern blieben Art. V WRV und das Weltraumrettungsübereinkommen.

2. Raumfahrtkommandant

12 Selbstverständlich ist auch der Raumfahrtkommandant „Raumfahrer" und daher nach Art. V WRV zu retten. Neben dieser passiven Perspektive kann dem Raumfahrtkommandanten bzw. der Raumfahrtkommandantin für die Rettung von Raumfahrern jedoch auch eine aktive Rolle zukommen. Ob der Raumfahrtkommandant eine rechtlich herausgehobene Stellung besitzt, infolge derer er gegebenenfalls **Befugnisse zur Rettung** von Raumfahrern während einer Mission auszuüben berechtigt und verpflichtet ist, wurde im Schrifttum selten diskutiert.[17]

13 Auszugehen ist von der Tatsache, dass Raumfahrtmissionen seit Mitte der 1960er Jahren aus Sicherheitsgründen immer in Teams unternommen wurden. Sowohl die USA als auch die Sowjetunion setzten seinerzeit auf Zweier-Teams. Eine Person wurde jeweils zum Kommandanten bestimmt. Diese Teams bildeten die Besatzung eines Raumschiffs, die u.a. von Art. VIII WRV speziell adressiert wird. Jedoch findet sich im Weltraumvertrag und im Weltraumrettungsübereinkommen keine Regelung darüber, wer als Raumfahrtkommandant fungiert und welche Befugnisse ihm zustehen.[18] Das ist deshalb bemerkenswert, weil das internationale Verkehrsrecht typischerweise einen **Kommandanten** vorsieht und ihn mit den erforderlichen Befugnissen ausstattet. So besitzt im Seerecht der Kapitän die Bordgewalt über sein Schiff (Art. 94 Abs. 4 SRÜ), im Luftrecht steht die Bordgewalt dem Luftfahrtkommandanten zu (Art. 6 Abs. 1 Tokioter Abkommen, 1963). Sie sind als Privatpersonen mit punktueller Hoheitsgewalt beliehen und haben an Bord des Fahrzeugs Sicherheit und Ordnung zu gewährleisten. Es konnte daher erwartet werden, dass für Weltraumflüge als neuer Verkehrsart ebenfalls Kommandohierarchien festgelegt werden. Dies ist nicht erfolgt.

14 Vorschriften über die Rechtsstellung eines Raumfahrtkommandanten finden sich hingegen im **nationalen Recht** einiger Staaten. Die USA haben per Gesetz 14 CFR § 1214.702 („Authority and responsibility of the Space Transportation System Commander") solche Vorschriften für US-Raumfahrtmissionen aufgestellt.[19] Sie beinhalten insbesondere die Aufgabe, „safety" und „protection" für alle Crewmit-

---

[16] *Fasan*, Weltraumrecht, 1965, S. 86; *Hofmann*, BayVBl. 1978, 193 (196); *Bittlinger*, in: Böckstiegel, HdWR, 1991, S. 205 (217, 224); *Schladebach*, JuS 2008, 217 (221); *ders.*, Hastings Int'l & Comp. L. Rev. 41 (2018), 245 (256); *ders.*, APuZ 29–30/2019, 26 (29).
[17] *Bittlinger*, in: Böckstiegel, HdWR, 1991, S. 205 (217–219); *Vereshchetin*, Hastings Int'l & Comp. L. Rev. 7 (1984), 501 (502); *Górbiel*, Hastings Int'l & Comp. L. Rev. 7 (1984), 509 (518).
[18] *Bittlinger*, in: Böckstiegel, HdWR, 1991, S. 205 (217).
[19] *Bittlinger*, in: Böckstiegel, HdWR, 1991, S. 205 (218).

glieder zu garantieren. Die Regelungen haben insoweit Kritik erfahren, als sie für die Aufrechterhaltung der Ordnung an Bord einer langfristig betriebenen Raumstation ungeeignet und unzureichend seien.[20]

Für einen ausgesuchten Bereich des Weltraumrechts, den Betrieb der **Internationalen Raumstation** (ISS),[21] sind internationale Regelungen in Bezug auf den jeweiligen Kommandanten vereinbart worden. Die Norm über die Crewmitglieder (Art. 11 ISS-Übereinkommen) wird durch einen „Code of Conduct for the ISS Crew" ergänzt, der in seinem Punkt III. mehrere Bestimmungen über den ISS-Kommandanten festlegt. Darin wird ihm die erwartete besondere Stellung hinsichtlich der Mission selbst und der Sicherheit der weiteren Crewmitglieder zugewiesen. Dieser spezielle Code of Conduct für die ISS ist ebenfalls in das nationale Recht der USA übernommen worden.[22]

15

IV. Hilfeleistungspflichten

Die Hilfeleistungspflichten folgen aus dem Weltraumvertrag und dem Weltraumrettungsübereinkommen. Auch der Mondvertrag enthält solche Pflichten, muss aber wegen seiner Bedeutungslosigkeit für die Raumfahrtnationen hier außer Betracht bleiben. Dagegen kann das Seerechtsübereinkommen mit seiner Hilfspflicht des Schiffskapitäns durchaus relevant werden.

16

1. Weltraumvertrag

a) Gewährung „jeder möglichen Hilfe"

Die Hilfeleistungspflicht nach Art. V Abs. 1 WRV scheint zunächst recht abstrakt formuliert. Den Raumfahrern anderer Vertragsstaaten ist **„jede mögliche Hilfe"** zu gewähren. Das mag man als unpräzise oder grobmaschig kritisieren, inhaltlich jedoch meint dies einen situativ maximalen Schutz. Erkennbar wollte sich Art. V WRV nicht auf einzeln definierte Hilfeleistungen festlegen, weil sonst andere denkbare Handlungen nicht erfasst und dann nicht vorgenommen werden müssten, obwohl auch sie im konkreten Fall eine Hilfe bedeuten würden. Die gewählte Formulierung trägt dem humanistischen Grundgedanken des Art. V WRV Rechnung und ist dementsprechend weit zu verstehen. Auf der anderen Seite ist Unmögliches nicht zu verlangen. Technisch unsinnige Hilfsmaßnahmen ohne jede Rettungsaussicht müssen nicht ergriffen werden. Müsste anlässlich einer Gefahrensituation im Weltraum erst eine neue Raumfähre zur Rettung der in Gefahr befindlichen Raumfahrer gebaut werden, so wäre der technische und wirtschaftliche Aufwand aussichtslos und damit unsinnig.

17

---

20 *March*, Glendale L. Rev. 6 (1984), 73 ff.
21 BGBl. 1998 II S. 2445.
22 14 CFR § 1214.403.

2. Teil: Grundentscheidungen

18   Ist der Raumfahrer nach seiner Notlandung oder -wasserung gerettet worden, schreibt Art. V Abs. 1 S. 2 WRV vor, dass er **rasch und unbehelligt** in den Staat zurückgeführt wird, in dem das Raumfahrzeug registriert ist. Offensichtlich geht diese Vorschrift davon aus, dass die Raumfahrer mit einem noch intakten Raumschiff notlanden, das dann auf seine Registrierung überprüft werden kann. Das wird wohl nur dann denkbar sein, wenn eine Landung auf dem Land oder im Meer mit der noch funktionstüchtigen Raumkapsel erfolgt. Notfälle haben indes gezeigt, dass sich die Astronauten zumeist mit dem Fallschirm retten und die – kaum zu kontrollierende – Raumkapsel dann bereits verlassen haben. In jedem Fall zeigt die schützend ausgerichtete Formulierung „rasch und unbehelligt", dass Raumfahrer in keinem Fall vom Rettungsstaat festgehalten oder gar als **„Faustpfand"** für politische Zwecke missbraucht werden dürfen. Insbesondere das Wort „unbehelligt" drückt eine in dieser Zeit (1967) offenbar angenommene potenzielle Gefahr aus, Raumfahrer möglicherweise als politische Geisel auszuforschen.

19   Dass ein solches Vorgehen zwischen den damaligen Supermächten USA und Sowjetunion nicht völlig unwahrscheinlich war, zeigen etwa die Vorgänge um den Abschuss des U-2-**Militärpiloten** *Francis Gary Powers* (USA) am 1.5.1960 über der sowjetischen Stadt Swerdlowsk. *Powers* wurde knapp zwei Jahre als Geisel gehalten, verhört und strafrechtlich verurteilt. Am 10.2.1962 wurde er gegen den 1957 von den USA enttarnten KGB-Spion *Rudolf Abel* auf der **Glienicker Brücke in Potsdam** ausgetauscht. Insofern ist der Vorschlag, Raumfahrern als „Boten der Menschheit" eine „gewisse Immunität" zuzugestehen, zwar nicht völkerrechtlich begründbar, als faktische Leitidee aber durchaus zutreffend.

b) Hilfeleistung nach Art. V Abs. 2 WRV

20   Die weitere Hilfeleistungspflicht in Art. V Abs. 2 WRV erschließt sich zunächst nur schwer. Danach gewähren die Raumfahrer eines Vertragsstaates den Raumfahrern anderer Vertragsstaaten bei Tätigkeiten im Weltraum und auf Himmelskörpern jede mögliche Hilfe. Diese Norm setzt nach ihrem Wortlaut weder einen Notfall noch eine sonstige Hilfsbedürftigkeit voraus.[23] Stellt man sie allerdings in eine systematische Relation zu Art. V Abs. 1 WRV, so wird man zu folgender Aufteilung gelangen können: Während Art. V Abs. 1 WRV die Rettung auf der Erde (Festland oder Meer) gebietet, setzt Art. V Abs. 2 WRV eine Notsituation von Raumfahrern im Weltraum oder auf Himmelskörpern unausgesprochen voraus, in der Raumfahrer durch andere anwesende Raumfahrer „jede mögliche Hilfe" erhalten müssen. Art. V Abs. 2 WRV kann also deshalb auf die Formulierung einer „Notsituation" verzichten, weil die Norm ein sich auf das Aktionsgebiet „Weltraum und Himmelskörper" beziehender **Spezialfall zu Art. V Abs. 1 WRV** ist, in dem diese Voraussetzung bereits allgemein niedergelegt ist.

---

23 *Bittlinger*, in: Böckstiegel, HdWR, 1991, S. 205 (225).

c) Unterrichtungspflicht bei „Erscheinungen"

(1) Existenz außerirdischen Lebens. In der Literatur bisher völlig ausgeblendet wird die Unterrichtungspflicht bei „entdeckten Erscheinungen" nach Art. V Abs. 3 WRV. Die anderen Vertragsstaaten oder der UN-Generalsekretär sind vom agierenden Vertragsstaat „über alle von ihm im Weltraum einschließlich des Mondes und anderer Himmelskörper entdeckten Erscheinungen zu unterrichten, die eine Gefahr für Leben oder Gesundheit von Raumfahrern darstellen könnten." Das an sich für Konkretisierungen verantwortliche Weltraumrettungsübereinkommen schweigt hierzu. Dagegen enthält Art. 5 Abs. 3 MondV eine Parallelvorschrift zu Art. V Abs. 3 WRV, geht jedoch in einem wichtigen Aspekt über sie hinaus: Neben den möglichen Gefahren (der entdeckten Erscheinungen) für das menschliche Leben und die Gesundheit soll zudem über **"any indication of organic life"** unterrichtet werden. Obwohl sicher an verschiedene Erscheinungen im Weltraum mit diesem Gefahrenpotenzial gedacht werden kann, wie Weltraumstürme, besonders intensive kosmische Strahlungen oder das bislang noch immer unterschätzte oder zwar erkannte, aber bewusst kleingeredete Menschheitsproblem des Weltraummülls[24], zeigt jedenfalls der Mondvertrag mit der Formulierung „any indication of organic life" deutlich an, dass es jedenfalls auch um Beweise für die **Existenz außerirdischen Lebens** geht.

(2) Szenarien für den „Erstkontakt". Mit der Grundthese, dass es wissenschaftlich keinen Grund gebe, die Möglichkeit außerirdischen intelligenten Lebens auszuschließen, wurde kürzlich eine exosoziologische Studie vorgelegt, die Szenarien für den Erstkontakt mit außerirdischer Intelligenz instruktiv vorstellt.[25] Sie basiert auf **zwei wissenschaftlichen Grundannahmen**: Erstens umkreisen innerhalb unserer Galaxis viele Exoplaneten ihren jeweiligen Heimatstern in einer Entfernung, die sie aufgrund der Oberflächentemperatur nach unseren irdischen Maßstäben für die Entwicklung von Leben geeignet erscheinen lässt. Zweitens hat irdisches Leben selbst die unwirtlichsten Zonen unseres Planeten besiedelt; einmal entstandenes Leben ist offensichtlich robust und anpassungsfähig. Für die Interpretation der Unterrichtungspflicht des Art. V Abs. 3 WRV ist diese Studie von besonderer Relevanz. Sie unterscheidet **drei Basisszenarien** für den „Erstkontakt":

Das **Signalszenario** geht davon aus, dass Radioteleskope Signale aus dem Weltall auffangen, die künstlichen Ursprungs sind.[26] Aus den technischen Parametern der Sendung lasse sich die ungefähre Distanz des Senders erschließen und wahrscheinlich auch etwas über dessen technische Möglichkeiten in Erfahrung bringen. Technologische und ökonomische Auswirkungen dürfte ein Erstkontakt dieser Art nach Meinung der Autoren nur haben, falls es entgegen aller Wahrscheinlichkeiten

---
24 *Schladebach*, Max Planck UNYB 17 (2013), 61 ff.; dazu bereits *ders.*, JuS 2008, 217 (220); *ders.*, NVwZ 2008, 53 (56); *ders.*, Hastings Int'l & Comp. L. Rev. 41 (2018), 245 (266 ff.); *ders.*, APuZ 29–30/2019, 26 (29 f.), zudem *Benkö/Schrogl*, ZLW 2008, 335 ff.; *Hobe/Mey*, ZLW 2009, 388 ff.; *Mey*, ZLW 2012, 251 ff.
25 *Anton/Schetsche*, APuZ 29–30/2019, 40 ff.
26 *Anton/Schetsche*, APuZ 29–30/2019, 40 (41 f.).

gelingen sollte, die Inhalte des Signals linguistisch zu entschlüsseln. Den größten Einfluss dürfte das Ereignis auf die Medien haben: Neue Romane, Filme und Fernsehserien würden ihre Handlungen darauf ausrichten.

24 Dem **Artefaktszenario** liegt die Überlegung zugrunde, dass die Menschheit im Sonnensystem oder sogar auf der Erde selbst auf die materiellen Hinterlassenschaften einer außerirdischen Zivilisation stößt, etwa auf eine Raumsonde.[27] Der Fund eines extraterrestrischen Artefakts in unserem Sonnensystem würde nicht nur in der wissenschaftlichen Welt, sondern auch in der allgemeinen Öffentlichkeit auf großes Interesse stoßen. Raumfahrtnationen und private Raumfahrtunternehmen dürften sodann große Anstrengungen unternehmen, weitere außerirdische Artefakte im Sonnensystem zu entdecken. Dies würde zu einer Revolution in der bemannten und unbemannten Raumfahrt führen.

25 Im **Begegnungsszenario** erscheint im erdnahen Weltraum ein außerirdischer Weltraumgegenstand, von dem aufgrund seiner Flugmanöver oder anderer Aktionen anzunehmen ist, dass er von einer biologischen oder künstlichen Intelligenz gesteuert wird.[28] Prägnant legen die Autoren der Studie die Besonderheiten dieses dritten Szenarios dar: Das Auftauchen eines von einer außerirdischen Intelligenz gesteuerten Flugkörpers in der Nähe der Erde dürfte unmittelbar, nachdem diese Entdeckung – diese „Erscheinung" im Sinne des Art. V Abs. 3 WRV – durch die völkerrechtliche Unterrichtungspflicht öffentlich wird, zu schwerwiegenden massenpsychologischen, ökonomischen, religiösen und politischen Auswirkungen führen, von denen zwar nicht alle, aber doch viele eher negativer Natur sein werden.

26 Alle drei Szenarien erscheinen hilfreich, um die von Raumfahrern „entdeckten Erscheinungen" zu illustrieren und die – bislang vom Schrifttum nicht konturierte – **Unterrichtungspflicht** gegenüber den anderen Vertragsstaaten und dem UN-Generalsekretär auszulösen. Sowohl die Vereinten Nationen als auch die Regierungen der großen Raumfahrtnationen sind anschließend aufgerufen, die tiefgreifenden öffentlichen Auswirkungen eines solchen Beweises außerirdischer Intelligenz gemeinschaftlich zu bewerten und zu bewältigen.[29]

27 *(3) Asteroiden und Meteoriten.* Eine weitere Erscheinung im Weltraum, die „eine Gefahr für Leben oder Gesundheit von Raumfahrern" im Sinne von Art. V Abs. 3 WRV darstellen könnte, sind Asteroiden und Meteoriten. Darunter werden Kleinstplaneten (Asteroiden) und Bruchstücke solcher Asteroiden (Meteoriten) verstanden, die eine riesige Größe haben können. Von diesen natürlich entstandenen Himmelskörpern gehen **erhebliche Bedrohungen** aus. Sie können durch Kollisionen im Weltraum oder gar durch Einschläge auf der Erde große Schäden anrichten. Viele Raumfahrtnationen arbeiten daher an Sicherheitssystemen, die einen passiven

---

27 *Anton/Schetsche*, APuZ 29–30/2019, 40 (42 f.).
28 *Anton/Schetsche*, APuZ 29–30/2019, 40 (43 ff.); *dies.*, Die Gesellschaft der Außerirdischen. Einführung in die Exosoziologie, 2019, S. 158 ff.
29 Vorschläge dafür bei *Anton/Schetsche*, APuZ 29–30/2019, 40 (45 f.); *dies.*, Die Gesellschaft der Außerirdischen. Einführung in die Exosoziologie, 2019, S. 189 ff.

Schutz oder eine aktive Verteidigung gegen Meteoriten ermöglichen.[30] Dass gelegentlich auch erdnahe Schichten oder gar die Erde selbst davon betroffen sein können, zeigt das folgende Beispiel.

Beispiel: Am 15.2.2013 stürzte in der Nähe der russischen Stadt Tscheljabinsk ein etwa 20 Meter großer Meteorit auf die Erde. Er soll zuvor 30 km über der Stadt mit einer Energieladung von 500–600 Kilotonnen TNT explodiert sein, was dem 30–40fachen der Hiroshima-Atombombe entspricht. Die Druckwelle beschädigte rund 7000 Gebäude, zerplatzte Fensterscheiben verletzten etwa 1500 Menschen.[31]

2. Weltraumrettungsübereinkommen

Ist die Rettungspflicht durch Art. V WRV derart umfassend dimensioniert, ist die Erwartung an die Konkretisierungsleistung des WRÜ begrenzt. Die **Pflichten** lassen sich wie folgt zusammenfassen: Der als Rettungsstaat agierende Vertragsstaat informiert den Startstaat und den UN-Generalsekretär über die Notlage (Art. I), der Rettungsstaat unternimmt konkrete Such- und Rettungsmaßnahmen und leistet jede erforderliche Hilfe (Art. II), bei einem Such- und Rettungsbedürfnis auf Hoher See leisten die Vertragsstaaten Hilfe, die dazu in der Lage sind (Art. III). Der Rettungsstaat führt die notgelandete Besatzung rasch und unbehelligt in den Startstaat zurück (Art. IV) und ist verpflichtet, die eventuell noch vorhandenen Teile des Raumschiffs entweder an den Startstaat zurückzugeben oder sie durch den Rettungsstaat solange verwahren zu lassen, bis eine Rückführung möglich ist (Art. V Abs. 3).

28

Soweit gewisse **Lücken des WRÜ** kritisiert und daraus Missbrauchsgefahren, jedenfalls Umgehungsgefahren behauptet wurden,[32] erscheinen diese kritischen Äußerungen nicht nur überzogen, sondern weltfremd.[33] Zutreffend ist im Anschluss auf die humanitäre Ausrichtung (auch) des WRÜ hingewiesen worden: Die behaupteten Schwächen des WRÜ dürften von den Vertragsstaaten nicht ausgenutzt werden, um von erforderlichen und möglichen Hilfsmaßnahmen Abstand zu nehmen oder diesbezügliche Aufforderungen abzulehnen. Selbst wenn im Einzelfall eine Rechtspflicht nicht bestehe, dürfe man doch an die Beachtung moralischer und humanitärer Gebote und deren Erfüllung appellieren.[34] Vollkommen richtig wird zudem prognostiziert, dass diese Gebote auch von den Staaten beachtet werden, die das WRÜ noch nicht unterzeichnet hätten. Insofern sollte tatsächlich auf Einsicht, moralische Integrität und humanitäres Verantwortungsbewusstsein des Rettungsstaats vertraut werden.

29

---

30 Generell dazu *Catalano Sgrosso*, International Space Law, 2011, S. 150 ff.
31 Spiegel vom 22.5.2014.
32 *Lee*, Assistance to and Return of Astronauts and Space Objects, in: Jasentuliyana/Lee, Manual on Space Law, Bd. 1, 1979, S. 53 (55 ff.).
33 Überblick bei *Bittlinger*, in: Böckstiegel, HdWR, 1991, S. 205 (231 f.).
34 *Gál*, Space Law, 1969, S. 224.

3. Seerechtsübereinkommen

30 Ergänzend ist Art. 98 Abs. 1 SRÜ zu berücksichtigen. Die dort geregelte **Pflicht des Schiffskapitäns zur Rettung** von in Seenot geratenen Personen kann auch für unkontrolliert landende Raumfahrer relevant werden.[35] Viele Raumfahrer sind nach Rückkehr aus dem Weltraum in den Ozeanen gelandet. Dies war oft auch so geplant und die kontrollierte Anbordnahme durch besondere Militärschiffe erfolgte organisiert und zügig. Wäre das anders, würde die Rettungspflicht von Schiffskapitänen eingreifen und ein Aufgreifen gelandeter (gewasserter) Raumfahrer auch durch private Schiffe erfordern.

---

35 *Schladebach*, JuS 2008, 217 (221).

§ 10 Völkerrechtliche Verantwortlichkeit für Raumfahrtaktivitäten

I. Verantwortlichkeit für staatliche Missionen

Die Rechtsgrundlagen für die völkerrechtliche Verantwortlichkeit von Staaten bei Raumfahrtaktivitäten folgen aus dem allgemeinen Völkerrecht und in Gestalt des Weltraumvertrags zudem aus dem Besonderen Völkerrecht. Wie sich zeigen wird, hat der Weltraumvertrag schon 1967 die heute völkerrechtlich allgemein anerkannten Grundentscheidungen exakt vorweggenommen.

1. Verantwortlichkeit im allgemeinen Völkerrecht

Der Weltraumvertrag enthält in Art. VI WRV Regelungen zu dem allgemeinen, also rechtsbereichsunabhängigen Grundsatz der völkerrechtlichen Verantwortlichkeit des Staates. Die Staaten sind trotz des Ausbaus der völkerrechtlichen Stellung der Internationalen Organisationen und der Individuen weiterhin die zentralen Zuordnungseinheiten des Völkerrechts. Für jedes grenzüberschreitende rechtswidrige Handeln sowohl staatlicher als auch privater Akteure stellt sich daher zunächst die Grundfrage, welchem Staat eine solche Handlung **zurechenbar** ist. Dem liegt der zutreffende Gedanke zugrunde, dass für rechtswidriges Handeln eine Verantwortungsinstanz bestehen muss, denn aus rechtsstaatlicher Sicht kann Verantwortlichkeit nicht diffundieren, sondern muss klar zuordenbar sein und rechtliche Konsequenzen nach sich ziehen.

Für die in der Vergangenheit nicht ganz einfach zu beurteilende Frage, für welche Konstellationen eine **Zurechnung von Verantwortlichkeit** an den Staat vorzunehmen ist, wurde von der International Law Commission (ILC) ein Entwurf, die *„Draft Articles on Responsibility of States for Internationally Wrongful Acts"* erarbeitet und im August 2001 der UN-Generalversammlung vorgelegt.[1] Mit der für das Völkerrecht leider nicht untypischen Emotionslosigkeit wurde dieser Entwurf von der UN-Generalversammlung „zur Kenntnis genommen".[2] Dass diese verwaltungsmäßig neutrale, entscheidungsunfreudige und sachlich unsichere Behandlung dieses Entwurfs nicht nur damals, sondern auch in rückblickender Perspektive zwanzig Jahre später mehr als unpassend war,[3] zeigt das weitere Schicksal dieses

---
[1] Report of the ILC, UN-Doc. A/56/10 (2001).
[2] UN-Doc. A/RES/56/83 (2002) vom 12.12.2001.
[3] Zumal die ILC nach Art. 13 a) UN-Charta im Auftrag der UN-Generalversammlung tätig wird.

wichtigen ILC-Entwurfs: Er war ursprünglich zur vertraglichen Kodifizierung vorgesehen, gilt jedoch heute in weiten Teilen als Kodifizierung des geltenden **Völkergewohnheitsrechts der Staatenverantwortlichkeit** und wird in der völkerrechtlichen Praxis zumeist als eine solche Kodifizierung behandelt.[4]

2. Verantwortlichkeit im Weltraumvertrag

4   Der Weltraumvertrag hatte diesen Grundsatz bereits 1967 in Art. VI S. 1 WRV weltraumrechtlich verankert: „Die Vertragsstaaten sind völkerrechtlich verantwortlich für nationale Tätigkeiten im Weltraum einschließlich des Mondes und anderer Himmelskörper, gleichviel ob staatliche Stellen oder nichtstaatliche Rechtsträger dort tätig werden (…)." Hiermit ist weltraumrechtlich das vorweggenommen worden, was heute Art. 4 der Draft Articles von 2001 bestimmt. Dem Staat wird in jedem Fall das Verhalten seiner Organe zugerechnet, also aller Personen und Funktionseinheiten, die nach innerstaatlichem Recht **in amtlicher Eigenschaft** für den Staat handeln. Hierbei spielen die Organisations- und die Handlungsform keine Rolle. Entscheidend ist allein, dass die handelnde Person offiziell in den Organisationsbereich des Staates eingegliedert und ihr hier amtliche Handlungsmacht verliehen worden ist.[5]

5   Diese Adressierung der Staaten im Weltraumvertrag war auch zu erwarten. Die maßgebenden Akteure in der kapazitätsintensiven Raumfahrt waren in den 1960er Jahren – und sind es auch heute noch – die großen Raumfahrtnationen. Nur sie verfügten damals über Personal und Kapital, welche aufwändige Raumfahrtaktivitäten erst ermöglichten. So wurde das Verantwortlichkeitskonzept vom für den Entwurf des Weltraumvertrags federführenden UN-Weltraumausschuss eindeutig auf staatliche Aktivitäten angelegt.[6] Auch weitere WRV-Artikel in diesem Regelungskontext stellen so gut wie ausschließlich auf den **Vertragsstaat als weltraumrechtliches Zuordnungssubjekt** ab. So stehen etwa bei der weltraumrechtlichen Haftung (Art. VII WRV) und bei der Zuweisung von Hoheitsgewalt und Kontrolle über „Weltraumgegenstände" und deren „Besatzung" (Art. VIII WRV) ebenfalls die Vertragsstaaten im Mittelpunkt der weltraumrechtlichen Rechte und Pflichten.

6   Die völkerrechtliche Verantwortlichkeit im Weltraum liegt somit bei **rein staatlichen Raumfahrtmissionen** bei dem die Mission durchführenden Staat. Begeht also beispielsweise die nationale Raumfahrtagentur während einer Weltraummission eine Rechtsverletzung, so ist hierfür der dahinterstehende Staat nach Art. VI S. 1 WRV i. V. m. Art. 4 Draft Articles völkerrechtlich verantwortlich. Begibt sich der Staat für die Durchführung einer Raumfahrtmission in eine **Kooperation mit Privatunternehmen** (z. B. Public Private Partnership) und behält er dabei nach der geschlossenen Kooperationsvereinbarung die alleinige Bestimmungsmacht über Planung und Ablauf der Mission, dann stellt sich das Projekt als staatliche Mission dar

---

[4] *Ipsen/Dörr*, Völkerrecht, 7. Aufl. (2018), § 29 Rn. 2.
[5] *Ipsen/Dörr*, Völkerrecht, 7. Aufl. (2018), § 30 Rn. 7.
[6] *von Kries/Schmidt-Tedd/Schrogl*, Grundzüge des Raumfahrtrechts, 2002, S. 42.

und löst bei Rechtsverletzungen – trotz der Beteiligung privater Akteure – ebenfalls seine völkerrechtliche Verantwortlichkeit aus.

II. Verantwortlichkeit für private Missionen

1. Ermöglichung privater Raumfahrtmissionen

Nach Art. VI S. 1 WRV besteht die völkerrechtliche Verantwortlichkeit der Vertragsstaaten auch für Weltraumtätigkeiten **„nichtstaatlicher Rechtsträger"**. Diese Regelung ist aus zwei Gründen sehr bemerkenswert: Erstens haben die Entwurfsverfasser des Weltraumvertrags schon Mitte der 1960er Jahre vorausgesehen, dass wohl in der Zukunft auch private Raumfahrtunternehmen im Weltraum agieren werden. Diese Voraussicht darf ohne Weiteres als visionär bezeichnet werden, wie schon mehrfach hervorgehoben worden ist.[7] Heutzutage sind es nicht mehr nur die Staaten allein, die im Weltraum agieren. Zunehmend treten Privatunternehmen in Erscheinung und führen Raumfahrtmissionen selbstständig durch.

Zweitens bleiben die Weltraumtätigkeiten privater Unternehmen von der völkerrechtlichen Verantwortlichkeit des hierfür zuständigen Vertragsstaats umfasst. Art. VI S. 1 WRV sieht insoweit keine Ausnahme von der staatlichen Verantwortlichkeit bei Rechtsverletzungen vor, sondern hält an der Zuordnung möglichen rechtswidrigen Handelns an den Vertragsstaat fest. Diese „Übernahme" völkerrechtlicher Verantwortlichkeit durch den Staat für Privatunternehmen kann jedoch nicht völlig voraussetzungslos erfolgen. Die Draft Articles, die die Zurechnung von rechtswidrigem Verhalten an den Staat steuern, sehen für das Verhältnis zwischen Unternehmen und Staat in Art. 8 Draft Articles zwei **„tatsächliche Sonderbeziehungen"** vor.[8] Erforderlich für eine Zurechnung ist, dass die Privatpersonen entweder nach Anweisung des Staates handeln („acting on the instructions") oder von diesem gesteuert oder kontrolliert werden („acting under the direction or control"). Entscheidend sei also eine tatsächliche – im Unterschied zu einer rechtlichen – Beziehung zu den handelnden Personen, die diese als eine Art „verlängerten Arm" des Staates erscheinen lässt. Dieses Beziehungselement (Anweisung, Steuerung, Kontrolle) müsse sich in jedem Fall auf das konkrete Verhalten beziehen, das den Rechtsverstoß begründet.

Jenes für eine Zurechnung notwendige und von Art. 8 Draft Articles durch das allgemeine Völkerrecht vorausgesetzte **Kontrollelement des Staates** gegenüber dem Privatunternehmen folgt in völkerrechtlich ordnungsgemäßer Weise aus Art. VI S. 2 WRV. Danach bedürfen Tätigkeiten nichtstaatlicher Rechtsträger im Weltraum einschließlich des Mondes und anderer Himmelskörper der Genehmigung und ständigen Aufsicht durch den zuständigen Vertragsstaat. Nur für den Fall, dass diese

---
[7] *Schladebach*, NVwZ 2008, 53 (56); *ders.*, Hastings Int'l & Comp. L. Rev. 41 (2018), 245 (271); *ders.*, APuZ 29–30/2019, 26 (31).
[8] *Ipsen/Dörr*, Völkerrecht, 7. Aufl. (2018), § 30 Rn. 19.

vorliegen, ist die völkerrechtliche Verantwortlichkeit des Staates begründbar. Erfolgt keine Kontrolle der Privatunternehmen durch den Staat auf diese Weise, liegt bereits in dem (genehmigungslosen) Tätigwerden von Privatunternehmen im Weltraum eine Völkerrechtsverletzung des inaktiv gebliebenen Staates.[9] Begehen jene Unternehmen darüber hinaus eine rechtswidrige Handlung, so vertieft sich der Völkerrechtsverstoß.

2. Voraussetzungen privater Raumfahrtmissionen

10 Die beiden Zulässigkeitsvoraussetzungen privater Raumfahrtmissionen, „Genehmigung" und „ständige Aufsicht", die sodann die völkerrechtliche Verantwortlichkeit des Staates begründen, bedürfen der näheren Betrachtung. Das ist insbesondere deshalb von großer Relevanz, weil privatwirtschaftliches Engagement im Weltraum kontinuierlich zunimmt.

a) Genehmigung

11 Bevor private Unternehmen im Weltraum tätig werden dürfen, muss ihnen eine Genehmigung erteilt werden. Soll die völkerrechtliche Verantwortlichkeit des Vertragsstaates für solche privaten Weltraumaktivitäten gerechtfertigt sein, so muss dieser durch das Genehmigungsverfahren auch tatsächlich die Möglichkeit haben, sich von der **Professionalität des Unternehmens** zu überzeugen und sich auf diese Weise vor unkalkulierbaren Risiken, also vor Inanspruchnahme durch dritte Staaten, abzusichern.[10] In einem nationalen Verwaltungsrechtsgesetz müssen Tatbestandsvoraussetzungen und Rechtsfolgen dieser Genehmigung klar bestimmt sein, daneben die zuständige Genehmigungsbehörde und die für die Erteilung der Genehmigung einzureichenden Antragsunterlagen. Insofern wird sich die weltraumrechtliche Genehmigung kaum grundlegend von anderen verwaltungsrechtlichen Genehmigungen unterscheiden. Gerade das Verkehrsgewerberecht dürfte für die nationalen Gesetzgeber eine gewisse Orientierung bieten.

b) Ständige Aufsicht

12 Darüber hinaus muss der genehmigende Staat eine ständige Aufsicht über die von der Genehmigung umfasste Tätigkeit des Privatunternehmens im Weltraum ausüben. Ohne die eigentliche Aufgabenerledigung des Unternehmens zu stark zu behindern, dürften dazu jedenfalls **regelmäßige Berichte** bzw. Informationen an die Genehmigungsbehörde gehören. Die mitgeteilten Informationen müssen der Behörde im Rahmen des Möglichen auch Gelegenheit geben, auf die Durchführung der Mission steuernden Einfluss zu nehmen. Denn eine Aufsicht ohne Eingriffsbefugnisse ist keine „Aufsicht".

---

9 *von Kries/Schmidt-Tedd/Schrogl*, Grundzüge des Raumfahrtrechts, 2002, S. 42; *Schladebach*, ZRP 2011, 173 (174).
10 *Schladebach*, APuZ 29–30/2019, 26 (32); *ders.*, DRiZ 2019, 392 (393).

3. Regelung im nationalen Weltraumgesetz

Wollen private Raumfahrtunternehmen im Weltraum tätig werden, so ist der Vertragsstaat nach Art. VI WRV verpflichtet, ein nationales Weltraumgesetz zu erlassen, durch das die Genehmigung und die Aufsicht geregelt werden. Dies ist mehr als nur eine sinnvolle Obliegenheit des Staates, mit der er sich als völkerrechtlich verantwortlich bleibender Akteur vor unzuverlässigen privaten Unternehmen schützen kann. Vielmehr handelt es sich bei der Schaffung von nationalem Weltraumrecht um eine durch Art. VI WRV statuierte **völkerrechtliche Pflicht**.[11] Hat ein Staat ein solches Gesetz erlassen, kann er sich – als weiterer Anreiz – in diesem Gesetz von seiner grundsätzlich unbeschränkten Haftung für private Weltraumtätigkeiten zu einem bestimmten Teil befreien. Die Staaten haben daher ein eigenes Interesse, dieses Genehmigungsverfahren effektiv zu gestalten, weil sie völkerrechtlich auch für die Privatunternehmen gemäß Art. VI WRV haften.[12]

In welcher Weise die Raumfahrtnationen diese völkerrechtliche Pflicht umgesetzt haben, ist Gegenstand eines späteren Kapitels (§ 22). Doch schon an dieser Stelle soll kurz darauf hingewiesen werden, dass die **Raumfahrtnation „Deutschland"** bislang kein solches nationales Weltraumgesetz erlassen hat und sich damit völkerrechtswidrig verhält. Denn schon seit längerer Zeit gibt es Privatunternehmen aus Deutschland, die erfolgreich im Weltraum agieren. Wer aber Privatunternehmen im Weltraum gewähren lässt, ohne ein dies zulassendes nationales Weltraumgesetz zu haben, verstößt gegen das Völkerrecht.[13] Informell erlassene Genehmigungen ohne jeden Bezug zu einem Weltraumgesetz reichen hierfür nicht aus. Außerdem kann auch aus bestimmten Subventionszusagen des Staates nicht konkludent auf eine Genehmigung geschlossen werden. Schließlich genügt eine bloße Verwaltungspraxis ebenfalls nicht den weltraumrechtlichen Anforderungen.

III. Verantwortlichkeit von Internationalen Organisationen

Der Weltraumvertrag hat überdies vorausgesehen, dass auch Internationale Organisationen im Weltraum tätig werden könnten. Geschieht dies, so sind nach Art. VI S. 3 WRV sowohl die Internationale Organisation als auch die dieser Organisation angehörenden Vertragsstaaten für die Befolgung dieses Vertrags verantwortlich. Auch insoweit gibt es im allgemeinen Völkerrecht mittlerweile einen **ILC-Entwurf**, der die Verantwortlichkeit von Internationalen Organisationen für rechtswidriges Handeln zu kodifizieren beabsichtigt. Die *„Draft Articles on the Responsibility of International Organizations"*[14] wurden der UN-Generalversammlung vorgelegt

---

11 *Schladebach*, ZRP 2011, 173 (174); *ders.*, NVwZ 2008, 53 (56); *ders.*, APuZ 29–30/2019, 26 (32); *ders.*, DRiZ 2019, 392 (393); s. dazu § 22.
12 So schon *Böckstiegel*, in: ders., HdWR, 1991, S. 277 (288).
13 *von Kries/Schmidt-Tedd/Schrogl*, Grundzüge des Raumfahrtrechts, 2002, S. 42; *Schladebach*, ZRP 2011, 173 (174).
14 UN Doc. A/66/10 (2011).

und von dieser im Dezember 2011 ebenfalls mit kaum steigerungsfähiger Begeisterung „zur Kenntnis genommen".[15] Im Gegensatz zu dem ILC-Entwurf zur Staatenverantwortlichkeit wird der Entwurf von 2011 jedoch nicht als kodifiziertes Völkergewohnheitsrecht betrachtet.[16] Dies wird zutreffend mit der fehlenden klaren Staatenpraxis begründet.

16 Als Beispiel ist auf die **European Space Agency (ESA)**, eine 1975 durch völkerrechtlichen Vertrag von europäischen Staaten gegründete Internationale Organisation[17], hinzuweisen. Soweit eine rechtswidrige Handlung im Weltraum durch die ESA begangen wurde, liegt die Verantwortlichkeit bei ihr und ihren derzeit 22 Mitgliedstaaten. Denkbar wäre es zwar, die nicht an einer konkreten ESA-Mission beteiligten Mitgliedstaaten von der Verantwortlichkeit auszunehmen, doch enthält das ESA-Recht hierzu keine Bestimmung.

17 Eine weitere Internationale Organisation, deren Arbeit ebenfalls von weltraumrechtlicher Relevanz ist, bildet die **International Telecommunication Union (ITU)**, eine Sonderorganisation der Vereinten Nationen mit Sitz in Genf. Sie ist für die Zuteilung der Frequenzbereiche und die davon abhängenden Satellitenpositionen im Weltraum zuständig. Nur der Staat, der von der ITU eine solche Position zugewiesen bekommen hat, kann einen Kommunikationssatelliten dorthin befördern lassen und dann nutzen.[18] Trotz dieser offensichtlichen Rolle für die wirtschaftliche Nutzung des Weltraums wird die ITU nicht selbst im Weltraum tätig. Eine Verantwortlichkeit nach Art. VI S. 3 WRV ist für sie daher abzulehnen.

---

15 UN Doc. A/RES/66/100 (2012) vom 9.12.2011.
16 *Ipsen/Dörr*, Völkerrecht, 7. Aufl. (2018), § 29 Rn. 3.
17 ESA-Konvention vom 30.5.1975 (BGBl. 1976 II S. 1861); dazu *Spude*, in: Böckstiegel, HdWR, 1991, S. 667 ff.
18 *Schladebach*, JuS 2008, 217 (219).

§ 11 Haftung für Raumfahrtaktivitäten

I. Rechtliche Grundlagen

Weltraumtätigkeiten sind aus mehreren Gründen schadensanfällig: Agiert wird in einem Raum, der an die Navigation von Raumfähren und sonstigen Weltraumgegenständen höchste technische Anforderungen stellt. Sowohl die hochspezialisierte Technik als auch die Fähigkeiten der Raumfahrer müssen auf einem maximalen Niveau funktionieren, um unter den Bedingungen des Weltraums, insbesondere der Schwerelosigkeit, erfolgreiche Missionen durchzuführen. Wie in jedem verkehrsrechtlichen Bereich gehen jedoch vom Betrieb eines Fahrzeugs Gefahren aus, die bei ihrer Verwirklichung zu erheblichen Schäden an Personen und Sachen führen können. Ob Kraftfahrzeuge auf der Straße oder Luftfahrzeuge im Luftraum[1] oder eben Raumfahrzeuge im Weltraum betrieben werden: Jeweils muss rechtlich bestimmt sein, wer für die Folgen eines aufgetretenen Unfalls haftet, in welchem Umfang gehaftet wird und ob die Haftung aufgrund besonderer Umstände möglicherweise ausgeschlossen ist. Es darf daher als juristische Selbstverständlichkeit gelten, dass auch der Weltraumvertrag eine Regelung für die Haftung bei Unfällen in der Raumfahrt getroffen hat.

1

1. Trennung von Verantwortlichkeit und Haftung

Dem Weltraumvertrag liegt das **anglo-amerikanische Konzept** der Trennung von Verantwortlichkeit (responsibility) einerseits und Haftung (liability) andererseits zugrunde. Das Verhältnis beider Begriffe zueinander und damit die Rechtfertigung einer auch normativen Trennung in Art. VI WRV und Art. VII WRV müssen daher kurz beleuchtet werden. Der Begriff der Staatenverantwortlichkeit wird so verstanden, dass er über den engeren Begriff der Haftung für materielle Schäden hinausgeht.[2] So umfasst er zunächst den klassischen Bereich der Haftung für rechtswidriges Verhalten, für den in der englischen Terminologie der Terminus „responsibility" gebräuchlich ist. Darüber hinaus schließt er jedoch auch den moderneren Problemkreis der „liability" mit ein, der die Haftung von Schäden betrifft, die durch rechtmäßiges Verhalten verursacht worden sind.

2

---

1 Zur Haftung im internationalen Luftrecht s. Montrealer Übereinkommen von 1999 (BGBl. 2004 II S. 458); dazu *Schladebach*, Luftrecht, 2. Aufl. (2018), § 7 Rn. 5 ff.
2 *Malanczuk*, in: Böckstiegel, HdWR, 1991, S. 755 (765 f.).

3   Nimmt man diese **Systematisierung** zum Maßstab, der gelegentlich als „great deal of confusion, especially in terminology"[3] bezeichnet worden ist, so wird man die Verantwortlichkeit für rechtswidriges Handeln in Art. VI WRV, dagegen die Verantwortlichkeit für rechtmäßiges Handeln, das zudem zu einem Schaden geführt hat, in Art. VII WRV zu verorten haben. Dass auch die ILC bei ihren Kodifikationsarbeiten diese Trennung verfolgt, ist nur eine schwache Rechtfertigung dieser vielfach kritisierten Konzeption. Gleichwohl ist sie in der erläuterten Form der Abgrenzung beider WRV-Artikel zugrunde zu legen.

2. Weltraumrechtliche Regelung

4   Die Haftung für Raumfahrtaktivitäten findet ihre rechtliche Regelung in Art. VII WRV und im Weltraumhaftungsübereinkommen von 1972 (WHÜ).[4] Wie schon bei der Rettung von Raumfahrern gem. Art. V WRV und dem konkretisierenden Weltraumrettungsübereinkommen praktiziert, bestimmt Art. VII WRV die Voraussetzungen der Haftung in genereller Form und überlässt die genauere **Ausgestaltung** dann dem WHÜ. Wie zu zeigen sein wird, interpretiert das WHÜ diese ihm überantwortete Ausgestaltungsbefugnis recht intensiv. So führt es mit der Gefährdungshaftung (Art. II WHÜ) und der Verschuldenshaftung (Art. III WHÜ) verschiedene Haftungsarten ein, mit denen nach dem Wortlaut des Art. VII WRV nicht unbedingt gerechnet werden konnte. Ob eine derartige Abstufung der Haftung in Art. VII WRV bereits angelegt war und sodann vom WHÜ nur weiter spezifiziert worden ist, erscheint zumindest diskutabel.

5   Trotz der bekannten Grundsatzartigkeit der Formulierungen des Weltraumvertrags können aus Art. VII WRV die Haftungsvoraussetzungen mit **hinreichender Bestimmtheit** entnommen werden. So haftet „jeder Vertragsstaat, der einen Gegenstand in den Weltraum einschließlich des Mondes und anderer Himmelskörper startet oder starten lässt, sowie jeder Vertragsstaat, von dessen Hoheitsgebiet oder Anlagen aus ein Gegenstand gestartet wird, völkerrechtlich für jeden Schaden, den ein solcher Gegenstand oder dessen Bestandteile einem anderen Vertragsstaat oder dessen natürlichen oder juristischen Personen auf der Erde, im Luftraum oder im Weltraum einschließlich des Mondes oder anderer Himmelskörper zufügen."

II. Haftungsvoraussetzungen

6   Die Voraussetzungen der Weltraumhaftung sind vergleichsweise gut erforscht,[5] ihre Praktikabilität konnten sie bisher jedoch nur sehr selten beweisen, da es bislang **nur wenige Anwendungsfälle** gab. Immerhin ist das Weltraumhaftungsübereinkom-

---

[3] *Cheng*, in: Bernhardt, EPIL XI, 1989, S. 299.
[4] 961 UNTS 187; BGBl. 1975 II S. 1209.
[5] *Malanczuk*, in: Böckstiegel, HdWR, 1991, S. 755 ff.; *Wins*, Weltraumhaftung im Völkerrecht, 2000.

men mittlerweile von 96 Staaten ratifiziert worden. Die ESA kann zwar nicht formal Vertragspartei sein, hat aber eine Erklärung nach Art. XXII WHÜ abgegeben, in der sie sich zu den im WHÜ niedergelegten Rechten und Pflichten bekannt hat.[6]

1. Begriff des Startstaats

a) Bestimmung des Startstaats

Durch den Betrieb von Weltraumgegenständen, also hauptsächlich Raumfahrzeugen oder Satelliten, können Schäden an anderen Weltraumgegenständen, an Luftfahrzeugen und auf der Erde entstehen. Für diese Schäden wird vom WHÜ der Startstaat verantwortlich gemacht, er muss also haften. Unter dem Begriff „Startstaat" wird von **Art. I WHÜ** ein Staat verstanden, (1) der einen Weltraumgegenstand startet oder (2) dessen Start durchführen lässt oder (3) von dessen Hoheitsgebiet oder (4) dessen Anlagen ein Weltraumgegenstand gestartet wird.

Unter diesen vier Möglichkeiten, den Startstaat zu bestimmen, existiert keine Rangordnung der Haftung. Für die Haftung ist also unerheblich, welche Startstaatenvariante im konkreten Fall vorliegt. Zudem zeigen die aufgezählten Konstellationen, dass das WHÜ bereits die Haftung des Staates für **private Raumfahrtaktivitäten** erfasst und damit den Einbezug nichtstaatlicher Rechtsträger aus Art. VI S.1 WRV berücksichtigt. Beziehen sich die beiden ersten Varianten auf Starts, die ein Staat selbst durchführt oder die ein zweiter Staat für den ersten Staat organisiert, so fungiert der Startstaat in den Fällen (3) und (4) als Dienstleister für ausländische Akteure in der Form, dass er deren Starts von seinem Hoheitsgebiet (3) oder seinen Anlagen (4) durchführt. In diesen Fällen ist nicht vorgegeben, ob die Mission dann von einem staatlichen oder aber einem privaten Akteur unternommen wird.

Beispiele: Lässt die Bundesrepublik Deutschland einen Satelliten vom kasachischen Weltraumbahnhof in Baikonur starten und wird sodann ein Schaden verursacht, ist Kasachstan der verantwortliche „Startstaat". Hier wird ein anderes „Hoheitsgebiet" zum Starten genutzt (Fall 3). Nutzt das private Raumfahrtunternehmen „SpaceX" den US-amerikanischen Weltraumbahnhof in Cape Canaveral und wird dann ein Schaden verursacht, sind die USA als verantwortlicher „Startstaat" anzusehen. Dabei findet kein Wechsel des Hoheitsgebiets statt, sondern der eigene Staat stellt hier für ein einheimisches Privatunternehmen seine „Anlagen" zur Verfügung (Fall 4).

b) Haftung bei Staatenmehrheit

Auf diese Weise wird jedoch zunächst nur der Startstaat festgelegt. Völlig unproblematisch ist dabei die Grundvariante, in der der Startstaat ausschließlich eigene Weltraumgegenstände in den Weltraum befördert. An einem solchen Start ist nur **ein Staat beteiligt**. Zurechnung und Haftungsverteilung werfen dann keine Fragen auf. Für die Schadensregulierung ist nur ein Staat verantwortlich.

---

[6] Erklärung der ESA vom 23.9.1976 (BGBl. 1980 II S. 1486).

10 In den meisten Fällen sind jedoch **mehrere Staaten** an einem Start in der Weise beteiligt, dass ein oder mehrere Staaten ihre Satelliten in einem fremden Staat von dessen Weltraumbahnhof starten lassen. Das liegt insbesondere an der Tatsache, dass es weltweit nur wenige Startrampen gibt, von denen Weltraumgegenstände in den Weltraum gestartet werden können. Insoweit kann fast von einem Startmonopol gesprochen werden. Trotz dieses Monopols, das praktisch erst einen Zugang zum Weltraum ermöglicht, kann das Haftungsrisiko dann nicht allein beim Startstaat verbleiben. Der nach Art. I WHÜ bestimmte Startstaat kann nicht einerseits als Dienstleister auftreten und anderen Staaten den Weg in den Weltraum ermöglichen, andererseits aber wegen seiner (alleinigen) Startstaateneigenschaft für eventuell auftretende Schäden dann allein haften müssen.

11 Auf diese Kooperationssituation reagiert Art. V WHÜ in angemessener Weise. Sind an dem Start eines Weltraumgegenstands mehrere Staaten beteiligt, so haften die beteiligten Staaten als **Gesamtschuldner** für den daraus entstandenen Schaden (Art. V Abs. 1 WHÜ). Zwar verbleibt die Haftung zunächst beim Startstaat, er hat aber nach der Regulierung des Schadens das Recht, bei den anderen beteiligten Staaten einen anteiligen Rückgriff zu nehmen. In solchen Fällen wird jedoch bereits zuvor regelmäßig eine **Vereinbarung zwischen den beteiligten Staaten** geschlossen, in der eine finanzielle Aufteilung der gesamtschuldnerischen Haftung für den Schadensfall getroffen wird.[7] Diese Vereinbarungen sind nach Art. V Abs. 2 S. 2 WHÜ vertraglich vorgesehen und daher zulässig. Eine solche Vereinbarung berührt allerdings nicht das Wahlrecht des geschädigten Staates, den gesamten Schadensersatz nur von einem Staat oder von allen der gesamtschuldnerisch haftenden Staaten zu verlangen.[8]

Beispiele: Seit 1979 führt die ESA vom Weltraumbahnhof Kourou in Französisch-Guayana Starts der Ariane-Rakete durch. Bei Französisch-Guayana handelt es sich um ein französisches Überseedepartement im Nordosten Südamerikas. Für den Fall eines Schadenseintritts ist zunächst Frankreich der Startstaat im Sinne von Art. I WHÜ. Über die ESA, die mangels Staatseigenschaft nicht selbst Vertragspartei ist, sind an einer solchen Mission grundsätzlich alle weiteren 22 ESA-Mitgliedstaaten beteiligt. Die gesamtschuldnerische Haftung ist in der ESA anteilig geregelt worden.

12 Für die Starts zur ISS wird regelmäßig der kasachische Weltraumbahnhof Baikonur genutzt. Als Startstaat fungiert Kasachstan, beteiligt sind aber darüber hinaus alle ISS-Vertragsparteien, also die USA, Russland, alle ESA-Mitgliedstaaten, Japan und Kanada. Innerhalb der ISS-Staaten enthält das ISS-Übereinkommen von 1998 (dazu § 16) eine Haftungsregelung, mit Kasachstan besteht überdies eine Vereinbarung über die Nutzung der Anlagen für Starts zur ISS („Startstaatenvertrag").

13 Ganz ausdrücklich ist in Art. V Abs. 3 WHÜ geregelt worden, dass der Staat, von dessen Hoheitsgebiet oder Anlagen aus ein Weltraumgegenstand gestartet wird – und der damit „Startstaat" gem. Art. I WHÜ ist –, als an einem Start **teilnehmender Staat** gilt. Dadurch ist es ihm verwehrt, sich auf die Rolle des bloß passiv die Start-

---

[7] *von Kries/Schmidt-Tedd/Schrogl*, Grundzüge des Raumfahrtrechts, 2002, S. 27.
[8] *Malanczuk*, in: Böckstiegel, HdWR, 1991, S. 755 (783).

anlagen zur Verfügung stellenden Akteurs zurückzuziehen und sich unter Hinweis darauf aus der Haftungsgemeinschaft herauszuhalten. Dem liegt die Überlegung zugrunde, dass sich Staaten mit einem Weltraumbahnhof und unter Betonung ihrer Schlüsselstellung für den Weltraumzugang möglicherweise veranlasst sehen könnten, ihre Startanlagen anderen Staaten nur gegen einen Ausschluss aus der Haftungsverantwortlichkeit zu öffnen. Aus der Vorschrift des Art. V Abs. 3 WHÜ ist daher überdies abzuleiten, dass ein Haftungsausschluss des Startstaats auch nicht durch eine Vereinbarung bestimmt werden kann.

2. Haftungsarten

Das WHÜ enthält ein duales Haftungssystem. Zu unterscheiden ist zwischen einer Gefährdungshaftung (Art. II WHÜ) und einer Verschuldenshaftung (Art. III WHÜ). 14

a) Gefährdungshaftung

Verursacht ein Weltraumgegenstand einen Schaden auf der Erdoberfläche oder an Luftfahrzeugen im Flug, so haftet der Startstaat nach Art. II WHÜ „unbedingt" (absolutely) auf die Leistung von Schadensersatz. Damit ist eine Gefährdungshaftung für rechtmäßiges Handeln ohne Rücksicht auf ein eventuelles Verschulden der verantwortlichen Staaten gemeint.[9] Dieser durchaus harten Haftung liegt der Gedanke zugrunde, dass das Operieren mit Weltraumgegenständen **im erdnahen Bereich** besonders gefahrenträchtig ist und daher größter – mit der Gefährdungshaftung „bedrohter" – Sorgfalt bedarf. So könnten bei einem unprofessionellen Start eines Raumfahrzeugs Schäden auftreten, ebenso könnten abstürzende Weltraumgegenstände auf der Erde oder im Luftraum erhebliche Schäden anrichten. 15

Außerdem ist ein prozessuales Problem zu beachten. Da es sich um eine zivilrechtliche Haftung handelt, wären die Voraussetzungen eines verschuldensabhängigen Schadensersatzanspruchs von dem Geschädigten selbst darzulegen. Diesem dürfte es kaum möglich sein, dem Startstaat zumindest ein fahrlässiges Verhalten nachzuweisen. In einer solchen Situation entfiele ein Schadensersatzanspruch von Personen, die tatsächlich in erheblicher Weise geschädigt worden sind. Das würde nicht nur eine unerträgliche Rechtsschutzlücke schaffen, sondern wäre auch nicht mit der „opferorientierten" Zielsetzung des WHÜ[10] zu vereinbaren, die sich ausdrücklich aus der Präambel des WHÜ ergibt. Die normierte Gefährdungshaftung für den besonders gefährdeten erdnahen Bereich ist daher sachgerecht. 16

b) Verschuldenshaftung

Tritt der Schaden anderswo als auf der Erdoberfläche an einem Weltraumgegenstand eines anderen Startstaates ein oder kommt es zu einem Personen- oder Sach- 17

---
9 *Malanczuk*, in: Böckstiegel, HdWR, 1991, S. 755 (785); *von Kries/Schmidt-Tedd/Schrogl*, Grundzüge des Raumfahrtrechts, 2002, S. 27.
10 *Malanczuk*, in: Böckstiegel, HdWR, 1991, S. 755 (782).

schaden an Bord des fremden Weltraumgegenstands, so setzt eine Haftung zusätzlich ein Verschulden des schädigenden Startstaats oder von Personen, für die er verantwortlich ist, voraus (Art. III WHÜ). Aus der gegenüber Art. II WHÜ vorsichtigeren Formulierung „shall be liable only" wird gefolgert, dass es sich bei Art. III WHÜ um eine Verschuldenshaftung handelt. Während bei der Gefährdungshaftung in Art. II WHÜ eher der Schutz unbeteiligter Personen auf der Erde oder in Flugzeugen prägend ist, sind die Schutzinteressen der Veranstalter von risikoträchtigen Unternehmungen weniger schutzwürdig als diejenigen unbeteiligter Dritter.[11]

18   Zudem sind die Gefahrensituationen, in denen es zu Schäden kommen kann, **im Weltraum** weitaus geringer als im erdnahen Bereich. Sollten daher Schäden an einem anderen Weltraumgegenstand im Weltraum auftreten, muss dem schädigenden Startstaat vom geschädigten Startstaat ein Verschulden, also vorsätzliches oder fahrlässiges Verhalten, nachgewiesen werden. Zwar dürfte auch das nicht ganz einfach sein, obliegt aber jedenfalls nicht dem Geschädigten als außenstehender Privatperson, sondern ist vom geschädigten Staat und damit durch Zuhilfenahme staatlicher Kapazitäten darzulegen. Die Verschuldenshaftung nach Art. III WHÜ erweist sich deshalb im Ergebnis als gerechtfertigt.

c) Haftungsausschluss

19   *(1) Haftungsausschluss bei rechtswidrigem Vorverhalten.* Die Gefährdungshaftung nach Art. II WHÜ kann von dem Startstaat in dem Maße vermieden werden, wie er nachweisen kann, dass der Schaden ganz oder teilweise durch **grobe Fahrlässigkeit** oder durch eine mit Schädigungsvorsatz begangene Handlung oder Unterlassung des Staates entstanden ist, der den Anspruch stellt, oder so durch eine natürliche oder juristische Person verursacht wurde, die er aufgrund deren erlittenen Schadens vertritt (Art. VI Abs. 1 WHÜ). Eine Befreiung von der Gefährdungshaftung ist jedoch nach Art. VI Abs. 2 WHÜ ausgeschlossen, wenn der Startstaat den Schaden durch eine Tätigkeit verursacht hat, die mit dem Völkerrecht nicht vereinbar ist. Maßstab für die **Unvereinbarkeit mit dem Völkerrecht** sind die UN-Charta und der Weltraumvertrag, wobei diese Aufzählung nicht abschließend ist.

20   Der Haftungsausschluss nach Art. VI Abs. 1 WHÜ verfolgt den zutreffenden Gedanken, dass ein vom geschädigten Staat oder von einem seiner Staatsangehörigen **bewusst herbeigeführter Schaden** nicht zu der Gefährdungshaftung führt. Dies müsste nachgewiesen werden. Allerdings erscheint die Vorstellung, dass Raumfahrtunglücke bewusst und mit manipulativer Intention herbeigeführt werden, äußerst unwahrscheinlich. Darüber hinaus ist es sachgerecht, eine solche Ausschlussmöglichkeit demjenigen Staat zu verwehren, der sich völkerrechtswidrig verhält und so einen Schaden verursacht. In einem solchen Fall, der mit Blick auf die nordkoreanischen Raketenprojekte nicht gänzlich ausgeschlossen erscheint, ist das Konzept der Gefährdungshaftung an sich nicht anwendbar. Denn generell will das WHÜ nur solche Schäden regulieren, die aus rechtmäßigem Verhalten resultieren. Ver-

---

11 *Malanczuk*, in: Böckstiegel, HdWR, 1991, S. 755 (786); *von Kries/Schmidt-Tedd/Schrogl*, Grundzüge des Raumfahrtrechts, 2002, S. 28.

stößt aber bereits die Raumfahrttätigkeit selbst gegen das Völkerrecht, dürfte nur eine Schadensabwicklung angemessen sein, die vom UN-Sicherheitsrat vorgenommen wird. Ein denkbarer Fall ist hierfür ein „unfriedliches" Verhalten im Kontext von Art. IV WRV, dem das Militarisierungsverbot im Weltraum eigentlich entgegenwirken will.

(2) Haftungsausschluss bei eigenen Staatsangehörigen. Nach Art. VII a) WHÜ ist eine Haftung für Schäden ausgeschlossen, die eigenen Staatsangehörigen des Startstaats entstanden sind. Dieser Ausschluss steht im Einklang mit dem allgemeinen Grundsatz des Völkerrechts, dass Ansprüche einer Privatperson gegen den eigenen Staat jedenfalls nicht aufgrund des Völkerrechts geltend gemacht werden können.[12] Jedoch können dem Einzelnen nach dem nationalen Recht staatshaftungsrechtliche Ansprüche gegen seinen Staat zustehen.

3. Begriff des Weltraumgegenstands

Die weltraumrechtliche Haftung setzt einen den Schaden verursachenden „Weltraumgegenstand" voraus. Nach Art. I d) WHÜ umfasst der Begriff „Weltraumgegenstand" die „Bestandteile eines Weltraumgegenstands sowie sein Trägerfahrzeug und dessen Teile." Das ist keine echte Definition, sondern lediglich ein gehaltloser Beschreibungsversuch. Im Rechtsunterausschuss des UN-Weltraumausschusses soll die Ansicht vorherrschend gewesen sein, dass allgemein klar sei, was ein Weltraumgegenstand sei.[13] Wichtiger war sicherzustellen, dass auch Teile und Zubehör, die Schäden verursachen könnten, eingeschlossen seien. Heutzutage wird man davon auszugehen haben, dass unter dem Begriff „Weltraumgegenstand" („space object") **alle von Menschen geschaffene Gegenstände und ihre Teile** zu verstehen sind, die für den Weltraum bestimmt sind.[14]

Beispiele: Raketen, Raumstationen, Satelliten, Sonden, Fahrzeuge auf Himmelskörpern.

Wegen der Einbeziehung von „Teilen" in die Begriffsumschreibung zählen dazu auch **Wrack- und Trümmerteile** von Weltraumgegenständen, die entweder auf die Erde stürzen oder unkontrolliert im Weltraum verbleiben. An dieser Stelle setzt das spater noch zu behandelnde Problem des Weltraummülls an, also der Umgang mit nicht mehr funktionsfähigen Weltraumgegenständen oder deren Teile. Für einen Schadensersatzanspruch nach dem Haftungsregime des WHÜ stellt sich dabei jedoch das nur schwer zu lösende Problem, dass solche schadensverursachenden Gegenstände einem verantwortlichen Startstaat zugeordnet werden müssen.

Beispiele: ausgebrannte Raketenstufen, durch Explosion oder Kollision entstandene Bruchstücke.

---
12 *von Kries/Schmidt-Tedd/Schrogl*, Grundzüge des Raumfahrtrechts, 2002, S. 28.
13 *Malanczuk*, in: Böckstiegel, HdWR, 1991, S. 755 (787).
14 *Ipsen/Hobe*, Völkerrecht, 7. Aufl. (2018), § 47 Rn. 22.

24 Zum Teil ist vertreten worden, dass das WHÜ nur auf solche Weltraumgegenstände anwendbar sei, die **von der Erde aus** gestartet wurden.[15] Da das Übereinkommen in Übereinstimmung mit den anderen weltraumrechtlichen Verträgen ausgelegt werden müsse, sei auch die Wertung von Art. V Abs. 1 WRV zu berücksichtigen, der von „Rückkehr zur Erde" spreche. Dies setze logisch voraus, dass der Gegenstand vorher auf der Erde gewesen sein müsse. Eine solche Einschränkung lässt sich indes aus dem WHÜ nicht ableiten. Der Gegenstand muss für den Weltraum bestimmt sein, eine „Erdherkunft" wird für den Begriff nicht vorausgesetzt. Somit fallen auch Gegenstände, die von Raumfähren und Raumstationen in Umlaufbahnen oder von Himmelskörpern gestartet werden, unter den Begriff des Weltraumgegenstands.[16] Zudem leidet *Gorove's* Ansatz darunter, dass er auf Raumfahrer, also die bemannte Raumfahrt abstellt. Dies ist allerdings nur ein kleiner Ausschnitt aus dem großen Kreis der verwendeten Weltraumgegenstände. Art. V Abs. 1 WRV liefert somit kein Argument.

4. Begriff des Schadens

a) Art des Schadens

25 Art. I a) WHÜ bestimmt als Schaden „Tod, Körperverletzung oder sonstige Gesundheitsbeeinträchtigung sowie Verlust oder Schädigung des Vermögens eines Staates oder einer natürlichen oder juristischen Person oder des Vermögens einer internationalen zwischenstaatlichen Organisation". Aus dieser konkret bestimmten Aufzählung der Rechtsgüter wird entnommen, dass es um einen **realen Personen- oder Sachschaden** gehen muss, der durch körperliche Einwirkung des Weltraumgegenstands entstanden sein muss.[17] Da das Schadensereignis tatsächlich eingetreten sein muss, fallen Vorsorgemaßnahmen gegen eine möglicherweise zu erwartende Schädigung nicht unter den Schadensbegriff. Allerdings können solche weiteren Schäden erstattungsfähig sein, wenn sie mit einem tatsächlich eingetretenen Schadensereignis in einem adäquaten Zusammenhang stehen und hinreichend konkret bestimmbar sind.[18] Die Bestimmung, welche „indirekten Schäden" noch kausal auf die Schädigung zurückzuführen sind, hat sich nach den innerstaatlichen Kausalitäts-, insbesondere Adäquanztheorien zu richten, deren Anwendung im Einzelfall zu durchaus divergierenden Ergebnissen führen kann.

b) Höhe des Schadens

26 Die zur Höhe des Schadens in Art. XII WHÜ getroffene Regelung sieht vor, dass der Geschädigte durch die Ersatzleistung so zu stellen sei, als sei der Schaden nicht ein-

---
[15] *Gorove*, J. Space L. 6 (1978), 137 (141).
[16] *Malanczuk*, in: Böckstiegel, HdWR, 1991, S. 755 (789); *von Kries/Schmidt-Tedd/Schrogl*, Grundzüge des Raumfahrtrechts, 2002, S. 23.
[17] *Malanczuk*, in: Böckstiegel, HdWR, 1991, S. 755 (791); *von Kries/Schmidt-Tedd/Schrogl*, Grundzüge des Raumfahrtrechts, 2002, S. 28.
[18] *Ipsen/Hobe*, Völkerrecht, 7. Aufl. (2018), §47 Rn. 28.

getreten. Aus dem Bezug auf die „Ersatzleistung" folgt, dass keine Naturalrestitution, sondern **allein Geldersatz** zu leisten ist. Die Festsetzung hat nach den Grundsätzen der Gerechtigkeit und Billigkeit zu erfolgen. Ob solche moralisch aufgeladenen Begriffe tatsächlich rechtsstaatlich hinreichend bestimmte und praktikable Festsetzungskriterien darstellen, erscheint offen. Jedenfalls ermöglichen sie eine weitgehend flexible Handhabung, womit eine Haftungsbegrenzung grundsätzlich nicht vereinbar wäre. Folgerichtig sieht das WHÜ hinsichtlich der Haftungssumme **keine Höchstgrenze** vor. Die Währung, in welcher der Schadensersatz zu leisten ist, kann nach Art. XIII WHÜ vertraglich vereinbart werden. Geschieht das nicht, so ist der Schadensersatz in der Währung des anspruchstellenden Staates oder auf dessen Verlangen in der Währung des schadensersatzpflichtigen Staates zu leisten.

5. Geltendmachung von Schadensersatzansprüchen

Für die Geltendmachung eines Schadensersatzanspruchs ist in Art. VIII ff. WHÜ ein **innovatives Streitbeilegungsverfahren** geregelt worden. Es setzt auf den Vorrang der Diplomatie und sieht für den Fall des Scheiterns eine Streitentscheidung einer Schadenskommission vor. Mit Blick auf die sprunghafte Zunahme solcher Streitbeilegungsverfahren im sonstigen Völkerrecht in der jüngeren Vergangenheit (z. B. im Investitionsschutzrecht), kann dieses Anfang der 1970er Jahre entworfene Verfahren als sehr modern für seine Zeit gelten.

a) Frist

Der Schadensersatzanspruch ist fristgebunden. Er kann nur **innerhalb eines Jahres** nach Eintritt des Schadens oder nach Feststellung des haftpflichtigen Startstaats diesem gegenüber geltend gemacht werden (Art. X Abs. 1 WHÜ). Ist dem verletzten Staat der Schadenseintritt nicht bekannt oder konnte er den haftpflichtigen Staat nicht feststellen, beginnt die Jahresfrist erst dann, wenn er von diesen Tatsachen **Kenntnis erlangt** hat oder aber bei Anwendung der gebotenen Sorgfalt hätte Kenntnis erlangen können. Ist bei Antragstellung das volle Ausmaß des Schadens noch nicht bekannt, so kann der Schadensersatzanspruch auch nach Ablauf der Jahresfrist noch erweitert werden (Art. X Abs. 3 WHÜ). Trotz der nicht geringen Schwierigkeiten bei der Feststellung des schadensverursachenden Startstaats erscheint das Fristenkonzept sachgerecht.

b) Vorrang der Diplomatie

Schadensersatzansprüche gegen einen Startstaat sind zunächst **auf diplomatischem Wege** geltend zu machen (Art. IX WHÜ). Unterhält ein Staat zu dem betreffenden Startstaat keine diplomatischen Beziehungen, kann er den Anspruch entweder durch einen anderen Staat oder auch durch den UN-Generalsekretär erheben lassen. Dieser Vorrang stützt sich auf die allgemein konsentierte Einsicht, dass im Völkerrecht rechtliche Streitigkeiten zuvörderst kooperativ beizulegen sind. Auch aus der Präambel des WHÜ, insbesondere dem „gemeinsamen Interesse" und der „Stärkung der internationalen Zusammenarbeit" lässt sich ableiten, dass Schadensfälle zunächst diplomatisch und ohne rechtlichen Druck zu verhandeln sind.

c) Verfahren vor der Schadenskommission

30 Gelingt eine diplomatische Klärung des geltend gemachten Schadensersatzanspruchs nicht innerhalb eines Jahres, so ist **auf Antrag einer Partei** eine Schadenskommission einzusetzen (Art. XIV WHÜ).[19] Deren Entscheidung ist jedoch nur dann verbindlich, wenn die Parteien dies vorher vereinbart haben. Andernfalls hat die Entscheidung lediglich empfehlenden Charakter, der von den Parteien nach Treu und Glauben zu berücksichtigen ist (Art. XIX Abs. 2 S. 1 WHÜ).

31 Sehr auffällig ist, dass nach der Durchführung eines derart aufwendigen Streitbeilegungsverfahrens mit einer diplomatischen Verhandlungsphase und einem Verfahren vor der Schadenskommission die durch sie **getroffene Entscheidung** lediglich dann verbindlich sein soll, wenn die Parteien dies vereinbart haben. Immerhin wird berichtet, dass diese Regelung in den weltraumrechtlichen Gremien stark umstritten war.[20] Der Widerstand der Mehrheit der damaligen Ostblockstaaten soll sich insoweit durchgesetzt haben. Zutreffend ist gefragt worden, welche Möglichkeit der Rechtsdurchsetzung noch bleibt, wenn ein zum Schadensersatz verpflichteter Startstaat eine dem anspruchstellenden Staat Schadensersatz zuerkennende Empfehlung der Schadenskommission nicht umsetzt. In einem solchen Fall läuft das gesamte WHÜ leer und der geschädigte Staat trägt seinen Schaden selbst. Ob der sich nonkonform verhaltende Startstaat dann noch Vertragspartei des WHÜ bleiben kann, erscheint fraglich. Ebenso kann darüber nachgedacht werden, ob Durchsetzungsmaßnahmen nach allgemeinem Völkerrecht weiter möglich bleiben oder durch den Vorrang des WHÜ als Besonderes Völkerrecht vor dem allgemeinen Völkerrecht gesperrt sind.

6. Haftungsrelevante Schadensereignisse

32 Die in der Präambel des WHÜ geäußerte Prognose, „dass trotz der von den mit dem Start von Weltraumgegenständen befassten Staaten und internationalen zwischenstaatlichen Organisationen zu treffenden Vorsichtsmaßnahmen gelegentlich Schäden durch derartige Gegenstände verursacht werden können", hat sich bewahrheitet: Es lassen sich mehrere durch Weltraumgegenstände verursachte Schadensfälle unterschiedlichen Ausmaßes verzeichnen.

a) Schadensfälle

33 Beginnend mit der 1960 auf Kuba durch ein abgestürztes US-amerikanisches Raketenteil erschlagenen Kuh lassen sich einige Abstürze von Teilen von Weltraum-

---
19 *Schladebach*, JuS 2008, 217 (220).
20 *Malanczuk*, in: Böckstiegel, HdWR, 1991, S. 755 (799).

gegenständen auflisten, die zum Teil Menschen auf dem Meer getroffen und verletzt haben. So fielen **ausgebrannte Raketenstufen**, die ihre Funktion, eine Rakete in eine bestimmte Höhe zu befördern, erledigt hatten, zurück auf die Erde, entweder auf das Festland oder eben ins Meer. Darüber hinaus sind Raumstationen wie das US-amerikanische Weltraumlabor „Skylab" im Juli 1979 oder die sowjetische Raumstation „Mir" im März 2001 kontrolliert zum Absturz gebracht worden. Dabei liegt die ingenieurtechnische Herausforderung oder besser: Meisterleistung darin, vorauszuberechnen, wie viel Masse der Station nicht beim Wiedereintritt in die Erdatmosphäre verglüht und danach – wohl kaum noch steuerungsfähig – auf die Erde (Festland oder Meer) stürzt. Nachdem allgemeine Haftungsansprüche zum ersten Mal bei einer durch Trümmerteile erschlagenen Kuh in Rede standen, wurde das Haftungsregime des WHÜ dagegen vor allem in den zwei Schadensfällen „Kosmos 954" und „Iridium 33" relevant:

b) Der erste Fall: Die Kuh auf Kuba

(1) Sachverhalt. Am 30.11.1960 soll auf Kuba eine Kuh durch ein abgestürztes US-amerikanisches Raketenteil, dessen Trümmer sich über ein großes Gebiet verteilt hätten, erschlagen worden sein.[21] Der kubanische Revolutionsführer *Fidel Castro* soll den Vorfall als weiteren Beweis für die imperialistische Aggressionspolitik der USA angeführt haben. Fünf Tage später demonstrierten 300 Studierende der Universität von Havanna vor der US-amerikanischen Botschaft, begleitet von Kühen und Bullen, gegen die USA und forderten Schadensersatz. Dabei skandierten sie: „Mit oder ohne Kühe – die Revolution wird gewinnen." Kuba machte jedoch offiziell keine Schadensersatzansprüche geltend.

34

(2) Haftungsrechtliche Bewertung. Eine kurze haftungsrechtliche Betrachtung hat zu konstatieren, dass 1960 das Weltraumhaftungsübereinkommen noch nicht in Kraft war. Zudem ist das Übereinkommen durch seinen Bezug auf „Personen" (Art. I a WHÜ) auf Tiere nicht anwendbar. Schadensersatzansprüche hätten aber jedenfalls nach allgemeinem Völkerrecht, insbesondere Völkergewohnheitsrecht, geprüft werden können.

35

c) Kosmos 954

(1) Sachverhalt. Der bislang **größte Haftungsfall** resultierte aus dem Absturz des mit einem nuklearen Antriebsreaktor ausgestatteten sowjetischen Fernerkundungssatelliten Kosmos 954 am 24.1.1978 auf kanadischem Gebiet.[22] Wegen eines technischen Fehlers drang er in die Erdatmosphäre ein und verglühte aufgrund sei-

36

---

[21] Zum Vorfall *Schwartz/Berlin*, McGill Law J. 27 (1982), 676 (679) unter Bezug auf „Globe and Mail" vom 9.7.1979, S. 11.
[22] *Schwartz/Berlin*, McGill Law J. 27 (1982), 676 ff.; *Malanczuk*, in: Böckstiegel, HdWR, 1991, S. 755 (760); *Hintz*, in: Böckstiegel, HdWR, 1991, S. 157 (183); *Gorove*, Developments in Space Law. Issues and Policies, 1991, S. 239 ff.; *Schladebach*, JuS 2008, 217 (220); *ders.*, Hastings Int'l & Comp. L. Rev. 41 (2018), 245 (268); *Ipsen/Hobe*, Völkerrecht, 7. Aufl. (2018), § 47 Rn. 29.

ner Größe und der massiven Ummantelung des nuklearen Antriebs nicht vollständig. Ein großer Teil des kanadischen Territoriums wurde dadurch radioaktiv verseucht.

37   Für die Suche nach den Trümmerteilen forderte Kanada Schadensersatz von der Sowjetunion. Unter Ablehnung eines Hilfsangebots der Sowjetunion säuberte Kanada das Gebiet mit amerikanischer Unterstützung in einer **aufwendigen Bergungs- und Aufräumaktion**, deren Kosten mit rd. 14 Mio. kanadischen Dollar beziffert wurden.[23] Unter Berufung auf das Völkerrecht verlangte Kanada Schadensersatz in Höhe von sechs Mio. kanadischen Dollar für die nachweisbaren, unmittelbar durch den Unfall entstandenen Kosten. Nach einem diplomatischen Notenwechsel[24] wurde in einer Vereinbarung von 1981 festgelegt, dass Kanada drei Millionen kanadische Dollar für alle mit dem Absturz von Kosmos 954 zusammenhängenden Kosten erhält.[25]

38   *(2) Haftungsrechtliche Bewertung.* Wegen der **diplomatischen Klärung** blieben viele Zweifelsfragen zur Auslegung des WHÜ ungeklärt.[26] Immerhin kann festgestellt werden, dass die erste Phase des Streitbeilegungsverfahrens, die nach Art. IX WHÜ in diplomatischen Verhandlungen binnen eines Jahres besteht, mit einer Vereinbarung und damit erfolgreich beendet werden konnte. Obwohl sich Kanada eine größere Schadensersatzsumme vorgestellt hatte, wird dieses Ereignis von 1978 und seine schadensrechtliche Abwicklung als Präzedenzfall in die Geschichte eingehen. Zu prognostizieren ist, dass auch in künftigen Schadensfällen nicht die zweite Phase, also die Einsetzung einer Schadenskommission, erreicht wird. Der dem Völkerrecht zugrundeliegende Kooperationsgedanke wird dazu führen, dass Schäden nach dem WHÜ regelmäßig auf diplomatischem Wege reguliert werden.

d) Iridium 33

39   *(1) Sachverhalt.* Am 10.2.2009 kollidierten der US-amerikanische Satellit „Iridium 33" mit dem inaktiven russischen Satelliten „Kosmos 2251" bei einer Geschwindigkeit von 40.000 km/h in einer Höhe von ca. 800 km über Sibirien.[27] Beide Satelliten wurden hierbei vollständig zerstört und verursachten über 100.000 Bruchstücke **neuen Weltraummülls**. Iridium 33 war Teil einer 66 Satelliten umfassenden Konstellation für Telekommunikation. Kosmos 2251 war 1993 für militärische Aufgaben gestartet worden, zur Zeit der Kollision bereits außer Dienst gestellt und als Weltraummüll vorgesehen.

40   Neben der Zerstörung beider Satelliten und dem riesigen Zuwachs an gefährlichem Weltraummüll muss mit großem Nachdruck darauf hingewiesen werden,

---
[23] *Malanczuk*, in: Böckstiegel, HdWR, 1991, S. 755 (760).
[24] ILM 18 (1979), 899 ff.
[25] ILM 20 (1981), 689; ZLW 1981, 305 ff.
[26] *Schladebach*, JuS 2008, 217 (220).
[27] *Schladebach*, Max Planck UNYB 17 (2013), 61 (66); *ders.*, Rechtsfragen der Satellitenkollision, NJW-aktuell 13/2009, XVI ff.; *Catalano Sgrosso*, International Space Law, 2011, S. 127 f.

dass die Internationale Raumstation (ISS) schon mehrfach **dramatische Ausweichmanöver** fliegen musste, um Weltraummüll auszuweichen. Trümmer von Kosmos 2251 führten im März und November 2012 zu weiteren Ausweichmanövern und sogar zur Evakuierung der sechs ISS-Astronauten in das Rettungsraumschiff „Progress M-16M". Während sich am 24.3.2012 ein größeres Trümmerstück von Kosmos 2251 der ISS bis auf 23 km näherte, war am 1.11.2012 ein Trümmerteil von Iridium 33 auf klarem Kollisionskurs.[28] In beiden Fällen blieb für ein Ausweichmanöver der ISS keine Zeit mehr. Dass diese Ereignisse selten ausführlicher in der Öffentlichkeit diskutiert werden, dürfte seinen Grund darin haben, dass die tatsächlichen Gefahren für die ISS ebenso verschwiegen werden sollen wie das grundsätzliche Problem des zunehmenden Weltraummülls kleingeredet werden soll.[29]

(2) Haftungsrechtliche Bewertung. Wer in diesem Fall weltraumrechtlich haftet, ist eine äußerst komplexe Frage. Da sich die Kollision im Weltraum zugetragen hat, gilt hier die **Verschuldenshaftung** nach Art. III WHÜ. Bei der Feststellung zumindest fahrlässigen Verhaltens wird man zu berücksichtigen haben, dass der US-Satellit „Iridium 33" funktions- und damit steuerungsfähig war, der russische Satellit als Weltraummüll hingegen nicht mehr. Obwohl über gegenseitig erhobene Schadensersatzansprüche nichts bekannt geworden ist, könnte beiden Seiten ein Außerachtlassen der erforderlichen Sorgfalt attestiert werden. Wer es mit einem funktionstüchtigen Satelliten nicht schafft, dem Satelliten „Kosmos 2251" als bekanntem Weltraummüll auszuweichen, handelt fahrlässig. Auf der anderen Seite hätte Kosmos 2251 von der Kollisionsbahn gebracht werden müssen, entweder in eine größere Höhe geschossen oder aber ganz aus dem Weltraum entfernt werden. 41

Zuvor ist schon festzustellen, wer verantwortlicher **Startstaat** nach Art. I c) WHÜ ist.[30] Da interessanterweise Russland den Iridium-Satelliten mit einer russischen Rakete ins All transportiert hatte, ist jedenfalls Russland „Startstaat". Die Rakete startete von Baikonur, so dass auch Kasachstan als „Startstaat" einzuordnen ist. Als Startstaat kommen auch die USA in Betracht, weil der Iridium-Satellit einer kommerziellen US-Gesellschaft gehörte. Die Haftung der USA als „Startstaat" blieb aber deshalb zweifelhaft, weil die USA den Iridium-Satelliten nicht als „Weltraumgegenstand" nach dem Weltraumregistrierungsabkommen von 1975[31] registriert hatten. 42

---

[28] *Schladebach*, Max Planck UNYB 17 (2013), 61 (67); *ders.*, Rechtsfragen der Satellitenkollision, NJW-aktuell 13/2009, XVI ff.; *ders.*, Hastings Int'l & Comp. L. Rev. 41 (2018), 245 (267 f.).
[29] *Schladebach*, Max Planck UNYB 17 (2013), 61 (76); *ders.*, Hastings Int'l & Comp. L. Rev. 41 (2018), 245 (266 ff.).
[30] Dazu *Ipsen/Hobe*, Völkerrecht, 7. Aufl. (2018), § 47 Rn. 28; *Hertzfeld/Baseley-Walker*, ZLW 2010, 230 (236).
[31] 1023 UNTS 15; BGBl. 1979 II S. 650.

III. Haftung nach nationalem Recht

43   Neben der völkerrechtlichen Haftung nach Art. VII WRV i. V. m. dem Weltraumhaftungsübereinkommen ist auch das nationale Haftungsrecht von Bedeutung.[32] Zu denken ist etwa an das Produkthaftungsgesetz (ProdHG) und das Bürgerliche Gesetzbuch (BGB). Künftig dürfte auch in ein deutsches Weltraumgesetz eine Haftungsregelung aufgenommen werden, in der sich der Staat zum Teil von seiner unbeschränkten Haftung dadurch befreien kann, dass er von einem privaten Raumfahrtunternehmen die eigene Versicherung von Schäden verlangt.[33]

---

32 *Malanczuk*, in: Böckstiegel, HdWR, 1991, S. 755 (803).
33 *Schladebach*, DRiZ 2019, 392 (394); ders., APuZ 29–30/2019, 26 (32); ders., ZRP 2011, 173 (174).

§ 12 Hoheitsgewalt und Kontrolle

I. Hoheitsgewalt in Art. VIII WRV und Aneignungsverbot in Art. II WRV: Ein Widerspruch?

Die in Art. VIII WRV vorgesehene und praktisch durchweg in Anspruch genommene Möglichkeit, als Vertragsstaat im Weltraum oder auf einem Himmelskörper die Hoheitsgewalt und Kontrolle über den gestarteten Weltraumgegenstand und dessen gesamte Besatzung zu behalten, mutet **auf den ersten Blick** wie ein auffälliger Widerspruch zum Aneignungsverbot des Art. II WRV an. Danach ist die Beanspruchung von Hoheitsgewalt im Weltraum und auf Himmelskörpern ausgeschlossen. Tatsächlich wurde diese Frage bei der Erarbeitung des Weltraumvertrags kontrovers diskutiert und zum Teil jede Ausübung von Souveränität im Weltraum kategorisch ausgeschlossen.[1] Dass diese Ansicht so keinen Bestand haben konnte, zeigt sich daran, dass Art. VIII WRV eine Sondervorschrift zur Hoheitsgewalt enthält.[2] Man wird den Vertragsstaaten unterstellen können, dass sie den Weltraumvertrag **widerspruchsfrei** gestalten wollten.

Betrachtet man die vermeintlich kollidierenden Vorschriften des Art. II WRV einerseits und des Art. VIII WRV andererseits jedoch genauer, erscheint fraglich, ob es insoweit wirklich systemwidrige Überschneidungen gibt. So geht es in Art. II WRV um das Verbot nationaler Aneignung durch Beanspruchung der Hoheitsgewalt in Bezug auf Teile des freien Weltraums oder in Bezug auf den Mond bzw. andere Himmelskörper (sog. fester Weltraum), wodurch also eine **territoriale Aneignung** verboten wird. Der gegenständliche Anwendungsbereich des Art. VIII WRV ist demgegenüber viel kleiner: Er bezieht sich lediglich auf die Hoheitsgewalt über das für den Zugang zum Weltraum genutzte Raumfahrzeug. Der Vertragsstaat soll über dieses eher kleine Verkehrsmittel und die darin transportierten Personen die Hoheitsgewalt behalten, um eine **ordnungsgemäße Steuerung** zu ermöglichen und somit auch seiner in Art. VI S. 1 WRV bestimmten völkerrechtlichen Verantwortung nachkommen zu können.[3] Auch die in § 11 besprochene weltraumrechtliche Haftungsverantwortung nach Art. VII WRV lässt es angezeigt erscheinen, nationale Steuerungsmöglichkeiten im Weltraum zu bewahren und so haftungsbegründende Schäden zu vermeiden. Wer weltraumrechtskonformes Verhalten erwartet, muss den Vertragsstaaten als handelnden Akteuren eine effektive

---

1 *Adams*, Harv. Int'l L. J. 9 (1968), 140 (156): „The Outer Space Treaty eliminates sovereignty …".
2 *Gorove*, AASL II (1977), 311 (314); *Hintz*, in: Böckstiegel, HdWR, 1991, S. 157 (185).
3 *Hintz*, in: Böckstiegel, HdWR, 1991, S. 157 (185).

Einflussnahme auf deren Weltraumgegenstände garantieren. Die hier gemeinte Hoheitsgewalt ist somit **verkehrs- bzw. ordnungsrechtlicher Natur**. Deshalb kollidieren die gegenständliche Hoheitsgewalt (Art. VIII WRV) und die territoriale Hoheitsgewalt (Art. II WRV) nicht in einer Weise miteinander, dass es gerechtfertigt wäre, von einem Systembruch zu sprechen.

II. Hoheitsgewalt und Kontrolle im Weltraum

3   Der durch Art. VIII WRV ermöglichte Erhalt staatlicher Hoheitsgewalt und Kontrolle im Weltraum – und damit in einem Raum, der grundsätzlich von Hoheitsgewalt freigehalten werden soll – ist an bestimmte Voraussetzungen gebunden, die für das Weltraumrecht von großer praktischer Bedeutung sind.

1. Begriffe

4   Die gemeinsame Verwendung der Begriffe „Hoheitsgewalt" und „Kontrolle", die im Weltraumrecht nicht definiert werden, haben Anlass zu der Frage gegeben, ob sie jeweils unterschiedliche Bedeutungsgehalte haben oder aber lediglich zwei Elemente eines einheitlichen Rechtsbegriffs sind.[4] So wird vertreten, dass zwischen „Hoheitsgewalt" und „Kontrolle" zu differenzieren ist. Andere Autoren sind der Auffassung, dass es sich um einen zusammengesetzten Rechtsbegriff handelt. Unter ausführlicher Würdigung der hierzu vertretenen Ansätze ist von *Bittlinger* eine Erklärung erarbeitet worden, die beide Begriffe als Teile eines zusammengesetzten Rechtsbegriffs versteht: Danach stehe „Hoheitsgewalt und Kontrolle" für die Inhaberschaft souveräner Rechte über die betreffenden Weltraumgegenstände und ihre Besatzung auf der Basis nicht-territorialer Jurisdiktionsanknüpfung.[5]

5   Nach dieser Definition hat der betreffende Staat die umfassende, höchste und unabhängige Legislativ-, Exekutiv- und Gerichtsgewalt über den Weltraumgegenstand, dessen Besatzung und deren Aktivitäten.[6] Festgelegt wird dadurch etwa das anzuwendende Öffentliche Recht, Strafrecht oder Patentrecht. Außerdem werden die Zuweisung und die inhaltliche Ausgestaltung der Bordgewalt des jeweiligen Kommandanten sowie die Leitungskompetenzen eines Missionskontrollzentrums auf der Erde bestimmt.

Beispiel: Hoheitsgewalt und Kontrolle hat das NASA-Kontrollzentrum „Mission Control Center" in Houston im April 1970 ausgeübt, nachdem die Apollo-13-Astronauten *Jack Swigert* und anschließend Kommandant *Jim Lovell* nach einem technischen Defekt an Bord gemeldet hatten: „Houston, we've had a problem here." Die vom Mission Control Center geleitete, d. h. „kontrollierte" Rettung der drei Astronauten *Jim Lovell, Jack*

---

[4] *Bittlinger*, Hoheitsgewalt und Kontrolle im Weltraum, 1988, S. 15 ff.; *ders.*, in: Böckstiegel, HdWR, 1991, S. 205 (210); *Hintz*, in: Böckstiegel, HdWR, 1991, S. 157 (186).
[5] *Bittlinger*, a. a. O., S. 24.
[6] *Bittlinger*, in: Böckstiegel, HdWR, 1991, S. 205 (210).

Swigert und *Fred Haise* gilt nach der Mondlandung von 1969 als erfolgreichste NASA-Mission aller Zeiten.

Für die weitere Darstellung soll und kann daher auf die verdoppelnde Formulierung „Hoheitsgewalt und Kontrolle" verzichtet und stattdessen nur von „Hoheitsgewalt" gesprochen werden. Dabei wird stets unterstellt, dass „Hoheitsgewalt" die Ausübung aller drei Gewalten umfasst: den Erlass nationalen Rechts, den Vollzug administrativer Maßnahmen und die gerichtliche Entscheidung über die Rechtmäßigkeit von Rechtssetzungs- bzw. Verwaltungsakten.

2. Hoheitsgewalt nach Registrierung

a) Registrierungspflicht

Die Hoheitsgewalt eines Vertragsstaats über einen Weltraumgegenstand und seine gesamte Besatzung setzt voraus, dass der Weltraumgegenstand nach Maßgabe des **Weltraumregistrierungsübereinkommens von 1975** (**WRegÜ**)[7] registriert worden ist. Dazu muss der Vertragsstaat auch Partei dieses Übereinkommens sein, das in Art. II die Registrierungspflicht vorsieht. In Art. II WRegÜ wird wiederum auf die (positiven) Rechtsfolgen des Art. VIII WRV hingewiesen. Aus dieser gegenseitigen Bezugnahme folgt für die Praxis: Wer Raumfahrt betreiben will und die Hoheitsgewalt über Gegenstand und Besatzung behalten will, muss auch das WRegÜ ratifizieren und seine Weltraumgegenstände registrieren lassen. Bis heute haben 69 Staaten eine Ratifizierung vorgenommen.

b) Mögliche Register

Das Weltraumregistrierungsübereinkommen sieht zwei Register vor: Zum einen das UN-Register (Art. III und IV WRegÜ) und zum anderen die nationalen Register (Art. II Abs. 1 WRegÜ).

(1) UN-Register. Nachdem die Frage der Registerführung anfangs noch unterschiedlich gesehen wurde, wurde sich dann im WRegÜ auf die Führung sowohl eines internationalen als auch eines nationalen Registers geeinigt. So ist nach Art. III WRegÜ beim **UN-Generalsekretär** ein internationales Register zu führen, für das vom Registerstaat die in Art. IV WRegÜ aufgeführten Informationen zu übermitteln sind. Zu diesem UN-Register sollen alle Interessierten Zugang haben. Wie umstritten gerade der Umfang der zu übermittelnden Daten an das UN-Register war, zeigt die Formulierung in Art. IV Abs. 1 WRegÜ, dass die aufgezählten Informationen dem UN-Generalsekretär nur „as soon as practicable" übermittelt werden müssen.

---

[7] 1023 UNTS 15; BGBl. 1979 II S. 650; dazu *Kopal*, in: Benkö/Kröll, Luft- und Weltraumrecht im 21. Jh., 2001, S. 372 ff.; *Mick*, Registrierungskonvention und Registrierungspraxis, 2007.

10   Vom Registerstaat (siehe sogleich (2)) sind folgende Informationen an das UN-Register zu liefern: Name des Startstaats oder der Startstaaten; eine geeignete Bezeichnung des Weltraumgegenstands oder seine Registernummer; Datum und Hoheitsgebiet oder Ort des Staates; grundlegende Parameter der Umlaufbahn, einschließlich Umlaufzeit, Bahnneigung, Apogäum, Perigäum; sowie allgemeine Funktionen des Weltraumgegenstandes.

11   *(2) Nationales Register.* Art. II Abs. 1 und Art. I c) WRegÜ sehen – sogar noch vor dem UN-Register – ein nationales Register vor. Das Übereinkommen geht sowohl in seinem Aufbau als auch in seiner Grundidee von einem Vorrang nationaler Registrierung aus. Für Deutschland, das seit dem 16.10.1979 Vertragspartei ist, wird das Weltraumregister aufgrund einer verwaltungsinternen Anweisung des Bundesverkehrsministeriums beim **Luftfahrt-Bundesamt** (LBA) in Braunschweig als Anhang zur Luftfahrzeugrolle (§ 14 I 1 LuftVZO) geführt.[8] Es bestehen große Zweifel, ob die Umsetzung der von Art. II Abs. 1 WRegÜ bestimmten völkerrechtlichen Registrierungspflicht tatsächlich nur in einem bloßen Anhang zur deutschen Luftfahrzeugrolle bestehen kann. Perspektivisch sollte hierfür eine eigene gesetzliche Grundlage im deutschen Weltraumgesetz geschaffen werden.[9]

12   Die Registrierungspflicht unterscheidet weder national noch international zwischen staatlichen und privaten Weltraumgegenständen.[10] Daher sind alle Weltraumgegenstände zu registrieren. Wenn private Weltraumgegenstände national registriert werden und als Folge der Startstaat die Hoheitsgewalt über sie erhält, also die alleinige Bestimmungsgewalt, ist eine nationale **gesetzliche Grundlage** umso notwendiger. Da sich in Deutschland eine immer größere private Raumfahrtindustrie entwickelt, ist eine völkerrechtskonforme Registrierungspflicht eine zentrale Voraussetzung für Rechts- und Planungssicherheit.

13   *(3) Kritik an der Registrierung.* Die Regelungen zur Registrierung haben erhebliche Kritik erfahren.[11] So lassen sich Einwände hinsichtlich des **Registrierungsinhalts** einerseits und der Registrierungspraxis andererseits unterscheiden. Zutreffend wird moniert, dass gestartete Weltraumgegenstände, die nicht den Weltraum erreichen, keiner Registrierungspflicht unterliegen. Zudem seien keine Markierungen vorgeschrieben, die eine Identifizierung auch dann ermöglichen, wenn der zur Erde zurückkehrende Weltraumgegenstand nicht in der Erdatmosphäre verglüht. Für diese Fragen würden auch die nationalen Register nicht hilfreich sein, denn deren Ausgestaltung sei im Gegensatz zum UN-Register inhaltlich frei und sehe überdies kein Einsichtsrecht dritter Staaten vor.

---

8 *von Kries/Schmidt-Tedd/Schrogl*, Grundzüge des Raumfahrtrechts, 2002, S. 24.
9 So bereits *Schladebach*, ZRP 2011, 173 (174).
10 *Hintz*, in: Böckstiegel, HdWR, 1991, S. 157 (180).
11 Dazu ausführlich *Mick*, Registrierungskonvention und Registrierungspraxis, 2007, S. 97 ff.; *Hintz*, in: Böckstiegel, HdWR, 1991, S. 157 (181 ff.); *von Kries/Schmidt-Tedd/Schrogl*, Grundzüge des Raumfahrtrechts, 2002, S. 25.

Darüber hinaus sei die **Registrierungspraxis** wenig stringent. Mitteilungen über gestartete Weltraumgegenstände würden zum Teil erst Monate später dem UN-Register zugeleitet werden,[12] erfolgten außerdem oft unvollständig oder unpräzise[13] und unterblieben oft bei **militärischen Missionen**.[14] Nun liegt es jedenfalls bei militärischen Missionen nicht gänzlich fern, eine gewisse Abneigung gegenüber der Registrierung zu akzeptieren: Denn wenn die oben angeführten Angaben nach Art. IV WRegÜ bei dem Transport von Militärsatelliten in den Weltraum abverlangt werden, kann zumindest nicht mehr von einer Geheimhaltung gesprochen werden, was die Mission eventuell sinnlos werden ließe. Trotzdem dürfte man von den Raumfahrtnationen durchaus so viel Ideenreichtum erwarten können, dass hierzu eine angemessene Regelung im WRegÜ gefunden wird. So könnte an einen besonderen Teil des UN-Registers gedacht werden, in den ausschließlich militärisch zu nutzende Weltraumgegenstände eingetragen werden und der nur dann einsehbar ist, wenn es zu einem Schadensereignis gekommen ist. Unter Hinweis auf Art. X WRegÜ, der Änderungen des Übereinkommens ermöglicht, haben schon viele Autoren vertragliche Modifizierungen gefordert,[15] zu denen es unter den Raumfahrtnationen aber schon seit längerer Zeit keine Bereitschaft gibt.

14

c) Registrierungsfunktionen

Obwohl sich die Registrierung von Weltraumgegenständen auf den ersten Blick als recht formales Eintragungsverfahren darstellt, sind ihre Funktionen für die Ordnung der Raumfahrt äußerst wichtig. Sie begründet (1) die Staatszugehörigkeit des Weltraumgegenstands, ermöglicht (2) dessen Identifizierung und dient (3) der Rückführung des Weltraumgegenstands nach Art. VIII S. 3 WRV.[16]

15

(1) Verleihung der Staatszugehörigkeit. Die Registrierung des Weltraumgegenstands begründet seine Staatszugehörigkeit. Wie auch in Art. 91 SRÜ für Schiffe und in Art. 17 Chicagoer Abkommen für Luftfahrzeuge wird damit das **rechtliche Band** zwischen dem Staat und dem Weltraumgegenstand geknüpft. Damit wird es dem registrierenden Staat nach Art. VIII S. 1 WRV ermöglicht, Hoheitsgewalt und Kontrolle über den Weltraumgegenstand und seine gesamte Besatzung auszuüben, auch wenn dieser sich im hoheitsfreien Weltraum befindet. Während man im Völkerrecht bei der Beziehung zwischen Staat und Person von „Staats**an**gehörigkeit" spricht, gilt für die Schaffung eines hoheitsrechtlichen Verhältnisses zwischen Staat und einem (Verkehrs-)Gegenstand der Begriff „Staats**zu**gehörigkeit".

16

---

12 *Perek*, IISL-Proceedings 1985, S. 187 (188).
13 *Rothblatt/Samara*, IISL-Proceedings 1985, S. 192 (195).
14 *Müller*, IISL-Proceedings 1985, S. 182 (184).
15 *Mick*, Registrierungskonvention und Registrierungspraxis, 2007, S. 169 ff.; *Young*, AASL XI (1986), 287 (307); *Perek*, IISL-Proceedings 1985, S. 187 ff.
16 *Mick*, Registrierungskonvention und Registrierungspraxis, 2007, S. 25 ff.; *Hintz*, in: Böckstiegel, HdWR, 1991, S. 157 (180 ff.); *von Kries/Schmidt-Tedd/Schrogl*, Grundzüge des Raumfahrtrechts, 2002, S. 25.

2. Teil: Grundentscheidungen

17 Unterbleibt die Registrierung, fehlt dem Startstaat eine zentrale Voraussetzung für die Ausübung von Hoheitsgewalt. Man wird dem Staat dann nicht in jedem Fall hoheitliche Befugnisse über den betreffenden Weltraumgegenstand absprechen können, da auch eine **subsidiäre Herleitung** seiner Zuständigkeit möglich bleibt und weltraumrechtlich aus vielfältigen Gründen auch gewünscht ist. Kriterien hierfür können die Ausübung der tatsächlichen Bodenkontrolle oder die Startstaat-Eigenschaft sein.[17] Eine solche Herleitung muss auch deshalb zulässig bleiben, weil – wie erwähnt – die Registrierungspraxis von vielen Seiten als unzureichend bewertet wird.[18]

18 Diese Verbindung zwischen Hoheitsgewalt und Registrierung wird auch bei **multinationalen Raumstationen** durchgehalten. Sind mehrere Staaten an einer Station beteiligt, so können sie nach Art. II Abs. 2 WRegÜ eine Vereinbarung darüber treffen, welcher Staat für die Registrierung verantwortlich ist. Für die Internationale Raumstation (ISS) ist dies in Art. 5 Abs. 1 ISS-Übereinkommen (ISS-Ü)[19] geregelt: Danach registriert jeder ISS-Partnerstaat im Einklang mit Art. II WRegÜ die von ihm bereitgestellten, in der Anlage aufgeführten Flugelemente als Weltraumgegenstände. Für den „europäischen Partner" handelt nach Art. 5 Abs. 1 HS. 2 ISS-Ü die ESA. Konsequent legt Abs. 2 S. 1 sodann fest, dass „jeder Partner nach Art. VIII WRV und Art. II WRegÜ die Hoheitsgewalt und Kontrolle über die von ihm nach Absatz 1 registrierten Elemente und über Mitglieder des Personals in oder an der Raumstation, die seine Staatsangehörigkeit besitzen, (hat)."

19 *(2) Identifizierung von Weltraumgegenständen.* Außerdem dient die Registrierung dazu, bei eingetretenen Schäden den nach Art. VII WRV verantwortlichen Startstaat zu identifizieren.[20] Von der Registrierung wird sich eine **Zuordnung** von Weltraumgegenständen erhofft, die indes nur bei sofortiger und vollständiger Registrierung und nur dann möglich ist, wenn die nach einem Schadensereignis noch vorhandenen Teile oder Bruchstücke irgendwelche zur Registrierung dienliche Zeichen weiterhin erkennen lassen. Einige Autoren bezweifeln angesichts der oben dargestellten Registrierungsdefizite jedoch, ob das Weltraumregistrierungsübereinkommen überhaupt seine Identifizierungsfunktion erfüllen kann.[21] Diese ältere Fundamentalkritik dürfte heute indes nicht mehr gerechtfertigt sein. Mit der deutlichen Zunahme von Weltraumgegenständen in den letzten Jahren liegt es im ureigenen Interesse der Startstaaten, die vertraglich geforderten Informationen – insbesondere zu den genutzten Umlaufbahnen – zu liefern. An gefährlichen Begegnungen („near misses") oder gar Kollisionen von Weltraumgegenständen hat kein Staat Interesse, weshalb die Registrierungsdisziplin wieder gewachsen ist.

---

[17] *Hintz*, in: Böckstiegel, HdWR, 1991, S. 157 (180).
[18] *Von Kries/Schmidt-Tedd/Schrogl*, Grundzüge des Raumfahrtrechts, 2002, S. 25.
[19] BGBl. 1998 II S. 2445; dazu *Schladebach*, ZLW 2013, 709 ff.
[20] *Hintz*, in: Böckstiegel, HdWR, 1991, S. 157 (181).
[21] *Perek*, IISL-Proceedings 1985, S. 187; *Young*, AASL XI (1986), 287 (295).

(3) Rückführung von Weltraumgegenständen. Schließlich erleichtert die Registrierung auch die Rückführung von Weltraumgegenständen.²² Werden Weltraumgegenstände oder Bestandteile davon außerhalb der Grenzen des Vertragsstaats aufgefunden, in dem sie registriert sind, so werden sie dem betreffenden Staat zurückgegeben; dieser teilt auf Ersuchen vor ihrer Rückgabe Erkennungsmerkmale mit (Art. VIII S. 3 WRV). Die von der Norm beschriebene Situation ist der Regelfall: Teile eines gestarteten Weltraumgegenstands gehen über **fremdem Territorium** nieder und sind nach einer Identifizierung an den Registerstaat zurückzugeben.

Diese Rückgabepflicht von Weltraumgegenständen ist eine andere als diejenige aus Art. V WRV und dem Weltraumrettungsübereinkommen. Jene Pflicht bezieht sich auf Raumfahrzeuge, mit denen in Not geratene Raumfahrer in fremdem Territorium gelandet sind. Es geht dabei um eine Rückgabe im Kontext **bemannter Raumfahrt**. Art. VIII S. 3 WRV ist jedoch weiter dimensioniert und erfasst sämtliche Weltraumgegenstände.

3. Ausübung von Hoheitsgewalt über den Weltraumgegenstand

Die zentrale Rechtsfolge der von Art. VIII S. 1 WRV bestimmten Registrierung besteht darin, dass der betreffende Staat berechtigt ist, Hoheitsgewalt über den Weltraumgegenstand auch im Weltraum auszuüben. Wie in der Seeschifffahrt oder der Luftfahrt bestimmt damit der registrierende Staat allein über den Flugverlauf und die Nutzung des Weltraumgegenstands sowie insbesondere das auf ihn anzuwendende Recht.

a) Pflicht zum Handeln

Obwohl zum Teil mit nicht geringem Aufwand darüber diskutiert wird,²³ ob über die Berechtigung des registrierenden Staats hinaus auch eine Pflicht zum Handeln besteht, wird man diese Pflichtenstellung mit den besseren Argumenten so annehmen müssen. Zwar spricht der Wortlaut „behält die Hoheitsgewalt" eher für ein passives Verständnis, das lediglich auf das „Innehaben" bzw. „Potenzial" einer Rechtsposition hinzuweisen beabsichtigt. Diese passiv-verwaltende Deutung lässt sich allerdings nicht mit Sinn und Zweck des Art. VIII WRV vereinbaren. Wer durch die Registrierung seines Weltraumgegenstands von den weltraumrechtlichen Privilegien des Art. VIII S. 1 WRV, nämlich der Fortgeltung seiner Hoheitsgewalt auch im Weltraum, zu profitieren gedenkt, bekennt sich als aktiver Teil der Weltraumrechtsgemeinschaft zur weltraumrechtlichen Grundordnung. Daraus folgt zwingend, dass Weltraumgegenstände jederzeit „weltraumrechtskonform" zu betreiben sind. Das meint insbesondere die Vermeidung von Gefahren für Aktivitäten anderer Raumfahrtakteure. Soweit eine Raumfahrtmission von den im Weltraumrecht niedergelegten Verhaltenspflichten abweicht, muss zur Wiederherstellung „weltraum-

---
22 *von Kries/Schmidt-Tedd/Schrogl*, Grundzüge des Raumfahrtrechts, 2002, S. 25; *Hintz*, in: Böckstiegel, HdWR, 1991, S. 157 (182).
23 *Hintz*, in: Böckstiegel, HdWR, 1991, S. 157 (187 ff.).

rechtskonformen" Handelns von Seiten des Registerstaats aktiv eingeschritten werden.

24 Ein **Ermessen** dergestalt, sich nicht weiter um seinen eigenen Weltraumgegenstand kümmern zu wollen und die ihm eingeräumte Hoheitsgewalt gerade nicht wahrzunehmen, steht dem verantwortlichen Staat nach hier vertretener Auffassung nicht zu. Insoweit befindet sich der Staat in einer Lage, die den polizeirechtlichen Kategorien eines Störers (Verhaltensstörer, Zustandsstörer) recht nahekommt. In Ermangelung einer weltraumrechtlichen Gefahrenabwehrbehörde ist der Staat aufgerufen, solche Störungen der weltraumrechtlichen Grundordnung selbst und unverzüglich abzustellen. Dies verlangt aktives Handeln, kein bloß passives Geschehenlassen. Alles andere würde eine Aufkündigung des weltraumrechtlichen Konsenses der Vertragsstaaten bedeuten. Art. VIII S. 1 WRV enthält somit eine Pflicht zum Handeln.[24]

b) Hoheitsgewalt bei Funktionslosigkeit

25 Hat ein Weltraumgegenstand seine Funktionsfähigkeit dauerhaft verloren, spricht man von „Weltraummüll" oder „Weltraumschrott".[25] Dieses **Menschheitsproblem** wird an späterer Stelle dieses Lehrbuchs behandelt und soll hier nur im Zusammenhang mit dem Fortbestehen der Hoheitsgewalt erwähnt werden. Der Registerstaat eines in den Weltraum gestarteten Weltraumgegenstands behält auch dann Hoheitsgewalt über diesen Gegenstand, wenn jener funktionslos geworden ist. Soweit von derartigem Weltraummüll eine Gefahr für andere Raumfahrtmissionen oder wegen eines drohenden Absturzes für die Erde ausgeht, also nonkonformes weltraumrechtliches Verhalten festzustellen ist, besteht eine Pflicht zum Tätigwerden des Registerstaats. Der gefahrenverursachende Weltraummüll ist zu beseitigen. Es zählt allerdings zur wissenschaftlichen Redlichkeit darauf hinzuweisen, dass diese Ansicht nicht von allen Raumfahrtnationen geteilt wird. Vielmehr wird häufig behauptet, es existiere diesbezüglich kein Handlungsbedarf und die Beseitigung von Weltraummüll sei überdies zu teuer.

4. Ausübung von Hoheitsgewalt über die Besatzung

26 Art. VIII WRV bezieht sich auf jedwede in den Weltraum gestartete Weltraumgegenstände. Für den Spezialfall, dass eine bemannte Raumfahrtmission stattfindet, erstreckt sich die – durch Registrierung ermöglichte – Ausübung von Hoheitsgewalt auch auf die „gesamte Besatzung".

---

24 So auch *Hintz*, in: Böckstiegel, HdWR, 1991, S. 157 (190); *von Kries/Schmidt-Tedd/Schrogl*, Grundzüge des Raumfahrtrechts, 2002, S. 26.
25 Ausführlich dazu *Schladebach*, Max Planck UNYB 17 (2013), 61 ff.; *ders.*, APuZ 29–30/2019, 26 (29 f.).

a) Begriff der Besatzung

Bei der oben besprochenen Rettungspflicht für Raumfahrer (§ 9) stellte sich die zentrale Frage, wer als „Raumfahrer" zu verstehen ist und daher nach Art. V WRV i. V. m. WRÜ gerettet werden muss. Hierzu werden mit dem engen und dem – zutreffenden – weiten Raumfahrerbegriff unterschiedliche Ansichten vertreten. Die Diskussion zum Begriff der Besatzung ist identisch: Ein „Raumfahrer" nach Art. V WRV ist automatisch auch Mitglied der „Besatzung" nach Art. VIII WRV, weshalb die Beschreibungen zum Begriffsverständnis aufeinander Bezug nehmen. Danach korrespondieren beide Begriffe derart miteinander, dass alle sich im Weltraum aufhaltenden Menschen „Raumfahrer" darstellen und zur „Besatzung" gehören.[26] Auf die obigen Ausführungen, gerade auch zur neuen Auslegungsmethode der „humanistischen Auslegung", kann daher verwiesen werden.

27

b) Pflicht zum Handeln

Noch in viel größerem Umfang als bei unbemannten Weltraumgegenständen wird man bei bemannten Missionen aus der bestehenden Hoheitsgewalt eine Pflicht zum Handeln des Registerstaats im Hinblick auf die Besatzung abzuleiten haben. Es liegt dabei nicht nur im **eigenen Interesse des Staates**, die sich im Weltraum befindliche Besatzung zu leiten und durch Anweisungen zu steuern und damit zu kontrollieren. Auch andere Staaten dürfen insoweit erwarten, dass der Registerstaat seine bestehenden Hoheitsbefugnisse wahrnimmt und die Besatzung nicht sich selbst überlässt. Dies könnte zu unbeherrschbaren Gefahren für die Besatzung selbst, aber auch für andere Weltraumgegenstände in der Erdumlaufbahn führen. Es gibt aus diesen Erwägungen heraus eine Pflicht zum Handeln des Registerstaats, die sich mit dem polizeirechtlichen Entschließungsermessen und dessen Reduzierung auf Null vergleichen lässt.

28

Beispiel: Apollo-13-Mission (siehe II.1).

5. Eigentum an Weltraumgegenständen

Von der Hoheitsgewalt über Weltraumgegenstände ist deren Eigentumslage zu unterscheiden. Art. VIII S. 2 WRV lässt das Eigentum an den in den Weltraum gestarteten Gegenständen durch deren Aufenthalt im Weltraum unberührt.

29

a) Eigentumslage

Der Weltraumvertrag unterscheidet in Art. VIII S. 2 WRV nicht zwischen staatlichem und privatem Eigentum, sondern spricht neutral nur von „Eigentum". Diese Offenheit für beide Eigentumsformen wird durch Art. VI S. 1 WRV unterstützt: Da Raumfahrtaktivitäten bei „Genehmigung und ständiger Aufsicht" auch durch „nichtstaatliche Rechtsträger", d. h. durch Privatunternehmen zulässig sind, ist

30

---
[26] *Bittlinger*, in: Böckstiegel, HdWR, 1991, S. 205 (223 f.); *Schladebach*, JuS 2008, 217 (221).

unter „Eigentum" nach Art. VIII S. 2 WRV sowohl **öffentliches als auch privates Eigentum** zu verstehen.[27] Damit können die (staatliche) Hoheitsgewalt und die (private) Eigentümerstellung auseinanderfallen.

31 Für die eigentumsrechtliche Lage eines Weltraumgegenstands im Weltraum ist daher grundsätzlich die nationale Zivilrechtsordnung maßgebend. Jedoch können die aus der zivilrechtlichen Eigentümerstellung typischerweise folgenden Befugnisse nicht unbeschränkt auch während eines Aufenthalts im Weltraum gelten. Diese Befugnisse, insbesondere die ansonsten unbestrittene unbeschränkte Verfügungsmöglichkeit, müssen sich an dem insoweit übergeordneten Weltraumrecht orientieren. So ist eine **zivilrechtliche Veräußerung** eines gerade in Nutzung befindlichen Weltraumgegenstands zwar nicht ausgeschlossen, allerdings nur dann möglich, wenn der Erwerber nicht die laufende Weltraummission in Frage stellt. Die Durchführung der Mission darf durch die Eigentumsübertragung nicht gefährdet werden. Zur Klarstellung von Grundsatz und Ausnahme ist aber zu betonen, dass solche Verfügungsgeschäfte während laufender Missionen wenig realistisch sind.

32 Ebenso wie bei Hoheitsgewalt und Kontrolle wird man bei **multinationalen Raumstationen** wie der Internationalen Raumstation (ISS) eine spezielle eigentumsrechtliche Regelung erwarten dürfen, die indes von der allgemeinen weltraumrechtlichen Norm des Art. VIII S. 2 WRV nicht zu weit entfernt ist. Denn nach Art. 2 Abs. 1 ISS-Ü wird die Raumstation in Übereinstimmung mit dem gesamten Weltraumrecht betrieben und genutzt. Bei der **Verbindung mehrerer Stationsmodule**, die alle einer unterschiedlichen Eigentumsrechtsordnung entstammen, könnten zumindest auf den ersten Blick verschiedene zivilrechtliche Folgen eintreten: So könnte der einzelne ISS-Partner sein Eigentum ganz verlieren und es würde ein separates ISS-Eigentum entstehen. Denkbar wäre auch, dass aus der technischen Verbindung ein Miteigentum aller ISS-Partner folgt. Allerdings würden sich solche Eigentumsfolgen deutlich von der Grundregel des Art. VIII S. 2 WRV absetzen.

33 Das maßgebende ISS-Übereinkommen (ISS-Ü)[28] sieht dazu in klarer Übernahme dieser Grundregel in Art. 6 Abs. 1 ISS-Ü vor, dass alle ISS-Partner Eigentümer der von ihnen bereitgestellten, in der Anlage aufgeführten Elemente sind. Die **ursprüngliche Eigentumslage** an den eingebrachten Modulen wird somit durch die technische Verbindung auf der ISS nicht verändert. Für den europäischen Partner wurde bestimmt, dass der ESA das Eigentum an den von den ESA-Mitgliedstaaten bereitgestellten Stationselementen und weiteren Ausrüstungsgegenständen übertragen wird (Art. 6 Abs. 2 ISS-Ü). Zwar sieht Art. 6 ISS-Ü zumindest die Möglichkeit einer Übertragung des Eigentums an fremde Dritte vor, was mit der eigentumsrechtlichen Konzeption durchaus vereinbar ist. Die Rechte und Pflichten der ISS-Partner werden dadurch jedoch nicht berührt. Insgesamt achtet die Eigentumsregelung für die ISS ordnungsgemäß den übergeordneten Rahmen des Art. VIII S. 2 WRV.

---

27 *Hintz*, in: Böckstiegel, HdWR, 1991, S. 157 (201); *von Kries/Schmidt-Tedd/Schrogl*, Grundzüge des Raumfahrtrechts, 2002, S. 26.
28 BGBl. 1998 II S. 2445; dazu *Schladebach*, ZLW 2013, 709 ff.

Beispiel: Das in Bremen montierte und im Februar 2008 in den Weltraum gestartete ISS-Forschungslabor „Columbus" wurde in das Eigentum der ESA überführt.

b) Sicherungsrechte

(1) Interessenlage. Die Akzeptanz privaten Eigentums an Weltraumgegenständen hat weltweit das Interesse von Finanzinstituten geweckt. Um Finanzierungen für den Bau und die Nutzung privater Kommunikationssatelliten zu erleichtern, war im Gegenzug die Schaffung eines international vollstreckbaren dinglichen Sicherungsrechts an den betreffenden Weltraumgegenständen wünschenswert.[29] Dieses schon seit längerer Zeit im Rahmen der Organisation zur Vereinheitlichung des einzelstaatlichen Privatrechts (UNIDROIT) verfolgte Ziel hatte im Jahr 2001 auf einer UNIDROIT-Tagung in Kapstadt zum „Übereinkommen über internationale Sicherungsrechte an beweglicher Ausrüstung" (**Cape Town Convention**) geführt.[30] Das Übereinkommen soll als Basiskonvention die Grundlagen für sämtliche Gruppen von beweglicher Ausrüstung regeln und bereichsspezifisch durch Zusatzprotokolle für die Luftfahrt, die Raumfahrt, die Eisenbahn und die Schifffahrt konkretisiert werden.[31] Bisher sind das Luftfahrtausrüstungsprotokoll,[32] das Eisenbahnprotokoll[33] und am 9.3.2012 das Weltraumprotokoll[34] beschlossen worden.

34

(2) Berliner Weltraumprotokoll, 2012. Das vom 27.2. bis 9.3.2012 von Vertretern aus 40 Staaten, Vertretern internationaler Organisationen und der Raumfahrtindustrie in Berlin verhandelte „Berliner Weltraumprotokoll" zum Übereinkommen von Kapstadt ist das weltweit erste internationale Privatrechtsabkommen im Bereich der kommerziellen Raumfahrt. Das Protokoll weitet das bei Flugzeugen bereits seit 2006 bestehende internationale Sicherungsrecht auf Satelliten und Raumstationen aus. Es sieht **ein internationales Sicherungsrecht** für hochwertige mobile Güter vor, das in ein internationales Register eingetragen wird und eine möglichst globale Sicherung verleihen soll. Nationale Sicherungsrechte wie Eigentumsvorbehalt, Sicherungseigentum oder Pfandrecht würden in anderen Ländern oft nicht anerkannt.[35] Diese Rechte könnten daher ihre Werthaltigkeit verlieren, sobald der Sicherungsgegenstand das nationale Rechtsanwendungsgebiet verlässt. Durch das Berliner Weltraumprotokoll können nun auch Satelliten, Raumstationen und ihre Bestandteile mit dem internationalen Sicherungsrecht belastet und als werthaltige Kreditsicherheit verwendet werden. Hiermit sind Vorteile für Finanzierer, Kredit-

35

---

29 *von Kries/Schmidt-Tedd/Schrogl*, Grundzüge des Raumfahrtrechts, 2002, S. 26.
30 Text in IPRax 2003, 276 ff.; dazu *Bollweg/Gerhard*, ZLW 2001, 373 ff.
31 *Schladebach/Kraft*, BKR 2012, 270 (276).
32 Text in IPRax 2003, 289 ff.; dazu *Bollweg/Kreuzer*, ZIP 2000, 1361 ff.; *Kronke*, ZLW 2002, 147 ff.; *Bollweg/Henrichs*, ZLW 2002, 186 ff.; *Weber*, ZLW 2006, 1 ff.; *von Bodungen*, Mobiliarsicherungsrechte an Luftfahrzeugen und Eisenbahnrollmaterial im nationalen und internationalen Rechtsverkehr, 2009.
33 Dazu *Bollweg/Kreuzer*, IPRax 2008, 176 ff.
34 Berliner Weltraumprotokoll vom 9.3.2012; dazu *Bollweg/Schultheiß*, ZLW 2012, 389 ff.; *Larsen*, ZLW 2015, 361 ff.
35 Zur parallelen Situation bei Luftfahrzeugen *Schladebach/Kraft*, BKR 2012, 270 (271).

nehmer und Hersteller verbunden, die sich im Rahmen des von UNIDROIT vorangebrachten Projekts[36] auch verstärkt in die Erarbeitung des Protokolls eingebracht haben.[37]

36 Das Weltraumprotokoll tritt in Kraft, sobald es von zehn Staaten ratifiziert worden und das internationale Register betriebsbereit ist. Wie schon beim Luftfahrtausrüstungsprotokoll[38] soll ein elektronisches Register zur Registrierung des Sicherungsrechts geschaffen werden. Problematisch wird indes weniger die Schaffung technischer Funktionalität, sondern die ausreichende **Ratifizierung** sein. Dabei ist es ein nicht zu unterschätzender Fakt, dass trotz der ungewöhnlich gut besuchten[39] Berliner Konferenz letztlich nur vier Staaten (Saudi-Arabien, Simbabwe, Burkina Faso, Deutschland) das Protokoll unterzeichnet haben. Bei diesen Staaten handelt es sich – abgesehen vom Gastgeber Deutschland – ersichtlich nicht um Staaten, die in der Raumfahrtszene bisher besonders aktiv in Erscheinung getreten sind. So kann der Erwartung *Larsens* nur ausdrücklich beigepflichtet werden, dass die großen Raumfahrtnationen USA, Russland, EU/ESA, China und Indien das Weltraumprotokoll möglichst zügig ratifizieren mögen, um nicht durch eine zu große Zeitspanne die verständlichen wirtschaftlichen Zielsetzungen und positiven Regelungseffekte zu gefährden.[40]

---

36 Dazu schon sehr früh *Larsen/Heilbock*, J. Air L. & Com. 64 (1999), 703 ff.; außerdem *Catalano Sgrosso*, International Space Law, 2011, S. 230 ff.; *Schladebach*, Der Weltraum als internationale Wirtschaftsarena, in: Binder/Eichel, Internationale Dimensionen des Wirtschaftsrechts, 2013, S. 11 (22).
37 *Larsen*, ZLW 2015, 361 (366 ff.).
38 *Schladebach/Kraft*, BKR 2012, 270 (276).
39 *Larsen*, ZLW 2015, 361 (368).
40 *Larsen*, ZLW 2015, 361 (388).

§ 13 Umweltschutz

I. Umweltschutz als Menschheitsaufgabe

Die schon jahrzehntealte richtige Aussage, dass „der Umweltschutz zur Schicksalsaufgabe des modernen Staates geworden sei",[1] beansprucht in Zeiten zunehmender Raumfahrtaktivitäten selbstverständlich auch für den Weltraum uneingeschränkte Geltung. Die zutreffende generelle Einsicht, dass stärkere wirtschaftliche Nutzung fast zwangsläufig zu größerer Umweltverschmutzung und damit zu einem umweltvölkerrechtlichen Regelungsbedürfnis führt, betrifft alle völkerrechtlichen Räume.[2] Während umweltschutzrechtliche Vorschriften für die Seegebiete und den Luftraum nicht zuletzt wegen des **grenzüberschreitenden Charakters** umweltrechtlicher Gefahren mittlerweile kaum noch hinterfragt und als zwingend erforderliche Regelungen vorausgesetzt werden, ist weit weniger bekannt, dass das Weltraumrecht schon seit den 1960er Jahren völkervertraglich verbindliche Bestimmungen zum Schutz der Weltraumumwelt enthält.

So ist die vielfach vertretene These,[3] das internationale Umweltrecht beginne mit der UN-Deklaration von Stockholm vom Juni 1972,[4] schon nach einem flüchtigen Blick auf das Weltraumrecht kaum mehr vertretbar. Sieht man von der allenfalls gewohnheitsrechtlich bedeutsamen Einzelentscheidung im Trail Smelter Case (1938/41)[5] ab, so existierten mit dem Atomteststoppvertrag von 1963 und insbesondere Art. IX WRV von 1967 bereits deutlich vor 1972 umweltvölkerrechtliche Regelungen, deren völkerrechtliche Rechtsnatur überdies nicht mühsam mit der nach wie vor umstrittenen völkerrechtlichen Kategorie des „soft law" erklärt werden muss, sondern die viel weitergehend völkervertraglichen Ursprungs sind. Der **Beginn des internationalen Umweltrechts** dürfte daher auf den Weltraumvertrag von 1967 zu datieren sein.

Die **Umweltgefahren im Weltraum**, die einer rechtlichen Regelung bedürfen, sind in zwei große Themenbereiche zu untcrteilen.[6] Zum cincn geht cs um Ge

---
1 *Breuer*, Der Staat 20 (1981), 393; *Schladebach*, Der Einfluss des europäischen Umweltrechts auf die kommunale Bauleitplanung, 2000, S. 21.
2 Grundlegend *Proelß*, Internationales Umweltrecht, 2017.
3 Etwa *Epiney*, in: Proelß, Internationales Umweltrecht, 2017, 1. Abschnitt Rn. 15.
4 Declaration of the United Nations Conference on the Human Environment, UN Doc. A/Conf.48/14/Rev.1 (1973), ILM 11 (1972), 1416.
5 Dazu *Ipsen/Birkner*, Völkerrecht, 7. Aufl. (2018), § 53 Rn. 9; *Kloepfer*, Umweltschutzrecht, 2. Aufl. (2011), § 6 Rn. 8; *Bothe*, in: Dolde, Umweltrecht im Wandel, 2001, S. 51 (53).
6 *von Kries/Schmidt-Tedd/Schrogl*, Grundzüge des Raumfahrtrechts, 2002, S. 110; *Frantzen*, in: Böckstiegel, HdWR, 1991, S. 597 (598 ff.).

fahren durch Weltraumgegenstände, die entweder auf die Erde herabstürzen oder im Weltraum mit anderen Weltraumgegenständen kollidieren und dadurch Weltraumtrümmer entstehen lassen. Zum anderen kann der Weltraum dadurch gefährdet werden, dass er durch aus Weltraumgegenständen austretende Stoffe chemisch-biologisch verseucht wird. Dieses Phänomen geht auf die lange genutzte nukleare Antriebstechnik für Satelliten zurück, deren Vermeidung angestrebt wurde und sich tatsächlich auf dem Rückzug befindet. Dagegen nimmt das Problem des Weltraummülls in erheblichem Umfang zu, was dessen Reduzierung zu einer umweltrechtlichen Menschheitsaufgabe werden lässt.[7]

II. Umweltrechtliche Regelungen

4   Das umweltbezogene Weltraumrecht kennt eine Reihe von Vorschriften und Prinzipien, die dahingehend unterteilt werden können, ob sie dem originären Weltraumrecht entstammen oder aber in umweltvölkerrechtlichen Verträgen normiert sind, die lediglich Weltraumrelevanz besitzen. Hier soll diese systematische Unterscheidung nicht nachvollzogen, sondern vielmehr betrachtet werden, welche völkerrechtlichen Regelungen für den Umweltschutz im Weltraum von wesentlicher Bedeutung sind.

1. Atomteststoppvertrag 1963

5   Mit dem Vertrag über das Verbot von Kernwaffenversuchen in der Atmosphäre, im Weltraum und unter Wasser (Atomteststoppvertrag, NTBT)[8] von 1963 wollte die Weltgemeinschaft auf die zunehmend durchgeführten Tests mit Kernenergie reagieren und die wichtigen Gemeinschaftsräume „Luft", „**Weltraum**" und „Meere" von solchen Tests freihalten.[9] Diese wurden im Rahmen militärischer Testprogramme der Großmächte bis Anfang der 1960er Jahre in größerer Zahl vorgenommen. Die Vertragsparteien verpflichteten sich, jede nukleare Versuchsexplosion u. a. im Weltraum zu unterlassen. Damit sollte vor allem eine radioaktive Verseuchung des erdnahen Weltraums vermieden werden.[10]

6   Die umweltschützende Wirkung des Vertrags, der am 10.10.1963 in Kraft trat und am 19.8.1963 auch von Deutschland unterzeichnet worden war, erwies sich allerdings aus zwei Gründen als vergleichsweise gering. Zum einen hatten nicht alle Atommächte den Vertrag **ratifiziert** (z. B. China und lange Zeit auch Frankreich),[11] wohl in erster Linie, um ihre atomaren Potenziale nicht international zu beschränken. Diese Staaten testeten weiterhin oberirdisch und verursachten verständlicherweise große Umweltschäden.

---

[7] *Schladebach*, Max Planck UNYB 17 (2013), 61 (64).
[8] Nuclear Test Ban Treaty of 5.8.1963 (480 UNTS 43; BGBl. 1964 II S. 906).
[9] *Frantzen*, in: Böckstiegel, HdWR, 1991, S. 597 (617).
[10] *von Kries/Schmidt-Tedd/Schrogl*, Grundzüge des Raumfahrtrechts, 2002, S. 112.
[11] *Frantzen*, in: Böckstiegel, HdWR, 1991, S. 597 (617).

Beispiel: Der weltweit bekannteste Ort für solche Kernwaffentests dürfte das unbewohnte Mururoa-Atoll im Südpazifik gewesen sein, das von Frankreich von 1966 bis 1996 als Kernwaffentestgelände genutzt wurde. In dieser Zeit sollen 191 Atombomben gezündet worden sein, davon 41 in der Atmosphäre und die weiteren Bomben unterirdisch.[12] Im Jahr 2000 zog sich Frankreich von dem Atoll zurück, das bis heute ein Sperrgebiet ist. Der französische Präsident *de Gaulle* betrachtete die Atomtests, die nach der Unabhängigkeit Algeriens 1962 nicht mehr in der Sahara stattfinden konnten und daher in die Überseegebiete verlegt werden sollten, als Garantie für die Freiheit des französischen Volkes. Die Haltung des Präsidenten, die nicht nur in Deutschland und den USA für große Irritation sorgte, beschrieb der damalige Verteidigungsminister *Pierre Messmer* in folgenden drastischen Worten: „Die Nationen sind in zwei Kategorien eingeteilt: Die einen besitzen Atomwaffen, die anderen nicht. Nur die Ersteren sind fähig, ihre Freiheit und ihr Leben zu verteidigen, die anderen sind zur Knechtschaft und zum Satellitenstatus verdammt."[13]

Zum anderen führte der in Kraft getretene Vertrag keineswegs zum Einstellen dieser Atomtests. Waren überirdische Versuche nun weitgehend nicht mehr zulässig, verlegten die Vertragsstaaten derartige **Tests unter die Erde**. Die Phase des Kalten Kriegs beförderte ein Wettrüsten auch mit atomar bestückten Waffen, die ab Mitte der 1960er Jahre dann unterirdisch getestet wurden. Damit sollte insbesondere eine Verteidigungsbereitschaft nach innen und außen für den Ernstfall suggeriert werden, deren Nutzen sich für einen Atomkrieg ohnehin nicht erschließt. Denn irgendwelche Überlebende, die sich ihrer Verteidigungsbereitschaft und -fähigkeit rühmen könnten, wird es nach gegenseitig ausgeführten Atomschlägen nicht mehr geben.

Der Grundgedanke des NTBT-Vertrags von 1963 floss vier Jahre später in der Weise in das **Militarisierungsverbot im Weltraum** (Art. IV Abs. 1 WRV) ein, dass die Verbringung von Kernwaffen in eine Umlaufbahn verboten wurde.[14] Die sonst vielfach als Vorbild der WRV-Vorschriften fungierende UN-GA Res. 1962 (XVIII) vom 13.12.1963 enthielt zur Militarisierung des Weltraums keine Bestimmung, so dass insoweit der vier Monate ältere NTBT-Vertrag (5.8.1963) prägend wurde.

2. Umfassender Atomteststoppvertrag 1996

Es dürfte kein Zufall sein, dass unmittelbar nach der Einstellung der französischen Atomtests 1996, für die es spätestens nach dem Fall des Eisernen Vorgangs 1989 keinerlei auch nur ansatzweise nachvollziehbare Rechtfertigung mehr gab, der „Vertrag über das umfassende Verbot von Nuklearversuchen" (**Comprehensive Nuclear-Test-Ban-Treaty, CTBT**) am 10.9.1996 von der UN-Generalversammlung angenommen[15] und am 24.9.1996 für alle Staaten zur Zeichnung aufgelegt worden ist. Mittlerweile haben 184 Staaten den Vertrag unterzeichnet, 168 haben ihn rati-

---

12 Der Spiegel vom 1.7.2016: Das verstrahlte Paradies.
13 Ebenda.
14 *von Kries/Schmidt-Tedd/Schrogl*, Grundzüge des Raumfahrtrechts, 2002, S. 112; *Frantzen*, in: Böckstiegel, HdWR, 1991, S. 597 (616).
15 A/RES/50/245.

fiziert. Allerdings zählt der Vertrag im Anhang 2 insgesamt 44 Staaten auf, deren Ratifizierung zwingende Voraussetzung für das Inkrafttreten des CTBT ist. Es handelt sich um die Staaten, die nach Ansicht der Vereinten Nationen über nukleare Potenziale verfügen. Einige dieser Staaten haben den Vertrag noch nicht unterzeichnet bzw. nicht ratifiziert.

10 In Reaktion auf die oben (1.) beschriebenen Regelungslücken legt der CTBT ein Verbot von Kernwaffentestexplosionen sowie anderen nuklearen Explosionen überall, d. h. nunmehr auch **unter der Erde und unter Wasser** fest. Der Geltungsbereich ist nunmehr nicht mehr ausdrücklich auf bestimmte Räume bezogen, sondern in Art. I Abs. 1 abstrakt formuliert.

„Each State Party undertakes not to carry out any nuclear weapon test explosion or any other nuclear explosion, and to prohibit and prevent any such nuclear explosion at any place under its jurisdiction or control."

11 Diese generalisierende Regelung schließt den Weltraum mit ein. Kein Staat darf einen Atomtest im Weltraum durchführen, was in erster Linie eine lobenswerte Beschränkung militärischer Aktivitäten im Weltraum darstellt. Zugleich wird dieser dadurch im Hinblick auf andernfalls anzunehmende Umweltbeeinträchtigungen geschützt. So ist Abrüstungspolitik gleichzeitig Umweltpolitik.[16]

3. Verbot von Kontaminationen, Art. IX WRV

12 Die wesentliche Vorschrift zum Schutz der Weltraumumwelt stellt Art. IX WRV dar. Obwohl sie nach heutigem Maßstab lückenhaft und nicht mehr zeitgemäß erscheinen muss,[17] ist sie rückblickend für das Jahr 1967 als sehr modern zu bewerten.

a) Kooperation und Rücksichtnahme

13 Mit dem in Art. IX S. 1 WRV bestimmten Kooperationsprinzip sowie dem Rücksichtnahmegebot bei Weltraumtätigkeiten sind bedeutende umweltrechtliche Pflichten festgelegt, die auf den ersten Blick wie völkerrechtliche Selbstverständlichkeiten erscheinen: Dass die Staaten im Weltraum auch hinsichtlich des Umweltschutzes kooperieren und aufeinander Rücksicht nehmen sollen, folgt bereits aus der WRV-Präambel und dem Common-Heritage/Concern-Prinzip des Art. I WRV und wird in Art. IX S. 1 WRV zunächst nur umweltspezifisch wiederholt.

14 Dies wäre indes eine verkürzte Interpretation beider Pflichten. Ihre Grundaussagen lassen sich bereits auf die umweltvölkerrechtlichen Präzendenzfälle „Trail Smelter" (1938/41) und „Lac Lanoux" (1957) zurückführen. Kooperation und Rücksichtnahme zählen zwar nicht zu den anerkannten Prinzipien des internationalen Umweltrechts,[18] sind aber wegen ihrer sachlichen Verbindung mit ihnen in

---

16 *Frantzen*, in: Böckstiegel, HdWR, 1991, S. 597 (616).
17 *Proelß*, in: ders., Internationales Umweltrecht, 2017, 11. Abschnitt Rn. 49; *von Kries/Schmidt-Tedd/Schrogl*, Grundzüge des Raumfahrtrechts, 2002, S. 114.
18 Grundlegend zu ihnen *Proelß*, in: ders., Internationales Umweltrecht, 2017, 3. Abschnitt

deren Licht auszulegen, was insbesondere für das **weltraumrechtliche Rücksichtnahmegebot** eine substanzielle Anreicherung bedeutet. So ist jenes unter Berücksichtigung der Aussagen des IGH im Pulp-Mills-Fall von 2010[19] und des ISGH im Nauru-Gutachten von 2011 dahingehend zu aktualisieren, dass ihm nunmehr eine **Schutzpflicht zugunsten der kosmischen Umwelt** zu entnehmen ist.[20] Wer Weltraumtätigkeiten ausführt, hat die Pflicht zur Einhaltung von Sorgfalts- und Beobachtungsstandards. Bei der Planung einer Weltraummission hat der betreffende Staat alles ihm Mögliche zu unternehmen, um eine Beeinträchtigung der Interessen anderer Raumfahrtakteure zu verhindern. Die Grundsätze aus dem IGH-Fall „Pulp Mills", die vor allem das umweltvölkerrechtliche Präventionsprinzip aus Anlass der Verschmutzung eines argentinisch-uruguayischen Grenzflusses modernisiert haben, sind sinngemäß auf den Weltraum zu übertragen. Es dürfte überdies einiges dafür sprechen, bei potenziell umweltbeeinträchtigender wirtschaftlicher Erforschung und Nutzung des Weltraums in Anlehnung an „Pulp Mills" zuvor eine Umweltverträglichkeitsprüfung zu verlangen. Verantwortungsbewusste Raumfahrtnationen werden die Prüfung der durch ihr Handeln verursachten Umweltbeeinträchtigungen jedoch auch ohne Etablierung einer entsprechenden völkerrechtlichen Pflicht vornehmen.

b) Kontaminationsverbot

Nach Art. IX S. 2 WRV führen die Vertragsstaaten die Untersuchung und Erforschung des Weltraums einschließlich des Mondes und anderer Himmelskörper so durch, dass deren Kontamination vermieden und in der irdischen Umwelt jede ungünstige Veränderung infolge des Einbringens außerirdischer Stoffe verhindert wird; zu diesem Zweck treffen sie, soweit erforderlich, geeignete Maßnahmen. Diese Vorschrift enthält materielle Verbote und bildet damit den **Kern des weltraumrechtlichen Umweltrechts**. Sie bietet indes vielfachen Anlass für rechtliche Diskussionen, die durch Auslegung aber lösbar sind.

Nach dem Wortlaut soll das Kontaminationsverbot nur bei der „Untersuchung und Erforschung" gelten, während S. 1 der Norm – wie sonst im WRV üblich – weitergehend von „Erforschung und Nutzung" spricht. Dass das Kontaminationsverbot auch den Mond einbezieht und der ihn betreffende Mondvertrag in Art. 7 Abs. 1 „Erforschung und Nutzung" nennt, deutet trotz der geringen Ratifikationszahl des Mondvertrags an, dass Art. IX S. 2 WRV erweiternd dahin auszulegen ist, dass von ihm auch die „**Nutzung des Weltraums**" erfasst ist. Man wird mit der überwiegenden Ansicht insoweit von einem Redaktionsversehen sprechen müssen,[21] obwohl man mit solchen Annahmen gerade beim Drafting internationaler Verträge,

---

Rn. 1 ff.
19 *Proelß*, in: ders., Internationales Umweltrecht, 2017, 3. Abschnitt Rn. 11 ff.
20 *Proelß*, in: ders., Internationales Umweltrecht, 2017, 11. Abschnitt Rn. 41.
21 *Baker*, AASL XII (1987), 143 (167); *Frantzen*, in: Böckstiegel, HdWR, 1991, S. 597 (611 f.); *Proelß*, in: ders., Internationales Umweltrecht, 2017, 11. Abschnitt Rn. 42.

bei denen es bekanntermaßen oft hitzige Debatten um jedes einzelne Wort gibt, mehr als vorsichtig sein sollte.

17 Darüber hinaus ist nicht abschließend geklärt, was unter dem **Begriff „Kontamination"** zu verstehen ist. Ursprünglicher Anlass der Regelung war, nuklearen, chemischen und biologischen Verseuchungen des Weltraums vorzubeugen.[22] Doch besteht weitgehend Einigkeit, dass über den engen Wortsinn hinaus nicht nur die eigentliche Verseuchung, sondern bereits **jede Veränderung des Status quo** des Weltraums, des Mondes und anderer Himmelskörper das Verbot des Art. IX S. 2 WRV auslöst.[23] So wäre auch das Zurücklassen von Abfall nach einer bemannten Raumfahrtmission als Kontamination zu kategorisieren.

18 Jedoch sind sich die Autoren einig, dass eine solchermaßen quantitative Betrachtung für die zutreffende Erfassung des Kontaminationsbegriffs nicht ausreicht. Aus der Formulierung des Art. IX S. 2 WRV („ungünstige Veränderung") und der Tatsache, dass die verbindliche englische Sprachfassung – im Gegensatz zur deutschen Fassung – von „harmful contamination" spricht, wird gefolgert, dass der „Veränderung" der Weltraumumwelt ein Schädlichkeitsmoment hinzuzufügen ist: Kontamination i. S. d. Art. IX S. 2 WRV meint deshalb **„schädliche Kontamination"**.[24]

19 Wann die Schwelle zur „Schädlichkeit" einer Kontamination überschritten wird, ist nicht leicht zu bestimmen. Denn grundsätzlich sind viele Gegenstände, die für eine Weltraummission benötigt werden, eine „Veränderung des Status quo des Weltraums". Kriterien für das qualitative Moment der Schädlichkeit müssten aus dem Völkerrecht folgen und können nicht an nationalen Vorstellungen wie etwa § 3 Abs. 1 BImschG gemessen werden. Das Weltraumrecht liefert jedoch insoweit keine Anhaltspunkte, es gibt weder Standards noch Empfehlungen.[25] Dass mittlerweile für das Spezialproblem des Weltraummülls sog. „Space Debris Mitigation Guidelines" (2007) vom UN-Weltraumausssschuss erarbeitet worden sind,[26] erfüllt das generelle Bedürfnis nach allgemeinen Kriterien für die Beurteilung der Schädlichkeit nicht. Man wird daher bis auf Weiteres darauf abstellen müssen, ob die in den Weltraum eingebrachten Gegenstände oder Stoffe für die Weltraummission erforderlich sind[27] oder nur **funktionsloses Beiwerk** bilden. Eine „Schädlichkeit" ist mithin – neben den unstreitig erfassten nuklearen, chemischen und biologischen Verseuchungen – nur im Falle des Ausbringens funktionslosen Beiwerks anzunehmen. Zur Erläuterung sollen folgende illustrative Beispiele dienen:

---

22 *Frantzen*, in: Böckstiegel, HdWR, 1991, S. 597 (607 ff.).
23 *Frantzen*, in: Böckstiegel, HdWR, 1991, S. 597 (612); *Proelß*, in: ders., Internationales Umweltrecht, 2017, 11. Abschnitt Rn. 43.
24 *Frantzen*, in: Böckstiegel, HdWR, 1991, S. 597 (612); *von Kries/Schmidt-Tedd/Schrogl*, Grundzüge des Raumfahrtrechts, 2002, S. 113; *Proelß*, in: ders., Internationales Umweltrecht, 2017, 11. Abschnitt Rn. 43.
25 Ebenda.
26 Dazu *Schladebach*, Max Planck UNYB 17 (2013), 61 (78 ff.).
27 So auch *Proelß*, in: ders., Internationales Umweltrecht, 2017, 11. Abschnitt Rn. 43, der die „planmäßige Verwendung des in den Weltraum eingebrachten Materials für einen bestimmten Zweck" fordert.

Beispiel: Die von Raumfahrern auf der Mondoberfläche hinterlassenen Fußspuren dürften jedenfalls als „Veränderung des Status quo" und damit als (bloße) Kontamination gelten.[28] Jedoch wird es an einer „schädlichen" Kontamination fehlen, denn die Astronautenstiefel sind Teil der erforderlichen Ausrüstung.

Beispiel: Dass die zunehmende Zahl von Bestattungen im Weltraum eine „Veränderung des Status quo" bedeutet, dürfte unzweifelhaft sein. Bei der Frage nach der „Schädlichkeit" solcher Aktionen kann durchaus beides vertreten werden:[29] Stellt man auf den klar deklarierten Zweck, der gerade im Weltraum gewünschten Bestattung, ab, dürfte man eine Weltraummission unter Mitführung einer Urne oder gar eines Sarges annehmen und somit ein Kontaminationsverbot ablehnen. Ordnet man eine Bestattung im Weltraum dagegen als vermeidbare, postmortale PR-Aktion ohne raumfahrtspezifische Zwecksetzung ein, die zusätzlich auch ein zwar statistisch geringes, aber existierendes Kollisionsrisiko birgt, so wird man einen Verstoß gegen das Kontaminationsverbot des Art. IX S. 2 WRV mit guten Gründen bejahen können.[30]

Beispiel: *Alan Shepard*, Kommandant der US-Mondmission „Apollo 14" (siehe oben § 1), führte während der Reise zum Mond (31.1.–9.2.1971) einen versteckten Golfschläger (Eisen 6) und zwei Golfbälle mit. Am 6.2.1971 schlug er die zwei Golfbälle auf dem Mond, um damit den durchaus bemerkenswerten Titel „Erster Golfspieler auf dem Mond" zu erlangen. Die Golfbälle verblieben auf dem Mond. Da es sich offensichtlich nicht um ein wissenschaftliches Experiment gehandelt hat, wird man die zurückbleibenden Golfbälle jedenfalls als „Veränderung des Status quo" des Mondes betrachten müssen. Darüber hinaus dürften sie für den Erfolg der Apollo-14-Mission unerheblich gewesen sein (soweit man von dem erworbenen „Titel" absieht). Derartiges funktionsloses Beiwerk ist trotz der geringen Größe eine „schädliche Kontamination".

Der russische ISS-Astronaut *Michail Tjurin* wiederholte 2006 das „Experiment" und schlug einen Golfball von einer Außenposition der ISS.[31] Nach hiesiger Auffassung wird man auch hierin einen Verstoß gegen das Kontaminationsverbot erblicken müssen, der noch dadurch intensiver wird, dass ein im freien Weltraum kreisender Golfball – anders als zwei auf dem Mond liegende Golfbälle – sogar erhebliche Schäden an anderen Weltraumgegenständen verursachen kann. Dass der deutsche ISS-Astronaut *Thomas Reiter* dabei assistiert und die Füße von *Tjurin* für dessen bessere Standhaftigkeit festgehalten hat, macht diese offensichtliche PR-Aktion nicht besser und offenbart ein nur gering ausgeprägtes Umweltbewusstsein.

Art. IX S. 2 Halbs. 2 WRV verbietet auch „in der irdischen Umwelt jede ungünstige Veränderung infolge des Einbringens außerirdischer Stoffe". Diese Konstellation,

---

28 Überlegung von *Sterns/Tennen*, IISL-Proceedings 1987, 172 (179); *Frantzen*, in: Böckstiegel, HdWR, 1991, S. 597 (612).
29 Dazu kurz *von Kries/Schmidt-Tedd/Schrogl*, Grundzüge des Raumfahrtrechts, 2002, S. 114; *Hofmann*, IISL-Proceedings 2000, 380 (386).
30 Prominentes Beispiel ist der Raumschiff-Enterprise-Schauspieler *James Doohan* („Scotty"), der sich vor seinem Tod im Jahr 2005 gewünscht hatte, man möge seine Asche mit einer Rakete ins All schießen. Jedoch stürzte die Raumkapsel 2007 über der Wüste von New Mexico ab. In dieser Kapsel soll sich auch die Asche von 200 weiteren Verstorbenen befunden haben. Im zweiten Versuch im Jahr 2012 gelangte die Urne *Doohans* mit weiteren 300 anderen Urnen an Bord einer privaten Weltraum(bestattungs)mission planmäßig auf eine Erdumlaufbahn; dazu Spiegel vom 13.5.2007; Welt vom 23.5.2012.
31 FAZ vom 23.11.2016.

in der außerirdische Stoffe auf der Erde zu schädigenden Veränderungen führen, wird als „**back contamination**" bezeichnet. Hier wird der umstrittene Kontaminationsbegriff vermieden und auf den umfassenden Begriff der Veränderung abgestellt. Unter „ungünstig" wird man erneut „schädlich" zu verstehen haben, denn eine nur völlig unbeachtliche Veränderung der Erde löst keinen umweltrechtlichen Handlungsbedarf aus. Zu Recht ist gefragt worden, ob eine „ungünstige Veränderung" nur dann angenommen werden könne, wenn alle Staaten tangiert sind.[32] Eine solche Auffassung würde den Anwendungsbereich deutlich eingrenzen, wenn nicht sogar ausschließen. Ein umweltrechtliches Schutzbedürfnis besteht allerdings schon dann, wenn nur ein Staat „ungünstig", also „schädlich" betroffen ist. Somit reicht insoweit bereits eine singuläre Ungünstigkeit aus. Außerirdische Stoffe können mit Raumfahrern oder mit Gegenständen verbunden sein, die auf die Erde eingebracht werden. Nach der Rückkehr zur Erde werden Raumfahrer daher einer mehrtägigen Quarantäne unterzogen.

Beispiel: Nach ihrer Rückkehr vom Mond am 24.7.1969 ist die Besatzung von Apollo 11 für 16 Tage in einen Quarantäne-Käfig verbannt worden. Damit sollte ausgeschlossen werden, dass durch die Raumfahrer Viren vom Mond auf die Erde gelangen. Aus Testgründen wurden weiße Mäuse dazugesetzt. Wären die Mäuse gestorben, hätte dies ein Warnsignal für die Raumfahrer und die medizinische Abteilung der NASA bedeutet. Auch das vom Mond mitgebrachte Gestein ist einer Prüfung auf schädliche außerirdische Stoffe unterzogen worden. Dieses Verfahren wiederholte sich bei den weiteren Apollo-Missionen.

c) Konsultationsverfahren

21 Art. IX S. 3 und 4 WRV sehen ein korrespondierendes Konsultationsverfahren für den Fall vor, dass eine geplante Weltraummission eine möglicherweise schädliche Beeinträchtigung verursacht. Auf der Basis der zutreffenden Überlegung, dass Staaten zunächst miteinander kommunizieren sollten, bevor sie die Weltraumumwelt schädigen, ist einerseits eine Konsultationspflicht des potenziellen Schädigers (S. 3) und andererseits ein Konsultationsrecht des potenziellen Opfers (S. 4) bestimmt worden. Aufgegriffen wurde hiermit bereits sehr früh der **Präventionsgedanke**, der sich später zum wichtigsten Prinzip des internationalen Umweltrechts entwickelte.[33] Auch in dieser sehr sinnvollen Konkretisierung des vorbeugenden Umweltschutzes zeigt sich erneut die damalige Modernität des Weltraumvertrags, die als vertragliche Regelung deutlich über den soft-law-Status der Stockholmer Deklaration von 1972 hinausgeht.

22 Hat ein Vertragsstaat Grund zu der Annahme, dass ein von ihm zu verantwortendes Unternehmen zu schädlichen Beeinträchtigungen von Tätigkeiten anderer Vertragsstaaten führen kann, ist er nach Art. IX S. 3 WRV verpflichtet, vorher geeignete internationale Konsultationen einzuleiten (**Konsultationspflicht**). Spiegel-

---

32 *Frantzen*, in: Böckstiegel, HdWR, 1991, S. 597 (613); *Proelß*, in: ders., Internationales Umweltrecht, 2017, 11. Abschnitt Rn. 44.
33 *Proelß*, in: ders., Internationales Umweltrecht, 2017, 3. Abschnitt Rn. 8 ff.

bildlich hat ein Vertragsstaat, dessen Tätigkeiten im Weltraum von einem anderen Vertragsstaat möglicherweise schädlich beeinträchtigt werden können, einen Anspruch gem. Art. IX S. 4 WRV auf Konsultationen über dieses Vorhaben (**Konsultationsrecht**).

Durch diese Formulierungen werden einige **Rechtsfragen** aufgeworfen. So müssen die Konsultationen zu keinem bestimmten Ergebnis führen.[34] Zu verlangen ist aber, dass sich die beteiligten Staaten ernsthaft um eine einvernehmliche Lösung bemühen. Ein nur pro forma eingeleitetes Konsultationsverfahren ohne echte Einigungsabsicht genügt Art. IX WRV nicht und unterläuft gleichzeitig den Präventionsgrundsatz. Außerdem fällt auf, dass eine schädliche Beeinträchtigung (nur) von Tätigkeiten anderer Vertragsstaaten verlangt wird. Aus dem Kontext der Konsultationsregelung in Art. IX WRV folgt, dass es sich gerade um eine umweltschädliche, nicht um eine wirtschaftsschädliche Beeinträchtigung handeln muss. Überdies gilt die Norm nur für eine Beeinträchtigung im Weltraum, nicht für eine solche auf der Erde.[35] Schließlich wird im Schrifttum bezweifelt, ob sich der potenziell schädigende Staat trotz in der Konsultation dargelegter Gegenstandpunkte letztlich von der Durchführung seines Vorhabens abhalten lässt.[36] Die Möglichkeit eines Vetos der anderen Vertragsstaaten existiert nicht.[37]

4. Mondvertrag

Zwölf Jahre nach Unterzeichnung des Weltraumvertrags und um viele Erfahrungen aus der praktischen Raumfahrt (z. B. den Apollo-Missionen) und den Erkenntnissen aus der Stockholm-Deklaration von 1972 reicher, wurde unter der Schirmherrschaft der Vereinten Nationen für den Mondvertrag von 1979 ein im Vergleich zu Art. IX WRV **etwas konkreteres Umweltschutzregime** entworfen. Wie stets beim Mondvertrag muss man im Hinterkopf behalten, dass dieser künftig sicher wichtiger werdende Vertrag mangels größerer Ratifizierung keinerlei praktische Bedeutung besitzt. Die Tatsache aber, dass die damalige Resolution der UN-Generalversammlung[38] einstimmig angenommen wurde, drückt zumindest einen Grundkonsens aus, dessen politische Wirkung es rechtfertigt, einen kurzen Blick auf die dem Art. IX WRV entsprechende Vorschrift im Mondvertrag, und zwar Art. 7 MondV, zu werfen.

Nach Art. 7 Abs. 1 MondV treffen die Vertragsstaaten bei der Erforschung und Nutzung des Mondes Maßnahmen, um zu verhindern, dass **das bestehende Umweltgleichgewicht** durch das Herbeiführen nachteiliger Veränderungen dieser Umwelt, ihre gefährliche Verseuchung durch das Einbringen umweltfremder Stoffe

---

34 *Frantzen*, in: Böckstiegel, HdWR, 1991, S. 597 (615); *Proelß*, in: ders., Internationales Umweltrecht, 2017, 11. Abschnitt Rn. 45.
35 *Proelß*, in: ders., Internationales Umweltrecht, 2017, 11. Abschnitt Rn. 45.
36 *Frantzen*, in: Böckstiegel, HdWR, 1991, S. 597 (615).
37 *Frantzen*, in: Böckstiegel, HdWR, 1991, S. 597 (615); *Proelß*, in: ders., Internationales Umweltrecht, 2017, 11. Abschnitt Rn. 45.
38 UNGA Res. 34/68 vom 5.12.1979.

oder auf andere Weise gestört wird. Die Vertragsstaaten treffen ferner Maßnahmen, um zu verhindern, dass die irdische Umwelt durch das Einbringen außerirdischer Stoffe oder auf andere Weise geschädigt wird.

26 An dem Wortlaut fallen mehrere Aspekte auf:[39] So ist der interpretationsbedürftige Begriff der Kontamination vermieden worden. Mit dem Kriterium der „nachteiligen Veränderung dieser (Mond)Umwelt" wird insoweit deutlicher hervorgehoben, dass der bestehende Status quo bewahrt werden soll. Außerdem wurde durch die Formulierung „oder auf andere Weise" klargestellt, dass die Verseuchung nur eine unter mehreren Arten der Umweltveränderung ist. Eine solche Konstellationserweiterung ist auch in Bezug auf das Einbringen außerirdischer Stoffe zu vermerken: Die irdische Umwelt soll nicht nur vor der „back contamination", sondern auch vor sonstigen Verunreinigungen geschützt werden. Ob man diesen zu verzeichnenden **Zugewinn an Umweltschutz** auf dem Mond nun als „wesentlich umfassenderes Umweltschutzregime"[40] gegenüber Art. IX WRV oder die Vorschriften als „sehr dezidiert"[41] bezeichnen kann, erscheint diskutabel. Denn mittels der üblichen Auslegungsmethoden konnten auch Art. IX WRV Rechte und Pflichten mit der nötigen Bestimmtheit entnommen werden.

27 Dass solche lobenden Zuschreibungen sehr vorsichtig verwendet werden sollten, zeigt der **nur schwer erklärliche Art. 7 Abs. 2 MondV**. Dabei ist der erste Teil dieser Vorschrift, wonach „die Vertragsstaaten den Generalsekretär der Vereinten Nationen über die von ihnen nach Abs. 1 getroffenen Maßnahmen (unterrichten)", sinnvoll und zu erwarten. Darüber hinaus „teilen (sie) ihm ferner, soweit dies irgend möglich ist, im Voraus jede von ihnen beabsichtigte Lagerung radioaktiver Stoffe auf dem Mond sowie den Zweck dieser Lagerung mit." Aus dieser weiteren Mitteilungspflicht kann geschlossen werden, dass eine solche Lagerung radioaktiver Stoffe auf dem Mond und eine zweckgerichtete Nutzung offenbar als zulässig betrachtet werden. Wenn aber nukleare Energiequellen auf dem Mond genutzt werden können und der Mond zudem als **Sammelplatz für (gelagerte) Nuklearabfälle** dienen kann, ist das als erhebliche Einschränkung des Umweltschutzes auf dem Mond zu kritisieren.[42] Denn jedenfalls ist das Lagern, erst recht das Nutzen von nuklearen Stoffen auf dem Mond eine „nachteilige Veränderung" im Sinne des Abs. 1. Art. 7 MondV weist intern also einen deutlich zu erkennenden **Widerspruch** zwischen Abs. 2 und Abs. 1 auf. Eine derartige Diskrepanz musste eigentlich im Verlauf mehrwöchiger Verhandlungen erkannt werden. Das einstimmige Abstimmungsergebnis über diese Resolution muss daher verwundern und als irritierender Beleg dafür verstanden werden, dass viele Vertreter der Vertragsstaaten sich nicht oder nur wenig mit dem Textentwurf befasst haben. Über diese bemerkenswerte unilaterale Entwertung lunaren Umweltschutzes hinaus dürfte diese Regelung gleichzeitig mit dem Grundgedanken des Art. IV WRV kollidieren.

---

39 Dazu *Frantzen*, in: Böckstiegel, HdWR, 1991, S. 597 (614).
40 *von Kries/Schmidt-Tedd/Schrogl*, Grundzüge des Raumfahrtrechts, 2002, S. 115.
41 *Frantzen*, in: Böckstiegel, HdWR, 1991, S. 597 (614).
42 *von Kries/Schmidt-Tedd/Schrogl*, Grundzüge des Raumfahrtrechts, 2002, S. 115.

5. Verbot von Nuklearantrieben

In den Anfangsjahren der Raumfahrt haben sowohl die damalige Sowjetunion als auch die USA vielfach mit nuklearen Energiequellen betriebene Satelliten genutzt.[43] Die davon ausgehende Verseuchungsgefahr realisierte sich beim Absturz des sowjetischen Satelliten „Kosmos 954" im Jahr 1978, dessen nuklearer Antrieb den Wiedereintritt in die Erdatmosphäre überstand und Teile des kanadischen Territoriums radioaktiv verseuchte (s. oben § 11). Diesen Unglücksfall nahm der UN-Weltraumausschuss zum Anlass, einen **Prinzipienkatalog** für den Einsatz von nuklearen Energiequellen im Weltraum zu erarbeiten.[44] Diese Nuclear Power Sources Principles (NPS Principles) wurden sodann als Resolution der UN-Generalversammlung am 14.12.1992 einstimmig angenommen.[45]

28

Als Resolution der UN-Generalversammlung sind die NPS Principles **völkerrechtlich nicht verbindlich**, was ihre Wirkung bedauerlicherweise begrenzt. Nukleare Energiequellen werden auch nicht vollständig aus dem Weltraum verbannt. Sie dürfen allerdings nur noch dann eingesetzt werden, wenn keine andere Energieversorgung sinnvoll möglich ist.[46] Außerdem werden Kriterien für einen sicheren Einsatz dieser Energieform bestimmt, die u. a. in Schutzmaßnahmen bei einer Raumfahrtmission und besonderen Sicherheitsüberprüfungen bestehen. In der Folge ist der Einsatz solcher Nuklearantriebe zwar deutlich zurückgegangen, hat aber etwa beim Start der amerikanisch-europäischen Cassini/Huygens-Mission zur Erforschung des Saturn im Jahr 1997 zu größeren öffentlichen Diskussionen geführt. Beide Raumsonden, die mit einer Trägerrakete von Cape Canaveral in den Weltraum befördert wurden, verwendeten Plutonium als Antrieb.

29

Beispiel: Gegen den bevorstehenden Start der Cassini/Huygens-Mission am 15.10.1997 hatten sich zwei deutsche Schüler an das Bundesverfassungsgericht mit der Begründung gewandt, die Mission stelle eine Gefährdung ihres Grundrechts auf Leben und Gesundheit aus Art. 2 Abs. 2 S. 1 GG dar.[47] Sie befürchteten, dass entweder beim Start oder aber beim Wiedereintritt der Raumfahrzeuge in die Erdatmosphäre das zur Energieversorgung eingesetzte Plutonium freigesetzt werde und sie schädige. Das BVerfG hatte die Verfassungsbeschwerde jedoch nicht zur Entscheidung angenommen. Es bestünden keine verfassungsrechtlichen Bedenken gegen eine deutsche Beteiligung an dem Forschungsflug zum Saturn. Insbesondere handele es sich beim Start des Raumfahrzeugs von amerikanischem Boden allenfalls um einen Akt ausländischer öffentlicher Gewalt, der mit der Verfassungsbeschwerde nicht angegriffen werden könne.[48] Aussagen zur umweltrechtlichen Gefährdung durch das von beiden Raumsonden verwendete Plutonium musste das BVerfG nicht treffen.

---

43 *Benkö*, in: Böckstiegel, HdWR, 1991, S. 457 (459 ff.); *Catalano Sgrosso*, International Space Law, 2011, S. 159 ff.
44 *von Kries/Schmidt-Tedd/Schrogl*, Grundzüge des Raumfahrtrechts, 2002, S. 14 und 116.
45 UNGA Res. 47/68 vom 14.12.1992; dazu *Proelß*, in: ders., Internationales Umweltrecht, 2017, 11. Abschnitt Rn. 37; *Catalano Sgrosso*, International Space Law, 2011, S. 161 ff.
46 *von Kries/Schmidt-Tedd/Schrogl*, Grundzüge des Raumfahrtrechts, 2002, S. 14 und 116.
47 BVerfG, NJW 1998, 975; dazu *Schladebach*, DRiZ 2019, 392 (393).
48 BVerfG, NJW 1998, 975.

6. Sonderproblem „Weltraummüll"

30 Das gegenwärtig wohl drängendste Umweltproblem im Weltraum ist die Zunahme von sog. Weltraumschrott bzw. Weltraummüll. Darunter sind von Menschen geschaffene Weltraumgegenstände zu verstehen, die **nicht mehr funktionsfähig** sind und auch keine Funktionsfähigkeit mehr erlangen werden.[49] Dazu gehören nicht nur außer Betrieb gestellte Satelliten, sondern auch kleine und kleinste Trümmerteile, die nach Kollisionen von Weltraumgegenständen von diesen abbrechen und mittlerweile einen beängstigenden Trümmerring um die Erde bilden. Dieser grauweiße Ring stellt nicht nur ein dramatischer werdendes Umweltproblem dar, sondern gefährdet zunehmend die sichere Durchführung von laufenden und neuen Weltraummissionen. Jedenfalls von privaten Raumfahrtkonzernen wird die Dringlichkeit dieser Aufgabe nunmehr durchaus erkannt, wobei nicht so sehr der Umweltschutz das Leitmotiv bildet. Vielmehr werden ernste Hindernisse für die wirtschaftlich sinnvolle Nutzung des Weltraums befürchtet.

31 Obwohl bereits ein neuer WRV-Artikel zur Regelung dieses Problems vorgeschlagen worden ist,[50] findet sich bisher keine völkerrechtlich verbindliche Norm. Die vom UN-Weltraumausschuss erlassenen „Space Debris Mitigation Guidelines" von 2007 sind allenfalls als unverbindliches „soft law" einzuordnen und daher von nur geringer, weil nur freiwillig zu befolgender Relevanz. Das hat in der Konzeption dieses Lehrbuchs zur Folge, dass die Problematik des Weltraummülls nicht zu den weltraumrechtlichen Grundentscheidungen im Weltraumvertrag zu zählen ist, sondern als **aktuelle Herausforderung** des Weltraumrechts gilt und somit eine separate Darstellung im 3. Teil erhalten soll.

---

49 *Schladebach*, JuS 2008, 217 (220); *ders.*, Max Planck UNYB 17 (2013), 61 ff.
50 *Schladebach*, Max Planck UNYB 17 (2013), 61 (82–85).

§ 14 Institutionelles Weltraumrecht

Die Fortentwicklung des Weltraumrechts wird von einigen Institutionen betrieben, die hier nur überblicksartig vorgestellt werden sollen. Deren organisatorische Struktur folgt bürokratischen Grundsätzen und erbringt für das Verständnis des Weltraumrechts keinen größeren Erkenntnisgewinn. Die Kenntnis von Existenz und wesentlicher Rolle des UN-Weltraumausschusses, der International Telecommunication Union und der European Space Agency erscheint für die Thematik des institutionellen Weltraumrechts erforderlich, aber auch ausreichend.

I. UN-Weltraumausschuss

Das United Nations Committee on the Peaceful Uses of Outer Space (UNCOPUOS = UN-Weltraumausschuss) ist die **zentrale Institution** zur Diskussion weltraumbezogener Grundsatzfragen.[1] Der Ausschuss wurde 1958 als Reaktion auf den Start der ersten Satelliten (Sputnik 1, Explorer 1) zunächst als Ad-hoc Komitee gegründet[2] und 1959 dann in einen permanenten UN-Ausschuss überführt.[3] Er wurde mit der Aufgabe betraut, eine internationale Rechtsordnung für den Weltraum auszuarbeiten. Im Hinblick auf das Recht war ihm aufgegeben „to study the nature of legal problems which may arise from the exploration of Outer Space". Seine Ergebnisse wurden 1963 als Resolution der UN-Generalversammlung verabschiedet.[4]

Dem Ausschuss gehörten bei seiner Gründung 24, heute 95 Mitgliedstaaten an. Er besitzt **zwei Unterausschüsse**: einen Unterausschuss für Wissenschaft und Technik, einen zweiten Unterausschuss für Rechtsfragen. Beide Unterausschüsse treten einmal jährlich für zwei Wochen zusammen, wobei sich zuerst der Technikausschuss und anschließend der Rechtsausschuss trifft. Jeweils im Juni schließt sich dann die Sitzung des Hauptausschusses an. Alle Sitzungen des Haupt- und der Unterausschüsse finden am **UN-Sitz in Wien** statt. Damit ist Wien die Welthauptstadt des Weltraumrechts, was selbst in der Wiener Öffentlichkeit und den Wiener Universitäten weitgehend unbekannt ist und anschließend staunend registriert wird.

Der UN-Weltraumausschuss war verantwortlich für die Erarbeitung der fünf weltraumrechtlichen Verträge, hat aber seit 1979 lediglich Resolutionen vorberei-

---

[1] *Schladebach*, JuS 2008, 217; *von Kries/Schmidt-Tedd/Schrogl*, Grundzüge des Raumfahrtrechts, 2002, S. 31.
[2] A/RES/1348 (XIII) vom 13.12.1958.
[3] A/RES/1472 (XIV) vom 12.12.1959.
[4] A/RES/1962 (XVIII) vom 13.12.1963; s. auch oben § 2.

120 2. Teil: Grundentscheidungen

tet, die sodann an die UN-Generalversammlung weitergeleitet und von dieser als völkerrechtlich unverbindliche Resolutionen erlassen worden sind. Seit Anfang der 1980er Jahre ist die Rechtsetzung im Weltraumrecht von einem auffälligen **Wandel** von verbindlicher zu unverbindlicher Rechtsetzung geprägt. Dies darf jedoch nicht als Kritik fehlinterpretiert werden, denn nicht alle in den Resolutionen getroffenen Regelungen eigneten sich für einen völkerrechtlichen Vertrag. Die Resolutionen über „Broadcasting by Satellite" von 1982,[5] „Remote Sensing by Satellite" von 1986,[6] „Nuclear Power Sources" von 1992,[7] „Space Benefits" von 1996,[8] „Launching State" von 2004,[9] „Registration Practice" von 2007,[10] „Space Debris Mitigation Guidelines" von 2007[11] und „National Space Legislation" von 2013[12] zielten wegen ihrer zuvörderst technischen Ausrichtung von vornherein nicht auf eine Regelung durch einen völkerrechtlichen Vertrag ab. Ferner darf diese Tendenz auch als Beleg verstanden werden, dass durch die fünf weltraumrechtlichen Verträge die Grundfragen des Weltraumrechts vorläufig als ausreichend geregelt galten.

5   Bei den Diskussionen im UN-Weltraumausschuss gilt insbesondere bei Vertragsentwürfen und rechtsfortbildenden Resolutionen das **Konsens-Prinzip**.[13] Das ist angesichts des Kooperationscharakters des Völkerrechts verständlich, räumt aber einzelnen Mitgliedstaaten ein faktisches Vetorecht ein und macht die Suche nach gemeinsamen Positionen nicht leicht. Anders aber als etwa der WTO-Ausschuss für die Zulässigkeit regionaler Handelsabkommen (CRTA), der sich seit seiner Gründung im Jahr 1996 wegen des Konsensprinzips selbst blockiert,[14] gelingt es dem UN-Weltraumausschuss trotz des Konsensprinzips, zu gemeinsamen Haltungen und damit zu konsensfähigen Resolutionen der UN-Generalversammlung zu gelangen. Dass für diesen finalen Erfolg mitunter offensichtliche Rechtsfehler stillschweigend und konsenswahrend in Kauf genommen werden, haben die Ausführungen zu Art. 7 MondV im voranstehenden § 13 gezeigt.

II. International Telecommunication Union

6   Eine weitere Institution mit Relevanz für das Weltraumrecht ist die International Telecommunication Union (ITU), eine nach Art. 57 UN-Charta errichtete Sonderorganisation der Vereinten Nationen mit Sitz in Genf. Sie ist für die **Zuteilung der**

---

5 UNGA Res. 37/92 vom 10.12.1982.
6 UNGA Res. 41/65 vom 3.12.1986.
7 UNGA Res. 47/68 vom 14.12.1992.
8 UNGA Res. 51/122 vom 13.12.1996.
9 UNGA Res. 59/115 vom 10.12.2004.
10 UNGA Res. 62/101 vom 17.12.2007.
11 UNGA Res. 62/217 vom 22.12.2007.
12 UNGA Res. 68/74 vom 11.12.2013.
13 *von Kries/Schmidt-Tedd/Schrogl*, Grundzüge des Raumfahrtrechts, 2002, S. 8.
14 Dazu *Schladebach/Carnap*, DVBl. 2017, 653 (657 ff.); *Nowrot*, in: Tietje, Internationales Wirtschaftsrecht, 2. Aufl. (2015), § 2 Rn. 155.

Radiofrequenzbereiche und für die davon abhängenden **Orbitpositionen** für Satelliten im Weltraum zuständig. Zusammen mit der ITU Constitution und der ITU Convention bilden die Radio Regulations das **organisationsrechtliche Grundgerüst** dieser 1994 grundsätzlich umstrukturierten Institution.[15] Der ITU Council, das ITU General Secretariat und der Radio Regulations Board sind die wichtigsten ITU-Organe.[16]

Die ITU war und ist ersichtlich keine originär weltraumrechtliche Institution. Als International Telegraph Union bereits 1865 in Paris gegründet, ist sie eine der ältesten internationalen Organisationen und war in der Sache auf den **internationalen Funk- und Fernmeldeverkehr** ausgerichtet.[17] In Folge des kommunikationstechnischen Fortschritts wurde sie 1932 in „International Telecommunication Union" umbenannt.[18] Mit der Gründung der Vereinten Nationen 1945 stellte sich die Frage nach dem Binnenverhältnis beider Organisationen. Zur Eingliederung in die UN-Familie schlossen UN und ITU am 14.8.1947 ein Beziehungsabkommen nach Art. 63 UN-Charta.[19] Die ITU wurde damit zu einer der 17 UN-Sonderorganisationen, deren Rechtsstellung sich neben dem eigenen Gründungsstatut ergänzend nach den Art. 55 ff. UN-Charta richtet.

7

Mit Beginn der Raumfahrt forderte der UN-Weltraumausschuss die ITU bereits 1961 auf, die **Radiokommunikation durch Satelliten** zu regeln. Das war aufgrund des technischen Zusammenhangs zwischen Satelliten*positionierung* (Weltraumrecht) und Satelliten*kommunikation* (Kommunikationsrecht) folgerichtig und hat zu einer Ausweitung des Mandats der ITU geführt. Schrittweise erließ sie eine Vielzahl technischer Vorschriften, insbesondere die Radio Regulations, die auf regelmäßigen World Radiocommunication Conferences (WRC) stetig weiterentwickelt und dem fortschreitenden Stand der Technik angepasst werden. Dazu wurden verschiedene Satellitendienste definiert und ihnen jeweils Frequenzbereiche zur Nutzung zugewiesen.[20] Soll demnach ein Kommunikationssatellit im Weltraum platziert werden, so ist zuvor bei der ITU eine Radiofrequenz und mithin eine Orbitposition zu beantragen. Der mit diesem Antragsverfahren verbundene Verteilungskampf um die gewünschten Satellitenpositionen betrifft keine organisatorischen, sondern materiell-rechtliche Fragen, die in § 15 dieses Lehrbuchs behandelt werden sollen.

8

Eine Streitfrage aus organisatorischem Blickwinkel ist jedoch die **Rechtsnatur der ITU**. Während sie auf der einen Seite als typische Internationale Organisation eingeordnet wird,[21] sprechen ihr andere Autoren diese völkerrechtliche Eigenschaft

9

---
15 Dazu *Schrogl*, ZLW 1993, 182 ff.; *Catalano Sgrosso*, International Space Law, 2011, S. 434 ff.
16 *Verdross/Simma*, Universelles Völkerrecht, 3. Aufl. (1984), § 348; *Catalano Sgrosso*, International Space Law, 2011, S. 435.
17 *Verdross/Simma*, Universelles Völkerrecht, 3. Aufl. (1984), § 346 f.
18 *Catalano Sgrosso*, International Space Law, 2011, S. 434; *Wolfrum*, in: Böckstiegel, HdWR, 1991, S. 351 (369).
19 *Ipsen/Epping*, Völkerrecht, 7. Aufl. (2018), § 8 Rn. 180, Fn. 1274.
20 *von Kries/Schmidt-Tedd/Schrogl*, Grundzüge des Raumfahrtrechts, 2002, S. 62 ff.
21 *Catalano Sgrosso*, International Space Law, 2011, S. 433; *Ipsen/Epping*, Völkerrecht, 7. Aufl. (2018), § 8 Rn. 177.

und damit die Internationalen Organisationen regelmäßig zuerkannte partielle Völkerrechtsfähigkeit deutlich ab.[22] Nach allgemeinem Völkerrecht werden für eine Internationale Organisation (1) ein Gründungsstatut von mindestens zwei Völkerrechtssubjekten (zumeist Staaten), (2) das auf Dauer angelegt ist, (3) ein Handeln auf internationaler Ebene nach Maßgabe des Völkerrechts, (4) eigene Aufgaben zur selbstständigen Wahrnehmung und (5) handlungsfähige Organe vorausgesetzt.[23] Die Kritiker wenden ein, die ITU habe weder eine Regulierungsbefugnis noch verfüge sie über Sanktionsgewalt, insbesondere bei offensichtlich missbräuchlich gestellten Anträgen auf Frequenzzuweisung.[24]

10   Allerdings folgt aus dem Schrifttum, dass diese vermissten Handlungsbefugnisse nicht zwingende Voraussetzung einer Internationalen Organisation sind. Es gibt durchaus eine Reihe von Organisationen, die lediglich die Entwicklungen in ihrem Aufgabenbereich beobachten und Empfehlungen geben.[25] Eingriffsbefugnisse oder gar Sanktionsmöglichkeiten setzen voraus, dass die Mitgliedstaaten insoweit auch Hoheitsrechte auf die Organisation übertragen und auf diese Weise akzeptiert haben, dass die supranationale Institution gegebenenfalls auch einseitig verbindlich gegen den Willen des einzelnen Mitgliedstaats zu handeln berechtigt ist. Einen so weitgehenden **Befugnistransfer** haben die Staaten allenfalls im Hinblick auf die Vereinten Nationen selbst, zumeist aber nicht bei anderen Internationalen Organisationen vorgenommen. Das nimmt jenen aber nicht den völkerrechtlichen Status als Internationale Organisation, sondern ist eine interne, durchaus unterschiedlich intensiv geregelte, aber eben auch regelbare Einzelfrage. Die ITU ist daher als normale Internationale Organisation einzuordnen.

III. European Space Agency

11   Mit der ESA-Konvention vom 30.5.1975[26] ist die European Space Agency (ESA, Europäische Weltraumorganisation) gegründet worden.[27] Ziel der ESA ist eine gemeinsame **europäische Weltraumpolitik**. Ihr gehören derzeit 22 europäische Staaten an, deren Mitgliedschaft von der Zugehörigkeit zur EU unabhängig ist. So sind mit Norwegen und der Schweiz auch zwei europäische Staaten Mitglied der ESA, die den Beitritt zur EU schon mehrfach abgelehnt haben. Slowenien unterhält ebenso eine Kooperation mit der ESA wie das nicht-europäische Kanada. Die ESA ist also keine EU-Institution, sondern eine Internationale Organisation mit Sitz in Paris. Mit der EU, die keine Kompetenzgrundlage zur Regelung unionalen Welt-

---

22 *von Kries/Schmidt-Tedd/Schrogl*, Grundzüge des Raumfahrtrechts, 2002, S. 62, 64.
23 *Ipsen/Epping*, Völkerrecht, 7. Aufl. (2018), §8 Rn. 2 ff.; *von Arnauld*, Völkerrecht, 4. Aufl. (2019), Rn. 115 ff.; *Funke*, in: Schöbener, Völkerrecht, 2014, S. 199 (201 ff.).
24 *von Kries/Schmidt-Tedd/Schrogl*, Grundzüge des Raumfahrtrechts, 2002, S. 64.
25 *von Arnauld*, Völkerrecht, 4. Aufl. (2019), Rn. 125.
26 1297 UNTS 161, 187; BGBl. 1976 II S. 1861; dazu ausführlich *Spude*, in: Böckstiegel, HdWR, 1991, S. 667 ff.
27 *Schladebach*, JuS 2008, 217 (218).

raumrechts besitzt, ist die ESA über das Rahmenabkommen vom 25.11.2003 verbunden.[28]

In historischer Perspektive ist zu erwähnen, dass die ESA die kleineren Vorgängerorganisationen, die European Space Research Organization (ESRO) und die European Organization for the Development and Construction of Space Vehicle Launchers (ELDO), abgelöst hat.[29] Wie für Internationale Organisationen üblich, besitzt die ESA **Völkerrechtsfähigkeit** und verfügt in organisatorischer Hinsicht über einen ESA-Rat und einen ESA-Generaldirektor. Internationale Kooperationen unterhält die ESA mit den USA und deren nationaler Raumfahrtbehörde „Nasa", mit Russland und dessen nationaler Raumfahrtbehörde „Roskosmos" und mit Japan und dessen nationaler Raumfahrtbehörde „Jaxa". Die Zusammenarbeit manifestiert sich insbesondere auf der Internationalen Raumstation, bei der die ESA auf der Grundlage des ISS-Übereinkommens vom 29.1.1998[30] einer der fünf Hauptpartner ist.

Hervorzuheben ist an dieser Stelle erneut, dass die ESA formal nicht Vertragspartei der weltraumrechtlichen Verträge werden kann. Diese Verträge stehen nur für Staaten zum Beitritt offen, was die ESA selbstredend nicht ist. Jedoch hat auch die ESA, unabhängig von ihren 22 Mitgliedstaaten, ihr Einverständnis mit den Rechten und Pflichten dieser Verträge bekundet. Hierfür hat sie sich des Instruments der **Akzeptanzerklärung** bedient. So hat die ESA erklärt, die Verpflichtungen aus dem Weltraumrettungsübereinkommen (Erklärung vom 2.6.1975), dem Weltraumhaftungsübereinkommen (Erklärung vom 23.9.1976) und dem Weltraumregistrierungsübereinkommen (Erklärung vom 12.12.1978) anzuerkennen.[31] Die ESA bindet sich so in das allgemeine Weltraumrecht ein und sorgt auf diese Weise für dessen Einheit.

IV. Weitere weltraumrechtliche Institutionen

Daneben existieren weitere weltraumrechtliche Institutionen, die wegen ihres sachlich begrenzten Aufgabenradius von nur untergeordneter Bedeutung sind.[32] **Kleinere Berührungspunkte** mit Weltraumangelegenheiten haben etwa die WTO, die WIPO, die ICAO, die IMO, die WMO, die IAEO, die ISO, das UNIDROIT und die UNESCO. In der fachlich anderweitig ausgerichteten Tätigkeit all dieser Organisationen kann es unter anderem auch Bezüge zum Weltraum geben. Diese allenfalls punktuellen Bezüge, eher entferntere Berührungsmöglichkeiten rechtfertigen

---

28 ABl. EU Nr. L 261 vom 6.8.2004, S. 64; dazu *Reuter*, ZLW 2004, 56 ff.; *Wittig*, ZLW 2004, 415 ff.; *Hobe/Reuter/Kunzmann*, ZLW 2005, 336 ff.
29 *Spude*, in: Böckstiegel, HdWR, 1991, S. 667 (669 ff.); *Catalano Sgrosso*, International Space Law, 2011, S. 22.
30 BGBl. 1998 II S. 2445; dazu *Schladebach*, ZLW 2013, 709 ff.
31 *Catalano Sgrosso*, International Space Law, 2011, S. 24.
32 Dazu *Focke*, in: Böckstiegel, HdWR, 1991, S. 637 (645 ff.); *Wolfrum*, in: Böckstiegel, HdWR, 1991, S. 351 (381 ff.); *Catalano Sgrosso*, International Space Law, 2011, S. 436 ff.; *von Kries/Schmidt-Tedd/Schrogl*, Grundzüge des Raumfahrtrechts, 2002, S. 33 ff.

es nicht, diese Internationalen Organisationen als weltraumrechtliche Institutionen zu bezeichnen.

15   Dagegen wird man die auf die **Satellitennutzung** spezifisch zugeschnittenen Organisationen INTELSAT,[33] INMARSAT,[34] EUTELSAT und ARABSAT, die zum Teil privatisiert worden sind, zumindest als frühere weltraumrechtliche Organisationen einordnen können. **Wissenschaftliche Einrichtungen**, die sich im internationalen Kontext mit der Fortentwicklung der Raumfahrt und des Weltraumrechts beschäftigen, sind das Committee on Space Research (COSPAR), das International Institute of Space Law (IISL), das European Centre for Space Law (ECSL) und eigens eingerichtete Weltraumausschüsse der International Law Association (ILA) und der International Bar Association (IBA). Diese Institutionen zeigen an, in welchen zahlreichen Foren mittlerweile die Diskussionen über das Weltraumrecht geführt werden können. Ihre Existenz sollte allerdings nicht darüber hinwegtäuschen, dass der UN-Weltraumausschuss auch künftig der maßgebliche Ort für die Weiterentwicklung des internationalen Weltraumrechts bleiben wird.

V. Internationale Astronomische Union

16   Die Internationale Astronomische Union (IAU) ist eine weltweite Vereinigung von Astronomen, die 1919 in Brüssel gegründet wurde und ihren Sitz in Paris hat. Sie hat sich die Förderung der Astronomie zum Ziel gesetzt. Die IAU führt alle drei Jahre Generalversammlungen durch, bei denen es um Standardisierungen und um Namensgebungen von Sternen, Planeten, Bergen und Kratern geht. Als private Wissenschaftsvereinigung besitzt die IAU jedoch **keine demokratische Legitimation**, so dass die Anerkennung der von ihr getroffenen Entscheidungen äußerst fragwürdig ist.

17   Große öffentliche Aufmerksamkeit erlangte die 2006 in Prag abgehaltene Generalversammlung. Dort wurde eine Neudefinition der Planeten des Sonnensystems präsentiert. Diese Definition hatte zur Folge, dass der bislang als neunter Planet anerkannte **Planet „Pluto"** seinen Planetenstatus verlor, weil er angeblich zu klein sei. Solche Entscheidungen stehen der IAU mangels irgendeiner Legitimation nicht zu und können keine Anerkennung erwarten. Die Aberkennung des Planetenstatus des Pluto ist an anderer Stelle daher als unzulässig und lächerlich bezeichnet worden.[35]

---

33 *Polley*, INTELSAT. Restrukturierung einer internationalen Telekommunikationsorganisation, 2002.
34 *Kanz*, Inmarsat. Der Rechtsstatus der Internationalen Satellitenorganisation für den Seefunkverkehr im Wandel der globalen Kommunikation, 2008.
35 *Schladebach*, Hastings Int'l & Comp. L. Rev. 41 (2018), 245 (262).

3. Teil

Herausforderungen

Nach den Grundlagen (1. Teil) und den Grundentscheidungen des Weltraumrechts (2. Teil) soll sich nun den Herausforderungen zugewendet werden, vor denen das Weltraumrecht, aber auch die ihm vorausgehende Weltraumpolitik stehen. Im Gegensatz zu den Grundentscheidungen des Weltraumrechts, die in den Vorschriften des Weltraumvertrags niedergelegt worden sind, sollen unter den Herausforderungen die weltraumrechtlichen Themen verstanden werden, die ihre rechtlichen Anknüpfungspunkte außerhalb des Weltraumvertrags finden oder bisher noch keine Regelung erfahren haben.

§ 15 Die Vergabe von Satellitenpositionen

I. Wirtschaftliche Relevanz

1 Die bedeutendste wirtschaftliche Nutzung des Weltraums ist der Einsatz von Kommunikationssatelliten.[1] Dem liegen keineswegs rein altruistische Motive wie die immer engere kommunikative Verbindung der verschiedenen Erdteile, sondern handfeste wirtschaftliche Absichten zugrunde. Der Ausbau und die Professionalisierung der Kommunikationsnetze sind zweifellos besonders wichtige Aufgaben der Gegenwart. Für die Verwirklichung oder jedenfalls die Förderung der gelegentlich als Weltkommunikation[2] beschriebenen Infrastrukturziele bietet der Weltraum gute Voraussetzungen. Mit nur wenigen um die Erde kreisenden Satelliten kann ein **weltweites Kommunikationsnetz** aufgebaut werden, dessen Entwicklung, Errichtung und Betrieb sehr aufwändig ist und dessen Nutzung daher kommerzialisiert ist und vernünftigerweise auch kommerzialisiert werden muss. Selbst wenn aus evolutionstheoretischen Gründen gut vertretbar angenommen werden kann, dass Kommunikation sowohl menschliches Grundbedürfnis als auch Entwicklungsbedingung ist, haben verbesserte Kommunikationsqualitäten ihren finanziellen Preis.

2 Blickt man über den Kommunikationsaspekt hinaus, so zeigen auch die verbesserten Erkundungsmöglichkeiten von Rohstoffquellen, Umwelteinwirkungen, agrarischen Anbauflächen sowie von meteorologischen, geologischen, topographischen, vulkanologischen und archäologischen Fakten das **breite zivile Einsatzspektrum** solcher Satelliten.[3] Zudem führt die immer bessere Abbildungsgenauigkeit von Bildaufnahmen aus dem Weltall zu vielen sinnvollen Anwendungen, insbesondere auch zu neuen Navigationsmöglichkeiten oder Beweismitteln für Gerichtsverfahren.[4] Das gilt übrigens auch für die Anfertigung und Verwendung von Bildern zu militärischen Zwecken, worüber verständlicherweise wenig bekannt werden soll.

Beispiel: So ermöglicht das Programm „Google Earth" echte Stadt- und Landschaftsansichten auf der ganzen Welt. Dass nicht alle Eigentümer der sichtbaren Objekte eine solche Einsichtnahme wünschen, ist eine bedeutende Frage des Persönlichkeitsrechtsschutzes, ändert an der grundsätzlichen technischen Innovation jedoch nichts.

---

[1] *Hobe*, Die rechtlichen Rahmenbedingungen der wirtschaftlichen Nutzung des Weltraums, 1992; *Schladebach*, JuS 2008, 217 (219); *ders.*, Der Weltraum als internationale Wirtschaftsarena, in: Binder/Eichel, Internationale Dimensionen des Wirtschaftsrechts, 2013, S. 11 ff.
[2] *Hartmann*, Globale Medienkultur, 2006, S. 148.
[3] *Schladebach*, Hastings Int'l & Comp. L. Rev. 41 (2018), 245 (257); *Hartmann*, Globale Medienkultur, 2006, S. 149.
[4] *Schladebach*, ZLW 2014, 442 ff.; *Sandalinas*, ZLW 2015, 666 ff.

Der Weltraumvertrag betrachtet die **wirtschaftliche Nutzung** des Weltraums als zulässig.[5] Dies folgt einerseits aus Art. I WRV: „Nutzung" meint gerade „wirtschaftliche Nutzung". Außerdem spricht der Vertrag in weitblickender und moderner Weise in Art. VI S. 1 WRV nichtstaatliche Rechtsträger an und unterstellt damit die grundsätzliche Zulässigkeit deren Tätigkeiten. Der Weltraum kann daher durchaus als „internationale Wirtschaftsarena" verstanden werden.[6] Seine wirtschaftliche Nutzbarkeit ist vorgesehen und kollidiert insbesondere nicht mit dem aus Art. I WRV folgenden Gemeinwohlgedanken. Darüber hinaus steht allen Staaten diese wirtschaftliche Nutzungsoption zu, gerade auch denen, die noch nicht das erforderliche technische und finanzielle Potenzial dafür haben.

Von diesem konsentierten Grundmodell ausgehend ist es sodann in einem zweiten Schritt wichtig, die wirtschaftliche Nutzung des Weltraums auch den **Nicht-Raumfahrtnationen** offenzuhalten. Zwar sind die theoretischen Nutzungsmöglichkeiten wegen der unbezifferbaren Größe des Weltraums grenzenlos. Jedoch gilt dies nicht für die erdumspannenden Umlaufbahnen (Orbits). Ihre attraktiven Kapazitäten stehen in der Gefahr, von den zahlenmäßig noch überschaubaren Raumfahrtnationen so genutzt zu werden, dass andere Staaten ohne bisherige Raumfahrtaktivitäten wegen einer Kapazitätserschöpfung ausgeschlossen werden könnten. Aus der grundsätzlich zulässigen wirtschaftlichen Nutzbarkeit des Weltraums einerseits und der unterschiedlichen tatsächlichen Nutzungsfähigkeit vieler Staaten andererseits folgt für das Weltraumrecht die Herausforderung, zu einer **fairen Vergabe** der begehrten Satellitenpositionen zu gelangen und einer kapazitiven Exklusion wirksam vorzubeugen.

II. Konkurrenz bei der Positionsvergabe

Die Vergabe von Satellitenpositionen ist von durch die ITU vorher zugewiesenen Frequenzen abhängig und hat zum Ziel, einen konkreten Satelliten auf einer Erdumlaufbahn zu platzieren. Es gibt im Wesentlichen vier Kategorien von **Erdumlaufbahnen**, deren Höhenangaben in der Literatur allerdings variieren.[7] Als grobe Orientierung wird man folgende Reihung festhalten können: (1) Low Earth Orbits (LEO) bis ca. 2000 km; (2) Medium Earth Orbits (MEO) bis ca. 20.000 km; Geostationary Satellite Orbit (GSO) in 36.000 km; (4) Highly Elliptical Orbits (HEO) elliptische Bahn zwischen 200 km bis zu 40.000 km.

---

5 *Hobe*, Die rechtlichen Rahmenbedingungen der wirtschaftlichen Nutzung des Weltraums, 1992, S. 64 ff.; *Schladebach*, JuS 2008, 217 (219); *ders.*, Der Weltraum als internationale Wirtschaftsarena, in: Binder/Eichel, Internationale Dimensionen des Wirtschaftsrechts, 2013, S. 11 (13); *ders.*, Hastings Int'l & Comp. L. Rev. 41 (2018), 245 (257).
6 *Schladebach*, Der Weltraum als internationale Wirtschaftsarena, in: Binder/Eichel, Internationale Dimensionen des Wirtschaftsrechts, 2013, S. 11 ff.
7 S. die unterschiedlichen Höhenangaben bei *Catalano Sgrosso*, International Space Law, 2011, S. 31; *von Kries/Schmidt-Tedd/Schrogl*, Grundzüge des Raumfahrtrechts, 2002, S. 67; *Dodel/Wörfel*, Satellitenfrequenzkoordinierung, 2012, S. 11.

6   Diese Erdumlaufbahnen, die sich innerhalb der einzelnen Kategorien noch weiter auffächern, scheinen auf den ersten Blick unendlich viele Satellitenpositionen zu bieten, selbst wenn man die technisch erforderlichen Abstände einhält, um störende Interferenzen der Signale zu vermeiden.[8] Gleichwohl sind die **Positionen zahlenmäßig limitiert**. Fast jeder Staat hat ein Interesse daran, im Weltraum präsent zu sein und Satellitenkommunikation zu nutzen.[9] Insofern besteht eine Konkurrenzsituation um Positionen auf bestimmten Umlaufbahnen. Deren Wahl hängt von deren kommunikationstechnischer Nutzbarkeit ab. So sind Erdumlaufbahnen im LEO für Mobilfunk- und Navigationsdienste sowie für Erdbeobachtungsdienste attraktiv.[10] Das tatsächliche Problem besteht nun darin, dass die Zahl der maximal möglichen Satellitenpositionen auf der für das konkrete Satellitenprojekt erforderlichen Erdumlaufbahn begrenzt ist. Wirtschaftsverwaltungsrechtlich handelt es sich um ein **begrenztes Gut**, das es fair und nichtdiskriminierend zu verteilen gilt.

7   Besonders begehrt ist der **Geostationäre Orbit**. Als GSO bezeichnet man die Satellitenumlaufbahn bei 35.787 km über dem Äquator.[11] Die dort stationierten Satelliten umkreisen die Erde in 23 Stunden, 56 Minuten und 4 Sekunden mit einer Geschwindigkeit, die mit derjenigen der Erdumdrehung synchron ist. Die für die Erdumlaufbahn charakteristische Zentrifugalkraft und die Gravitationskraft der Erde neutralisieren sich. Der Satellit behält deswegen eine identische Position zur Erde bei und bewegt sich mit dieser mit. Für einen Beobachter wirkt dies so, als stehe der Satellit stets an derselben Stelle stationär am Himmel. Bei richtiger Platzierung im GSO reichen drei Satelliten aus, um ein weltumspannendes Nachrichtensystem aufzubauen. Aus diesem Grund ist die geostationäre Umlaufbahn die bevorzugte Positionierung für Nachrichten-, Telekommunikations- und Wetterbeobachtungssatelliten.[12] Wegen dieser Vorteile einerseits und den technischen Bedingungen andererseits ist die Positionierung von Satelliten im GSO besonders umkämpft.

III. Regelung der Positionsvergabe

8   Die Vergabe von Satellitenpositionen ist rechtlich von einer Entwicklung geprägt, die diese Positionen vermehrt als wirtschaftlich knappes Gut begreift und deshalb für eine gerechte Verteilung zwischen Industrienationen und Entwicklungsländern sorgen muss.

---

8 Zu den technischen Fragen ausf. *Dodel/Wörfel*, Satellitenfrequenzkoordinierung, 2012.
9 *Schladebach*, Hastings Int'l & Comp. L. Rev. 41 (2018), 245 (257).
10 *von Kries/Schmidt-Tedd/Schrogl*, Grundzüge des Raumfahrtrechts, 2002, S. 66.
11 *Wolfrum*, in: Böckstiegel, HdWR, 1991, S. 351; *Hobe*, Die rechtlichen Rahmenbedingungen der wirtschaftlichen Nutzung des Weltraums, 1992, S. 36 ff.; *Schladebach*, JuS 2008, 217 (219); *ders.*, APuZ 29–30/2019, 26 (29); *Dodel/Wörfel*, Satellitenfrequenzkoordinierung, 2012, S. 11.
12 *von Kries/Schmidt-Tedd/Schrogl*, Grundzüge des Raumfahrtrechts, 2002, S. 66.

1. Entwicklung beim GSO und anderen Umlaufbahnen

a) Geostationärer Orbit

Die zunehmende Nutzung von Kommunikationssatelliten durch die – noch wenigen – Raumfahrtnationen führte bei den Entwicklungsländern zu steigendem Unmut. Zum einen fühlten sie sich von der Nutzung des Weltraums ausgeschlossen, weil sie nicht über die technischen und finanziellen Mittel zur tatsächlichen Wahrnehmung der auch ihnen durch Art. I WRV garantierten Freiheit des Zugangs zum Weltraum verfügten. Zum anderen registrierten die Entwicklungsländer, wie insbesondere von den USA weltweite Rundfunkprogramme vor allem über GSO-Positionen verbreitet wurden. Sie, die Entwicklungsländer, behaupteten, dadurch einem unerwünschten Kulturimperialismus ausgesetzt zu sein.[13] In der Befürchtung, als „late comer" vor allem auf dem für alle Staaten besonders attraktiven GSO keine Positionen mehr zu erhalten, weil alle diese Positionen vollständig unter den Industrienationen nach dem ITU-Verteilungsprinzip „first come, first served" verteilt sein würden, begannen die Entwicklungsländer in den 1970er Jahren ein **Sonderregime für den GSO** zu fordern.[14] Diese einsetzende Verteilungsdiskussion fiel in eine Phase, in der diese Länder durch ein koordiniertes Vorgehen ihre großen gemeinsamen Potenziale zielgerichtet und effektiv nutzten. Die Debatte um eine „Neue Weltwirtschaftsordnung" legt davon ein beredtes Zeugnis ab.[15]

9

Dieses neue Selbstbewusstsein der Entwicklungsländer, das sich aus verschiedenen, hier nicht darzustellenden Quellen speiste, hatte im Hinblick auf die hier interessierende Nutzung des Weltraums durch Satelliten **zwei Entwicklungen** zur Folge: So forderten mehrere Äquatorialstaaten in der Erklärung von Bogota 1976, dass der GSO Teil ihres Staatsgebiets sei.[16] Dass Satelliten über dem Äquator stationär immer über demselben Punkt der Erde stehen, sei Folge der Erdanziehungskraft genau ihres eigenen staatlichen Territoriums. Deshalb müsse jedenfalls der GSO über ihrem eigenen Territorium ihrer Hoheitsgewalt unterliegen. Dieser erhobene Anspruch auf den GSO ist unter Verweis auf das Aneignungsverbot des Art. II WRV zutreffend zurückgewiesen worden (s. dazu bereits oben §7).

10

Ein etwas zurückhaltenderes Vorgehen hinsichtlich des GSO war hingegen erfolgreich. Beginnend mit der ITU-Konferenz von Malaga-Torremolinos 1973 gelang es den Entwicklungsländern, den GSO kontinuierlich zu einem völkerrechtlich besonders geschützten Raum aufzuwerten. Auf dieser Konferenz einigte man sich am 25.10.1973 in dem relevanten Art. 33 Abs. 2 auf folgende Formulierung:[17]

11

---

13 *Schladebach*, JuS 2008, 217 (219); *ders.*, APuZ 29–30/2019, 26 (29).
14 Ausführlich dazu *Wolfrum*, in: Böckstiegel, HdWR, 1991, S. 351 ff.; *Gorove*, Developments in Space Law, 1991, S. 46; *von Kries/Schmidt-Tedd/Schrogl*, Grundzüge des Raumfahrtrechts, 2002, S. 67.
15 Dazu *Schladebach*, in: FS für Vedder, 2017, S. 593 (599 ff.).
16 *Wolfrum*, in: Böckstiegel, HdWR, 1991, S. 351 (355 ff.).
17 Gesetz zu dem Internationalen Fernmeldevertrag vom 25.10.1973 (BGBl. 1976 II S. 1089); dazu *Wolfrum*, in: Böckstiegel, HdWR, 1991, S. 351 (374 f.).

„Bei der Benutzung von Frequenzbereichen für den Weltraumfunkverkehr berücksichtigen die Mitglieder, dass die Frequenzen und die Umlaufbahn der geostationären Satelliten *natürliche Hilfsquellen sind, deren Ergiebigkeit begrenzt ist* und die auf wirksame und wirtschaftliche Weise genutzt werden müssen, damit der Zugang zu dieser Umlaufbahn und zu diesen Frequenzen den einzelnen Ländern oder Ländergruppen nach ihrem Bedarf und den ihnen zur Verfügung stehenden technischen Mitteln gemäß den Bestimmungen der Vollzugsordnung für den Funkdienst in gerechter Weise möglich ist." (Hervorhebung durch den Autor, M. S.)

12   Nach der ausreichenden Ratifizierung dieser Neufassung der ITU-Konvention im Jahre 1977 hatten die Entwicklungsländer erreicht, dass der GSO durch die unterstrichenen Worte die besondere völkerrechtliche Eigenschaft der **„begrenzten natürlichen Ressource"** erhielt.[18] Die daraufhin zum Teil einsetzende Kritik, die Zuerkennung von Satellitenpositionen im GSO verstoße gegen das Aneignungsverbot des Art. II WRV,[19] fand zu Recht wenig Gehör. Die Zuweisung begründe keine staatliche Souveränität und erfolge nicht permanent. Art. II WRV verbiete nur die einseitige nationale Okkupation, nicht aber eine internationale Nutzungszuweisung, wie sie durch die ITU erfolge.[20]

13   In der Formulierung des Art. 33 Abs. 2 ITU-Konvention von 1973 „nach ihrem Bedarf und den ihnen zur Verfügung stehenden technischen Mitteln" erblickten einige Entwicklungsländer eine **Diskriminierung** und nutzten die Konferenz von Nairobi 1982 dafür, den Wortlaut erneut zu ändern[21] und dabei zu „entdiskriminieren". Sie forderten eine völlige Gleichstellung aller Staaten, wobei durchaus fraglich war, ob mit der ursprünglichen Normfassung tatsächlich eine Diskriminierung beabsichtigt war. Die neue, angeblich diskriminierungsfreie Version von Art. 33 Abs. 2 ITU-Konvention lautete:[22]

„Bei der Benutzung von Frequenzbereichen für den Weltraumfunkverkehr berücksichtigen die Mitglieder, dass die Frequenzen und die Umlaufbahn der geostationären Satelliten begrenzte natürliche Ressourcen sind; diese müssen gemäß den Bestimmungen der Vollzugsordnung für den Funkdienst auf wirksame und wirtschaftliche Weise genutzt werden, damit der Zugang zu dieser Umlaufbahn und zu diesen Frequenzen den einzelnen Ländern oder Ländergruppen in gerechter Weise möglich ist; dabei werden die besonderen Bedürfnisse der Entwicklungsländer und die geographische Lage bestimmter Länder berücksichtigt."

14   Es soll hier nicht tiefer hinterfragt werden, ob diese neue Fassung nun nicht erst recht eine Diskriminierung befördert. Richtig wurde darauf hingewiesen, dass die völkerrechtlich bestimmte Priorität der Entwicklungsländer nunmehr zu Lasten der technisch entwickelten Staaten gehe, die ihre Nutzungspläne entsprechend ein-

---

18 *Schladebach*, JuS 2008, 217 (219); *ders.*, APuZ 29–30/2019, 26 (29).
19 So *Christol*, NILR 26 (1979), 5 (11).
20 *Wolfrum*, in: Böckstiegel, HdWR, 1991, S. 351 (376); *Matte*, Aerospace Law: Telecommunications Satellites, 1982, S. 104 ff.; *Butler*, J. Space L. 5 (1977), 93 (98); ferner *Pritzsche*, Natürliche Ressourcen im Weltraum – das Recht ihrer wirtschaftlichen Nutzung, 1989, S. 83 ff.
21 *Wolfrum*, in: Böckstiegel, HdWR, 1991, S. 351 (377).
22 Gesetz zu dem Internationalen Fernmeldevertrag vom 6.11.1982 (BGBl. 1985 II S. 425).

zuschränken haben.²³ Damit habe sich der Grundgedanke der „Neuen Weltwirtschaftsordnung" durchgesetzt. Generell wird man jedoch feststellen können, dass jedenfalls ein **Minimum an Verteilungsgerechtigkeit** garantiert wurde.²⁴ Die Vertragsänderung trat Ende 1985 in Kraft.²⁵

b) Alle Erdumlaufbahnen

Die Vorschrift des Art. 33 Abs. 2 ITU-Konvention wurde nach der Neustrukturierung des ITU-Rechts im Jahre 1992 mit der fortbestehenden ITU-Konvention und der neuen ITU-Constitution 1992 in Art. 44 Abs. 2 ITU-Constitution überführt. Sie trat am 1.7.1994 in Kraft.²⁶ Auf der ITU-Konferenz von Minneapolis 1998 erfuhr Art. 44 Abs. 2 ITU-Constitution eine hochbedeutsame Ausdehnung.²⁷ Die nunmehr geltende Fassung weitet den Status der „begrenzten natürlichen Ressource" vom GSO auf **jedwede Erdumlaufbahn** aus und hat folgenden Wortlaut:²⁸

15

„Bei der Benutzung von Frequenzbereichen für die Funkdienste müssen die Mitgliedstaaten berücksichtigen, dass die Funkfrequenzen und die zugehörigen Umlaufbahnen, einschließlich der Umlaufbahn der geostationären Satelliten, begrenzte natürliche Ressourcen sind; diese müssen entsprechend den Bestimmungen der Vollzugsordnung für den Funkdienst auf rationelle, wirksame und wirtschaftliche Weise genutzt werden, damit die einzelnen Länder oder Ländergruppen in gerechter Weise Zugang zu diesen Umlaufbahnen und zu diesen Frequenzen haben; dabei werden die besonderen Bedürfnisse der Entwicklungsländer und die geographische Lage bestimmter Länder berücksichtigt."

Diese bemerkenswerte Erweiterung des Status der „begrenzten natürlichen Ressource" auf sämtliche Erdumlaufbahnen ist zum Teil **als verfrüht kritisiert** worden.²⁹ So könnte die Regelung des Art. 44 Abs. 2 ITU-Constitution attraktiven Satellitenkonstellationen, d. h. Systemen mit mehreren miteinander verbundenen Satelliten, entgegenstehen. Denn das besondere Verteilungsregime, das aus der Anerkennung der „begrenzten natürlichen Ressource" folgt, könnte die Anmeldung solcher Konstellationen schon technisch ausschließen. Aber auch über das Thema der „Constellations" hinaus befürchteten die Industrienationen, dass ihre Nutzungsinteressen durch das so ausgestaltete Verteilungsverfahren beeinträchtigt werden und zu viele Positionen zwingend freigehalten werden müssten.³⁰ Weitere ITU-Konferenzen brachten hinsichtlich dieser Frage keine weiteren Entwicklungen.³¹

16

---

23 Dazu *Wolfrum*, in: Böckstiegel, HdWR, 1991, S. 351 (378).
24 *Schladebach*, JuS 2008, 217 (219); *ders.*, APuZ 29–30/2019, 26 (29); *von Kries/Schmidt-Tedd/Schrogl*, Grundzüge des Raumfahrtrechts, 2002, S. 68.
25 Für Deutschland am 6.12.1985 (Bek. vom 31.5.1995: BGBl. 1995 II S. 507).
26 *Catalano Sgrosso*, International Space Law, 2011, S. 434.
27 *von Kries/Schmidt-Tedd/Schrogl*, Grundzüge des Raumfahrtrechts, 2002, S. 68.
28 BGBl. 2001 II S. 365 (390).
29 *von Kries/Schmidt-Tedd/Schrogl*, Grundzüge des Raumfahrtrechts, 2002, S. 68 f.; *Schladebach*, JuS 2008, 217 (219); *ders.*, APuZ 29–30/2019, 26 (29).
30 *Schladebach*, APuZ 29–30/2019, 26 (29).
31 *Catalano Sgrosso*, International Space Law, 2011, S. 434.

2. Weltraumrechtliche Wirkung des besonderen Rechtsstatus

17 Jenseits dieser Fortentwicklung der Rechtsgrundlagen besteht die **eigentliche Frage** aber darin, was die Aufwertung aller Erdumlaufbahnen zur „begrenzten natürlichen Ressource" weltraumrechtlich konkret bedeutet. Diese wichtigste Frage der Vergabe von Satellitenpositionen wird vom Schrifttum bemerkenswerterweise kaum behandelt. Dabei kann die rechtliche Bedeutung dieses besonderen völkerrechtlichen Status nicht lediglich darin bestehen, im Zuteilungsverfahren bei der ITU den Antrag eines Entwicklungslandes besonders wohlwollend zu behandeln. Denn Art. 44 Abs. 2 ITU-Constitution sieht die Berücksichtigung der „besonderen Bedürfnisse der Entwicklungsländer" ohnehin vor. Mit dem Rechtsstatus der „begrenzten natürlichen Ressource" kann keinesfalls diese für ein internationales Vergabeverfahren triviale Selbstverständlichkeit verbunden sein.

18 Die Antwort hat sich an verschiedenen Überlegungen zu orientieren. Zum einen gilt der allgemeine Vergabegrundsatz, wonach bei jedem knappen Gut garantiert werden muss, dass jeder Staat einen Mindestanteil am zu verteilenden Gut erhält. Will man zum anderen die in Art. I WRV geregelte **Freiheit des Zugangs** jedes Staates zum Weltraum verwirklichen, muss die ITU sicherstellen, dass eine Satellitennutzung auch den (vielen) Staaten möglich bleibt, die derzeit noch nicht über Raumfahrtkapazitäten verfügen. Dies kann nur bedeuten, dass das sonst geltende „first come, first served"-Prinzip der ITU[32], wonach derjenige Antragsteller eine noch freie Satellitenposition erhält, der den zeitlich frühesten Antrag gestellt hat, beschränkt werden muss. Es hat daher als weltraumrechtliche Verpflichtung der ITU zu gelten, in ihren Frequenzzuteilungsplänen jedem ITU-Mitgliedstaat auf jeder Erdumlaufbahn zumindest eine Satellitenposition dauerhaft zu reservieren.[33] Nur dann wird etwa auch schwächer entwickelten Staaten eine Nutzung von Kommunikationssatelliten im Weltraum offengehalten.

IV. Papiersatelliten als Vergabeproblem

19 Das bei der Positionsvergabe der ITU geltende First-Come-Prinzip hat nicht nur eine zeitliche Dimension, sondern leidet an deren eingeschränkter Prüfung, den Antrag nur auf technische Kompatibilität, nicht aber auch darauf zu untersuchen, ob der antragstellende Staat die wirtschaftlich-technische Fähigkeit besitzt, die beantragte Orbitposition auch tatsächlich nutzen zu können. Einige Staaten in Äquatornähe nutzten diese fehlende Möglichkeit der ITU, die gestellten Anträge auf Seriosität zu prüfen, dazu aus, Satellitenpositionen im GSO zu beantragen, obwohl

---

[32] *Diedericks-Verschoor/Kopal*, An Introduction to Space Law, 3. Aufl. (2008), S. 64; *Catalano Sgrosso*, International Space Law, 2011, S. 430; *Schladebach*, Hastings Int'l & Comp. L. Rev. 41 (2018), 245 (257).
[33] *von Kries/Schmidt-Tedd/Schrogl*, Grundzüge des Raumfahrtrechts, 2002, S. 67, 157 f.; *Schladebach*, JuS 2008, 217 (219); *ders.*, Hastings Int'l & Comp. L. Rev. 41 (2018), 245 (259); *ders.*, APuZ 29–30/2019, 26 (29).

sie nicht einmal die geringste Möglichkeit hatten, Satelliten zu bauen und in den Weltraum zu transportieren. Dieses Phänomen, Positionen für Satelliten zu beschaffen, die **ohne jede Realisierungschance** nur auf dem „Papier" existieren, wird als „Papiersatellit" bezeichnet.[34]

Besonders bekannt geworden ist das Beispiel des Pazifikstaats **Tonga**, der 16 GSO-Positionen im Jahr 1990 beantragt und von der ITU sodann 6 zugewiesen bekommen hatte, ohne auch nur eine einzige Position künftig nutzen zu können. Zufrieden mit dem Erfolg begann Tonga daraufhin, die einzelnen GSO-Positionen für bis zu 2 Mio. US-Dollar pro Jahr an andere Staaten zu vermieten. Dieses Verhalten verstößt zwar formal nicht gegen die Antragsregeln der ITU, da diese nicht die Befugnis hat, unseriöse Anträge zurückzuweisen. Allerdings wird man die Beantragung von Papiersatelliten als **Missbrauch des ITU-Verfahrens** verstehen müssen. Zudem geriert sich der vermietende Staat gegenüber dem mietenden Staat ganz offensichtlich als Eigentümer der zu vermietenden GSO-Position. Somit dürfte gleichzeitig auch ein Verstoß gegen das Aneignungsverbot des Art. II WRV vorliegen.[35] Mittlerweile versucht die ITU, durch Erhebung erhöhter Antragsgebühren und bestimmte Zeitfenster für die Antragstellung das Risiko missbräuchlicher Anträge zumindest verwaltungsorganisatorisch zu verringern.[36]

20

V. Antragsverfahren in Deutschland

Deutsche Unternehmen, die eine Satellitenposition beantragen wollen, müssen sich hierfür an die Bundesnetzagentur wenden. Sie ist die deutsche Verbindungsbehörde zur ITU in Genf.

21

1. Regelung durch § 56 TKG

Das Antragsverfahren richtet sich nach § 56 TKG.[37] Nach § 56 Abs. 2 S. 2 TKG führt die **Bundesnetzagentur** (**BNetzA**) auf Antrag Anmeldung, Koordinierung und Notifizierung von Satellitensystemen bei der Internationalen Fernmeldeunion durch und überträgt dem Antragsteller die daraus hervorgegangenen Orbit- und Frequenznutzungsrechte. Dafür ist allerdings nach S. 3 Voraussetzung, dass

22

- Frequenzen und Orbitpositionen verfügbar sind,
- die Verträglichkeit mit anderen Frequenznutzungen sowie anderen Anmeldungen von Satellitensystemen gegeben ist,
- öffentliche Interessen nicht beeinträchtigt werden.

---

34 Dazu mit prägnantem Titel *Riddick*, Why does Tonga own Outer Space?, Air & Space Law 19 (1994), 15 ff.; *von Kries/Schmidt-Tedd/Schrogl*, Grundzüge des Raumfahrtrechts, 2002, S. 64, 69; *Schladebach*, Hastings Int'l & Comp. L. Rev. 41 (2018), 245 (259 f.).
35 *Schladebach*, Hastings Int'l & Comp. L. Rev. 41 (2018), 245 (260).
36 *von Kries/Schmidt-Tedd/Schrogl*, Grundzüge des Raumfahrtrechts, 2002, S. 64.
37 Dazu *Baumann/Gerhard*, ZLW 2006, 87 ff.; *Kühling/Schall/Biendl*, Telekommunikationsrecht, 2. Aufl. (2014), Rn. 582.

23   Die von der ITU erhaltenen Orbit- und Frequenznutzungsrechte müssen dann von der BNetzA nach § 55 Abs. 2 S. 1 TKG auf das antragstellende Raumfahrtunternehmen **übertragen** werden. Anschließend unterliegt es nach der Generalklausel des § 55 Abs. 1 TKG den Verpflichtungen, die sich aus der Konstitution und Konvention der Internationalen Telekommunikationsunion ergeben. Es kann nur als bedauerlicher rechtsförmlicher Fehler erklärt werden, dass Abs. 1 (richtig) von der „Internationalen Telekommunikationsunion", Abs. 2 S. 2 dann aber (falsch) von der „Internationalen Fernmeldeunion" spricht, obwohl jeweils die ITU gemeint ist.

2. Verwaltungsvorschrift VVSatSys

24   Einzelheiten des Antragsverfahrens bei der Bundesnetzagentur regelt die Verwaltungsvorschrift für die Anmeldung, Koordinierung und Notifizierung von Satellitensystemen im deutschen Namen und für die Übertragung der Orbit- und Frequenznutzungsrechte (VVSatSys).[38] Sie ist eine typische Verwaltungsvorschrift nach allgemeinem Verwaltungsrecht. Durch sie werden praxisorientiert die Regelungen des § 56 TKG konkretisiert. Hervorzuheben ist, dass der Antrag auf Anmeldung eines Satellitensystems in deutschem Namen bei der ITU nach VVSatSys Teil B, Ziff. 8 nicht am BNetzA-Hauptsitz in Bonn, sondern bei der BNetzA, Referat 223, **in Mainz** zu stellen ist.[39]

---

[38] BNetzA 223, Stand: 12/2018.
[39] Bundesnetzagentur, Referat 223, Canisiusstr. 21, 55122 Mainz, E-Mail: Satsystems@BNetzA.de.

§ 16 Raumstationen

I. Begriff und Historie

Die zweite wesentliche Nutzung des Weltraums durch den Menschen sind Raumstationen. Darunter ist eine dauerhafte, erdumkreisende und bewohnbare Anlage im freien Weltraum zu verstehen.[1] Erste theoretische Konzepte zum Bau von Raumstationen gehen schon auf den russischen Raumfahrtpionier, den „Großvater der russischen Raumfahrt" *Konstantin Ziolkowski*,[2] zurück, der bereits Anfang des 20. Jh. einfache Pläne für solche Stationen entwarf.

1. Raumstationen in den 1970/80er Jahren

Im Jahr 1971 brachte die damalige Sowjetunion mit „Saljut 1" die erste Raumstation in den Weltraum, die kontinuierlich ausgebaut wurde. Die letzte Ausbaustufe, als „Saljut 7" bezeichnet, wurde bis 1987 betrieben. Die USA starteten 1973 mit **„Skylab 1"** ihre Raumstation, die jedoch wegen technischer Defekte nur kurz genutzt wurde und im Juli 1979 im östlichen Indischen Ozean abstürzte.

Die erste länger betriebene Raumstation war die **sowjetische Raumstation „MIR"** („Frieden" bzw. „Welt"). Sie wurde am 20.2.1986 gestartet und bot rund 15 Jahre östlichen und westlichen Wissenschaftlern interessante Forschungsmöglichkeiten. Sie wurde mit einer ingenieurtechnischen Meisterleistung am 23.3.2001 über dem Pazifischen Ozean kontrolliert zum Absturz gebracht.[3] Dabei musste nicht nur vorausberechnet werden, wieviel Schrott von der massiven Station nach dem Eintritt in die Erdatmosphäre nicht verglühen würde, sondern auch bestimmt werden, mit welcher Geschwindigkeit dieser Restschrott an welcher Stelle auf die Erde, konkret ins Meer, stürzen würde. Dies gelang den russischen Ingenieuren, obwohl die erhebliche Verschmutzung des Meeres nicht übersehen werden kann.

2. Westliche internationale Raumstation

Auch die westlichen Staaten planten in den 1980er Jahren eine neue Raumstation. Auf Initiative des US-Präsidenten *Ronald Reagan* von 1984 sollte eine Raumstation

---

1 *von Kries/Schmidt-Tedd/Schrogl*, Grundzüge des Raumfahrtrechts, 2002, S. 219; *Schladebach*, JuS 2008, 217 (221); *ders.*, ZLW 2013, 709; *ders.*, APuZ 29–30/2019, 26 (31).
2 *Richers*, APuZ 29–30/2019, 11 (16), s. oben § 1 II 1.
3 *Schladebach*, ZLW 2013, 709.

von mehreren Staaten gebaut und betrieben werden. Mit seiner Ankündigung vom 25.1.1984[4] war die Einladung an befreundete Staaten, darunter auch die Europäer, verbunden, sich an diesem Vorhaben zu beteiligen. Neben Kanada und Japan nahm der für die ESA-Mitgliedstaaten handelnde ESA-Rat im Januar 1985 die Einladung der USA an.[5] Zwar wurden die Verhandlungen über die Raumstation und auch die generellen **Raumfahrtpläne der USA** durch den Absturz der US-Raumfähre Challenger am 28.1.1986 vorübergehend in Frage gestellt. Jedoch hielten die designierten Vertragspartner der Raumstation an den ursprünglichen Plänen fest. Sie unterzeichneten am 29.9.1988 das „Übereinkommen über die Zusammenarbeit bei Detailentwurf, Entwicklung, Betrieb und Nutzung der ständig bemannten zivilen Raumstation".[6] Erst 1988 erhielt die Raumstation von den USA den Namen „Freedom".[7]

5   Nach der **politischen Wende in Mittel- und Osteuropa** im Herbst 1989 näherten sich die beiden Großmächte auch auf dem Gebiet der Raumfahrt an. Die Regierung von US-Präsident *Bill Clinton* lud Russland 1993 ein, an der westlichen Raumstation mitzuwirken.[8] Russland sagte eine Beteiligung durch den weltoffenen Präsidenten *Boris Jelzin* zu, nicht zuletzt, weil das Ende der Nutzbarkeit der Raumstation „MIR" absehbar war. Um Russland adäquat einzubeziehen, musste das erste ISS-Übereinkommen vom 29.9.1988 umgestaltet werden. Es wurde sodann durch das von den USA, Russland, der ESA, Japan und Kanada geschlossene „Übereinkommen über die Zusammenarbeit bei der zivilen internationalen Raumstation" (ISS-Ü) vom 29.1.1998 ersetzt.[9] Es bildet einen völkerrechtlichen Vertrag, der zu seinem Inkrafttreten der Ratifizierung durch die Vertragsstaaten bedurfte. Nach Hinterlegung der Ratifikationsurkunde durch Deutschland am 19.1.2000 ist das neue ISS-Übereinkommen für Deutschland am 28.6.2005 in Kraft getreten.[10] Während seit 1993 die Bezeichnung „Alpha" als Name für die Internationale Raumstation im Gespräch war, ist schließlich auf einen Namen verzichtet worden.

II. Die Internationale Raumstation

1. Grundlagen

6   Die ISS ist nach Art. 1 ISS-Ü auf **zivile Nutzungszwecke** gerichtet. Mit ihr soll die Nutzung des Weltraums für Wissenschaft, Technik und Handel verstärkt werden.

---

4 House of Representatives, Doc. No. 98–162, 98th Congress, 2nd Session, Jan. 25, 1984, S. 5; abgedruckt bei *Bittlinger*, ZLW 1986, 8.
5 *Reifahrt*, in: Böckstiegel, HdWR, 1991, S. 537 (538).
6 BGBl. 1990 II S. 637; s. auch ZLW 1988, 357 f.; dazu *Reifahrt*, ZLW 1989, 35 ff.; *ders.*, in: Böckstiegel, HdWR, 1991, S. 537 (546).
7 *von Kries/Schmidt-Tedd/Schrogl*, Grundzüge des Raumfahrtrechts, 2002, S. 221; *Schladebach*, Hastings Int'l & Comp. L. Rev. 41 (2018), 245 (263).
8 *Kerrod*, Space Stations, 2005, S. 33; *Schladebach*, JuS 2008, 217 (221); *ders.*, Hastings Int'l & Comp. L. Rev. 41 (2018), 245 (263); *ders.*, APuZ 29–30/2019, 26 (31).
9 BGBl. 1998 II S. 2445; dazu *Nagel*, ZLW 1998, 143 ff.; *Moenter*, J. Air L. & Com. 64 (1999), 1033 ff.
10 BGBl. 2006 II S. 152; *Schladebach*, JuS 2008, 217 (221).

Schwerpunkte der unter den Bedingungen der Schwerelosigkeit durchgeführten Experimente sind die Materialforschung, die Medizinforschung, die Humanphysiologie, die Fluidphysik und die Erdfernerkundung. Der zivile Nutzungszweck verbietet Militärforschung. Allerdings ist nicht auszuschließen, dass die auf der ISS gewonnenen Erkenntnisse nicht später auch für militärische Zwecke verwendet werden.

Das ISS-Übereinkommen ist hinsichtlich der Vertragspartner ein geschlossener, d. h. limitierter Vertrag. Im Gegensatz zu sonstigen völkerrechtlichen Verträgen steht er anderen Staaten grundsätzlich nicht zum Beitritt offen. Eine Ausnahme formuliert Art. 25 Abs. 3c) ISS-Ü in Bezug auf die **ESA**. Danach kann jeder ESA-Mitgliedstaat dem Übereinkommen beitreten, ohne dass es der Zustimmung der anderen Vertragspartner bedarf. Insbesondere für die mittel- und osteuropäischen Staaten, die ab 2004 der EU beigetreten sind, erscheint dies interessant. Wenn sie sich auch der ESA anschließen, nehmen sie an der zwischen den ISS-Vertragsstaaten beschlossenen quotenmäßig bestimmten Rotation bei der Nominierung von ISS-Astronauten teil. So wäre es etwa schon für polnische, ungarische oder rumänische Astronauten über die ESA möglich, zur ISS zu fliegen. Der 2004 erfolgte Beitritt ändert indes an der Zahl der fünf ISS-Vertragspartner nichts. Maßgeblich bleibt die ESA als einzelner ISS-Partner, allerdings mit wachsender Mitgliedschaft von derzeit 22 europäischen Staaten.

Keine Partnerschaft als echter ISS-Vertragspartner, aber eine punktuelle Beteiligung ist mit Brasilien vereinbart worden. Naheliegende Kooperationen mit den aufstrebenden **Raumfahrtnationen China oder Indien** existieren bislang nicht. Zwar wollte sich China durchaus an der Raumstation beteiligen. Entsprechende Planungen scheiterten jedoch am Widerstand des US-Kongresses, der eine Zusammenarbeit ablehnte.[11] China hat deshalb schon vor einer Dekade mit dem Betrieb einer eigenen Raumstation („Tiangong" = Himmelspalast) begonnen. Die Raumstationsvariante „Tiangong 1", gestartet im September 2011, konnte seit 2016 nicht mehr gesteuert werden und stürzte im April 2018 unkontrolliert über dem Südpazifik ab. Die als modernere Variante gebaute und im September 2016 in den Weltraum verbrachte chinesische Raumstation „Tiangong 2" wurde im Oktober 2016 einmalig von zwei chinesischen Taikonauten für 30 Tage bewohnt. Im Juli 2019 wurde die Raumstation jedoch in die Erdatmosphäre gelenkt und verglühte weitestgehend darin.[12] Die nicht verglühten Teile stürzten in den Südpazifik.[13] Gegenwärtig arbeitet China daran, im Jahr 2022 eine neue Raumstation in Betrieb zu nehmen und führt dazu Test- und Aufbauflüge mit der äußerst leistungsstarken Rakete „Langer Marsch 5B" durch.[14]

Nach Art. 2 Abs. 1 ISS-Ü wird die ISS in Übereinstimmung mit dem Völkerrecht, einschließlich des Weltraumrechts entwickelt, betrieben und genutzt. Das ISS-Über-

---

11 Interview mit dem früheren NASA-Chef *Charles Bolden jr.* im Tagesspiegel vom 5.5.2012.
12 Frankfurter Rundschau vom 22.7.2019.
13 Spätestens hier wird deutlich, dass sich der Südpazifik zum Schrottplatz für alte Raumstationen entwickelt hat.
14 Deutsche Welle vom 5.5.2020.

einkommen ist somit in das bestehende Weltraumrecht eingegliedert und ändert trotz seines spezifischen Regelungsgegenstands nichts an den allgemeinen weltraumrechtlichen Verträgen. Die **weltraumrechtliche Kohärenz** wird gewahrt. Man wird das ISS-Übereinkommen jedoch systematisch nicht auf dieselbe Stufe mit den fünf großen weltraumrechtlichen Abkommen stellen können, weil jene für interessierte Staaten zum Beitritt offenstehen.

10 Für die praktische Zusammenarbeit sind von den ISS-Partnern die **nationalen Raumfahrtbehörden** als verantwortliche Stellen benannt worden (Art. 4 Abs. 1 ISS-Ü). Diese haben sodann mit der US-amerikanischen Raumfahrtbehörde NASA auf der Grundlage des Art. 4 Abs. 2 ISS-Ü bilaterale Memoranda of Understanding (MoU) geschlossen. Diese stellen neben dem ISS-Ü die jeweiligen Rechtsgrundlagen dar. Für das Verhältnis zwischen den ISS-Partnern USA und ESA gilt demzufolge neben dem ISS-Ü das NASA/ESA-MoU.

2. Stellung der Vertragspartner

11 Die Zusammenarbeit der ISS-Partner soll nach Art. 1 Abs. 1 ISS-Ü auf der Grundlage „echter Partnerschaft" erfolgen. Dies deutet auf eine **gleichberechtigte Partnerschaft** hin, die insbesondere für die Europäer sehr wichtig war.[15] Angesichts der Bedeutung des europäischen Beitrags zur ISS wollte sich die ESA nicht mit der Rolle eines Juniorpartners zufriedengeben. Tatsächlich handelt es sich gem. Art. 1 Abs. 2 ISS-Ü um eine abgestufte Partnerschaft. Den USA ist die Führungsrolle für das Gesamtmanagement eingeräumt worden, was wegen deren Initiative zum Aufbau dieser Raumstation verständlich ist. Sie und Russland sind für das Fundament der ISS verantwortlich. Zutreffend wird dies mit der weitreichenden Erfahrung dieser beiden Staaten in der bemannten Raumfahrt begründet.

12 Die Beiträge der anderen ISS-Partner sind deutlich abgestuft und betreffen Einzelelemente, wobei Kanada mit seinem Beitrag und damit seiner Rolle an letzter Position steht, sein Beitrag aber immerhin „ein wesentlicher Bestandteil der Raumstation sein wird." In der Anlage zum ISS-Übereinkommen sind die einzelnen Beiträge der Vertragspartner aufgelistet. Während die ESA und Japan Forschungslabore („Columbus"[16] bzw. „Kibo") eingebracht haben, hat Kanada einen Roboterarm für Außenarbeiten („Canadarm 2") hergestellt. Wegen der **de facto-Ungleichheit** zwischen den ISS-Partnern kann insgesamt nur schwerlich von einer echten Raumstations-Partnerschaft gesprochen werden.[17]

---

15 *Reifahrt*, ZLW 1989, 35 (38) zum Abkommen von 1988.
16 Das Weltraumlabor „Columbus" wurde am 2.5.2006 in Bremen vom Unternehmen EADS an die ESA übergeben und im Februar 2008 an die ISS angekoppelt, FR vom 13.2.2008, S. 1.
17 *von Kries/Schmidt-Tedd/Schrogl*, Grundzüge des Raumfahrtrechts, 2002, S. 234; *Schladebach*, Hastings Int'l & Comp. L. Rev. 41 (2018), 245 (263).

3. Hoheitsgewalt und Eigentumslage

Hinsichtlich der in die ISS eingebrachten Stationselemente stellt sich zunächst die Frage nach dem Fortbestehen von Hoheitsgewalt. Denn eine fortbestehende Hoheitsgewalt der ISS-Vertragspartner könnte mit dem Rechtsstatus des Weltraums als hoheitsfreier Gemeinschaftsraum (Art. I, II WRV) kollidieren. In Übereinstimmung mit Art. VIII WRV behält jedoch nach Art. 5 Abs. 2 ISS-Ü jeder ISS-Partner die Hoheitsgewalt und Kontrolle über die von ihm eingebrachten Stationselemente unter der Voraussetzung, dass diese gem. Art. 5 Abs. 1 ISS-Ü und Art. II WRegÜ **registriert** worden sind. Mit dem Registrierungsakt im nationalen oder im UN-Register für Weltraumgegenstände wird das hoheitliche Band zwischen Staat und konkretem Weltraumgegenstand geknüpft und dessen Staatszugehörigkeit begründet (s. auch §12). Diese separate Registrierung der einzelnen Stationselemente ist erfolgt.

Da sich im Registrierungsakt staatlich zuordnende Hoheitsgewalt manifestiert, bedurfte es für den „**europäischen Partner**", der als raumfahrtbezogener Zusammenschluss mehrerer europäischer Staaten keinen eigenen Staat darstellt, einer Sonderregelung. Sie findet sich in Art. 5 Abs. 1 HS. 2 ISS-Ü. Darin hat der europäische Partner die ESA mit der Registrierung der bereitgestellten ISS-Elemente beauftragt. Als Internationale Organisation handelt die ESA daher im Namen und im Auftrag des europäischen Partners.[18] Gleichwohl kann sich die ESA nicht selbst in das UN-Register eintragen, hat aber die Eintragung eines einzelnen ESA-Staates bisher offengelassen.[19] Eng damit verbunden ist die Ausübung der Kontrolle über die Besatzung. Jeder ISS-Partner ist für die Raumfahrer verantwortlich, die seine Staatsangehörigkeit besitzen. Auch insoweit handelt die ESA für den europäischen Partner, kontrolliert also die ISS-Besatzungsmitglieder, die aus einem ESA-Staat stammen.

Diese Regelungskonzeption setzt sich beim **Eigentum** in Übereinstimmung mit Art. VIII S. 2 WRV fort. Die ISS-Partner bleiben nach Art. 6 Abs. 1 ISS-Ü Eigentümer der von ihnen bereitgestellten und registrierten Elemente. Durch das Eingliedern der Stationselemente in die ISS entsteht daher kein Miteigentum. Die ISS wird damit zwar nach außen als gemeinschaftliches Projekt („echte Partnerschaft") präsentiert, rechtlich aber bleibt sie ein **polyterritoriales Gebilde** mit stationselementespezifischen nationalen Rechtsordnungen.[20]

4. Nutzungskonzeption

Die ISS-Partner haben in Art. 9 ISS-Ü ein **anteiliges Nutzungsregime** für die eingebrachten Stationselemente vereinbart. Diese kann nicht jeder Partner beliebig nutzen. Vielmehr sieht Art. 9 Abs. 1 ISS-Ü vor, dass sich Nutzungsrechte aus

---
18 *Mick*, Registrierungskonvention und Registrierungspraxis, 2007, S. 91.
19 *Mick*, ebd.
20 *Schladebach*, JuS 2008, 217 (222); *ders.*, APuZ 29–30/2019, 26 (31).

der Bereitstellung von Nutzer- und Infrastrukturelementen herleiten. Der Partner, der viele Elemente in die ISS einbringt, hat also größere Nutzungsrechte hinsichtlich der von anderen Partnern bereitgestellten Elemente. Auf diese Weise werden etwa die Nutzungen der Forschungslabore miteinander verrechnet. Das durchaus komplizierte Nutzungsregime auf der ISS ist eine Folge der Multinationalität der Raumstation einerseits und der erheblichen Ungleichartigkeit der Beiträge der ISS-Partner andererseits.[21] Allerdings ist nichts dazu bekannt, dass es bei den Nutzungswünschen in der Vergangenheit zu Meinungsverschiedenheiten gekommen ist.

5. Besatzung

17 Nach Art. 11 Abs. 1 ISS-Ü ist jeder ISS-Partner berechtigt, qualifiziertes Personal zu stellen, das mit angemessenem Anteil als Mannschaft der Raumstation eingesetzt wird. Für die Besatzungen gilt nach Art. 11 Abs. 2 ISS-Ü ein von den ISS-Partnern vereinbarter Verhaltenskodex (Crew Code of Conduct). Er enthält nicht nur **Verhaltensregeln**, Verantwortlichkeiten und Befehlsstrukturen, sondern auch Sicherheitsregelungen und Geheimhaltungsvorkehrungen. Die ISS-Astronauten werden über ihre Anstellungsverträge auf die Einhaltung des Kodex verpflichtet.[22]

18 Die Formulierung „mit angemessenem Anteil" legt eine **Quote für die Besatzung** fest. Wer viel in den Aufbau der ISS investiert, hat das Recht, häufiger als andere ISS-Partner Besatzungsmitglieder zu stellen. Das führt dazu, dass sich überwiegend Raumfahrer der USA und Russlands auf der ISS aufhalten, seltener ein ESA-, japanischer oder kanadischer Astronaut. Bekannte ESA-Astronauten auf der ISS waren etwa *Alexander Gerst* (Deutschland),[23] *Thomas Pesquet* (Frankreich) oder *Samantha Cristoforetti* (Italien).[24]

Beispiel: Die in weltraumrechtlichen Veranstaltungen auffällig oft gestellte studentische Frage, wie im Falle eines auf der ISS gefundenen toten ISS-Raumfahrers die Strafbarkeit des Täters zu bestimmen ist, hat sich an dem im Tatort-Modul geltenden nationalen Strafrecht auszurichten. Es gilt also beispielsweise US-amerikanisches oder russisches Strafrecht. Hat der mutmaßliche Täter eine vom Tatortrecht abweichende Staatsangehörigkeit, kann der Tatortstaat den mutmaßlichen Täter an den Täterstaat ausliefern, soweit nach dessen Strafrecht eine Strafverfolgung möglich ist. Jedoch ist mit großer Deutlichkeit zu betonen, dass das hochkompetitive Auswahlverfahren der ISS-Raumfahrer,[25] bei dem insbesondere Charakterstärke und Teamfähigkeit im Vordergrund stehen, kriminelle Szenarien weitgehend ausschließen dürfte.

---

21 *von Kries/Schmidt-Tedd/Schrogl*, Grundzüge des Raumfahrtrechts, 2002, S. 228; *Schladebach*, JuS 2008, 217 (222).
22 *von Kries/Schmidt-Tedd/Schrogl*, Grundzüge des Raumfahrtrechts, 2002, S. 230; *Schladebach*, JuS 2008, 217 (222).
23 *Gerst/Abromeit*, 166 Tage im All, 2019.
24 *Cristoforetti*, Die lange Reise, 2019.
25 Der ESA-Astronaut *Thomas Pesquet* (Frankreich) setzte sich gegen 8413 andere Bewerber durch.

6. Haftungsregelung

Aufbau und Betrieb der ISS bergen große Risiken für Besatzung und Material. Schon kleinste Unachtsamkeiten können zu großen Schäden führen. Dieser Umstand kann für die Kooperation der ISS-Partner hinderlich sein. Deshalb sieht Art. 16 Abs. 1 ISS-Ü einen umfassenden **gegenseitigen Haftungsausschluss** vor, der im Zweifel weit auszulegen ist. Von diesem Haftungsausschluss wird nicht nur der Partnerstaat selbst, sondern werden auch seine zugehörigen Stellen erfasst. Als solche gelten Auftragnehmer, Unterauftragnehmer, Nutzer oder Kunden eines Partnerstaats (Art. 16 Abs. 2 b ISS-Ü). Jedoch muss es sich um „geschützte Weltraumarbeiten" handeln. Dies sind nach Art. 16 Abs. 2 f ISS-Ü alle im Rahmen des ISS-Übereinkommens und seiner Durchführungsvereinbarungen ausgeführten Trägerfahrzeug-, Raumstations- und Nutzlasttätigkeiten auf der Erde, im Weltraum und auf dem Weg zwischen der Erde und dem Weltraum. Für alle nicht von Art. 16 ISS-Ü geregelten Schadensfälle sieht Art. 17 Abs. 1 ISS-Ü vor, dass das Weltraumhaftungsübereinkommen mit seinen differenzierten Haftungsregelungen weiterhin anwendbar bleibt. In diesem Zusammenhang ist das Schweigen des ISS-Übereinkommens im Hinblick auf ein mögliches Aufgeben der ISS und ihre Rückführung aus dem Weltraum auffällig.[26]

19

7. Herausforderungen

Die nach mehreren Verzögerungen für 2010 geplante Fertigstellung der ISS erfolgte schließlich am 27.5.2011. Doch schon weit vorher sah sich das Gesamtprojekt mit zum Teil deutlicher Kritik konfrontiert. Diese bezog sich nicht in erster Linie auf zahlreiche technische Probleme beim Betrieb der ISS, die bei einem Projekt diesen Ausmaßes absehbar waren. Vielmehr betrifft sie grundsätzliche Fragen des Verhältnisses von Finanzierung und Forschungsergebnissen sowie des Transports zur ISS.

20

a) Finanzierungsaufwand und Forschungsertrag

Finanzierung und Forschung bilden einen vielschichtigen Fragenkomplex. Eine separate Betrachtung des Finanzierungsaspekts hat zu registrieren, dass die USA als Hauptzahler der ISS ihre finanziellen Mittel für die zivile Raumfahrt generell gekürzt haben, was auch die Finanzierung der ISS berührt. Die unklaren strategischen Perspektiven der US-Raumfahrt hatten den US-Kongress vor einigen Jahren dazu veranlasst, die traditionell großzügig ausgereichten Gelder für die Raumfahrt massiv zu kürzen.[27] Mittlerweile werden Gelder zwar nicht direkt in die ISS, die zunächst noch bis 2024 betrieben werden soll, dafür aber in **neue Transportsysteme** investiert.

21

---

26 *von Kries/Schmidt-Tedd/Schrogl*, Grundzüge des Raumfahrtrechts, 2002, S. 232; *Schladebach*, JuS 2008, 217 (222).
27 Interview mit NASA-Chef *Charles Bolden jr.*, Tagesspiegel vom 5.5.2012.

142   3. Teil: Herausforderungen

22   Beurteilt man den Finanzierungsaufwand unter dem Gesichtspunkt der gewonnenen Forschungsergebnisse und einer so ermöglichten Refinanzierung, fällt die Bilanz aus Sicht vieler Akteure ernüchternd aus. Der ehemalige NASA-Chef *Michael Griffin* kritisierte schon 2005, dass „die ISS nicht die Kosten, Risiken und Schwierigkeiten wert sei."[28] In Publikationen einzelner ISS-Partner wurden zwar zahlreiche Forschungserfolge hervorgehoben[29] oder angekündigt.[30] Es ist auch unbestritten, dass viele auf der ISS durchgeführte Experimente zu bedeutenden wissenschaftlich-technischen Erkenntnissen beigetragen haben. In Relation zu dem immensen Finanzierungsaufwand sind die erzielten **Forschungsergebnisse** tatsächlich jedoch überschaubar. Das gilt insbesondere für Russland, das so gut wie keine Forschungen auf der ISS betreibt.[31] Nachdem Russland angekündigt hatte, sich spätestens 2024 aus dem Projekt zurückzuziehen und – mit den abgekoppelten Stationselementen – seine eigene Raumstation zu konstruieren, prüft Russland derzeit, die ISS möglicherweise noch bis 2030 gemeinsam zu betreiben.[32]

b) Transportsysteme

23   Eine zweite Herausforderung besteht darin, einen kontinuierlichen Transport zur ISS zu gewährleisten. Nach der Beendigung des Space-Shuttle-Programms der USA war seit 2011 nur noch Russland in der Lage, Raumfahrer mit Sojus-Raumfähren zur ISS zu befördern. Ein Platz für einen nichtrussischen Raumfahrer kostet mittlerweile 80 Mio. US-Dollar. Dieser Umstand bringt ein gewisses Ungleichgewicht in das als echte Partnerschaft konzipierte Gemeinschaftsprojekt. Die USA haben darauf reagiert und zwei Raumfahrtunternehmen unter Bereitstellung erheblicher öffentlicher Gelder aufgefordert, Transport-Raumfrachter zu entwickeln: Boeing und Space X. Das private Raumfahrtunternehmen „Space X" von *Elon Musk* hat mit „**Falcon 9**" eine mehrfach erfolgreich getestete und sogar wiederverwendbare Trägerrakete erprobt, die es in naher Zukunft ermöglichen wird, US-Raumfahrer wieder separat und regelmäßig zur ISS zu befördern.[33]

24   Dieser Aufstieg zur ISS ist nunmehr gelungen. Am **30.5.2020** startete eine **Space-X-Rakete** mit zwei US-Astronauten vom Weltraumbahnhof in Cape Canaveral, Florida, zur ISS und dockte am 31.5.2020 erfolgreich an der Raumstation an.[34] Zum ersten Mal wurde damit eine Rakete eines privaten Raumfahrtunternehmens für eine offizielle Mission genutzt. Außerdem erlangten die USA mit dieser Mission – jedenfalls vorübergehend – ihre Unabhängigkeit von russischen Transportkapazitäten wieder, die sie seit der Einstellung des Space-Shuttle-Programms 2011 in Anspruch nehmen und recht teuer bezahlen mussten.

---

28 Interview mit NASA-Chef *Michasel Griffin*, FAZ vom 28.9.2005.
29 ESA, Columbus. Research and Results from Columbus and the ISS, 2012.
30 DLR, Deutschland auf der ISS: Columbus, 2007.
31 *Bogdanow*, Ria Nowosti vom 27.7.2010.
32 Spiegel vom 28.1.2020.
33 Zeit-Online vom 3.5.2020: Taxi bitte! Aber nur ein amerikanisches.
34 Zeit-Online vom 31.5.2020.

c) Zur Zukunft der ISS

Die Internationale Raumstation bildet einen der **höchst seltenen Fälle,** in denen die beiden Großmächte USA und Russland bereits seit vielen Jahren erfolgreich und verlässlich kooperieren. Die großen Erfahrungen dieser Staaten in der Raumfahrt sind in dem Projekt „ISS" konzentriert und kontinuierlich erweitert worden. Hiervon und von der beiden Staaten im ISS-Übereinkommen zugewiesenen Gesamtverantwortung für die Raumstation profitieren auch die anderen ISS-Partner in erheblichem Maße.[35]

Auf der anderen Seite kann aus Sicht des Völkerrechts nicht übersehen werden, dass Konflikte zwischen den USA und Russland auf der Erde nun auch die ISS als Projekt erreicht haben. So ist die völkerrechtswidrige **Annexion der Krim** durch Russland im Frühjahr 2014 zum Anlass für Erwägungen genommen worden, die Zusammenarbeit auf der ISS zügiger als geplant zu beenden. Tatsächlich wurde die Zusammenarbeit kurzzeitig ausgesetzt.[36] Daneben fällt auf, dass die von den USA gegen Russland wegen der Ukraine-Krise verhängten **Wirtschaftssanktionen** ausgerechnet die Möglichkeit Russlands, 70–80 Mio. US-Dollar für einen Platz bei einem Flug zur ISS zu berechnen, ausgespart haben. Dies lässt an der Konsequenz der gegen Russland verhängten US-Sanktionen zumindest zweifeln. Insgesamt ist zu hoffen, dass dieser völkerverbindende „Außenposten der Menschheit im Weltall" noch einige Jahre fortbestehen wird.[37]

---

35 *Schladebach*, ZLW 2013, 709 (718); *ders.*, Hastings Int'l & Comp. L. Rev. 41 (2018), 245 (264).
36 FAZ vom 3.4.2014.
37 *Schladebach*, APuZ 29–30/2019, 26 (31).

§ 17 Weltraummüll

I. Begriff und Bedeutung

1 Als Spezialproblem des Umweltschutzes im Weltraum hat sich die Reduzierung von Weltraummüll zu einer der dringendsten Aufgaben der Menschheit entwickelt. Diese Aufgabe entstand nicht überraschend: Rund 60 Jahre der Nutzung des Weltraums durch Weltraumgegenstände, oft aufgrund ihres Alters stabilster Bauart, haben deutlich sichtbare Spuren im Weltraum hinterlassen.[1] Auf Weltraumbildern der Erde lässt sich klar ein grauweißer Ring von Weltraumtrümmern erkennen.[2] Dass solche Gegenstände nicht nur für die Erde eine Bedrohung darstellen, sondern auch Raumfahrtmissionen und somit die wirtschaftliche Weltraumnutzung behindern, sollte jedem am Weltraum Interessierten eigentlich ohne weiteres einleuchten. Allerdings zeigt die vertiefte Beschäftigung mit der Thematik des Weltraummülls, dass viele Akteure hauptsächlich an den wirtschaftlichen Vorteilen der Raumfahrt interessiert sind, die **belastenden Rückstände** dieser Nutzung jedoch gern ausblenden oder zumindest kleinreden.

2 Nähert man sich der Rechtsfrage der Reduzierung von Weltraummüll, häufig auch „Weltraumschrott", „Weltraumabfall" oder „Weltraumtrümmer" genannt, begrifflich, so wird man bei gewissen Abweichungen im Detail folgende allgemeine **Definition** aufstellen können: Unter Weltraummüll sind von Menschen erzeugte Weltraumgegenstände zu verstehen, die nicht mehr funktionsfähig sind und auch keine Funktionsfähigkeit mehr erlangen werden.[3] Mehrere 100.000 Gegenstände mit einem Durchmesser von mehr als einem Zentimeter umkreisen die Erde. Die Existenz von Weltraummüll kann daher nicht länger als unseriöse Vorhersage oder übertriebene Science-Fiction-Theorie vereinzelter Wissenschaftler abgewertet werden.[4]

3 Bereits an dieser Stelle sollen hinsichtlich dieser Definition zwei besondere Aspekte betont werden. Wenn überwiegend auf „Weltraumgegenstände" abgestellt wird, so zählen dazu nicht nur Gegenstände, die zu einem bestimmten wirtschaftlichen oder wissenschaftlichen Nutzungszweck in den Weltraum verbracht worden

---

[1] *Schladebach*, Max Planck UNYB 17 (2013), 61 (63); *ders.*, Hastings Int'l & Comp. L. Rev. 41 (2018), 245 (266).
[2] S. etwa esa.int/Safety_Security/Space_Debris.
[3] In diesem Sinne auch der UN-Weltraumausschuss, Space Debris Mitigation Guidelines, 2007, UNGA Res. 62/217; dazu *Benkö/Schrogl*, ZLW 2008, 335 ff.
[4] *Schladebach*, Max Planck UNYB 17 (2013), 61 (64); *ders.*, Hastings Int'l & Comp. L. Rev. 41 (2018), 245 (266).

sind. Werden **Golfbälle** in den Weltraum geschlagen, Raumanzüge in den Weltraum geworfen oder an Bord einer Raumstation entstandene Abfälle im Weltraum entsorgt, so kann das nur schwerlich als Beweis des kulturhistorischen Entwicklungsstands der Menschheit gegenüber möglichen außerirdischen Lebewesen verstanden und gerechtfertigt werden, sondern sind dies für den Weltraum fremde Gegenstände. Sie müssen ebenfalls als Weltraummüll behandelt werden.

Die Eingrenzung des Weltraummüllbegriffs auf „**von Menschen erzeugte Weltraumgegenstände**" schließt Weltraumgegenstände natürlichen Ursprungs aus. Asteroiden[5] und Meteoriten[6] sind natürlich entstandene Himmelskörper. Sie werfen durchaus andere Rechtsfragen auf,[7] sind aber jedenfalls kein menschliches Produkt und daher kein Weltraummüll. Das nimmt ihnen nicht die Gefahr, durch Kollisionen im Weltraum oder gar durch Einschläge auf der Erde große Schäden anzurichten. Viele Raumfahrtnationen arbeiten daher an Sicherheitssystemen, die einen passiven Schutz oder eine aktive Verteidigung gegen Meteoriten ermöglichen.

Beispiel: Am 15.2.2013 stürzte in der Nähe der russischen Stadt Tscheljabinsk ein etwa 20 Meter großer Meteorit auf die Erde. Er soll zuvor 30 km über der Stadt mit einer Energieladung von 500–600 Kilotonnen TNT explodiert sein, was dem 30–40fachen der Hiroshima-Atombombe entspricht. Die Druckwelle beschädigte rund 7000 Gebäude, zerplatzte Fensterscheiben verletzten etwa 1500 Menschen.[8] Obwohl dieses Szenario sich nicht grundlegend von dem einer auf die Erde stürzenden Raumstation unterscheidet, führt der natürliche Ursprung des Meteoriten dazu, dass es sich nicht um Weltraummüll im beschriebenen Sinn handelt.[9]

II. Entstehung

Weltraummüll kann aus verschiedenen Gründen entstehen. Dabei kann zwischen ursprünglich als Weltraumgegenstand genutzten Objekten (1.) und Trümmerteilen (2.) differenziert werden, wobei von beiden Kategorien Gefahren für die aktive Raumfahrt ausgehen (3.).

1. Funktionslose Weltraumgegenstände

Zum Weltraummüll gehören funktionslos gewordene Weltraumgegenstände. So haben etwa **Kommunikations- oder Aufklärungssatelliten** heute eine betriebliche Einsatzzeit von 5–10 Jahren. Typischerweise verbleiben Satelliten nach dem Nutzungsende im Weltraum und kreisen in Abhängigkeit von der noch vorhandenen Restenergie noch einige Zeit um die Erde, bevor sie langsam in tiefere Erdumlauf-

---

5 Kleinplaneten, die sich auf Umlaufbahnen um die Sonne bewegen.
6 Bruchstücke von Asteroiden oder Planeten.
7 *Catalano Sgrosso*, International Space Law, 2011, S. 150 ff.
8 Spiegel vom 22.5.2014.
9 *Schladebach*, Max Planck UNYB 17 (2013), 61 (65); *ders.*, Hastings Int'l & Comp. L. Rev. 41 (2018), 245 (266).

bahnen absinken und schließlich in der Erdatmosphäre verglühen. Dass eine solche „Ofen- bzw. Verbrennungsfunktion" nicht die typische Aufgabe der Erdatmosphäre darstellt, muss nicht vertiefend begründet werden. Darüber hinaus bilden auch abgefallene Teile von Satelliten Weltraummüll.

7   Außerdem sind **alte Raumstationen** oder Elemente davon als funktionslos gewordene Weltraumgegenstände und damit als Weltraummüll einzuordnen. Die ausrangierten Raumstationen der USA (Skylab), der Sowjetunion (Saljut, MIR) und Chinas (Tiangong) wurden kurze Zeit nach ihrem Nutzungsende zum Absturz gebracht, wobei sich der Südpazifik bedenklicherweise zum allseits geschätzten Versenkungsort entwickelt hat. Lösen sich indes **Teile** von einer noch funktionstüchtigen Raumstation, sind diese gelösten und entschwebenden Teile ebenfalls als Weltraummüll zu klassifizieren. Betrachtet man etwa die futuristische Konstruktion der Internationalen Raumstation mit ihren vielen sensiblen Teilobjekten, insbesondere den zur Sonnenenergiezufuhr montierten Sonnensegeln, so ist die Wahrscheinlichkeit nicht klein, dass sich das eine oder andere Teil von der Station löst und dann zum Weltraummüll wird.

8   Zu den größten Weltraumgegenständen ohne Funktion zählen die für jeden Start einer Raumfahrtmission erforderlichen **Trägerraketen**. In ihnen befindet sich der für den Aufstieg in den Weltraum notwendige Treibstoff. Je höher und schneller die zumeist in der Spitze der Trägerrakete befindlichen Satelliten etc. gestartet werden sollen, je größer wurden die Trägerraketen. Je nach erreichter Flughöhe trennen sich die ausgebrannten Stufen der Rakete vom weiterfliegenden Gegenstand und werden entweder – wenn der Weltraum noch nicht erreicht wurde – kontrolliert zum Absturz gebracht oder – wenn der Weltraum erreicht wurde – verglühen ohne weitere Energiezufuhr in der Erdatmosphäre. Sie stellen in beiden Fällen gefährlichen Weltraummüll dar, der bereits mehrfach auf die Erde gestürzt ist. Vor diesem Hintergrund kann die Erfindung der **wiederverwendbaren Trägerrakete „Falcon Heavy"** durch das private Raumfahrtunternehmen „Space X" nicht hoch genug gewürdigt werden. Sie ist im April 2019 erstmalig erfolgreich eingesetzt worden[10] und könnte künftig das Problem der „verlorenen" Trägerraketen beheben. Damit dürfte sie als technische Errungenschaft bewertet werden, die neben den wirtschaftlichen Vorteilen auch einen erheblichen Beitrag zum Umweltschutz im Weltraum leistet.[11] Die Tests mit wiederverwendbaren Trägerraketen geben, wie *Proelß* zutreffend festgehalten hat, Anlass zu vorsichtigem Optimismus.[12]

2. Trümmerteile

9   Sind funktionslos gewordene Weltraumgegenstände nicht zuletzt wegen der vormals erfolgten Registrierung im nationalen oder internationalen Weltraumregis-

---
10 Tagesspiegel vom 12.4.2019.
11 Diese ingenieurtechnische Spitzenleistung hätte durchaus das Potenzial für den Nobelpreis für Physik.
12 *Proelß*, in: ders., Internationales Umweltrecht, 2017, 11. Abschnitt Rn. 50.

ter noch relativ gut quantifizierbar, zählen zum Weltraummüll auch Trümmerteile, also Bruchstücke, die durch **Kollisionen** von Weltraumgegenständen entstehen. Zum Teil **explodieren** auch Weltraumgegenstände und verschmutzen den Weltraum mit kleinen und kleinsten Bruch- und Splitterstücken. Einige Staaten haben auch nicht mehr gebrauchte Militärsatelliten **bewusst zerstört** und damit den Umfang von Weltraummüll erneut stark vergrößert. Diese kleinen Trümmer erreichen auf den Erdumlaufbahnen sehr große Geschwindigkeiten und können funktionierende Weltraumgegenstände beschädigen.

Kollisionen, Explosionen oder Zerstörungen sorgen nicht nur für die Zunahme von Weltraummüll in dem (begrenzten) Umfang, in dem die ursprünglichen Weltraumgegenstände nun in Einzelteile zerlegt sind. Vielmehr muss auf das nach *Donald J. Kessler* (geb. 1940) benannte **Kesslersyndrom** hingewiesen werden. Danach vergrößert sich die Zahl der Weltraumtrümmer bei Kollisionen kaskadenartig, d. h. überproportional. Während sich sehr kleine Trümmerteile verfehlen und auch Kollisionen sehr großer Gegenstände eher selten sind, führen Kollisionen kleiner oder mittlerer Trümmer zu einer exponentiellen Zunahme von Weltraummüll. Spätestens diese allgemeinbekannte naturwissenschaftliche Erkenntnis aus den 1970er Jahren sollte – verbunden mit dem Müllring um die Erde – so eindrücklich sein, dass aus dem vorhandenen Problembewusstsein nunmehr praktische Initiativen resultieren.

10

Obwohl die Navigation von Weltraumgegenständen ein beachtliches Niveau erreicht hat, treten Kollisionen gelegentlich auch zwischen Weltraumgegenständen auf, von denen einer oder sogar beide noch navigations- und damit **funktionsfähig** sind. Am 10.2.2009 kollidierte der intakte US-Satellit „Iridium 33" mit dem russischen Satelliten „Kosmos 2251", der zwar noch funktionstüchtig, zur Zeit der Kollision aber außer Betrieb gesetzt war. Bei dieser und anderen Kollisionen muss die Frage erlaubt sein, welche Aufmerksamkeit der Navigation des navigationsfähigen Satelliten geschenkt worden war. Tausende neue Trümmerteile entstanden und vergrößerten die Menge an Weltraummüll.[13] Insofern stellt sich dann weiterhin die Frage nach der Weltraumhaftung, die auch mit Blick auf diesen Vorfall in § 11 behandelt worden ist.

11

3. Gefahren durch Weltraummüll

Es ist bereits angedeutet worden und bedarf an sich keiner weiteren Erklärung, dass Weltraummüll erhebliche Gefahren schafft. Hierbei kann zwischen Gefahren im Weltraum und solchen auf der Erde unterschieden werden.[14] So können die funktionslos gewordenen Weltraumgegenstände, aber insbesondere die Trümmerteile erhebliche **Schäden an funktionierenden Weltraumgegenständen** verursachen. Prallt etwa ein 1 kg großes Trümmerteil auf einen Kommunikationssatelliten, ist

12

---
[13] *Schladebach*, Max Planck UNYB 17 (2013), 61 (66); ders., Rechtsfragen der Satellitenkollision, NJW-aktuell 13/2009, 16 ff.
[14] Prägnant *Proelß*, in: ders., Internationales Umweltrecht, 2017, 11. Abschnitt Rn. 33.

die Nutzungszeit dieses Satelliten – schon wegen der hohen Geschwindigkeit – unmittelbar beendet. Da die wesentlichen Kommunikationsinfrastrukturen der gesamten Welt über Kommunikations- und TV-Übertragungssatelliten im Weltraum organisiert sind, lässt sich nur erahnen, was solche Einschläge von Weltraumtrümmern für die Kommunikationsbranche bedeuten können.[15]

13 Gefahren bestehen überdies auch für die **Internationale Raumstation (ISS)**. Mehrfach musste die ISS kostenintensive Ausweichmanöver fliegen, weil sie sich auf einem Kollisionskurs mit Weltraummüll befand. Allein für das Jahr 2012 sind zwei dramatische Ereignisse bekannt geworden.[16] Am 24.3.2012 mussten sich die sechs ISS-Astronauten in die zwei Rettungskapseln begeben, weil ein größeres Trümmerstück des oben erwähnten zerstörten Satelliten „Kosmos 2251" auf die ISS zuflog. Ein Ausweichmanöver wäre zeitlich nicht mehr möglich gewesen, da eine Bahnveränderung der ISS eine gewisse Zeit gebraucht hätte. In einem für Weltraumdimensionen äußerst knappen Abstand von nur 23 km passierte das Trümmerteil die ISS. Am 1.11.2012 war ein Trümmerteil des anderen an der Kollision vom 10.2.2009 beteiligten US-Satelliten „Iridium 33" auf Kollisionskurs mit der ISS. Die Motoren des Transportraumfahrzeugs „Progress M-16M", das zu dieser Zeit an der ISS angedockt hatte, wurden für sieben Minuten gezündet und die ISS dadurch um 500 m angehoben. Eine Kollision konnte auf diese Weise vermieden werden. Generell fällt auf, dass in der Öffentlichkeit wenig über diese Gefahren für die ISS bekannt wird. Ein Grund dafür dürfte sein, keinen Schatten auf diesen „Außenposten der Menschheit" fallen zu lassen.

14 Weltraummüll verursacht außerdem **Gefahren für die Erde**. Auf den Fall des auf Kanada gestürzten sowjetischen Satelliten „Kosmos 954" am 24.1.1978, der Teile des kanadischen Territoriums radioaktiv verseucht hatte, ist bereits in § 11 (Haftung für Weltraumschäden) eingegangen worden. Nicht ohne Gefahren verliefen auch die kontrolliert durchgeführten Abstürze der ausrangierten Raumstationen der USA (Skylab), der Sowjetunion (MIR) und Chinas (Tiangong). Die für den Absturz ausgesuchte Gegend um die Fidschi-Inseln im Südpazifik dürfte zuvor kaum über die dramatischen Wasserungen der tonnenschweren Schrottteile ausreichend informiert worden sein. Ein weiterer Vorfall ereignete sich am 22.2.2012 in Brasilien. Ein Treibstofftank einer französischen Trägerrakete stürzte im brasilianischen Dorf „Anapurus" auf den örtlichen Marktplatz, wobei kein Mensch, wohl aber einige Bäume zu Schaden kamen.[17] Was solche Einschläge aus dem Himmel für die psychologische Verfassung von brasilianischen Eingeborenen, japanischen Fischern oder russischen Bauern, die alle nur knapp persönlichen Schäden entgingen, bedeuten, kann und soll hier nicht hinterfragt werden.

---

15 *Hobe*, Indian J. Law & Tech. 8 (2012), 1.
16 *Schladebach*, Max Planck UNYB 17 (2013), 61 (67).
17 *Schladebach*, Max Planck UNYB 17 (2013), 61 (68).

III. Regelungssituation

Obwohl es an Untersuchungen zur rechtlichen Dimension von Weltraummüll nicht mangelt,[18] also gerade auch in der Fachöffentlichkeit ein substanzielles Problembewusstsein besteht,[19] stellt sich die tatsächliche rechtliche Regelung als vollkommen unzureichend dar.

1. Fehlende Regelung

Eine verbindliche völkerrechtliche Regelung, Weltraummüll zu vermeiden oder jedenfalls zu reduzieren, existiert bislang nicht. Das muss gleich aus mehreren Gründen **überraschen**.[20] Zum einen sind die naturwissenschaftlichen Grundlagen dieses Phänomens gut erforscht und die davon ausgehenden Gefahren seit Jahren bekannt. Zum anderen ist die seit Beginn der 1970er Jahre gestiegene Bedeutung des Umweltschutzes und des Umweltvölkerrechts durchaus ein geeigneter Rahmen, innerhalb dessen man spätestens nach der UN-Konferenz von Rio 1992 wohl auch Regelungsinitiativen in Bezug auf den zunehmenden Weltraummüll erwarten konnte oder sogar musste. Gerade der dort zum umweltrechtlichen Leitprinzip erhobene Grundsatz der nachhaltigen Entwicklung,[21] der insbesondere auf den Erhalt der Umwelt für künftige Generationen abzielt, hätte insoweit sachgerechte Anknüpfungspunkte für stärkere rechtliche Vorgaben geboten.

Die **Motive für eine fehlende völkerrechtliche Regelung** sind ebenso dünn wie fragwürdig. So seien die Kosten für Vermeidungsmaßnahmen zu hoch. Außerdem sei der Problemdruck noch recht gering, da es bislang noch keine größeren Schäden durch Weltraummüll gegeben habe.[22] Solche Auffassungen stehen in komplettem Widerspruch zu dem zentralen Prinzip des internationalen Umweltrechts, dem Präventionsprinzip.[23] Weiterhin liegt dieser gleichgültigen, inaktiven Haltung der Gedanke zugrunde, die Menschheit müsse erst dann handeln, wenn es zu größeren Katastrophen gekommen ist. Einer solchen Wartehaltung ist deutlich zu widersprechen.[24] Sie ist nicht nur höchst gefährlich, sondern basiert auch auf fehlerhaften Annahmen, denn wie an mehreren Stellen dieses Lehrbuchs dargelegt, ist es bereits mehrmals zu Schäden durch Weltraummüll gekommen. Während auf der Erde mittlerweile weitgehend die richtige umweltpolitische Erkenntnis gereift und vielfach in abfallrechtlichen Normen niedergelegt ist, dass die Industrie schon bei der

---

[18] S. die Literaturnachweise bei *Schladebach*, Max Planck UNYB 17 (2013), 61 (64f.).
[19] S. aus naturwissenschaftlicher Sicht *Klinkrad*, Space Debris. Models and Risk Analysis, 2006.
[20] *von Kries/Schmidt-Tedd/Schrogl*, Grundzüge des Raumfahrtrechts, 2002, S. 111.
[21] Dazu *Proelß*, in: ders., Internationales Umweltrecht, 2017, 3. Abschnitt Rn. 50ff.
[22] *von Kries/Schmidt-Tedd/Schrogl*, Grundzüge des Raumfahrtrechts, 2002, S. 111; *Schladebach*, JuS 2008, 217 (220); *ders.*, NVwZ 2008, 53 (56); *ders.*, Max Planck UNYB 17 (2013), 61 (76); *ders.*, Hastings Int'l & Comp. L. Rev. 41 (2018), 245 (268); *ders.*, APuZ 29–30/2019, 26 (30).
[23] Dazu *Proelß*, in: ders., Internationales Umweltrecht, 2017, 3. Abschnitt Rn. 8ff.
[24] *Schladebach*, Max Planck UNYB 17 (2013), 61 (76); *ders.*, Hastings Int'l & Comp. L. Rev. 41 (2018), 245 (268): „Obviously mankind needs more disasters caused by space debris to deal strictly with this topic."

2. UN Space Debris Mitigation Guidelines

18 Im Februar 2007 hat der UN-Weltraumausschuss, und zwar dessen **Technischer Unterausschuss**, die im Kontext von Weltraummüll viel besprochenen „UN Space Debris Mitigation Guidelines" erlassen. Am 22.12.2007 nahm die UN-Generalversammlung durch eine Resolution diese Guidelines an.[25] In den folgenden Jahren blieb das Thema des Weltraummülls häufig Beratungsgegenstand im Technischen Unterausschuss des UN-Weltraumausschusses, während der weltraumrechtlich bedeutendere Rechtsunterausschuss lediglich davon Kenntnis nahm. In den nachfolgenden Jahren forderte der UN-Weltraumausschuss die Mitgliedstaaten mehrfach auf, die Guidelines strikt zu berücksichtigen.[26]

a) Inhalt

19 Die Guidelines enthalten sieben Empfehlungen („should …") für die Planung von Raumfahrtmissionen, für den Entwurf und die Produktion von Weltraumgegenständen und für die Durchführung einer Mission.[27] Sie sind technisch ausgerichtet und setzen in erster Linie auf die **Vermeidung von Weltraummüll**. Jedoch findet sich in Empfehlung 6 auch folgende Rückholbestimmung:

„(6) Spacecraft and launch vehicle orbital stages that have terminated their operational phases in orbits that pass through the Lower Earth Orbit region should be removed from orbit in a controlled fashion. If this is not possible, they should be disposed of in orbits that avoid their long-term presence in the Lower Earth Orbit region."

20 Ohne hier jede einzelne Guideline-Empfehlung besprechen zu können, wird man diese raumfahrttechnische Zusammenstellung von Vermeidungsstrategien im **Ausgangspunkt** jedenfalls begrüßen können. Sie stellt eine fachlich fundierte, internationale Reaktion auf das Problem des Weltraummülls dar und konnte vom UN-Weltraumausschuss im Konsens angenommen werden, was als Faktum nicht selbstverständlich und daher erfreulich und zukunftsgerichtet ist. Auf der anderen Seite ist an der Ausgestaltung auch **Kritik** geübt worden.[28] So enthalten die Guidelines keine konkreten Vorgaben für die aktive Rückholung von Weltraumgegenständen sowie für die Verteilung der finanziellen Kosten. Zudem würden auch Aus-

---

25 A/RES/62/217 vom 22.12.2007; dazu *Benkö/Schrogl*, ZLW 2008, 335 ff.; *Hobe/Mey*, ZLW 2009, 388 ff.; *Scott*, AASL XXXIV (2009), 713 ff.; *Mejia-Kaiser*, Air & Space Law 2009, 21 ff.; *Mey*, ZLW 2012, 251 ff.; *Hobe*, Indian J. Law & Tech. 8 (2012), 1 ff.; *Plantz*, Ga. J. Int'l & Comp. L. 40 (2012), 585 ff.
26 UNCOPUOS, A/67/20, para 237.
27 Text auch bei *Schladebach*, Max Planck UNYB 17 (2013), 61 (79–81).
28 Zum Beispiel von *Hobe/Mey*, ZLW 2009, 388 (394).

sagen zur Verantwortlichkeit, zur Haftung und zu Versicherungsaspekten fehlen. Nach Ansicht mehrerer Autoren würden die Guidelines damit die wesentlichen und bedeutendsten Erfordernisse für eine effektive Lösung des Weltraummüllproblems nicht regeln.

b) Verbindlichkeit

Den aus Sicht des Weltraumrechts größten Einwand gegen die Guidelines formulieren sie in ihrem vorangestellten Punkt „3. Application" jedoch selbst: 21

„Member States and international organizations should voluntarily take measures, through national mechanisms or through their own applicable mechanisms, to ensure that these guidelines are implemented, to the greatest extent feasible, through space debris mitigation practices and procedures.

These guidelines are applicable to mission planning and the operation of newly designed spacecraft and orbital stages and, if possible, to existing ones. They are not legally binding under international law."

Spätestens mit diesem letzten Satz ist offensichtlich, dass der UN-Weltraumausschuss seine technischen Guidelines selbst als **nicht verbindlich** versteht. Es bei unverbindlichen Empfehlungen zu belassen und gerade keine neue (dann völkerrechtlich verbindliche) Konvention vorzubereiten, wird auf den Wunsch nach Konsens zurückzuführen sein. Ein Beratungsergebnis mit völkerrechtlicher Verbindlichkeit war zwischen den Mitgliedstaaten nicht möglich. Eine solche nicht nur wünschenswerte, sondern dringend gebotene Verbindlichkeit haben die Guidelines in einem zweiten Schritt auch nicht dadurch erlangt, dass die UN-Generalversammlung ihnen Ende 2007 zugestimmt hat. Bekanntlich sind deren Resolutionen trotz ihres großen Konsensgehalts ebenfalls nicht völkerrechtlich verbindlich. Ihnen kommt als soft law allenfalls **empfehlende Bedeutung** zu. Insgesamt wirft die Existenz der UN Space Debris Mitigation Guidelines die allseits bekannte philosophische Frage auf, „ob das Glas halbvoll oder halbleer" ist. Bei allem Verständnis für die schwierige Entscheidungsfindung in Internationalen Organisationen und dem Interesse der Raumfahrtnationen an einer wirtschaftlichen Nutzung des Weltraums ist aus Sicht der dringenden Menschheitsaufgabe, der Vermeidung und Reduzierung von Weltraummüll, das Glas als halbleer zu bewerten. 22

3. Eigener Vorschlag

a) Begründung von Verpflichtungen

Ein substanzieller Vorschlag muss nach hiesiger Auffassung zwei rechtliche Verpflichtungen enthalten: Eine Verpflichtung zur Rückholung von Weltraummüll (1) und eine Kostentragungsverpflichtung (2). 23

(1) Rückholung. Das zentrale Erfordernis für den Umgang mit Weltraummüll ist eine Verpflichtung zur Rückholung. Das ist bereits 1984 weitblickend von *Böck-* 24

stiegel gefordert,[29] 1996 von *Malanczuk* wiederholt,[30] 2012 von *Hobe* angemahnt[31] und auch vom *Autor* mehrfach betont worden. Dabei muss klar hervorgehoben werden, dass eine solche Rückholverpflichtung nicht darin bestehen kann, Weltraummüll **in höhere Orbits** zu verbringen und damit das Problem auf künftige Generationen zu verlagern. Denn auf diese Weise wird der Weltraummüll nicht aus dem Weltraum entfernt. Er bleibt dort und wird beim späteren Absinken in niedrigere Orbits dann Probleme bereiten. Dass trotzdem dazu eine Debatte geführt wird, innerhalb derer dann genauso gleichgültig wie lustlos auf das Verbringen in höhere „Friedhoforbits" als vermeintliche Lösung verwiesen wird,[32] kann nur erstaunen. Das Problem wird dadurch nur versteckt, nicht gelöst.[33]

25   Denkbar wäre es, das **Weltraumhaftungsübereinkommen von 1972** um eine entsprechende Rückholverpflichtung zu ergänzen. Die bisherigen WHÜ-Regelungen reichen dazu nicht aus. Zwar dürften Schäden durch Weltraummüll durchaus vom WHÜ erfasst werden, doch müsste vom Geschädigten nachgewiesen werden, wer der verantwortliche Startstaat gewesen ist.[34] Das ist bei zum Teil stark verbrannten Schrottteilen kaum möglich, wodurch die gegenwärtigen Regelungen des WHÜ unpraktikabel sind und daher keine Problemlösung darstellen können. Jedoch dürfte auch die Einbindung einer neuen, weltraummüllspezifischen Vorschrift in das Weltraumhaftungsübereinkommen nicht weiterhelfen. Denn es regelt nur schon eingetretene Schäden, ist aber nicht anwendbar auf vorbeugenden Schutz vor Schäden durch Weltraummüll.[35]

26   Die Forderung nach einer Rückholverpflichtung kann allerdings nur dann seriös erhoben werden, wenn hierfür auch **technische Möglichkeiten** existieren. Diese technischen Konzepte mussten lange Zeit als bloße Idee betrachtet werden. Seit einiger Zeit wird indes an praktischen Lösungen gearbeitet, unter denen die Forschungen der schweizerischen ETH Lausanne herausragen. Dort wurde ein Reinigungssatellit mit dem ambitionierten Namen **„Clean Space One"** entwickelt, den man sich als „Weltraumstaubsauger" vorstellen kann. Er soll Weltraummüll einsammeln und sich selbst zusammen mit dem Weltraummüll dann zum Absturz bringen, um in der Erdatmosphäre zu verglühen.[36] Dieses Projekt erscheint ambivalent. Auf der einen Seite wird Weltraummüll tatsächlich aus dem Weltraum entfernt. Auf der anderen Seite findet eine erneute Verschmutzung der Erdatmosphäre statt, der nicht die Funktion eines Verbrennungsofens zugewiesen werden sollte. Sinnvoller wäre deshalb ein Transportsystem, mit dem Weltraummüll auf die Erde befördert und dort umweltgerecht entsorgt wird. Ein „Weltraummüll-Shuttle" würde sowohl den Weltraum reinigen, als auch die Erdatmosphäre schonen.

---

29 *Böckstiegel*, in: Festschrift für Carstens, Bd. 1, 1984, S. 307 (317).
30 *Malanczuk*, ZLW 1996, 37 (58).
31 *Hobe*, Indian J. Law & Tech. 8 (2012), 1 (3, 7).
32 So *Mejia-Kaiser*, Air & Space Law 2009, 21 (28 ff.).
33 *Schladebach*, Max Planck UNYB 17 (2013), 61 (83).
34 *Proelß*, in: ders., Internationales Umweltrecht, 2017, 11. Abschnitt Rn. 47.
35 *Schladebach*, Max Planck UNYB 17 (2013), 61 (83).
36 NZZ vom 24.3.2012; Spiegel vom 24.3.2012.

(2) Kostentragung. Die zweite Bedingung für eine neue Vorschrift ist der Aspekt der Kostentragung für die Rückholung. Vermeidungsmaßnahmen, insbesondere die Rückholung von Weltraummüll, schließen den Schutz der Weltraumgegenstände, Überwachungsaktionen und Technologietransfer ein. All dies verursacht zusätzliche Kosten für jede neue Raumfahrtmission. Sind mehrere Staaten an einer Raumfahrtmission beteiligt, wird hinsichtlich der Kostentragung eine Kostenteilung auf der Grundlage des Prinzips der gemeinsamen, aber unterschiedlichen Verantwortung vorgeschlagen.[37] Jedoch erscheint der Inhalt dieses Prinzips, die gerechte Lastenverteilung zwischen unterschiedlich weit entwickelten Staaten,[38] für eine genaue Bemessung der Kostentragung nicht geeignet. Auch großdimensionierte Fondmodelle werden an dem Vorbehalt nichtbeteiligter Staaten scheitern, finanzielle Mittel für Raumfahrtprojekte bereitzustellen, in die sie nicht eingebunden sind. Daher dürfte die einzige realistische Option darin bestehen, dass in Übereinstimmung mit dem **umweltvölkerrechtlichen Verursacherprinzip**[39] jeder Staat nach seinem konkreten Verursacherbeitrag an den Rückholkosten beteiligt wird.[40]

b) Regelungsvorschlag

Nach Ansicht des *Autors* ist es Zeit für eine ergänzende Regelung im Weltraumvertrag selbst. Die UN Space Debris Mitigation Guidelines sind als bloßes soft law zur Problemlösung nicht ausreichend. Sie können im Gegenteil sogar dazu führen, dass unter beruhigendem Hinweis auf ihre Existenz weitere Anstrengungen für verbindliche Regelungen als unnötig erachtet werden. Dadurch könnte eine bedenkliche Passivität für Jahre oder gar Jahrzehnte drohen. Da Art. IX WRV der bisherige umweltschutzbezogene Artikel im Weltraumvertrag ist, soll ihm ein Artikel direkt zum Weltraummüll angeschlossen werden. Vor diesem Hintergrund wird ein schon andernorts präsentierter **neuer Art. IX *bis* WRV** vorgeschlagen:[41]

(1) Jede Vertragspartei ist verpflichtet, ihre Weltraumgegenstände, die keine Funktion mehr besitzen, und anderen daraus resultierenden Weltraummüll zurück zur Erde zu bringen.
(2) Jede Vertragspartei hat die Kosten für die Rückholung selbst zu tragen. Im Falle eines multinationalen Weltraumgegenstands sind die Kosten in Abhängigkeit von den Investitionen jedes Staates in den Weltraumgegenstand zu teilen.

---

[37] *Hobe*, Indian J. Law & Tech. 8 (2012), 1 (9).
[38] Ausführlich *Bartenstein*, in: Proelß, Internationales Umweltrecht, 2017, 2. Abschnitt Rn. 16 ff.
[39] *Proelß*, in: ders., Internationales Umweltrecht, 2017, 3. Abschnitt Rn. 48 f., der die Rolle des Verursacherprinzips als Kostenzurechnungsregel hervorhebt.
[40] *Schladebach*, Max Planck UNYB 17 (2013), 61 (85).
[41] *Schladebach*, Max Planck UNYB 17 (2013), 61 (85); ders., Hastings Int'l & Comp. L. Rev. 41 (2018), 245 (268).

§ 18 Weltraumtourismus

I. Begriff und Realität

1   Eine weitere Herausforderung, die sich für das Weltraumrecht in der Zukunft stellt, sind die rechtlichen Möglichkeiten und Grenzen des Weltraumtourismus. Spätestens seit der Ankündigung des australischen Geschäftsmanns *Sir Richard Branson* und seines Unternehmens „Virgin Galactic", **Weltraumflüge für die Allgemeinheit** zu einem Ticketpreis von ca. 200.000 US-Dollar anzubieten, hat auch in der Rechtswissenschaft eine Debatte über diese neue Nutzungsart des Weltraums begonnen.[1] Dabei zeigt der eröffnete weltraumrechtliche Diskurs, dass gerade bei dieser Thematik begriffliche Klarheit von Nöten ist. Denn was sich hinter dem recht schillernden und daher überschriftengeeigneten Begriff des Weltraumtourismus tatsächlich verbirgt, erscheint sowohl technisch als auch rechtlich sehr übersichtlich.

2   Mit dem Begriff „Tourismus" ist bei aller Abstraktion die berechtigte Erwartung einer sicheren und verlässlichen täglichen Flugroutine, einer mehr oder weniger komfortablen Unterkunft in einem Hotel oder einer Pension und eines sicheren Rückflugs verbunden. Alle diese Elemente eines normalen Tourismus sind vom gegenwärtigen weltraumrechtlichen Verständnis des Begriffs „Weltraumtourismus" nicht erfasst.[2] Zwar gibt es einige Pläne, auf dem Mond ein Hotel zu errichten und zu betreiben.[3] Eine reale Basis für einen Weltraumtourismus mit menschenwürdigen Unterkünften und einem verlässlichen Flugverkehr zum Mond und zurück mag für die mittelfristige Zukunft nicht ausgeschlossen sein. Derzeit aber sind die zumeist medienwirksam inszenierten Pläne der Unternehmen „Virgin Galactic", „Blue Origin" und „Bigelow Aerospace" **nicht „Fact", sondern „Fiction"**.[4] Obwohl dem Weltraumtourismus schon früh eine große wirtschaftliche Entwicklung vorausgesagt worden ist,[5] wird es einen wirklichen Tourismus in den Weltraum in absehbarer Zeit nicht geben. Die Diskussion um einen aufkommenden Weltraumtourismus ist daher zu Recht als übertriebene akademische Debatte be-

---

[1] *Hobe*, Nebraska L. Rev. 86 (2007), 439 ff.; *ders./Goh/Neumann*, J. Space L. 33 (2007), 359 ff.; *ders.*, Acta Astronautica 66 (2010), 1593 ff.; *Catalano Sgrosso*, International Space Law, 2011, S. 262 ff.; *Chatzipanagiotis*, The Legal Status of Space Tourists in the Framework of Commercial Suborbital Flights, 2011; *Benkö/Zickler/Röhn*, ZLW 2015, 50 ff.
[2] *Schladebach*, Hastings Int'l & Comp. L. Rev. 41 (2018), 245 (269); *ders.*, APuZ 29–30/2019, 26 (30).
[3] *Catalano Sgrosso*, International Space Law, 2011, S. 268 f.
[4] Treffend *Benkö/Zickler/Röhn*, Space Tourism: Facts and Fiction, ZLW 2015, 50 ff.
[5] *Billings*, Space Policy 2006, 162 ff.; *Loizou*, Space Policy 2006, 289 ff.

zeichnet worden,⁶ die sich als plakatives label und attraktives Werbeinstrument offensichtlich gut vermarkten lässt, jedoch technisch noch ganz am Anfang steht.

II. Die Reise in den Weltraum: Suborbitalflüge

Bei dem touristischen Element „Reise in den Weltraum" ist zwischen Raumflügen zur Internationalen Raumstation (ISS) und sogenannten Suborbitalflügen zu unterscheiden.

1. Touristen auf der ISS

Während der Aufbauphase der ISS waren von den sechs Plätzen auf der ISS regelmäßig nur drei belegt. Dies brachte die ISS-Partner auf die Idee, gelegentlich Privatpersonen auf der ISS für einige Tage aufzunehmen, die nach strengen Auswahlkriterien bestimmt wurden⁷ und ca. 20 Mio. US-Dollar für diese Reise zu zahlen hatten. Damit sollte der Aufbau der ISS auch finanziell gefördert werden. Einige **sehr reiche Personen**, zumeist aus der Informatik- und Computerspielbranche, nutzten diese Möglichkeit, der US-Amerikaner *Charles Simonyi*⁸ sogar gleich zweimal. *Dennis Tito* war 2001 der erste ISS-Tourist, es folgten *Mark Shuttleworth* (2002), *Gregory Olsen* (2005), *Anousheh Ansari* (2006), *Charles Simonyi* (2007 und 2009), *Richard Garriot* (2008) und *Guy Laliberté* (2009). Seit 2009 sind Besuche von Privatpersonen auf der ISS nicht mehr möglich.

2. Touristen in Raumfähren

a) Funktionsweise

Die seitdem einzige Option für Privatpersonen in den Weltraum zu gelangen, scheinen die großangekündigten Pläne von „Virgin Galactic". Mit dem von diesem Unternehmen entwickelten „Space Ship II", einer von einem Trägerflugzeug startenden Raumfähre, werden seit einigen Jahren Testflüge auf dem „Spaceport America" in New Mexico absolviert. Dieses und andere private Raumfahrtunternehmen planen **Suborbitalflüge** in den Weltraum. Darunter werden Parabelflüge verstanden, bei denen das Raumfahrzeug senkrecht aufsteigt, für wenige Minuten die Grenze zum Weltraum bei 100 km übersteigt, die Passagiere kurz die dort vorherrschende Schwerelosigkeit spüren und das Raumfahrzeug sodann mit einem steilen Sinkflug wieder zur Erde zurückkehrt.⁹ Ganz ersichtlich ist dieses Szenario weit von Touris-

---
6 *Schladebach*, Hastings Int'l & Comp. L. Rev. 41 (2018), 245 (269).
7 *von Kries/Schmidt-Tedd/Schrogl*, Grundzüge des Raumfahrtrechts, 2002, S. 231 m. Fn. 485; *Schladebach*, NVwZ 2008, 53 (57).
8 Zur praktischen Vorbereitung s. *Charles Simonyi*, Die Reise meines Lebens, FAZ vom 25.11.2006, Z 1.
9 *Benkö/Zickler/Röhn*, ZLW 2015, 50; *Schladebach*, APuZ 29–30/2019, 26 (31).

mus entfernt und stellt eher ein Raumflug-Event dar. Ebenso offensichtlich ist, dass solche Suborbitalflüge eine **Reihe großer Risiken** bergen. Gesundheitliche Probleme, Panikreaktionen, technische Schwierigkeiten oder Navigationsfehler machen diese Reisen in den Weltraum zu einem unvorhersehbaren Projekt. Angesichts dieser unsicheren tatsächlichen Umstände ist es bemerkenswert, dass einige Autoren intensiv den anwendbaren Rechtsrahmen diskutieren.

b) Rechtsfragen

6   Eine internationale Regelung zum – so zu verstehenden – Weltraumtourismus existiert nicht. In genereller Hinsicht wirft das Phänomen des Weltraumtourismus folgende Rechtsfragen auf: die Rechtsnatur und der Inhalt des abzuschließenden Raumflugvertrags, die Haftung gegenüber den Fluggästen und die Versicherungsmöglichkeit für das Raumfahrtunternehmen einerseits und die Fluggäste andererseits.

7   Künftige Verträge über Kurzzeitflüge in den Weltraum werden als **zivilrechtlicher Beförderungsvertrag** zwischen dem Fluggast und dem privaten Raumfahrtunternehmen ausgestaltet sein.[10] Denn Vertragsinhalt ist die Beförderung zu einem bestimmten Ort: dem Weltraum, jedenfalls zu dessen Grenze. Als Ticketpreis für einen Flug mit „Virgin Galactic" werden 200.000 US-Dollar mit der ambitionierten Prognose genannt, damit seien Weltraumflüge auch für die „normale Bevölkerung" erschwinglich. Inhaltlich wird der Vertrag aber nicht nur die finanzielle, sondern auch die körperliche Leistungsfähigkeit des Fluggastes zur Vertragsbedingung erklären. Der medizinische Fitnesszustand des Fluggastes dürfte durch aufwändige ärztliche Atteste nachgewiesen werden müssen.[11] Zudem müssen **Haftungsregelungen** und ein adäquater **Versicherungsschutz** vereinbart werden, was allein wegen der geradezu uferlosen Risiken jedenfalls für die nahe Zukunft mehr als unrealistisch erscheint.[12]

8   Der einzige Staat mit einer entsprechenden Gesetzgebung zum Weltraumtourismus sind die USA. Regelungen finden sich auf Bundesstaatsebene in Florida, New Mexico und Virginia, alles **Bundesstaaten mit Startrampen-Infrastruktur**.[13] Danach müssen Fluggäste über die bestehenden Gefahren dieser Flugreise informiert werden, u. a. über Tod, Verletzungen, physische und psychologische Schäden, wirtschaftliche Verluste. Weiterhin müssen die Fluggäste mit der Erkenntnis vertraut gemacht werden, dass viele Risiken der Raumfahrt generell noch unbekannt sind. Nach einer schriftlichen Erklärung des Fluggastes („written informed consent"), dass er diese Situation verstanden hat und akzeptiert, ist er berechtigt zu fliegen.[14]

---

10 *Schladebach*, NVwZ 2008, 53 (57); *ders.*, APuZ 29–30/2019, 26 (31).
11 Zum medizinischen Aspekt *Barratt/Baker/Pool*, Principles of Clinical Medicine for Space Flight, 2. Aufl. (2019); *Bogomolov*, International Space Station. Medical Standards and Certification for Space Flight Participants, Aviation Space and Environmental Medicine 78 (2007), 1162 ff.
12 *Schladebach*, APuZ 29–30/2019, 26 (31).
13 *Benkö/Zickler/Röhn*, ZLW 2015, 50 (51 f.).
14 *Schladebach*, Hastings Int'l & Comp. L. Rev. 41 (2018), 245 (271).

Außerdem wird ein solcher Kurzzeitflug als „höchstgefährliche Aktivität" eingestuft werden, die vom typischen Versicherungsschutz ausgeschlossen ist.[15] Dasselbe gilt für Krankenversicherungen und Lebensversicherungen. Die **Risiken** eines Flugs werden wohl nur im Rahmen eines besonders zugeschnittenen Versicherungsvertrags abgesichert werden können. Ob die Versicherungswirtschaft bereit ist, derartig dimensionierte Versicherungsverträge zu erstellen, darf bezweifelt werden. Darüber hinaus ist die Haftungsregelung der Raumfahrtunternehmen zu bedenken.[16] Schließlich bestehen umweltbezogene Risiken. Weltraummüll im erdnahen Orbit schafft eine Gefahr für jegliche Raumfahrtmission, eben auch für Suborbitalflüge. Welcher Fluggast möchte mit Weltraummüll kollidieren? Die Vorschriften der US-Bundesstaaten geben eine vorsichtige Vorstellung von den betroffenen Rechtsfragen, erscheinen aber eher als symbolische Vorratsregelungen für eine ferne Zukunft.[17] Die Raumfahrtgemeinschaft sollte sich bewusst machen, dass noch viele praktische Fragen gelöst werden müssen, bis Kurzzeitflüge als Suborbitalflüge für die breite Öffentlichkeit möglich und zumutbar werden.

III. Der Aufenthalt im Weltraum: Mondhotel

1. Ankündigungsrhetorik als Subventionsanlass

Als zweites Element eines seriösen touristischen Reiseangebots ist nach einer passablen, d. h. nicht nur menschenwürdigen, sondern die persönliche Erholung fördernden Unterkunft im Weltraum zu fragen. Auch insoweit werden in einer akademisch kaum mehr vertretbaren Weise Pläne postuliert und als realisierbar bezeichnet, die schon kurze Zeit nach ihrer medienwirksamen Präsentation schnell und zu Recht aus den Diskussionen der Fachöffentlichkeit verschwinden. So ist es nicht selten, dass private US-Raumfahrtunternehmen mit noch sehr geringer praktischer Erfahrung zunächst Projekte gegenüber der NASA ankündigen. Da die NASA die Raumfahrt bekanntermaßen als nationale, weil identitätsstiftende Aufgabe versteht, werden solche Pläne zumeist äußerst wohlwollend geprüft und sodann mit **immensen Summen** gefördert, ohne dass es eine einigermaßen vernünftige Realisierungsaussicht gibt. Schon früh wurden auf diesem Wege Pläne für ein Mondhotel[18] und eine Mondstation von den USA sowie von Japan proklamiert.[19] Von Seiten der ESA wurden vor einigen Jahren Pläne zur Errichtung eines „Moon Village" vorgestellt.[20]

---

[15] *Benkö/Zickler/Röhn*, ZLW 2015, 50 (52).
[16] *Hobe*, Nebraska L. Rev. 86 (2007), 439 (448).
[17] *Schladebach*, Hastings Int'l & Comp. L. Rev. 41 (2018), 245 (271).
[18] *Catalano Sgrosso*, International Space Law, 2011, S. 268 f.; *Schladebach*, APuZ 29–30/2019, 26 (30).
[19] *Schladebach*, NVwZ 2008, 53 (55).
[20] *Wörner*, Moon Village: A Vision for Global Cooperation and Space 4.0, 2016; dazu *Hobe/Popova*, The Moon Village Concept: A Legal Ramification, IISL-Proceedings 2019, 735 ff.; *Marboe*, Living in the Moon Village – Ethical and Legal questions, Acta Astronautica 74 (2018), 1 ff.

11 Die **Zwecke solcher Einrichtungen** divergieren: Während einige Autoren direkt von Mondhotels sprechen, stellen andere stärker auf den Forschungsaspekt ab und erläutern Pläne für eine Mondstation, die als Zwischenstation für einen Flug zum Mars fungieren soll. Unter dem hier allein interessierenden Blickwinkel des Weltraumtourismus kann und soll an dieser Stelle nur die Errichtung eines Mondhotels besprochen werden.

2. Rechtsrahmen

12 Wie bereits erläutert, lässt Art. I WRV eine wirtschaftliche Nutzung des Weltraums grundsätzlich zu, wozu auch die Errichtung und der Betrieb eines Hotels auf dem Mond gehört. Allerdings ist nach Art. II WRV eine nationale Aneignung von Teilen des Mondes oder anderer Himmelskörper verboten. Das gilt auch für private Unternehmen. Die Errichtung eines Mondhotels erfordert die Inanspruchnahme, d.h. Bebauung eines bestimmten, klar abgemessenen Teils der Mondoberfläche. Dies stellt eine **Aneignung** dar, die Art. II WRV sowohl für Staaten als auch für Privatpersonen ausschließen wollte. Zudem wäre der von Art. I Abs. 2 WRV allen Staaten gewährte, ungehinderte Zugang zu allen Teilen des Weltraums und aller Himmelskörper hinsichtlich dieses – dann mit einem Gebäude bebauten – Mondgrundstücks verwehrt. Ein touristisch genutztes Mondhotel eines Staates oder eines Unternehmens ist weltraumrechtlich grundsätzlich unzulässig.

13 Hiervon sind zwei Ausnahmen denkbar. Da Art. II WRV nur die Aneignung durch einen Akteur verbietet, ist ein von einer Staatengruppe errichtetes und touristisch genutztes Mondhotel nach hiesiger Ansicht zulässig. Es wäre dann ein **Gemeinschaftsprojekt**, das im Sinne des Art. I WRV mehreren Staaten zugutekommt. Erfolgreiches Vorbild eines solchen Gemeinschaftsprojekts im Weltraum wäre die Internationale Raumstation.

14 Eine zweite Ausnahme vom Verdikt der Unzulässigkeit bestünde darin, das Mondhotel als **Forschungsstation** zu verstehen, deren Aufbau und Nutzung nach Art. IV Abs. 2 S. 4 WRV mit dem Weltraumrecht vereinbar ist. Es muss sich dann auch nicht um eine Staatengruppe handeln, sondern kann als einzelstaatliches Projekt einer Forschungsstation auf dem Mond verwirklicht werden. Zwar wird auch durch eine Forschungsstation Mondoberfläche bebaut, allerdings drückt Art. IV Abs. 2 S. 4 WRV einen prinzipiellen Vorrang der Forschung vor dem Aneignungsverbot aus. Als Forschungsstation wäre eine Mondstation zulässig. Diese denkbare Ausnahme vom Aneignungsverbot des Art. II WRV ist hier jedoch letztlich nicht einschlägig, da es sich bei einer Forschungsstation nicht um ein Mondhotel, also eine ausschließlich touristisch genutzte Anlage, handelt.

§ 19 Weltraumbergbau

I. Wirtschaftliche Relevanz

Eine weitere aktuelle Herausforderung des Weltraumrechts ist der von einigen Staaten geplante Abbau von Bodenschätzen im Weltraum. Dem liegt die zutreffende planerische Erwägung zugrunde, dass die Rohstoffe auf der Erde endlich sind und sich eine wachsende Weltbevölkerung von derzeit rund 8 Mrd. Menschen Gedanken darüber machen muss, wie der **Rohstoffbedarf auch für künftige Jahrzehnte** gesichert werden kann.[1] Bei diesen Plänen des Rohstoffabbaus stehen verständlicherweise die Himmelskörper im Mittelpunkt, die der Erde am nächsten liegen: Der Mond und der Mars. Obwohl auch diese Diskussion durchaus noch sehr starke fiktive Züge trägt, sind hierfür drei Voraussetzungen wesentlich: Erstens muss ein Rohstoffabbau auf den Himmelskörpern weltraumrechtlich zulässig sein, zweitens ist ein effektives Transportsystem für die Rohstoffe erforderlich und drittens muss ein Rohstoffabbau wirtschaftlich sinnvoll sein.

Die **Transportfrage** ist eine allein technisch zu beurteilende Entwicklung, die sich unter anderem mit der Realisierbarkeit eines „Weltraumfahrstuhls" im Rahmen der regelmäßig stattfindenden „European Space Elevator Challenge" an der Technischen Universität München beschäftigt.[2] Ob aus Sicht der Rohstoffwirtschaft ein Abbau von Bodenschätzen im Weltraum, insbesondere auf Mond und Mars, **ökonomisch sinnvoll** wäre, obliegt ökonomischer Bewertung. So werden größere Vorkommen von Metallen wie Gold, Platin, Iridium und Rhenium sowie des Gases Helium-3 vermutet, deren Bergung von vielen Akteuren als gewinnbringend betrachtet wird.[3] Dabei wird sich wirtschaftlicher Nutzen nicht nur von der Verbringung der abgebauten Rohstoffe auf die Erde versprochen. Zudem sollen sie auch für den Bau von Anlagen auf dem Mond selbst und für die Betankung von Raumschiffen für eventuelle Weiterflüge, etwa zum Mars, genutzt werden.

Aus der hier allein interessierenden weltraumrechtlichen Perspektive entscheidend ist jedoch, ob ein Weltraumbergbau nach den weltraumrechtlichen Verträgen zulässig ist. Diese **Rechtsfrage** ist in den letzten Jahren hinsichtlich des Mondes dadurch verstärkt in das öffentliche Bewusstsein gelangt, dass sie in größeren Studi-

---

[1] *Schladebach*, Zur Renaissance des Rohstoffvölkerrechts, in: FS für Vedder, 2017, S. 593 (612); *ders.*, Hastings Int'l & Comp. L. Rev. 41 (2018), 245 (264).
[2] Handelsblatt vom 14.9.2016; *Schladebach*, in: FS für Vedder, 2017, S. 593 (611); *ders.*, Hastings Int'l & Comp. L. Rev. 41 (2018), 245 (266).
[3] Wirtschaftswoche vom 11.2.2014.

en kontrovers behandelt worden ist.[4] Ihr liegt insbesondere die Zukunft des 1979 geschlossenen Mondvertrags zugrunde, dessen zeitgemäße Aktualisierung mit der missionarischen Grundidee des „Return to the Moon!" motivatorisch flankiert und weltraumrechtlich kontinuierlich angeraten wird.[5]

II. Bergbaukonzept des Mondvertrags

4   Anders als der Weltraumvertrag von 1967 sieht der Mondvertrag von 1979 (1.) ein Konzept zum Abbau seiner Rohstoffe in Art. 11 MondV vor (2.), für dessen interessengerechte Überführung in die Gegenwart sich zahlreiche Weltraumrechtler ausgesprochen haben.

1. Geltung des Mondvertrags

5   Die erfolgreichen Mondmissionen des „Apollo-Programms" der USA Ende der 1960er/Anfang der 1970er Jahre hatten so viele Begehrlichkeiten hinsichtlich der Nutzung des Mondes geweckt, dass mit dem Mondvertrag von 1979 nicht nur ein genereller Vertrag über den Rechtsstatus dieses Kleinplaneten, sondern auch speziell über den Abbau seiner natürlichen Ressourcen geschlossen wurde.[6] Das **Schicksal des Mondvertrags** ist schon mehrfach in diesem Lehrbuch angesprochen worden und daher bekannt: Der Mondvertrag ist zwar am 11.7.1984 in Kraft getreten, wurde aber bislang nur von 18 Staaten ratifiziert.[7] Unter diesen ratifizierenden Staaten ist keine einzige der großen Raumfahrtnationen. Grund dafür ist das **als zu dirigistisch abgelehnte**[8] **Mondbergbauregime**, dem nach Auffassung vieler Industriestaaten eine sozialistisch ausgerichtete Verteilungsidee zugrunde liegt, indem es eine unangemessene Lastenverteilung zwischen dem unter großem Kosten- und Know-how-Einsatz abbauenden Staat einerseits und den passiv bleibenden, aber gleichwohl von den Erträgen profitierenden Staaten andererseits vorsieht. Dieses Konzept soll – trotz seiner fehlenden multilateralen Geltung – in seinen Grundzügen nachfolgend dargelegt werden.

---

4 *Tronchetti*, The Exploitation of Natural Resources of the Moon and Other Celestial Bodies, 2009; *Pop*, Who Owns the Moon? Extraterrestrial Aspects of Land and Mineral Resources Ownership, 2009; *Lee*, Law and Regulation of Commercial Mining of Minerals in Outer Space, 2012; *Catalano Sgrosso*, International Space Law, 2011, S. 49 ff.; *Wick*, Ein internationales Übereinkommen zur Regelung des Abbaus der natürlichen Ressourcen des Mondes und anderer Himmelskörper, 2017.
5 *Jakhu*, ZLW 2005, 243 ff.; *Hobe*, ZLW 2010, 372 ff.; *Lefeber*, Air & Space Law 2016, 41 ff.; *Schladebach*, in: FS für Vedder, 2017, S. 593 (610); *ders.*, Hastings Int'l & Comp. L. Rev. 41 (2018), 245 (265).
6 Agreement Governing the Activities of States on the Moon and Other Celestial Bodies of Dec. 5, 1979 (1363 UNTS 3; ILM 18 [1979], 1434).
7 UN Treaty Collection, Status of Treaties, Ch. XXIV: Outer Space, No. 2.
8 *von Kries/Schmidt-Tedd/Schrogl*, Grundzüge des Raumfahrtrechts, 2002, S. 12; *Schladebach*, in: FS für Vedder, 2017, S. 593 (610); *ders.*, Hastings Int'l & Comp. L. Rev. 41 (2018), 245 (265).

2. Rohstoffabbau nach Art. 11 MondV

Das gegenwärtig viel debattierte Bergbaukonzept findet sich in Art. 11 MondV. Art. 11 Abs. 1 MondV erklärt den Mond und seine Bodenschätze zum „Gemeinsamen Erbe der Menschheit". Nach Art. 11 Abs. 4 MondV haben die Vertragsparteien das Recht zur Erforschung und zur Nutzung des Mondes auf der Grundlage des Prinzips der Nichtdiskriminierung. Dazu soll gemäß Absatz 5 ein internationales Verwaltungssystem aufgebaut werden, das nach Absatz 7 mehreren Zwecken dienen soll: Einer geordneten und sicheren Entwicklung der Rohstoffe auf dem Mond, einem vernünftigen Management für diese Rohstoffe, einer Erweiterung der Nutzungsmöglichkeiten und einem **gerechten Verteilungssystem** hinsichtlich der durch den Abbau gewonnenen Erträge, wobei den Bedürfnissen der Entwicklungsländer besonderes Gewicht verliehen werden soll.

Es war exakt diese Formulierung des Art. 11 Abs. 7 d) MondV, welche die großen Raumfahrtnationen davon abgehalten hat, den Mondvertrag zu unterzeichnen und sodann zu ratifizieren. Die Gründe dafür sind unter 1. genannt worden: Eine Verteilung der von einigen wenigen Staaten abgebauten Rohstoffe des Mondes unter allen anderen Vertragsstaaten war **nicht konsensfähig**.

Dieser Umstand konnte aus völkerrechtlicher Perspektive jedoch kaum überraschen. Das ab Mitte der 1970er Jahre parallel verhandelte UN-Seerechtsübereinkommen enthielt in seiner Entwurfsfassung für die ebenfalls zum gemeinsamen Erbe der Menschheit erklärte Tiefsee und ihre Ressourcen mit Art. 136 ff. SRÜ vergleichbare Vorschriften über ein gerechtes Verteilungssystem der dort abgebauten Rohstoffe. Auch hier weigerten sich einige Industrienationen, sich verbindlich zu einem solchen Verteilungsmechanismus zu bekennen. Die Ratifizierung des UN-Seerechtsübereinkommens wurde davon abhängig gemacht, dass diese vertraglichen Regelungen zuvor durch ein Durchführungsübereinkommen abgeschwächt werden.[9] Dieses ist im Juli 1994 und damit noch vor Inkrafttreten des eigentlichen UN-Seerechtsübereinkommens am 16.11.1994 geschlossen worden. Es dürfte sich um einen einmaligen Vorgang handeln, bei dem ein jahrelang ausgehandeltes internationales Abkommen noch vor seinem Inkrafttreten geändert worden ist.

Aus dieser **parallelen Entwicklung im Seerecht**[10] lässt sich die verallgemeinernde Erkenntnis ableiten, dass ein internationaler Konsens über gerechte Verteilungssysteme bei natürlichen Ressourcen zwar nicht ausgeschlossen erscheint, aber äußerst schwer zu finden sein wird. Diese Einsicht dürfte auch bei den zahlreichen Vorschlägen zu einer Überarbeitung des Art. 11 MondV zu berücksichtigen sein, die bisweilen recht idealistisch und unter Ausblendung der harten wirtschaftlichen Interessen vorgelegt werden.[11]

---
9 Dazu *König*, Jura 1995, 127 ff.; *Schladebach/Esau*, DVBl. 2012, 475 (478); *Lee*, Law and Regulation of Commercial Mining of Minerals in Outer Space, 2012, S. 252 ff.
10 Dazu etwa *Tronchetti*, The Exploitation of Natural Resources of the Moon and Other Celestial Bodies, 2009, S. 54 ff.; *Lee*, Law and Regulation of Commercial Mining of Minerals in Outer Space, 2012, S. 236 ff.
11 Siehe Fn. 4 und 5.

III. Bergbau nach dem Weltraumvertrag

10 Mangels unilateraler Geltung des Mondbergbauregimes des Art. 11 MondV richtet sich die Zulässigkeit des Bergbaus auf dem Mond nach Art. II WRV. Dabei kann man durchaus fragen, ob sich das **Aneignungsverbot des Art. II WRV** nur auf Hoheitsansprüche in Bezug auf ein Gebiet oder auch auf dessen konkrete Bodenschätze erstreckt. Wie der Wortlaut des Art. II WRV indes zeigt, soll durch ihn nicht nur jedwede Beanspruchung von Hoheitsgewalt, sondern auch eine nationale Aneignung „durch Benutzung oder Okkupation oder durch andere Mittel" verboten werden. Selbst wenn man im Abbau von Bodenschätzen auf dem Mond keine Beanspruchung von Hoheitsgewalt sieht, so ist in dieser Tätigkeit aber jedenfalls eine „Benutzung" und ein „anderes Mittel" als Form der Aneignung zu erblicken. Einige Autoren versuchen darüber hinaus, die Ausbeutung von Bodenschätzen als wirtschaftliche Nutzung im Sinne des Art. I Abs. 1 WRV darzustellen, die von dem eng auszulegenden Aneignungsverbot des Art. II WRV nicht begrenzt werden kann.[12] Gleichzeitig wird zutreffend bemerkt, dass sich der Weltraumvertrag überhaupt nicht zu Rohstoffen im Weltraum verhält. Wenn dem aber so ist, so kann dem Weltraumvertrag diese – nicht intendierte – Aussage auch nicht als wirtschaftliche Nutzung untergeschoben und die gegenteilige Aussage des Art. II WRV ausgeblendet werden. Diese schon im Ansatz widersprüchliche Argumentation ist erkennbar von dem Wunsch getragen, eine rechtliche Zulässigkeit des Abbaus der Bodenschätze auf dem Mond zu begründen.

11 Die mühsamen Argumentationsversuche können nicht überzeugen. Wie man in den Mitte der 1960er Jahre ausgearbeiteten Weltraumvertrag den Abbau von Mondressourcen hineinlesen will, ohne damals wissen zu können, ob jemals Menschen auf dem Mond landen können, erscheint nicht nachvollziehbar. Auch das spezifische Mondbergbauregime des Art. 11 MondV einerseits und das fehlende Konzept im Weltraumvertrag andererseits lassen eine entsprechende nachholende Interpretation des Art. I WRV nicht zu. Schließlich müssten die vielfältigen Untersuchungen zum Mondvertrag als überflüssig gelten, wenn die Zulässigkeit des Weltraumbergbaus schon aus dem Weltraumvertrag folgen würde. Die Begründungsversuche sind daher schon im Ansatz verfehlt. Somit ist abschließend festzuhalten, dass der Abbau von Bodenschätzen auf dem Mond und anderen Himmelskörpern durch Art. II WRV – und zwar auch für Privatunternehmen – **verboten** ist. Davon nicht erfasst sind selbstverständlich die kleinen Gesteinsproben, die aus wissenschaftlichen Gründen von den Apollo-Astronauten vom Mond mitgebracht worden sind.

IV. Bergbau nach nationalem Recht

12 In jüngster Zeit haben die USA (1.) sowie Luxemburg (2.), ein bisher in der Raumfahrt nicht besonders in Erscheinung getretener Staat, nationale Gesetze zur Zu-

---

12 *Tronchetti*, The Exploitation of Natural Resources of the Moon and Other Celestial Bodies, 2009, S. 218 ff.

lässigkeit des Weltraumbergbaus erlassen, die in den Weltraumwissenschaften für Aufsehen gesorgt haben (3.).

1. USA

Am 25.11.2015 unterzeichnete der damalige US-Präsident *Obama* den „US Commercial Space Launch Competitiveness Act",[13] dessen Titel IV „Space Resource Exploitation and Utilization" eine vieldiskutierte Regelung enthält. US-Bürger sollen berechtigt sein, im Weltraum solche Rohstoffe zu bergen, sich anzueignen, zu transportieren und zu verkaufen, die anlässlich einer auf Rohstoffabbau gerichteten Weltraummission gewonnen wurden. Dieses Gesetz soll für den gesamten Weltraum gelten und schließt damit auch den Mond ein. Die zentrale Regelung dieses von *Obama* verfolgten weltraumrechtlichen Konzepts des „America First" lautet:

„A United States citizen engaged in commercial recovery of an asteroid resource or a space resource under this chapter shall be entitled to any asteroid resource or space resource obtained, including to possess, own, transport, use, and sell the asteroid resource or space resource obtained in accordance with applicable law, including the international obligations of the United States."

2. Luxemburg

Mit ungläubigem Staunen wurde in der Fachöffentlichkeit registriert, dass am 20.7.2017 auch Luxemburg ein nationales Gesetz erließ, das es Staatsbürgern Luxemburgs oder solchen Personen, die eine Genehmigung der Luxemburger Behörden erhalten haben, erlaubt, Eigentum an Rohstoffen im Weltraum zu begründen.[14] Mit diesem Weltraumressourcengesetz und der Errichtung der „Luxembourg Space Agency" will sich Luxemburg als Konkurrenzstandort zur ESA für Weltraumforschung etablieren und bietet seither attraktive Ansiedlungsbedingungen für Start-up-Unternehmen.

3. Bewertung und Ausblick

Die ganz überwiegende Zahl der Autoren hält diese beiden nationalen Gesetze für unvereinbar mit dem Aneignungsverbot des Art. II WRV.[15] Diese Ansicht ist zutreffend. Eine Mitnahme von Bodenschätzen vom Mond oder von anderen Him-

---

13 U. S. Commercial Space Launch Competitiveness Act, U. S. Congress, H. R. 2262, 25.11.2015; 51 U. S. Code § 51301.
14 Loi du 20 juillet 2017 sur l'exploration et l'utilisation des ressources de l'espace, Official Gazette of The Grand Duchy of Luxembourg, No. 674, 28.7.2017.
15 *Hobe*, ZLW 2016, 204 ff.; *Schladebach*, in: FS für Vedder, 2017, S. 593 (611); *ders.*, Hastings Int'l & Comp. L. Rev. 41 (2018), 245 (254); *ders.*, APuZ 29–30/2019, 26 (30); s. auch *Tronchetti*, Air & Space Law 2016, 143 ff.; Bundesregierung, Antwort auf Kleine Anfrage, BT-Drs. 19/12385 vom 14.8.2019.

melskörpern, die nicht ausschließlich wissenschaftlichen Zwecken dient, stellt eine weltraumrechtlich **verbotene Aneignung** dar. Beide Gesetze verstoßen gegen den Weltraumvertrag, der auch von den USA und Luxemburg ratifiziert worden ist.

16 Weltraumbergbau kann in völkerrechtlich zulässiger Weise nicht durch einzelne Staaten, sondern **nur als Gemeinschaftsprojekt der gesamten Staatenwelt** verwirklicht werden. Es ist daher tatsächlich erforderlich, entweder den Mondvertrag neu zu verhandeln oder gleich ein ganz neues internationales Abkommen zu schließen. Angesichts der geschilderten Vorbehalte vieler Raumfahrtnationen gegen ein internationales Verteilungssystem, die künftig jedenfalls nicht kleiner werden dürften, erscheinen die Erfolgsaussichten trotz aller „New Space"-Euphorie jedoch eher gering.

17 Darüber hinaus ist neben der ungelösten Transportfrage auf ein weiteres praktisches Problem hinzuweisen, das in der Weltraumwissenschaft bislang nicht debattiert wird. Von den Gesteinsproben vom Mond ist wenig bekannt, ob sie für den Menschen **schädliche Stoffe** enthalten oder gar verseucht sind. Ein Großteil dieser Proben wird bis heute von den USA unter Verschluss gehalten. Zwar hat Art. IX S. 2 WRV dieses Problem des Einbringens außerirdischer Stoffe in die irdische Welt zumindest rechtlich im Blick und will dadurch verursachte Kontaminationen vermeiden. Jedoch wird man kaum behaupten können, dass die Gefahrlosigkeit der Verbringung von Bodenschätzen aus dem Weltraum zur Erde im Hinblick auf mögliche Kontaminationen wissenschaftlich abschließend geklärt ist.

§ 20 Der Schutz geistigen Eigentums im Weltraum

I. Urheberrecht und Weltraumrecht

Eine bislang nur wenig untersuchte Rechtsfrage des Weltraumrechts besteht darin, ob urheberrechtliche Erfindungen im Weltraum als hoheitsfreiem Gemeinschaftsraum schutzfähig sind oder von vornherein allen Staaten gemeinsam zustehen.[1] Denn der besondere Rechtsstatus des Weltraums legt auf den ersten Blick durchaus die Annahme nahe, dass Erfindungen im Weltraum der Allgemeinheit zur freien Verfügung stehen. Das ist kein theoretisches Problem, sondern kann in Form von wissenschaftlichen Zeichnungen, geordneten und gesichteten Informationen, photographischen Aufnahmen, Computerprogrammen oder auch spontanen Erfindungen rechtliche Relevanz erlangen.[2] Dabei soll hier aus Gründen der Übersichtlichkeit nur auf das **Urheberrecht** eingegangen werden.[3]

1. Urheberrecht als territoriales Recht

Das Urheberrecht schützt kreative Leistungen als unkörperliches Gut. Als absolut geschütztes Recht kann der Inhaber mit dem entstandenen Urheberrecht nach seinem Belieben verfahren, etwa das entstandene Werk verwerten und andere Personen von der Nutzung ausschließen. Die aus dem Urheberrecht resultierenden Befugnisse sind jedoch räumlich begrenzt. Der im Urheberrechtsgesetz geregelte Schutz entfaltet sich nur auf dem Territorium des Urheberrechtsschutz gewährenden Staates. Da das Urheberrecht ein nationales Recht bildet, die Eigentumsordnung also territorial geprägt ist, können Urheberrechtsverletzungen **nur im Inland** auftreten.[4]

Konzeptionell leiten viele Vertreter daraus das **Territorialitätsprinzip** im Urheberrecht ab.[5] Weil sich die Gesetzgebungskompetenz eines Staates auf sein Territorium beschränke, sei auch die Wirkung des durch die nationale Rechtsordnung

---

1 *von Kries/Schmidt-Tedd/Schrogl*, Grundzüge des Raumfahrtrechts, 2002, S. 102 ff.; *Smith*, Evolution of Intellectual Property Law in Outer Space, in: Benkö/Kröll, Luft- und Weltraumrecht im 21. Jh., 2001, S. 462 ff.
2 *Böckstiegel*, in: ders., HdWR, 1991, S. 277 (299).
3 Zum Patentrecht *Böckstiegel/Krämer/Polley*, ZLW 1998, 3 ff., 166 ff.; *Knittlmayer*, RIW 1991, 823 ff.
4 *Lettl*, Urheberrecht, 2. Aufl. (2013), § 11 Rn. 19; *Götting/Lauber-Rönsberg*, in: Tietje, Internationales Wirtschaftsrecht, 2. Aufl. (2015), § 12 Rn. 27; *de la Durantaye/Golla/Kuschel*, GRUR Int. 2013, 1094 (1095).
5 Dazu *Schack*, Urheber- und Urhebervertragsrecht, 9. Aufl. (2019), Rn. 910 ff.

gewährten Urheberrechtsschutzes auf das betreffende Staatsgebiet begrenzt. Die Anhänger des **Universalitätsprinzips** sind hingegen der Ansicht, dass das Urheberrecht allein durch den Schöpfungsakt entstehe und keinen Hoheitsakt eines Staates erfordere.[6] Daher sei die Wirkung des Urheberrechtsschutzes nicht zwingend auf das Territorium des gewährenden Staates begrenzt. Ein entstandenes Urheberrecht gelte somit universell, also unabhängig von einem konkreten Staatsgebiet. Dieser Ansatz hat sich bis heute noch nicht durchgesetzt.

2. Weltraumrecht als extraterritoriales Recht

4   Dagegen ist das Weltraumrecht extraterritorial ausgestaltet. Es begreift den Weltraum in Art. I und II WRV als hoheitsfreien Gemeinschaftsraum, für den territoriale Eingrenzungen grundsätzlich keine Rolle spielen und konzeptionell auch keine Rolle spielen können. Der zentrale Unterschied zwischen dem Weltraumrecht und dem Urheberrecht ist somit die Territorialität: Weltraumrecht ist extraterritorial, Urheberrecht hingegen territorial.[7] Folglich ist das Weltraumrecht dem Völkerrecht, das Urheberrecht dem nationalen Recht zuzuordnen.

5   Dass jedoch auch das Weltraumrecht nicht gänzlich ohne nationale Zuordnung auskommt, zeigt insbesondere Art. VIII WRV, wonach sich staatliche Hoheitsgewalt und Kontrolle dann im – an sich hoheitsfreien – Weltraum fortsetzen, wenn der Weltraumgegenstand gem. Art. II WRegÜ registriert worden ist. In diesem regelmäßigen Fall gilt für den Weltraumgegenstand das nationale Recht des Registerstaats auch im Weltraum. Weltraumgegenstände sind daher „fliegende Hoheitsgebiete". Will man diese Grundsatz-Ausnahme-Konstellation des Weltraumrechts konzeptionell erfassen, so wird man insoweit von der „**Quasi-Territorialität**" sprechen können.[8] Neben Art. VIII WRV wird dieser quasiterritoriale Charakter des Weltraumrechts auch durch die parallele Vorschrift des ISS-Übereinkommens (Art. 5 ISS-Ü) bestätigt.

II. Mögliche weltraumrechtliche Schranken des Urheberrechts

1. Weltraumvertrag

6   In Ermangelung einer eigenen Urheberrechtsordnung für den Weltraum stellt sich die Frage, ob und inwieweit **national geregelte Urheberrechte im Weltraum** anerkannt werden können. Vorab ist dafür allerdings zu problematisieren, ob die Hoheitsfreiheit im Weltraum der Entstehung nationaler Urheberrechte entgegensteht oder diese bereits von vornherein beschränkt.[9] Wenngleich diese Frage gelegentlich

---
[6] Dazu *Schack*, Urheber- und Urhebervertragsrecht, 9. Aufl. (2019), Rn. 919 ff.
[7] *Smith* (Fn. 1), S. 469; *de la Durantaye/Golla/Kuschel*, GRUR Int. 2013, 1094 (1095).
[8] WIPO – International Bureau, Intellectual Property and Space Activities, 2004, S. 13; *de la Durantaye/Golla/Kuschel*, GRUR Int. 2013, 1094 (1096).
[9] *de la Durantaye/Golla/Kuschel*, GRUR Int. 2013, 1094 (1097).

als „akademisch" bezeichnet worden ist,[10] erscheint es aus didaktischen Gründen jedenfalls hilfreich, kurz auf mögliche weltraumrechtliche Schranken des Urheberrechts einzugehen.

So verpflichtet **Art. I WRV** zur gleichberechtigten, diskriminierungsfreien Erforschung und Nutzung des Weltraums als Sache der gesamten Menschheit. Verstärken sich solche Nutzungsaktivitäten zu einem Monopol, insbesondere hinsichtlich der daraus gezogenen Früchte, so wäre das mit Art. I WRV unvereinbar. Ein Urheberrecht im Weltraum könnte ein urheberrechtliches Monopol an einem Werk zur Folge haben. Wegen des Programmcharakters des Art. I WRV, der keine konkreten rechtlichen Regelungen enthält, wird diese Norm keine Beschränkung bei der Anerkennung eines Urheberrechts darstellen können.[11]

7

Das ebenfalls anzudenkende Aneignungsverbot des **Art. II WRV** bezieht sich auf den „Weltraum einschließlich des Mondes und anderer Himmelskörper". Ein Urheberrecht müsste damit Teil des (freien) Weltraums oder eines Himmelskörpers sein, um vom Aneignungsverbot erfasst zu sein. Allerdings wird zutreffend angenommen, dass beim Urheberrecht das Werk als persönlich geistige Schöpfung des Urhebers betroffen, das Werk aber nicht räumlich abgrenzbarer Teil des Weltraums ist.[12] Prägnant wird weiterhin betont, dass das Werk von seinem Bezugsobjekt zu trennen sei: Wer wissenschaftliche Ergebnisse wie Messdaten eines Planeten sammele und darstelle, eigne sich dadurch nicht den Planeten an. Das Werk sei lediglich Produkt einer zulässigen Weltraumnutzung, die grundsätzlich nicht zur Aneignung des Weltraums führen könne.

8

Darüber hinaus bildet auch **Art. XI WRV** keine Schranke für die Anerkennung eines Urheberrechts. Danach sind die Vertragsstaaten verpflichtet, den Generalsekretär der Vereinten Nationen sowie die Öffentlichkeit und die wissenschaftliche Welt in größtmöglichem Umfang, soweit irgend tunlich, von der Art, der Durchführung, den Orten und den Ergebnissen dieser Tätigkeiten zu unterrichten. Jedoch handelt es sich auch bei dieser Vorschrift um einen Programmsatz, der es keinesfalls gebietet, alle Menschen von den gewonnenen Ergebnissen gleichermaßen wirtschaftlich profitieren zu lassen. Außerdem spricht der Vorbehalt „soweit irgend tunlich" ebenso gegen eine konkrete Pflicht wie die zutreffende Annahme, dass der Informationspflicht im Hinblick auf urheberrechtlich geschützte Werke durchaus auch durch die Einräumung einzelner Nutzungsrechte entsprochen werden kann.[13]

9

2. Allgemeinwohlverpflichtung als Grenze

Diese grundsätzliche Zulässigkeit im Weltraum entstandener urheberrechtlicher Positionen steht einer punktuellen **Einschränkbarkeit solcher Rechte** wegen des welt-

10

---
[10] *von Kries/Schmidt-Tedd/Schrogl*, Grundzüge des Raumfahrtrechts, 2002, S. 103; *Knittlmayer*, RIW 1991, 823 (824).
[11] *Böckstiegel*, in: ders., HdWR, 1991, S. 277 (299).
[12] Instruktiv zu dieser Frage *de la Durantaye/Golla/Kuschel*, GRUR Int. 2013, 1094 (1097).
[13] *Böckstiegel*, in: ders., HdWR, 1991, S. 277 (299 f.); *de la Durantaye/Golla/Kuschel*, GRUR Int. 2013, 1094 (1097).

raumrechtlichen Gemeinwohlgedankens nicht entgegen. Handelt es sich bei dem geschaffenen Werk um ein solches, das von erheblicher Relevanz für alle Staaten sein kann, sind Einschränkungen an der Absolutheit des Urheberrechts möglich.[14] Diese Relevanz kann sich aus der wissenschaftlichen Bedeutung einer Leistung für die gesamte Menschheit ergeben. Werden etwa Untersuchungen oder Bildaufnahmen zum Klimawandel, zur Frühwarnung vor Naturkatastrophen oder zum Ressourcenmanagement angefertigt, so sind sie der Allgemeinheit zur Verfügung zu stellen. In derartigen Einzelfällen muss sich die dem Weltraumrecht zugrundeliegende Gemeinwohlverpflichtung (Art. I WRV) gegen das Interesse des Urhebers an der alleinigen Nutzung seiner Leistung durchsetzen.

11 Eine weitere Beschränkung kann sich aus der **Allgemeinwohlverpflichtung der Raumfahrer** ergeben. Sie sind nach Art. V WRV „Boten der Menschheit" und handeln nicht in erster Linie als Privatperson. Da das Urheberrecht jedoch individuelle Leistungen schützt, entstehen hier Kollisionen mit der Allgemeinwohlverpflichtung der agierenden Raumfahrer.[15] Geht es somit um ein Werk, das in engem Zusammenhang mit der Tätigkeit als Raumfahrer entstanden ist, erscheinen Beschränkungen des so entstandenen Urheberrechts gerechtfertigt.

III. Quasi-territoriale Weltraumrechtsordnung und urheberrechtliche Folgen

12 Um überhaupt über mögliche Beschränkungen von Urheberrechten nachdenken zu können, bedarf es zuvor der rechtlichen Begründung ihrer Entstehung. Hierzu bietet das Konzept der Quasi-Territorialität den weltraumrechtlichen Rahmen.

1. Hoheitsgewalt und Registrierung, Art. VIII WRV

13 Die Grundlage der Quasi-Territorialität des Weltraumrechts bildet Art. VIII WRV. Danach behält ein Vertragsstaat Hoheitsgewalt, Kontrolle und Eigentum an dem Weltraumgegenstand auch im Weltraum, wenn der Weltraumgegenstand im nationalen bzw. internationalen Register nach Art. II WRegÜ registriert worden ist. Dies bedeutet für das Urheberrecht, dass das im Weltraum neu entstandene Werk so behandelt wird, als sei es auf dem Territorium des Registerstaats entstanden. Es gilt mithin das **nationale Urheberrecht** an Bord des Weltraumgegenstands.

14 Aufgrund dieses fortwirkenden nationalen Urheberrechtsschutzes behalten auch bereits auf der Erde entstandene Urheberrechte ihre Geltung im Weltraum. Schwieriger zu bewerten ist die Konstellation, in der eine schöpferische Leistung **auf der Erde vorbereitet** wird, sich dann aber erst unter den Bedingungen der Schwerelosigkeit während einer Raumfahrtmission verwirklicht.[16] Hier wird nach den Maß-

---
[14] Dazu *de la Durantaye/Golla/Kuschel*, GRUR Int. 2013, 1094 (1098).
[15] *de la Durantaye/Golla/Kuschel*, GRUR Int. 2013, 1094 (1098).
[16] Dazu im Hinblick auf die ISS *von Kries/Schmidt-Tedd/Schrogl*, Grundzüge des Raumfahrtrechts, 2002, S. 229.

stäben des nationalen Urheberrechts zu entscheiden sein, wo die schöpferische Leistung stattgefunden hat. Da sich diese Wertung jedoch aus demselben Gesetz ergibt, dürften sich insoweit keine größeren Besonderheiten aus der Tatsache ergeben, dass das Werk endgültig erst im Weltraum entstanden ist.

2. Spezialfall ISS, Art. 21 ISS-Ü

Die auch als Forschungsstation konzipierte Internationale Raumstation ist für Erfindungen vielfältiger Art geradezu prädestiniert. Mit Art. 5 und 6 ISS-Ü[17] wird zunächst exakt das in Art. VIII WRV geregelte Regime übernommen. Allein schon aus dieser Übernahme folgt, dass auch auf der ISS die Geltung des **nationalen Urheberrechts** der Registrierung des jeweiligen Raumstationselements im nationalen Weltraumregister folgt. Wird eine schöpferische Leistung im Stationsmodul der USA erbracht, so ist US-amerikanisches Urheberrecht anwendbar. Trotz dieser Bestätigung des quasi-territorialen Konzepts meinten die Vertragsparteien, mit Art. 21 ISS-Ü zusätzlich eine spezielle Regelung zum geistigen Eigentum treffen zu müssen. Zur Definition des Begriffs „geistiges Eigentum" verweist Art. 21 Abs. 1 ISS-Ü auf die Begriffsbestimmung des Art. 2 der WIPO-Konvention von 1967.[18] Auf diese Weise sollen möglichst alle Schutzrechte erfasst und die international anerkannte Definition benutzt werden.[19]

Nach Art. 21 Abs. 2 ISS-Ü gilt „eine Tätigkeit, die in oder an einem Flugelement der Raumstation ausgeführt wird, als ausschließlich **im Hoheitsgebiet des Partnerstaats ausgeführt**, der das Element registriert hat." Für die ESA als Vertragspartner bedurfte es erneut einer Sonderregelung: „Bei den von der ESA registrierten Elementen kann jeder europäische Partnerstaat die Tätigkeit als in seinem Hoheitsgebiet ausgeführt betrachten." Weitere Regelungen betreffen Schadensersatzansprüche, Klagemöglichkeiten und Lizenzwirkungen im ESA-Kontext.

Art. 21 ISS-Ü bestätigt, was nach Art. 5 ISS-Ü und Art. VIII WRV bereits gilt: Wer registriert, kann sein Recht anwenden. Das Territorialitätsprinzip des irdischen Urheberrechts wird auf Weltraumsachverhalte übertragen.[20] Hieran wird deutlich, welche **bedeutende Funktion der Registrierung** von Weltraumgegenständen zukommt. Sie steuert praktisch extraterritoriale Hoheitsgewalt, Kontrolle, Eigentum und Rechtsordnung. So ist auch die Entstehung von Immaterialgüterrechten im Weltraum von ihr und ihrer klaren Dokumentation abhängig. Wenn jedoch die vorrangige nationale Registrierung lediglich in einer rechtlich fragwürdigen Anlage zur Luftfahrzeugrolle (Raumfahrtnation Deutschland) oder mit bewusster Fahrlässigkeit gar nicht oder verspätet (internationale Registrierungspraxis im UN-Register)[21] erfolgt, sind rechtliche Folgekonflikte vorprogrammiert.

---

17 ISS-Übereinkommen vom 29.1.1998 (BGBl. 1998 II S. 2445).
18 WIPO-Konvention vom 14.7.1967 (BGBl. 1970 II S. 293).
19 *von Kries/Schmidt-Tedd/Schrogl*, Grundzüge des Raumfahrtrechts, 2002, S. 228.
20 *de la Durantaye/Golla/Kuschel*, GRUR Int. 2013, 1094 (1098 f.).
21 Dazu *Mick*, Registrierungskonvention und Registrierungspraxis, 2007.

IV. Neuregelung im internationalen Recht

18 Bei den gelegentlich erhobenen Forderungen nach einer Neuregelung des Verhältnisses von Weltraumrecht und Urheberrecht ist zu differenzieren. Eine Ergänzung des **Weltraumvertrags** erscheint wenig wahrscheinlich. Art. VIII WRV i. V. m. Art. II WRegÜ dürften mit dem quasi-territorialen Konzept ausreichende Vorgaben enthalten: Nach der Registrierung des Weltraumgegenstands gilt im Weltraum das nationale Urheberrecht des Registerstaats.

19 Für die Schaffung eines **eigenen Urheberrechtssystems** im Weltraum sind mehrere Vorschläge unterbreitet worden. Sowohl von der WIPO[22] als auch in der Wissenschaft von *Oosterlinck*[23] und *Sterling*[24] wurde das Erfordernis internationaler Regelungen durch Präsentation eigener Entwürfe hervorgehoben. Von der Debatte um ein internationales Weltraum-Urheberrecht werden sich auch neue Impulse für die Fortentwicklung des internationalen Urheberrechts versprochen.[25]

---

[22] WIPO – International Bureau, Intellectual Property and Space Activities, 2004, S. 5.
[23] *Oosterlinck*, J. Space L. 17 (1989), 23 (36).
[24] *Sterling*, Space Copyright Law: The New Dimension. A Preliminary Survey and Proposals, 2008, S. 33.
[25] *de la Durantaye/Golla/Kuschel*, GRUR Int. 2013, 1094 (1101).

§ 21 Streitbeilegung im Weltraumrecht

I. Relevanz

Vergangenheit und Gegenwart zeigen, dass Weltraumrechtsstreitigkeiten zwischen Staaten oder zwischen einem Staat und einem privaten Raumfahrtunternehmen bislang kaum zu verzeichnen sind. Generell wird im Völkerrecht typischerweise auf eine diplomatische Lösung aufkommender Streitigkeiten gesetzt, so dass Gerichtsverfahren und die damit häufig verbundenen Reputationsverluste für die beteiligten Staaten weitgehend vermieden werden können. Mit der bevorstehenden **Intensivierung der Raumfahrt**, die nicht nur neue Raumfahrtnationen wie China oder Indien, sondern zunehmend auch Privatunternehmen umfasst, dürfte sich das Potenzial an weltraumrechtlichen Konflikten allerdings vergrößern.[1] Angesichts dieser mehrgleisigen Expansion der Raumfahrt erscheint an dieser Stelle daher die Grundfrage berechtigt, ob das Weltraumrecht auch sachgerechte Regelungen für den Konfliktfall enthält. Hinzu kommt die im Völkerrecht leider oft negativ beantwortete Frage nach der Verbindlichkeit und Durchsetzbarkeit getroffener Streitentscheidungen.

Anlass zu einer Untersuchung in gebotener Kürze geben auch **jüngere Entwicklungen im Seevölkerrecht**, das ebenfalls zum Besonderen Völkerrecht zählt und vielfach Pate für das Weltraumrecht gestanden hat. Zwar waren die Verhandlungen über ein UN-Seerechtsübereinkommen (1973–1982) sowie dessen Ratifizierung (1982–1994) derart lang, dass an dem echten Willen zu einer multilateralen Seerechtsordnung deutliche Zweifel angebracht sind.[2] Trotzdem wurde mit der Einrichtung des Internationalen Seegerichtshofs (ISGH) gezeigt, dass es gewachsene Spezialmaterien im Völkerrecht durchaus rechtfertigen, eigene Rechtsprechungsorgane zu schaffen. Darüber hinaus ist für den hoheitsfreien Gemeinschaftsraum „Tiefsee" (Art. 136 ff. SRÜ) eine in den ISGH integrierte Rechtsprechungseinheit, die „Meeresbodenkammer", vorgesehen worden. Sowohl in der Existenz des ISGH als solchem als auch der Meeresbodenkammer als besonderer Kammer könnte jedenfalls ein vorsichtiges Signal erblickt werden, dass die positive Differenzierung im Völkerrecht[3] zu neuen Spruchkörpern führen kann.

---

1 *Böckstiegel*, in: ders., HdWR, 1991, S. 805 ff.; *ders.*, in: FS Carstens, Bd. 1, 1984, S. 307 (322).
2 Zu deren Herausforderungen *Schladebach/Esau*, DVBl. 2012, 475 ff.
3 Im Völkerrechtsschrifttum ebenso häufig wie unnötig als „Fragmentierung" diskreditiert. Die Ausdifferenzierung im Völkerrecht ist eine positive Entwicklung, die den Beweis eines jeweiligen internationalen Konsenses erbringt. Die Fragmentierungsdebatte war auch deshalb völlig verfehlt, weil sie ihren eigenen Forschungsgegenstand in Frage gestellt hat.

II. Internationaler Gerichtshof (IGH)

3 Als Gericht für die Entscheidung weltraumrechtlicher Streitigkeiten kommt in erster Linie der Internationale Gerichtshof (IGH) in Betracht. Die Zuständigkeiten des nach Art. 7 Abs. 1 und Art. 92 ff. UN-Charta 1945 geschaffenen IGH ergeben sich konkret aus dem Statut des IGH.[4] Nur Staaten können vor dem IGH klagen. Zudem ist erforderlich, dass beide Streitparteien die Zuständigkeit des IGH durch eine **ausdrückliche Erklärung nach Art. 36 Abs. 2 IGH-Statut** vorher anerkannt haben. Soweit dies geschehen ist, kann der IGH auf der Grundlage des Art. 38 Abs. 1 a) IGH-Statut weltraumrechtliche Streitigkeiten über den Inhalt und die Anwendung der in diesem Lehrbuch erörterten weltraumrechtlichen Abkommen entscheiden. Wird diese Unterwerfungserklärung nicht abgegeben, scheidet der IGH als Streitentscheidungsinstanz aus.

4 Diese Erwägungen entspringen dem allgemeinen Völkerrecht und sind daher nicht neu. Interessanter ist die weitergehende Frage, ob der **IGH für Weltraumrechtsstreitigkeiten** gut gerüstet ist. In einer knapp 20 Jahre alten Untersuchung[5] wird eingangs betont, dass der Schwierigkeitsgrad der Materie nicht gegen eine Eignung des IGH spreche. Denn auch bei komplizierten Problemen des Umweltvölkerrechts waren die IGH-Richter ohne weiteres in der Lage, kompetente Entscheidungen zu treffen. Zudem wurde herausgearbeitet, welche damaligen Richter welche weltraumrechtlichen Kenntnisse besitzen, also Publikationen vorgelegt oder am Manfred-Lachs-Space-Law-Moot-Court als Richter mitgewirkt haben. Überdies wurde das Für und Wider der Einrichtung einer weltraumrechtlich spezialisierten Kammer beim IGH erwogen, letztlich aber abgelehnt.[6] Insgesamt wird zutreffend resümiert, dass der IGH auch ohne spezialisierte Kammer problemlos in der Lage wäre, sachkundig weltraumrechtliche Streitfälle zu entscheiden.

III. Ständiger Schiedshof (PCA)

5 Der Ständige Schiedshof (Permanent Court of Arbitration) ist kein eigenes Schiedsgericht.[7] Er wurde durch Art. 41 ff. des I. Haager Abkommens zur **friedlichen Erledigung internationaler Streitfälle** errichtet und ist seit 1907 am Sitz in Den Haag aktiv. Organisatorisch handelt es sich vielmehr um eine Liste mit möglichen Schiedsrichtern, die im Fall völkerrechtlicher Streitigkeiten zwischen Staaten angerufen werden können. Der Auftrag des Ständigen Schiedshofs lässt sich aus Art. 33 Abs. 1 UN-Charta herleiten, wo auch die verschiedenen Optionen des Gerichts auf-

---

4 BGBl. 1973 II S. 505.
5 *Vereshchetin*, The International Court of Justice as a Potential Forum for the Resolution of Space Law Disputes, in: Benkö/Kröll, Luft- und Weltraumrecht im 21. Jh., 2001, S. 476 ff.
6 *Vereshchetin*, ebd., S. 480 ff.
7 *Indlekofer*, International Arbitration and the Permanent Court of Arbitration, 2013; *van den Hout*, Leiden J. Int'l L. 21 (2008), 643 ff.; *van Haersolte-van Hof*, Netherlands Int'l L. Rev. 54 (2007), 395 ff.

gezählt werden. Er kann den Rechtsstreit durch Verhandlung, Untersuchung, Vermittlung, Vergleich, Schiedsspruch, gerichtliche Entscheidung, Inanspruchnahme regionaler Einrichtungen oder Abmachungen oder durch andere friedliche Mittel eigener Wahl beilegen.

Seit 2009 hatte eine Expertengruppe weltraumrechtliche Regelungen zur Streitbeilegung diskutiert, die sich stark an den UNCITRAL Arbitration Rules von 2010 orientieren. Die sodann am 6.12.2011 erlassenen „**PCA Optional Rules for Arbitration of Disputes Relating to Outer Space Activities**"[8] sind – wie der Titel bereits aussagt – optional. Entscheiden sich die Streitparteien jedoch für die Anwendung dieser Regeln, dann ist das Ergebnis endgültig und bindend. Der Schiedshof kann mit einer, drei oder fünf Personen entscheiden, die von einer beim Schiedshof hinterlegten Liste von Schiedsrichtern gewählt werden können. Die PCA Optional Rules zeigen an, dass die Völkerrechtsgemeinschaft davon ausgeht, dass es künftig vermehrt zu weltraumrechtlichen Streitigkeiten zwischen Staaten kommen wird. Die in kluger Voraussicht erlassenen Regeln stellen einen erfreulichen Zugewinn an institutionellem Weltraumrecht dar.

IV. Streitbeilegung nach Art. IX WHÜ

Wie bereits in §11 dargelegt, sieht das Weltraumhaftungsübereinkommen (WHÜ) für die Geltendmachung eines Schadensersatzanspruchs in Art. VIII ff. WHÜ ein **innovatives Streitbeilegungsverfahren** vor. Es setzt auf den Vorrang der Diplomatie und sieht für den Fall des Scheiterns eine Streitentscheidung einer Schadenskommission vor. Mit Blick auf die sprunghafte Zunahme solcher Streitbeilegungsverfahren im sonstigen Völkerrecht in der jüngeren Vergangenheit (z. B. im Investitionsschutzrecht), kann dieses Anfang der 1970er Jahre entworfene Verfahren als sehr modern für seine Zeit gelten.

Gelingt eine diplomatische Klärung des geltend gemachten Schadensersatzanspruchs nicht innerhalb eines Jahres, so ist **auf Antrag einer Partei** eine Schadenskommission einzusetzen (Art. XIV WHÜ).[9] Deren Entscheidung ist jedoch nur dann verbindlich, wenn die Parteien dies vorher vereinbart haben. Andernfalls hat die Entscheidung lediglich empfehlenden Charakter, der von den Parteien nach Treu und Glauben zu berücksichtigen ist (Art. XIX Abs. 2 S. 1 WHÜ).

Es ist sehr auffällig, dass nach der Durchführung eines derart aufwendigen Streitbeilegungsverfahrens mit einer diplomatischen Verhandlungsphase und einem Verfahren vor der Schadenskommission die durch sie **getroffene Entscheidung** lediglich dann verbindlich sein soll, wenn die Parteien dies vereinbart haben. Immerhin wird berichtet, dass diese Regelung in den weltraumrechtlichen Gremien stark umstrit-

---

8 Ausf. zu ihnen *Hobe*, ZLW 2012, 4 ff.; *Baez*, Arbitration L. Rev. 4 (2012), 218 ff.; *Williams*, Dispute Resolution Regarding Space Activities, in: von der Dunk/Tronchetti, Handbook of Space Law, 2015, S. 995 ff.
9 *Schladebach*, JuS 2008, 217 (220).

ten war.¹⁰ Der Widerstand der Mehrheit der damaligen Ostblockstaaten soll sich insoweit durchgesetzt haben. Zutreffend ist gefragt worden, welche Möglichkeit der Rechtsdurchsetzung noch bleibt, wenn ein zum Schadensersatz verpflichteter Startstaat eine dem anspruchstellenden Staat Schadensersatz zuerkennende Empfehlung der Schadenskommission nicht umsetzt. In einem solchen Fall läuft das gesamte WHÜ leer und der geschädigte Staat trägt seinen Schaden selbst. Ob der sich nonkonform verhaltende Startstaat dann noch Vertragspartei des WHÜ bleiben kann, erscheint fraglich. Ebenso kann darüber nachgedacht werden, ob Durchsetzungsmaßnahmen nach allgemeinem Völkerrecht weiter möglich bleiben oder durch den Vorrang des WHÜ als Besonderes Völkerrecht vor dem allgemeinen Völkerrecht gesperrt sind.

V. Weltraumgerichtshof

10 Neben den vorgestellten prozessualen Möglichkeiten, die alle mit hohen Hürden verbunden sind, ist schließlich die Errichtung eines eigenständigen Weltraumgerichtshofs zu erwägen. Als Vorbild könnte der **Internationale Seegerichtshof (ISGH)** dienen, der als Spezialgericht für das Seevölkerrecht mit Sitz in Hamburg geschaffen worden ist. Obwohl sein Verhältnis zum Internationalen Gerichtshof nicht gänzlich unproblematisch ist,¹¹ hat er sich mittlerweile als seerechtliches Spezialgericht etabliert. Hinzu kommt, dass sich das Weltraumrecht sehr am Seevölkerrecht orientiert hat. Jedoch sind bisher nicht einmal ansatzweise so viele weltraumrechtliche Rechtsstreitigkeiten zu verzeichnen, dass sich ein eigener Gerichtshof rechtfertigen würde.

11 Trotz dieses nur vorläufigen Befunds wird mit der Intensivierung der Raumfahrt künftig wohl auch die Frage nach einem spezialisierten Gericht gestellt werden.¹² Denn es ist im Besonderen Völkerrecht eben nicht nur das Seevölkerrecht, das über einen eigenen Gerichtshof verfügt. Auch das internationale Wirtschaftsrecht sieht mit dem WTO-Panel-System eine spezialisierte gerichtsähnliche Instanz vor. Schließlich wird für das Umweltvölkerrecht die Errichtung eines Internationalen Umweltgerichtshofs erwogen.¹³ Die **Ausdifferenzierung der Gerichtshöfe** wird daher weiterhin ein Thema im Völkerrecht bleiben.

---

10 *Malanczuk*, in: Böckstiegel, HdWR, 1991, S. 755 (799).
11 *Schladebach/Esau*, DVBl. 2012, 475 (482 f.).
12 S. dazu *Kim*, ZLW 2010, 362 ff.
13 *Kloepfer*, Umweltschutzrecht, 2. Aufl. (2011), § 6 Rn. 53.

§ 22 Nationales Weltraumrecht

I. Völkerrechtliche Verpflichtung

Der ganz überwiegende Teil des Weltraumrechts besteht aus Regelungen des Völkerrechts. Jedoch wurde bereits in § 4 hervorgehoben, dass in geringerem Umfang auch europäisches und nationales Weltraumrecht existiert. Letzteres entwickelt sich seit einigen Jahren in vielen WRV-Vertragsstaaten.[1] Ursache dieser Entwicklung ist die Zunahme von Weltraumaktivitäten **privater Raumfahrtunternehmen**, ein gegenwärtiger Trend im Weltraumrecht, der vorliegend schon mehrfach thematisiert worden ist. War die Raumfahrt in der Vergangenheit hauptsächlich eine staatliche Angelegenheit, die sich auf öffentliche Mittel und Kapazitäten verlassen konnte, so betreten in jüngerer Zeit verstärkt private Akteure die kostenintensive Bühne der Raumfahrt. Mit der Platzierung von Kommunikations-, Navigations-, Forschungs-, Beobachtungs-, TV- oder Wettersatelliten, dem viel diskutierten Abbau von Rohstoffen auf dem Mond, dem seit Jahren angekündigten Weltraumtourismus oder der Erprobung technischer und medizinischer Experimente verfolgen diese Unternehmen konkrete kommerzielle Interessen. Diesem Trend der zunehmenden Privatisierung der Raumfahrt sollen mit dem sozio-ökonomischen Konzept der „New Space Economy" begriffliche Konturen verliehen werden (s. § 24). Dabei kann jedoch durchaus gefragt werden, ob hiermit nur ein plakatives Label oder aber auch ein sachlicher Mehrwert verbunden ist.

1

Mit Art. VI S. 2 WRV hat der Weltraumvertrag eine – für die 1960er Jahre ohne Weiteres als visionär zu bezeichnende[2] – Regelung über Tätigkeiten nichtstaatlicher, also privatrechtlich organisierter Raumfahrtunternehmen geschaffen. Solche Tätigkeiten Privater, für die der Vertragsstaat nach Art. VI S. 1 WRV völkerrechtlich voll verantwortlich bleibt, bedürfen der **Genehmigung und ständigen Aufsicht** durch den zuständigen Vertragsstaat. Diese Vorschrift entspricht den Anforderungen der Gegenwart. Wie erwähnt, sind es nicht mehr nur die Staaten allein, die im Weltraum agieren. Zunehmend arbeiten die Staaten bei Raumfahrtmissionen mit Privatunternehmen zusammen oder letztere führen Missionen sogar selbstständig durch. Soll die völkerrechtliche Verantwortlichkeit des Vertragsstaates für diese privat verantworteten Weltraumaktivitäten gerechtfertigt sein, so muss dieser durch das Genehmigungsverfahren und die Aufsicht über diese Unternehmen auch tatsächlich die Möglichkeit haben, sich vorher von deren Professionalität zu überzeu-

2

---
1 *Böckstiegel*, in: ders., HdWR, 1991, S. 1 (30 f.); *Gerhard*, Nationale Weltraumgesetzgebung, 2002.
2 *Schladebach*, NVwZ 2008, 53 (56).

gen und sich auf diese Weise vor unkalkulierbaren Risiken, vor allem durch Inanspruchnahme durch dritte Staaten, abzusichern.³

3 Wollen private Raumfahrtunternehmen im Weltraum tätig werden, so ist der Vertragsstaat nach Art. VI WRV verpflichtet, ein nationales Weltraumgesetz zu erlassen, durch das die „Genehmigung und ständige Aufsicht" geregelt wird. Dies ist mehr als nur eine sinnvolle Obliegenheit des Staates, mit der er sich als völkerrechtlich verantwortlicher Akteur vor unzuverlässigen privaten Raumfahrtunternehmen schützen kann. Vielmehr handelt es sich bei der Schaffung von nationalem Weltraumrecht um eine **durch Art. VI WRV statuierte völkerrechtliche Pflicht**.⁴ Diese Pflicht ist nicht bereits durch die Ratifizierung des Weltraumvertrags als solche erfüllt. Es bedarf substanzieller eigener Regelungen des jeweiligen Vertragsstaates selbst. Hat er ein solches nationales Gesetz erlassen, kann er sich – was einen für die Staatsfinanzen relevanten zusätzlichen Anreiz darstellen dürfte – in diesem Gesetz von seiner grundsätzlich unbeschränkten Haftung für die Weltraumtätigkeiten der privaten Raumfahrtunternehmen zu einem bestimmten Teil befreien bzw. sich Rückgriffsmöglichkeiten einräumen.

II. Deutsches Weltraumgesetz

4 Betrachtet man die Vorreiterrolle deutscher Raumfahrttechnik, die Ursprung sowohl für die US-amerikanische als auch die sowjetische Raumfahrt war, so wird der interessierte Beobachter in Bezug auf die „Raumfahrterfindungsnation Deutschland" ohne weiteres und berechtigterweise davon ausgehen dürfen, dass sich Deutschland schon wegen dieser Pionierstellung ein modernes und die einheimische Raumfahrtindustrie motivierendes Weltraumgesetz gegeben hat.⁵

1. Rechtslage in Deutschland

5 Obwohl viele Staaten mit großer Raumfahrtindustrie wie die USA, Russland, Großbritannien, Frankreich, Ukraine, Australien oder Japan, aber auch Belgien, Niederlande, Portugal, Luxemburg, Dänemark, Norwegen, Schweden und Österreich nationale Weltraumgesetze erlassen haben und auch in Deutschland schon sehr früh auf dieses völkerrechtliche Erfordernis hingewiesen wurde,⁶ hat Deutschland **bislang kein Weltraumgesetz** geschaffen. Erst im aktuellen Koalitionsvertrag von CDU, CSU und SPD von 2018 findet sich die Ankündigung, bis zum Ende der Legislatur-

---

3 *Schladebach*, APuZ 29–30/2019, 26 (32); *ders.*, DRiZ 2019, 392.
4 *Reifahrt*, in: Böckstiegel, HdWR, 1991, S. 823 (825); *Gerhard*, Nationale Weltraumgesetzgebung, 2002; *von Kries/Schmidt-Tedd/Schrogl*, Grundzüge des Raumfahrtrechts, 2002, S. 48 ff.; *Schladebach*, ZRP 2011, 173 (174); *ders.*, APuZ 29–30/2019, 26 (32); *ders.*, DRiZ 2019, 392.
5 Die nachfolgenden Überlegungen basieren auf den früheren Ausführungen des *Autors* zu diesem Thema u. a. in JuS 2008, 217 (218); ZRP 2011, 173 ff.; APuZ 29–30/2019, 26 (31 f.); DRiZ 2019, 392 ff.
6 Siehe Fn. 4.

periode ein deutsches Weltraumgesetz zu erarbeiten.[7] Die Gesetzgebungsarbeiten liegen in den Händen des für das Weltraumrecht zuständigen Bundesministeriums für Wirtschaft und Energie (BMWi).

Neben der zwingenden völkerrechtlichen Verpflichtung aus Art. VI S. 2 WRV sprechen zudem vier praktische Gründe für ein solches Gesetz.[8] Erstens fördert es die **Rechtssicherheit** bei Weltraumaktivitäten. Die große und leistungsstarke deutsche Raumfahrtindustrie muss verlässlich wissen, welche Genehmigungs-, Aufsichts- und auch Haftungsvoraussetzungen für die privaten Unternehmen gelten, um ihr Marktverhalten daran ausrichten zu können. Zweitens unterstützt ein Gesetz die **Investitionssicherheit**. Raumfahrt selbst und die gesamte Zulieferbranche sind mit großen Investitionen verbunden, deren betriebswirtschaftlich effektiver Einsatz sicherer Kalkulation bedarf. Drittens wird die **Forschungssicherheit** in Deutschland verbessert. Private Raumfahrt trägt massiv zur Forschung in Deutschland und Europa bei. Um innerhalb von Forschungsprogrammen erfolgreich zu arbeiten, ist ein verlässlicher gesetzlicher Rahmen erforderlich. Viertens fördert ein Weltraumgesetz die **Kooperationssicherheit** Deutschlands im internationalen Kontext. Ein solches Gesetz würde die Verständigung in Raumfahrtangelegenheiten innerhalb der europäischen Staaten ausbauen, die fast alle ein entsprechendes Gesetz haben. Die Abstimmungen im Rahmen der ESA würden einfacher werden, wenn auch ein Gesetz ausdrücken würde, welche Rolle Deutschland in der europäischen Raumfahrt zu spielen gedenkt. Will Deutschland seine Stellung als leistungsstarker Raumfahrtstandort nicht gefährden, muss es mit den europäischen Nachbarn gleichziehen und durch ein nationales Weltraumgesetz der Raumfahrtindustrie einen sicheren rechtlichen Handlungsrahmen geben.

2. Grundfragen eines Weltraumgesetzes

Die Erarbeitung eines deutschen Weltraumgesetzes berührt verfassungsrechtliche (a), verwaltungsrechtliche (b) und unionsrechtliche Fragen (c).

a) Verfassungsrecht

Weitgehendes Neuland ist das Verhältnis von Weltraumrecht und Verfassungsrecht. Zwar hatte das Bundesverfassungsgericht in einem einzigen Fall (Nichtannahmebeschluss) Gelegenheit, einige Aussagen hierzu zu treffen.[9] So hatten sich zwei Schüler gegen den bevorstehenden Start der amerikanisch-europäischen Cassini/Huygens-Mission zur Erforschung des Saturn gewandt, weil sie eine Gefährdung ihres **Grundrechts auf Leben und Gesundheit** aus Art. 2 Abs. 2 S. 1 GG befürchteten, wenn entweder beim Start oder aber bei einem Wiedereintritt des Raumfahrzeugs in die Erdatmosphäre das zur Energieversorgung verwendete Plutonium freigesetzt werden sollte. Das Bundesverfassungsgericht hatte die Verfassungs-

---
[7] Koalitionsvertrag von CDU, CSU und SPD, Berlin 2018, S. 58.
[8] *Schladebach*, ZRP 2011, 173 (174); *ders.*, APuZ 29–30/2019, 26 (32); *ders.*, DRiZ 2019, 392 (393).
[9] BVerfG, NJW 1998, 975.

beschwerde jedoch nicht zur Entscheidung angenommen. Es bestünden keine verfassungsrechtlichen Bedenken gegen eine deutsche Beteiligung an dem Forschungsflug „Cassini/Huygens" zum Planeten „Saturn". Insbesondere handele es sich beim Start des Raumfahrzeugs von amerikanischem Boden allenfalls um einen Akt ausländischer öffentlicher Gewalt, der mit der Verfassungsbeschwerde nicht angegriffen werden könne.[10] Juristische Wertungen für ein Weltraumgesetz lassen sich aus diesem Beschluss jedoch nicht ableiten.

9 Mit Blick auf die **Gesetzgebungszuständigkeit** für dieses Gesetz ließe sich aus der Natur der Sache schnell auf eine Bundeskompetenz schließen, denn eine ausdrückliche Aufzählung findet sich in den Art. 73 und 74 GG nicht. Wenn in Art. 73 Abs. 1 Nr. 6 GG der Luftverkehr genannt wird, bedeutet dies für die Regelung der Raumfahrt noch nichts. Allerdings wird von der überwiegenden Meinung in der Literatur angenommen, dass von Nr. 6 auch die Raumfahrt erfasst werde.[11]

10 Betrachtet man das Weltraumgesetz und die von ihm einzuführende Genehmigungsbedürftigkeit privater Raumfahrtaktivitäten aus grundrechtlicher Sicht, so zeigen sich Berührungspunkte zu den **Unternehmensgrundrechten** der Berufsfreiheit aus Art. 12 Abs. 1 GG und der Eigentumsfreiheit aus Art. 14 Abs. 1 GG. Die Erteilung der Genehmigung ermöglicht es den privaten Akteuren überhaupt erst im Weltraum tätig zu werden. Hierfür werden an das Unternehmen bestimmte Genehmigungsvoraussetzungen gestellt, die man dann als subjektive Berufszugangsvoraussetzungen im Sinne der für Art. 12 Abs. 1 GG maßgebenden Dreistufentheorie ansehen dürfte. Es liegt in der (subjektiven) Hand der Unternehmen, die geforderten Genehmigungsvoraussetzungen persönlich und betrieblich zu erfüllen. Die Gewährleistung unternehmerischer Zuverlässigkeit und betrieblicher Sicherheit erscheinen jedoch insoweit als wichtige Allgemeinwohlbelange, die grundsätzlich in der Lage sind, den durch das Genehmigungserfordernis manifestierten Grundrechtseingriff angemessen zu rechtfertigen. Legt man den grundrechtlichen Maßstab des Art. 14 Abs. 1 GG an die Genehmigungspflicht an, so wird man – je nach konkreter Ausgestaltung – eine unproblematische Inhalts- und Schrankenbestimmung nach Art. 14 Abs. 1 S. 2 GG anzunehmen haben.

b) Verwaltungsrecht

11 Das Weltraumgesetz wird durch das von ihm einzuführende Genehmigungsverfahren ein wirtschaftsverwaltungsrechtliches Gesetz werden und den Bestand ähnlicher verkehrswirtschaftlicher Gesetze wie das LuftVG oder das PBefG ergänzen. Wie zu erwarten sein dürfte, wird das Weltraumgesetz mit den typischen wirtschaftsverwaltungsrechtlichen Tatbeständen agieren, d. h. die Erteilung der Genehmigung an die „**Zuverlässigkeit**" der Unternehmer, an die „**betriebliche Leistungsfähigkeit**" des Unternehmens und an den „**Stand der Technik**" als Maßstab für die zu verwendenden Bauteile binden. Diese auf Tatbestandsseite einer neuen Genehmigungsnorm verorteten Voraussetzungen sind als unbestimmte Rechtsbegriffe einzuordnen, die

---
[10] BVerfG, NJW 1998, 975.
[11] *Jarass/Pieroth*, GG, 14. Aufl. (2016), Art. 73 Rn. 22.

zwar auslegungsbedürftig aber auch auslegungsfähig sind und deren Anwendung durch die entsprechende Behörde gerichtlich voll überprüfbar ist. Ob die Genehmigung auf der Rechtsfolgenseite der Norm sodann als gebundene oder aber als Ermessensentscheidung ausgestaltet sein wird, erscheint offen. Wegen der Besonderheit der Materie dürfte wohl eine Ermessensentscheidung sachlich naheliegender sein.

Besonders interessant werden dürfte die Frage, ob als eine der Genehmigungsvoraussetzungen auch eine Pflicht der Unternehmen statuiert wird, nicht mehr funktionsfähige Weltraumgegenstände – sog. „Weltraumschrott" bzw. „**Weltraummüll**" – zur Erde zurückzubringen. Seit Jahren wird in der Raumfahrt und insbesondere im Weltraumrecht darüber diskutiert, wie die Hinterlassenschaften von 60 Jahren Raumfahrt im Weltraum reduziert werden können.[12] Ein verantwortungsvoller Umgang mit dem Weltraum setzt voraus, sich dieses Menschheitsproblems anzunehmen und praktikable Lösungen zu finden. Dass der Problemdruck bislang zu gering oder die Rückführung alter Gegenstände zu kostenintensiv sei, kann nicht als Einwand gegen eine Rückholverpflichtung angeführt werden. Auch im irdischen europäischen Abfallrecht gilt der Grundsatz, dass schon bei der Produktion von Gegenständen daran gedacht werden muss, wie späterer Abfall zu vermeiden oder aber zu entsorgen ist. Für den Weltraum kann nichts Anderes gelten. Überdies dürften auch die privaten Raumfahrtunternehmen ein Interesse daran haben, dass ihre Projekte im Weltraum nicht durch ungesteuerten Weltraummüll bedroht werden.

Ein weiteres Teilproblem der Genehmigungserteilung wird in dem **Nachweis einer ausreichenden Versicherung** liegen. Denn ohne eine Versicherung wird ein privates Raumfahrtunternehmen nicht operieren dürfen.[13] Angesichts der Größe möglicher Schäden und Risiken bei der Nutzung des Weltraums könnte es nicht leicht sein, ein Versicherungsunternehmen zu finden. Der Staat wird nicht für die gesamten Haftungsrisiken eintreten, sondern eine Haftungsobergrenze festlegen, wozu er durch das Weltraumgesetz auch befugt ist. Für den davon nicht umfassten, überschießenden Teil benötigt das private Unternehmen einen Versicherungsschutz, dessen Erkaufen über bestimmte Versicherungsprämien auch einen erheblichen Teil der Finanzierung einer Mission ausmacht. Inwieweit die Versicherungswirtschaft bereit ist, entsprechende Produkte zu entwickeln, wird sich zeigen.

Darüber hinaus wird das Gesetz eine Regelung über die **Rücknahme** und den **Widerruf** der Genehmigung enthalten müssen. Als lex-specialis-Norm wird sie den §§ 48, 49 VwVfG vorgehen. Wird keine Spezialregelung im Weltraumgesetz getroffen, erfolgt die Aufhebung von ursprünglich erteilten Genehmigungen nach §§ 48, 49 VwVfG. Dabei wird der Vertrauensschutz eine erhebliche Rolle spielen, denn der Widerruf einer einmal rechtmäßig erteilten Genehmigung muss im Blick behalten, welche immensen Aufwendungen ein Raumfahrtunternehmen getätigt hat.

Als begünstigender Verwaltungsakt ist überdies zu erwägen, ob die Genehmigung mit einer **Nebenbestimmung** im Sinne des § 36 VwVfG verbunden werden kann. Generell wird der Verwaltung mit dem Erlass von Nebenbestimmungen eine

---
12 *Schladebach*, Max Planck UNYB 17 (2013), 61 ff.
13 *Kadletz*, VersR 1996, 946 ff.

gewisse Flexibilität eingeräumt. Müsste eine begehrte Verwaltungsentscheidung eigentlich abgelehnt werden, erscheint eine „Ja, aber"-Entscheidung in jedem Fall adressatenfreundlicher.[14] So könnte man die Erteilung der Genehmigung an eine bestimmte Bedingung knüpfen, etwa an eine regelmäßige Informationspflicht des Raumfahrtunternehmens. Auch eine zeitliche Befristung wäre denkbar. Zudem könnte man auch die Auflage erwägen, dass entstandener Weltraummüll umweltfreundlich zu beseitigen ist. Diese verwaltungsrechtlichen Handlungsinstrumente könnten somit auch bei der Genehmigung im Weltraumgesetz Anwendung finden. Ebenso wäre zu diskutieren, ob die Nebenbestimmungen im Weltraumgesetz vollständig oder nur limitiert in Betracht kommen bzw. mit Blick auf die Besonderheiten der Raumfahrtbranche angepasst werden. Das müsste im Gesetz selbst geschehen. Erfolgt keine spezielle Regelung, ist § 36 VwVfG anzuwenden.

16 Insgesamt handelt es sich bei den zu erwartenden Genehmigungsregelungen um Rechtsfragen, die für das Besondere Verwaltungsrecht typisch sind und jedenfalls die damit befassten Verwaltungsgerichte vor keine größeren Probleme stellen werden.

c) EU-Beihilfenrecht

17 Schließlich könnte vom Weltraumgesetz auch erwartet werden, die private Raumfahrtindustrie in besonderer Weise zu fördern. Der bereits erwähnte Koalitionsvertrag erkennt der Luft- und Raumfahrtindustrie eine strategische Bedeutung für den Hightech-Standort Deutschland zu und kündigt an, die Mittel auf nationaler Ebene zu verstetigen und zu erhöhen.[15] Soweit sich eine rechtliche Konkretisierung dieser staatlichen Unterstützungszusage im Gesetz finden würde, müsste auch das Subventionsrecht als Besonderes Verwaltungsrecht Berücksichtigung finden. Die staatliche Förderung des einen Raumfahrtunternehmens bedeutet die Zurücksetzung eines anderen. Das ist zwar unter dem Gesichtspunkt der Wirtschaftsförderung ein politisch durchaus verständliches Ziel, muss sich jedoch – wenn die Subvention eine bestimmte Höhe erreicht – an den Vorgaben des EU-Beihilfenrechts messen lassen. Diese sehen bei entsprechender Subventionshöhe insbesondere ein **Prüfungsverfahren durch die EU-Kommission** (Generaldirektion Wettbewerb) vor.

18 Der staatliche Subventionsgeber hat die geplante Einführung der Subvention bzw. Beihilfe nach Art. 108 Abs. 3 S. 1 AEUV der EU-Kommission anzuzeigen, damit diese Gelegenheit zur Prüfung erhält, ob es sich bei der Förderung um eine unzulässige Beihilfe i. S. d. Art. 107 Abs. 1 AEUV handelt.[16] Soweit das der Fall ist, wird zudem untersucht, ob ein Rechtfertigungsgrund nach Art. 107 Abs. 3 AEUV einschlägig ist. Eine Vergabe der Subvention ist gem. Art. 108 Abs. 3 S. 3 AEUV erst dann zulässig, wenn eine **positive Entscheidung der EU-Kommission** ergangen ist. Das Bewusstsein der Existenz dieser europarechtlichen Anzeige- und Wartepflicht ist nicht bei allen staatlichen Behörden vollständig ausgeprägt. Das Verfahren der

---

14 *Maurer/Waldhoff*, Allgemeines Verwaltungsrecht, 19. Aufl. (2017), § 12 Rn. 2.
15 Siehe Fn. 7.
16 *Maurer/Waldhoff* (Fn. 14), § 11 Rn. 53 ff.

Subventionsvergabe erweist sich daher oft als fehleranfällig. Dieser Umstand könnte zu einer Befassung von Verwaltungsgerichten und europäischen Gerichten aus zwei Gründen führen: Einerseits wegen der Rücknahme des Subventionsbescheides (§ 48 VwVfG) einschließlich des Entstehens der Rückerstattungspflicht (§ 49a VwVfG) im bilateralen Verhältnis Behörde – Unternehmen, andererseits im Konkurrentenverhältnis Behörde – Unternehmen – Wettbewerber.

Das aufgrund des Art. VI WRV zu erlassende deutsche Weltraumgesetz wird das Wirtschaftsverwaltungsrecht für den ökonomisch wichtigen Bereich privater Raumfahrtaktivitäten ergänzen. Ein Gesetzentwurf wird derzeit im BMWi erarbeitet und sollte der leistungsstarken deutschen Raumfahrtindustrie rechts- und investitionssichere Bedingungen gewähren.

III. Weltraumgesetze anderer Staaten

Der Verpflichtung, ein nationales Weltraumgesetz zu schaffen, sind viele andere Staaten unabhängig davon nachgekommen, ob bereits nationale private Raumfahrtunternehmen konkrete Weltraummissionen planen oder dies erst in der Zukunft erwartet wird. Wie erläutert, haben sie dadurch rechtlich verlässliche Vorschriften geschaffen und die jeweilige innerstaatliche Raumfahrtindustrie durch Vorgabe eines Handlungsrahmens gefördert. **Rechtsvergleichende Darlegungen** zu nationalen Weltraumgesetzen erbringen für die Zielsetzung dieses Lehrbuchs jedoch keinen weiterführenden Erkenntnisgewinn. Hierzu kann auf vertiefende vergleichende Untersuchungen[17] oder Beiträge zu einzelnen ausländischen Weltraumgesetzen verwiesen werden. Solche finden sich etwa zu Australien,[18] China,[19] Frankreich,[20] Hong Kong,[21] Indonesien,[22] Japan,[23] Kasachstan,[24] Mexiko,[25] Nigeria,[26] Österreich,[27] Portugal,[28] Russland,[29] Südafrika,[30] Südkorea[31] und zur Ukraine.[32]

---

[17] *Reutzel*, Das Weltraumrecht in Europa. Eine Analyse der nationalen Regelungen zur Raumfahrt, 2014.
[18] *Davis*, ZLW 2000, 65 ff.; *Freeland*, ZLW 2012, 99 ff.
[19] *Zhao*, ZLW 2009, 94 ff ; *Nie/Yu*, ZLW 2018, 182 ff.
[20] *Couston*, ZLW 2009, 253 ff.
[21] *Reif*, ZLW 2002, 47 ff.
[22] *Supancana*, ZLW 2016, 226 ff.
[23] *Aoki*, ZLW 2008, 585 ff.; *ders.*, ZLW 2012, 111 ff.
[24] *Schmidt-Tedd/Stelmakh*, ZLW 2012, 426 ff.
[25] *Carbajal Smith*, ZLW 2012, 95 ff.
[26] *Brisibe*, ZLW 2006, 554 ff.
[27] *Marboe*, ZLW 2012, 26 ff.
[28] *Cocco/Correia Mendonca*, Air & Space Law 2020, 157 ff.
[29] *Gerhard/Marenkov*, ZLW 2007, 211 ff.; *Marenkov*, ZLW 2007, 58 ff.
[30] *Martinez*, ZLW 2015, 353 ff.
[31] *Kim*, ZLW 2008, 571 ff.
[32] *Gerhard*, ZLW 2002, 57 ff.

4. Teil

Weltraumwissenschaften

Der 4. Teil dieses Lehrbuchs soll der Frage nachgehen, wo weltraumrechtliche Studien möglich sind und wie der übergeordnete Begriff der Weltraumwissenschaften zu verstehen und inhaltlich beschaffen ist. Eine Übersicht zu wichtigen Kontrollfragen zum Weltraumrecht beschließt die Ausführungen.

§ 23 Studium des Weltraumrechts

1 Es wurde bereits in der Einleitung hervorgehoben, dass die Leistungsfähigkeit und der Traditionsreichtum der deutschen Raumfahrt in einem bemerkenswerten Missverhältnis zur Studienrelevanz des Weltraumrechts stehen. An Juristischen Fakultäten in **Deutschland** werden nur an der Universität zu Köln, Institut für Luft-, Weltraum- und Cyberrecht, und an der Universität Potsdam Lehrveranstaltungen zum Weltraumrecht angeboten. Daneben wird das Weltraumrecht an den Technischen Universitäten München und Berlin an den Forschungsbereichen für Raumfahrttechnik in Einzelveranstaltungen unterrichtet.

2 Aus **internationaler Perspektive** ist auf die seit Jahrzehnten etablierten Master-of-Laws-Studiengänge „Air and Space Law" an der McGill University Montreal, Kanada, und „Advanced Studies in Air and Space Law" an der Leiden University, Niederlande, hinzuweisen. Außerdem kann ein weltraumrechtliches Masterprogramm auch an der University of Nebraska (Space, Cyber, and Telecommunication Law), der University of Mississippi (Air and Space Law), der University of Luxembourg (Space, Communication, and Media Law), der Northumbria University (Space Law), der University of Pretoria (International Air, Space, and Telecommunication Law) und seit 2017 auch an der Universität zu Köln (Staats-, Luft- und Weltraumrecht) absolviert werden. Der Kölner Masterstudiengang steht allerdings ausschließlich Studierenden offen, die ihren ersten juristischen Abschluss außerhalb Deutschlands erworben haben. Er stellt ein interessantes Studienangebot in Deutschland dar, um sich im Weltraumrecht zu spezialisieren.

3 Seit dem Jahr 1992 organisiert das International Institute of Space Law (IISL) den **Manfred Lachs Space Law Moot Court**, an dem jährlich rund 60 Teams aus der ganzen Welt teilnehmen. Der Moot Court ist nach *Manfred Lachs* (1914–1993) benannt, einem polnischen Diplomaten, Rechtswissenschaftler, Hochschullehrer und IGH-Richter, der sich in vielfältiger Form für die Fortentwicklung des Völkerrechts engagierte. Von 1967 bis 1993 war er Richter am Internationalen Gerichtshof in Den Haag und von 1973 bis 1976 dessen Präsident. Als Vorsitzender des Rechtsunterausschusses des UN-Weltraumausschusses war er in den 1960er Jahren maßgeblich an der Initiierung und Vorbereitung der besprochenen weltraumrechtlichen Abkommen beteiligt.[1]

4 Wie gezeigt, stellt sich das Weltraumrecht als modernes Teilgebiet des Besonderen Völkerrechts dar, dessen Eingliederung in den Schwerpunktbereich „Völker-

---

1 *Böckstiegel*, ZLW 1993, 115 ff.; *Schachter*, AJIL 87 (1993), 414 ff.; *Schwebel*, AJIL 87 (1993), 416 ff.; *Franck*, AJIL 87 (1993), 419 ff.; *Chopra*, AJIL 87 (1993), 420 ff.; *Diederiks-Verschoor*, J. Space L. 22 (1994), 1 ff.

und Europarecht" oder „Völkerrecht" sich anbieten würde. Kenntnisse in diesem Bereich sind einerseits förderlich für **berufliche Tätigkeiten** im internationalen Kontext (Auswärtiges Amt, Internationale Organisationen). Sie weiten gleichzeitig den Blick dafür, dass sich eine auf ein friedliches Miteinander der Völker ausgerichtete Rechtsordnung auch außerhalb des Erdterritoriums entwickelt hat. Allein diese Erkenntnis einer auch vertikalen Dimension von Recht dürfte den Horizont nicht nur von Juristen und Juristinnen erweitern.

§ 24 Weltraumwissenschaften

I. Begriff und Bedeutung

1   Das in diesem Lehrbuch dargestellte Weltraumrecht ist nur eine unter mehreren Optionen, sich wissenschaftlich mit dem Weltraum zu beschäftigen. Daneben existieren andere Disziplinen, die sich dieses vor 60 Jahren neu erschlossenen Interaktionsraums in historischer, philosophischer, soziologischer, psychologischer, kultureller, technischer oder ökonomischer Perspektive angenommen haben. Das ist zwar für diese **weltraumrelevanten Teildisziplinen** nicht einmal ansatzweise mit der hier für das Weltraumrecht erfolgten systematischen Durchdringung geschehen, was keineswegs als Kritik, sondern als Ansporn verstanden werden soll, auch hierfür grundlagenorientierte einführende Lehrbücher zu erwägen. Jedoch beinhaltet die Weltraumforschung einige weitere wichtige Teildisziplinen, von deren Existenz der professionelle Weltraumrechtler zumindest wissen sollte.

2   Der systematisch-terminologische Versuch, diese einzelnen Forschungsbereiche zusammenzufassen, führt zum überwölbenden **Dachbegriff** der „Weltraumwissenschaften". Darunter ist die Gesamtheit der wissenschaftlichen Teildisziplinen zu verstehen, die sich mit dem Weltraum und seiner Erforschung beschäftigen. Dazu zählen insbesondere das Weltraumrecht, die Weltraumtechnik, die Weltraumgeschichte, die Weltraumphilosophie, die Weltraumsoziologie, die Weltraumpsychologie, die Weltraumkultur, die Weltraumwirtschaft und die Weltraumpolitik. Nach der dogmatischen Verortung des Weltraumrechts innerhalb der Weltraumwissenschaften (II.) sollen die wesentlichen Forschungsgegenstände der weiteren Teildisziplinen überblicksartig vorgestellt werden (III.).

II. Rolle des Weltraumrechts

3   Das Weltraumrecht ist ein Teilgebiet der Weltraumwissenschaften. Als eigenständiges Rechtsgebiet setzt es technische Entwicklungen in der Raumfahrt voraus und ist damit ein besonders eindrückliches Beispiel für das Verhältnis von Recht und Technik. Es bestätigt die für viele Rechtsgebiete charakteristische Prägung einer zunächst technischen oder gesellschaftlichen Entwicklung bzw. Erfindung, hinsichtlich derer sich dann die Rechtsordnung zu entscheiden hat, ob sie darauf mit den Mitteln des Rechts reagieren will oder nicht. Diese grundsätzlich **reagierende Funktion des Rechts**, die etwa auch im Medienrecht[1] oder im Luft-

---

[1] *Schladebach*, Jura 2013, 1092 ff.; *ders./Zeisberg*, *studere 21 (2019), 12 ff.

recht² zu beobachten ist, lässt sich auch im Weltraumrecht verzeichnen: Es sind die technischen Entwicklungen, die zur Entstehung und Weiterentwicklung des hierauf bezogenen Rechts führen.

Zu betonen ist, dass das Recht nur eine unter mehreren Möglichkeiten ist, auf technische und gesellschaftliche Neuerungen zu reagieren. Dabei kommt dem Recht nicht von vornherein eine gegenüber anderen Teildisziplinen gesteigerte Bedeutung zu. Erfindungen, Entdeckungen oder Ideen bedürfen in einer freiheitlichen Demokratie auch immer einer Debatte anhand der disziplinspezifischen Maßstäbe der Ethik, der Kultur oder der Politik. Oftmals ist jedoch zu beobachten, dass solche Diskurse nur in geringem Umfang stattfinden, ganz ausbleiben oder allenfalls in Ethikkommissionen monopolisiert werden. Handelt der Gesetzgeber ohne eine ausreichende Debatte über die gesellschaftliche Relevanz einer bestimmten technischen Erfindung, drohen Demokratieverluste.³

Für das Weltraumrecht sind in diesem Zusammenhang viele in diesem Lehrbuch angesprochene Einzelfragen anzuführen: Wo sind die gesellschaftlichen Debatten über das Erfordernis, die Voraussetzungen und die praktischen Folgen beispielsweise des Mondbergbaus, des Weltraumtourismus, der militärischen Nutzung des Weltraums sowie der Dimension des Weltraummülls? Erst wenn diese Debatten geführt worden sind, sollte der Gesetzgeber aktiv werden und den Einsatz des nur ihm überantworteten Handlungsinstruments erwägen: Die *rechtliche* Verbindlichkeit seiner Handlungen, mit denen die diskutierten Entwicklungen geregelt, d. h. gesteuert werden. Dem Recht kommt somit als grundsätzlich reaktive Disziplin eine „**Dienstleistungsfunktion**" zu.⁴

Die Besonderheit des Weltraumrechts besteht indes darin, dass es nicht nur die typische reaktive Funktion von Recht, sondern darüber hinaus gleichzeitig eine **präventive Relevanz** besitzt. Es nutzt die der präventiven Gesetzgebung inhärenten Anreiz-, Steuerungs- und Planungsoptionen: „Planung ist in ihrer besten Form die Vorwegnahme von Zukunft."⁵ Mit der möglichen Zulassung privater Raumfahrtunternehmen (Art. VI WRV), dem Verbot umweltgefährdender Verunreinigungen im Weltraum (Art. IX WRV) oder dem perspektivisch offengehaltenen Weltraumzugang bislang technisch weniger entwickelter Staaten (Art. I WRV) wurden schon 1967 Entwicklungskorridore aufgezeigt, die erst in Zukunft für die Weltraumnutzung realistisch werden konnten, dies rechtlich auch sollten und sodann nun tatsächlich wurden. So agieren jetzt auch private Unternehmen im Weltraum, ist das Umweltbewusstsein für diesen Raum jedenfalls gestiegen und nehmen auch neue Raumfahrtnationen den ihnen durch Art. I WRV völkerrechtlich verbindlich eingeräumten Zugang zum Weltraum wahr (z. B. Indien, Brasilien, Äthiopien). Hierin liegt die präventive Funktion des Weltraumrechts.⁶

---

2 *Schladebach*, Luftrecht, 2. Aufl. (2018).
3 Grundlegend *Thiele*, Verlustdemokratie, 2. Aufl. (2018).
4 *Böckstiegel*, in: FS Carstens, Bd. 1, 1984, S. 307 (308 ff.).
5 Treffendes mündliches Zitat des von mir hochgeschätzten Professors *Michael Kloepfer* (Humboldt-Universität zu Berlin).
6 Dazu *Böckstiegel*, in: FS Carstens, Bd. 1, 1984, S. 307 (309).

III. Teildisziplinen

1. Weltraumtechnik

7   Ob nun begrifflich auf den Aktionsraum „Weltraum" oder die darin unternommene Tätigkeit „Raumfahrt" abgestellt wird: Ohne die technischen Erfindungen der Raumfahrtingenieure, deren bekannteste Vertreter in § 1 dieses Lehrbuches genannt wurden und auch genannt werden mussten, ist die Nutzung des Weltraums durch den Menschen undenkbar. Das an mehreren Universitäten und Fachhochschulen gelehrte Fach „**Raumfahrttechnik**" befasst sich mit den ingenieurtechnischen Grundlagen und Herausforderungen der Konstruktion und des Betriebs von Weltraumgegenständen, sowohl bemannter Art (Raumfähren, Raumstationen) als auch unbemannter Art (Satelliten).[7] Dass bei der Entwicklung der Raumfahrt die Leistungen deutscher Raumfahrtingenieure eine Vorreiterrolle eingenommen haben, wurde unter Würdigung der sowohl theoretischen als auch praktischen Arbeiten *Hermann Oberths* und *Wernher von Brauns* bereits hervorgehoben.

2. Weltraumgeschichte

8   Die Weltraumgeschichte wird in der Öffentlichkeit häufig mit „Raumfahrtgeschichte" gleichgesetzt. Dieses Verständnis wird der weltraumwissenschaftlichen Teildisziplin „Weltraumgeschichte" indes nicht gerecht. Als umfassender dimensionierte Forschungsrichtung widmet sie sich über die Raumfahrtgeschichte[8] hinaus auch den allgemeinen Entwicklungen des Interaktionsraums „Weltraum", also seinen natürlichen und geographischen Gegebenheiten. Dazu gehört die – raumfahrtunabhängige – **Entdeckung von Himmelskörpern**, deren Bewegung auf Erdumlaufbahnen und deren geophysikalische Bedeutung innerhalb unseres Sonnensystems. Die Kenntnisse dieser Entwicklungen waren Voraussetzung, um an eine aktive Nutzung des Weltraums durch Raumfahrt überhaupt erst denken zu können. Diese u. a. von *Johannes Kepler, Galileo Galilei, Nikolaus Kopernikus* oder *Carl Friedrich Gauß* entdeckten und kontinuierlich systematisch geordneten Vorbedingungen von aktiver Raumfahrt sollten nicht unberücksichtigt gelassen werden, wenn unter der Bezeichnung „Weltraumgeschichte" recht schnell nur die „Raumfahrtgeschichte" verstanden wird.

3. Weltraumphilosophie

9   Die Weltraumphilosophie versucht die Denkkonzepte der klassischen Philosophen (z. B. *Aristoteles, Platon, Immanuel Kant, Georg Wilhelm Friedrich Hegel*) auf die

---

[7] *Ley/Wittmann/Hallmann*, Handbuch der Raumfahrttechnik, 5. Aufl. (2019).
[8] Dazu *Buedeler*, Geschichte der Raumfahrt, 1979; *Siefarth*, Geschichte der Raumfahrt, 2001; *Fischer/Reinke/Wette*, APuZ 29–30/2019, 4 ff.

Nutzung des Weltraums, und zwar nicht nur durch Raumfahrt, anzuwenden.[9] Ein solcher philosophischer Zugang zur Erfassung des Weltraums mag auf den ersten Blick überabstrakt und metaphorisch wirken. So schlägt etwa einer der bekanntesten Weltraumphilosophen, *Ernst Sandvoss*, vor, der Mensch müsse sich im Zeitalter der Raumfahrt vom „homo sapiens" zum „homo spaciens" fortentwickeln, sein Koordinatensystem sich von der derzeitigen terrestrisch determinierten Existenz ablösen und sein heliozentrisches Bewusstsein durch ein **„kosmopolitisches Bewusstsein"** ersetzen. Ob diese Ratschläge für die konkrete Lebensplanung und -führung eines den philosophischen Handlungsempfehlungen gegenüber jedenfalls durchschnittlich aufgeschlossenen Erdenbürgers problemlos umsetzbar, d. h. praktisch zu beherzigen sind, dürfte als durchaus zweifelhaft zu bewerten sein.

Allerdings haben philosophische Konzepte bei der Diskussion um die **Entstehung des Weltraumvertrags** in den frühen 1960er Jahren eine gewisse Rolle gespielt. Mit Blick auf den Geltungsbereich des in der Entstehung begriffenen Weltraumrechts wurde gefragt, inwieweit darin auch außerirdisches Leben einbezogen werden sollte.[10] Unter Rückgriff auf die philosophischen Erkenntnisse *Immanuel Kants* und *Arthur Schopenhauers* wurde für ein sehr weites weltraumrechtliches Verständnis im Sinne eines „Meta Law" plädiert. Letztlich dürfte der Einfluss der Weltraumphilosophie auf das Weltraumrecht eher gering gewesen sein, denn es waren in erster Linie strategische Interessen der Raumfahrtnationen USA und Sowjetunion, die den Inhalt des Weltraumvertrags bestimmten.

4. Weltraumsoziologie

Die Soziologie beschäftigt sich mit der empirischen und theoretischen Erforschung des sozialen Verhaltens. Dieser Wissenschaftszweig untersucht die Voraussetzungen, Abläufe und Folgen des Zusammenlebens von Menschen. Angesichts dieser Forschungsrichtung liegt es daher nahe, dass sich Soziologen auch wissenschaftlich mit der Frage befasst haben, welche **Rückwirkungen** die Raumfahrt auf das menschliche Zusammenleben auf der Erde hat. Sieht man von ganz wenigen Ausnahmen ab,[11] ist das bislang nicht vertiefend geschehen. Als Grundlagenwerk darf insoweit *Günther Anders'* „Der Blick vom Mond. Reflexionen über Weltraumflüge" (1970) gelten. Unter dem unmittelbaren Eindruck der Apollo-Missionen Ende der 1960er Jahre formulierte er zentrale Thesen zu den irdischen Auswirkungen der Raumfahrt. Seiner Ansicht nach bestünden die gesellschaftlichen Errungenschaften der Mondmissionen nicht darin, den Weltraum oder den Mond besser verstehen zu lernen. Vielmehr liege deren Gewinn in der Möglichkeit des Rückblicks auf die Erde:

---

9 *Sandvoss*, Space Philosophy. Philosophie im Zeitalter der Raumfahrt, 2008.
10 *Fasan*, Weltraumrecht, 1965, S. 141 ff.
11 *Anders*, Der Blick vom Mond: Reflexionen über Weltraumflüge, 1970 (2. Aufl. 1994); *Marsiske*, Heimat Weltall: Wohin soll die Raumfahrt führen?, 2005.

„Das entscheidende Ereignis der Raumfahrt besteht nicht in der Erreichung der fernen Regionen des Weltalls oder des fernen Mondgeländes, sondern darin, dass die Erde zum ersten Mal die Chance hat, sich selbst zu sehen, sich selbst so zu begegnen, wie sich bisher nur der im Spiegel sich reflektierende Mensch hatte begegnen können."[12]

Von diesem frühen Werk abgesehen, erbringt die Soziologie im Weltraumkontext kaum etwas. An diesem Befund ist kürzlich aus der Soziologie selbst heraus erhebliche Kritik geäußert worden. So weisen *Fischer/Spreen* in einer Veröffentlichung aus dem Jahr 2014 darauf hin, dass

„es zu keiner Koinzidenz von moderner Weltraumfahrt und der Soziologie der modernen Welt gekommen ist. Die Befahrung und Erschließung des Weltraums sind für Soziologinnen und Soziologen ein scheues Thema geblieben, ein ‚neuer Raum', den sie sich bisher nicht wirklich erschlossen haben. Soziologische Untersuchungen zu dieser Thematik sind von bemerkenswerter Seltenheit; sie scheinen wie einsame Satelliten um einen dicht bevölkerten sozial- und kulturwissenschaftlichen Textplaneten zu kreisen, der so ziemlich jede denkbare oder undenkbare soziokulturelle Thematik mit Diskursen überwuchert, solange sie sich nur auf gewohnte Theorieschemata und Diskursmuster beziehen lässt."[13]

Mit dem deutlichen Befund: „Die Weltraumfahrt ist offensichtlich für die Gesellschaften brisant und relevant – aber nicht für die Soziologie." erreicht die Kritik an der eigenen Fachdisziplin ihren Höhepunkt. Sie ist aber zugleich Ausgangspunkt für die Konturierung lohnender Forschungsfragen. Sie könnten nach Auffassung der Autoren in den gesellschaftlichen, politischen und kulturellen **Funktionen und Rückwirkungen der Weltraumfahrt** und in der Bedeutung der Ausdehnung von Gesellschaft über den planetaren Globus hinaus bestehen.[14] So könnten für das erste weltraumsoziologische Themenfeld „Funktionen und Rückwirkungen" die generellen soziologischen Paradigmen „Kommunikation", „Mediengesellschaft" oder „Weltgesellschaft" aktiviert werden und neue Einsichten liefern. Es scheine fast so, registrieren die beiden Autoren ironisch, als sei die Soziologie so mit dem Beobachten der Gesellschaft befasst, dass sie vergesse, mittels welcher neuer technischen Systeme die globale Selbstbeobachtung der Gesellschaft Tag für Tag erfolge.[15] Da zumindest der nahe Weltraum für die kommunikativen, ökologischen, politischen und militärischen Strukturen der Weltgesellschaft von erheblicher Bedeutung ist und bleiben werde, würden Funktionen und Rückwirkungen der Weltraumfahrt für die irdische Weltgesellschaft zu einer soziologischen Forschungsaufgabe.

Darüber hinaus handele es sich bei der Weltraumfahrt um ein **Hinausgreifen von Menschengesellschaften in den Kosmos**. So müssten Fragen des Aufbruchs der Weltgesellschaft in den Kosmos auf die soziologische Agenda gesetzt werden.[16] Gerade Langzeitaufenthalte von Astronauten in einer Raumstation – nicht nur auf der

---

12 *Anders*, ebd., S. 12.
13 *Fischer/Spreen*, Soziologie der Weltraumfahrt, 2014, S. 7.
14 *Fischer/Spreen*, Soziologie der Weltraumfahrt, 2014, S. 14.
15 *Fischer/Spreen*, Soziologie der Weltraumfahrt, 2014, S. 15.
16 *Fischer/Spreen*, Soziologie der Weltraumfahrt, 2014, S. 15.

gegenwärtigen ISS, sondern auch auf der früheren Raumstation „Mir" – dürften interessante Erkenntnisse erbringen. Dass solche Aufenthalte unter absoluten Minimalbedingungen auch auf der Erde in aufwendigen Isolationsprojekten bereits simuliert worden sind (z. B. das Projekt „Mars 500"), scheint der soziologischen Forschung vollkommen entgangen zu sein. Es darf mit der erwähnten Veröffentlichung von *Fischer/Spreen* daher die Erwartung verbunden werden, dass sich die Weltraumsoziologie nunmehr praxisnah zu entwickeln beginnt.

Ein soziologischer Forschungsbereich muss allerdings von der Grundsatzkritik an dem Vergessen weltraumbezogener Fragestellungen ausgenommen werden: Die **Exosoziologie**. Sie behandelt die punktuelle soziologische Frage, was sich für unsere Erde ändern würde, wenn wir das sichere Wissen erlangten, dass die Menschheit nicht allein im Universum ist.[17] Hierfür sind mit dem Signalszenario, dem Artefaktszenario und dem Begegnungsszenario drei Szenarien zunehmender Kontaktnähe erarbeitet worden, die bereits in § 9 (Rettung von Raumfahrern) dargelegt worden sind und hier nicht wiederholt werden sollen. Die vorgelegten Studien belegen jedenfalls mit großer Deutlichkeit, dass die Erkenntnis der Menschheit, nicht allein im Weltall zu sein, erhebliche Rückwirkungen auf deren Selbstverständnis hätte. Hier werden Kernfragen der Soziologie aufgeworfen, deren verantwortungsbewusste Erforschung durch die Exosoziologie erfolgt.

5. Weltraumpsychologie

In der Weltraumpsychologie werden ebenfalls interessante Fragen untersucht. Einen Schwerpunkt bildet der „Overview-Effekt" (a). Kaum thematisiert wird dagegen der „Mond-Effekt", für den stellvertretend die Aussage des zweiten Menschen auf dem Mond, *Buzz Aldrin*, steht: „Wir wurden darauf vorbereitet, zum Mond zu fliegen, aber nicht darauf, zur Erde zurückzukehren."[18] (b).

a) Der Overview-Effekt

Als Overview-Effekt wird in der Weltraumpsychologie die erstmals von *Frank White* 1987 vertieft beschriebene **Gesamtheit von bewusstseinsverändernden Emotionen** verstanden, die Astronauten beim Anblick der Erde aus dem Weltraum empfinden.[19] Vielfach wird als Beginn der Beschäftigung mit diesem Effekt das eher beiläufig entstandene Foto „Earthrise" von *William Anders*, NASA-Astronaut auf der Mission „Apollo 8", genannt.[20] Dieses Foto vom 24.12.1968, das als eines der berühmtesten, weil einflussreichsten Fotos der Welt gilt, zeigt eine blau-weiße Hälfte

---

17 *Anton/Schetsche*, APuZ 29–30/2019, 40 ff.; *dies.*, Die Gesellschaft der Außerirdischen. Einführung in die Exosoziologie, 2019.
18 *Aldrin*, Return to Earth, 1973.
19 *White*, The Overview effect: Space exploration and human evolution, 1987.
20 *Yaden/Iwry/Eichstaedt/Vaillant/Slack/Zhao/Newberg*, The Overview Effect: Awe and Self-Transcendent Experience in Space Flight, in: Psychology of Consciousness: Theory, Research, and Practice 3 (2016), 1 ff.

der Erde, die aus der schwarzen Tiefe des Weltraums hervorragt und daraus aufzusteigen scheint. Diesen psychologisch bedeutsamen externen Blick auf die Erde, der von vielen Astronauten übereinstimmend als wichtigste Erfahrung eines Raumflugs hervorgehoben worden ist, fasste *White* nach zahlreichen Interviews mit Astronauten in dem prägnanten Begriff des Overview-Effekts zusammen.

18 Der Effekt ist charakterisiert durch vielfältige Emotionen, die nicht nur während der Erdbeobachtung auftraten, sondern viele Astronauten **ihr Leben lang** begleiteten. Berichtet wurde von Wundern, Ehrfurcht, Vereinigung mit der Natur, universaler Bruderschaft, der Verbindung mit Gott und anderen sehr persönlichen Einsichten. Drei typische Aussagen der Astronauten *Alan Shepard* (Apollo 14), *Gene Cernan* (Apollo 17) und *Sigmund Jähn* (Sojus 31) sollen den Overview-Effekt verdeutlichen:

„If somebody had said before the flight, ‚Are you going to get carried away looking at the earth from the moon?' I would have said, ‚No, no way'. But yet when I first looked back at the earth, standing on the moon, I cried." (*Alan Shepard*, Apollo 14).[21]

„You say to yourself, ‚That's humanity, love, feeling, and thought.' You don't see the barriers of color and religion and politics that divide this world." (*Gene Cernan*, Apollo 17).[22]

„Before I flew I was already aware how small and vulnerable our planet is, but only when I saw it from space, in all its ineffable beauty and fragility, did I realize that humankind's most urgent task is to cherish and preserve it for future generations." (*Sigmund Jähn*, Sojus 31).[23]

19 Der Soziologe **Günther Anders** hatte mögliche Auswirkungen der Raumflüge auf die Psyche der Astronauten schon 1970 prognostiziert. Er dürfte damit einer der ersten Wissenschaftler gewesen sein, die dieses psychologische Phänomen thematisiert haben. Hierfür benutzte er zwar nicht den Begriff des Overview-Effekts, umriss ihn inhaltlich aber in dem heute bekannten Sinne:

„Aber sie, die *supermen* selber? Was bedeutet die Landung für sie? Was der Rückfall in die irdische Routine für sie? Was die Wiederaufnahme der überwundenen Maßstäbe für sie? Was kann, nachdem man als singender Gott die Erde umkreist hat, der Broadway noch bieten? Was der Rote Platz? Was die auf die Brust geheftete Medaille?"[24]

b) Der Mond-Effekt

20 Mit dem Mond-Effekt wird ein psychologisches Phänomen beschrieben, das über den Overview-Effekt hinausgeht. Unter dem Mond-Effekt ist die Tatsache zu verstehen, dass fast alle zwölf Astronauten, die den Mond betreten haben, sich in ihrem irdischen Leben kaum noch zurechtfinden konnten. Diese **erheblichen persönlichen Schwierigkeiten**, die sich vielfach in Alkohol, Scheidung oder einer Sinnkrise aus-

---

21 *Nardo*, The blue marble: How a photograph revealed earth's fragile beauty, 2014, S. 46.
22 *White*, The Overview effect: Space exploration and human evolution, 1987, S. 37.
23 *Hassard/Weisberg*, Environmental science on the Net: The global thinking project, 1999, S. 40.
24 *Anders*, Der Blick vom Mond: Reflexionen über Weltraumflüge, 1970 (2. Aufl. 1994), S. 23.

drückten, lassen sich sicher zum Teil mit dem Overview-Effekt und den mit ihm verbundenen Bewusstseinsänderungen erklären. Sie erweisen sich jedoch als tiefergehend als bei der mittlerweile großen Gruppe normaler Astronauten, die durchaus begeistert vom externen Blick auf die Erde berichten, deren soziales Leben aber nicht einmal ansatzweise ins Wanken gerät. Den auch in der Weltraumpsychologie auffallend wenig behandelten Mond-Effekt kann man daher als potenzierten bzw. qualifizierten Overview-Effekt bezeichnen.

Erste Andeutungen, dass der Aufenthalt auf dem Mond einen ganz starken Einfluss auf die **Psyche der „Moonwalker"** hatte, konnten bereits den obenstehenden Zitaten von *Buzz Aldrin*, *Alan Shepard* und *Gene Cernan* entnommen werden. Auch eine weitere Aussage von *Gene Cernan* verdeutlicht diese Tendenz:

„There was too much logic, too much purpose – it was just too beautiful to have happened by accident. It doesn't matter how you choose to worship God. He has to exist to have created what I was privileged to see."[25]

Während die zwölf Mondfahrer bestens ausgebildete Piloten waren, die über absolute körperliche und geistige Fitness verfügten und jeden Düsenjet ihrer Zeit geflogen haben, wurde die Rückkehr auf die Erde zur **großen psychischen Herausforderung**.[26] *Buzz Aldrin* stellte in seiner Biographie von 1973 weiterhin fest: „Nach dem Mondspaziergang ist alles andere eine Enttäuschung. Man kann das nicht übertreffen. Stattdessen arrangiere man sich mit dieser Welt, die weit davon entfernt ist, perfekt zu sein." Für *Aldrin* wird die Mondmission zur Zäsur. Er verfällt dem Alkohol, leidet an Depressionen, beginnt Gebrauchtwagen in Kalifornien zu verkaufen und lässt sich dreimal scheiden.

Auch *Neil Armstrong*, ohnehin kein großer Kommunikator, zieht sich nach den weltweit anberaumten Feierlichkeiten zur Mondlandung komplett ins Private zurück, gibt kaum Interviews und trennt sich nach 38 Jahren Ehe von seiner Frau.[27]

Pete Conrad (Apollo 12), dritter Mann auf dem Mond, durchlebt Vergleichbares. Nachdem auch er sich scheiden lässt, wendet er sich dem Auto- und Motorradrennsport zu und stirbt bereits mit 69 Jahren bei einem Motorradunfall.

Sein Kollege bei der Mission „Apollo 12", *Alan Bean*, malt nach seiner Rückkehr zur Erde nur noch Ölbilder, die Raketen, den Mond und ihn selbst als Astronauten zeigen. Während er mit diesen Bildern erfolgreich ist, wird seine Kunst von Kritikern als „Mondlandungskitsch" abgetan.

Auch nach der missglückten Mission „Apollo 13" setzt sich bei den darauffolgenden erfolgreichen Mondmissionen „Apollo 14–17" dieser bemerkenswerte Trend fort. *Edgar Mitchell* (Apollo 14) führt zwar ein geordnetes Privatleben, kehrt jedoch mit der festen Überzeugung zur Erde zurück, dass es außerirdisches Leben geben müsse. Er gründet ein Institut, das sich mit Hellseherei, Psychokinese, Quantenholographie, Telepathie und Ufologie befasst. *Mitchell* behauptet fest, dass Au-

---

25 *White*, The Overview effect: Space exploration and human evolution, 1987, S. 38; *Yaden* u. a. (Fn. 20), S. 6.
26 Zum Folgenden *Grossrieder*, NZZ vom 18.7.2019.
27 *Hansen*, Aufbruch zum Mond, 2018, S. 463 ff.

ßerirdische schon mehrfach die Erde besucht hätten und mit Erdenbürgern in Kontakt getreten seien. Die angeblich vorliegenden Beweise dieser Treffen würden vom Staat gezielt unter Verschluss gehalten.

27 *James Irwin* (Apollo 15) wird auf dem Mond zum tiefreligiösen Menschen und ist danach von der Anwesenheit Gottes auf dem Mond fest überzeugt. Er etabliert die „High Flight Foundation" und reist als Wanderprediger um die Welt. Bei mehreren Reisen zum Berg Ararat im armenisch-iranisch-türkischen Grenzgebiet versucht er, die Arche Noah zu finden, was ihm bis zu seinem Tod 1991 nicht gelingt.

28 *Charles Duke* (Apollo 16), legendärer Verbindungssprecher (Capcom) der ersten Mondlandung (Apollo 11), gerät nach der Rückkehr ebenfalls in eine tiefe Sinnkrise. Er spricht dem Alkohol zu, gründet einen Biervertrieb, wird depressiv, tritt in eine Freikirche ein und wird zum Prediger.

29 Diese kurze, keinesfalls vollständige Übersicht zeigt, dass das Betreten des Mondes ganz offensichtlich zu erheblichen psychischen Folgen bei der Rückkehr auf die Erde führt. Der Mond-Effekt dürfte allerdings die Wissenschaft nicht zu sehr überraschen: Die Erfahrung eines Menschen, seinen Fuß auf einen anderen Planeten gesetzt zu haben, dürfte nach menschlichem Ermessen so überwältigend sein, dass diese Erfahrung ein normales Leben auf der Erde wohl kaum mehr zulässt. Die Schicksale der hier zitierten neun Moonwalker zeigen ein im Wesentlichen vergleichbares Bild: **Alkohol, Scheidung, Sinnkrise.** Dieses mondpsychologische Phänomen kann und wird der Psychologie nicht verborgen geblieben sein. Das auffällige Schweigen zu dieser Frage wird daher nur so zu erklären sein, dass die Begeisterung für die Raumfahrt im Allgemeinen und für die Rückkehr zum Mond im Besonderen nicht durch mögliche psychische Folgeschäden gebremst werden soll.

6. Weltraumkultur

30 Einen vergleichsweise gut erforschten Teilbereich der Weltraumwissenschaften stellt die Weltraumkultur dar. Sie erfasst alle künstlerischen Darstellungsformen im Hinblick auf die Raumfahrt und den Weltraum. Die wissenschaftlichen Aspekte der Weltraumkultur können gesamthaft untersucht werden[28] oder sich auf bestimmte Einzelfragen[29] beziehen. Die möglichen **Kunstprojekte mit Weltraumbezug** sind daher so vielfältig wie die Kunst selbst. Einen Schwerpunkt bilden architektonische Projekte. So zeigten etwa allein vier Weltausstellungen von 1958–1970 UFO-Pavillons, Kugelhallen und Kapselmodule. In der Folge wurden viele Gebäude und Skulpturen errichtet, deren Formen Anleihen bei der Raumfahrt nahmen.[30]

---

28 *Geppert*, Limiting Outer Space: Astroculture after Apollo, 2018; *ders.*, Imagining Outer Space: European Astroculture in the Twentieth Century, 2. Aufl. (2018); *ders.*, Astroculture and Technoscience, 2012; *ders.*, APuZ 29–30/2019, 19 ff.
29 *Richers*, Roter Kosmos. Kulturgeschichte des Raumfahrtfiebers in der Sowjetunion, APuZ 29–30/2019, 11 ff.
30 *Delitz*, A House from Outer Space. Raumfahrt-Effekte in der Architektur des 20. Jahrhunderts, in: Fischer/Spreen, Soziologie der Weltraumfahrt, 2014, S. 129 ff.

Besonderer Hervorhebung in diesem Zusammenhang bedarf der **Berliner Fernsehturm** (1958–1969), der einen kosmonautischen Gestus besitzt. Diese artifizielle „Ausstülpung der Erdoberfläche"³¹ ist deutlich vom ersten weltumkreisenden Sputnik inspiriert. Ganz explizit wollte der verantwortliche Architekt, *Hermann Henselmann*, diesem Griff in die Sterne ein Denkmal setzen.³² Zusätzlich zu den planetarischen Assoziationen, welche die Aluminiumkugel weckt, mutet der Turm an wie eine „Trägerrakete, die in einem multifunktionalen Betonkomplex eingelassen ist": eine Startrampe mit soeben zurückgeklappten Haltearmen. Im Inneren erlebt der Einzelne die Auffahrt zu einer Art Erdumlaufbahn im sich drehenden Kugelcafé.³³

Die wohl bedeutendsten weltraumkulturellen Objekte der Welt sind die „**Voyager Golden Records**", zwei vergoldete Datenplatten mit Bild- und Audioinformationen.³⁴ Sie wurden 1977 an Bord der Raumsonden „Voyager 1" und „Voyager 2" gebracht. Die Datenplatten enthalten Botschaften an Außerirdische. Damit ist die Hoffnung verbunden, etwaige intelligente außerirdische Lebensformen könnten auf diese Weise von der Existenz der Menschheit und ihrer Position im Universum erfahren. Ob von diesen Platten tatsächlich Kenntnis genommen wird und die Menschheit zu dieser Zeit noch besteht, ist selbstverständlich unsicher. Mit einer geschätzten Lebensdauer von rund 500 Millionen Jahren sollen die Platten aber jedenfalls Zeugnis darüber ablegen, dass es Menschen gegeben hat und welches kulturelle Niveau sie besaßen.

Die Datenplatten enthalten einerseits analog gespeicherte Bilder. Hinzu kommen gesprochene Grüße in 55 Sprachen sowie verschiedene Geräusche wie Donner, Wind und Tiergeräusche. Außerdem finden sich darauf **90 Minuten ausgewählter Musik**. Dazu zählen ethnische Musik und bekannte Musikstücke von *Johann Sebastian Bach, Ludwig van Beethoven, Wolfgang Amadeus Mozart, Chuck Berry* und *Louis Armstrong*. Schließlich enthalten die Platten auch eine Audiobotschaft des ehemaligen UN-Generalsekretärs *Kurt Waldheim*:

„Als Generalsekretär der Vereinten Nationen, einer Organisation von 147 Mitgliedstaaten, die beinahe alle menschlichen Bewohner des Planeten Erde repräsentiert, sende ich Grüße im Namen der Völker unseres Planeten. Wir treten aus unserem Sonnensystem ins Universum auf der Suche nur nach Frieden und Freundschaft, um zu lehren, wo wir darum gebeten werden, um zu lernen, wenn wir Glück haben. Wir sind uns ganz und gar bewusst, dass unser Planet und alle seine Bewohner nichts als ein kleiner Teil des uns umgebenden, immensen Universums sind und wir machen diesen Schritt mit Demut und Hoffnung."

---

31 *Giersch*, Hain der Kosmonauten. Die Triebwerke der kollektiven Imagination, in: Simmen, Schwerelos. Der Traum vom Fliegen in der Kunst der Moderne, 1991, S. 31 (36).
32 *Henselmann*, in: Müller, Symbol mit Aussicht. Die Geschichte des Berliner Fernsehturms, 1999, S. 63.
33 *Giersch* (Fn. 31), S. 37; *Delitz* (Fn. 30), S. 149.
34 *Sagan*, Murmurs of Earth: The Voyager Interstellar Record, 1978.

7. Weltraumwirtschaft

34 Die Nutzung des Weltraums durch Raumfahrt wird auch am Maßstab volks- und betriebswirtschaftlicher Erkenntnisse erforscht.[35] Dabei liegt der hauptsächliche Wandel darin, dass die Raumfahrt nicht mehr nur ein staatliches Zuschussgeschäft ist, sondern zunehmend von Privatunternehmen gestaltet wird. Diese Verschiebung der handelnden Akteure, die Beobachtung des Raumfahrtmarktes oder die Entwicklung der Zulieferindustrie werden mittels wirtschaftswissenschaftlicher Methoden untersucht. Gerade in den großen Raumfahrtnationen, zu denen auch Deutschland gehört, spielt die **ökonomische Begleitung der Raumfahrtindustrie** durch Wissenschaft und Verbände (z. B. den Bundesverband der Deutschen Luft- und Raumfahrtindustrie, BDLI) eine immer wichtiger werdende Rolle.

35 Innerhalb der Weltraumwirtschaft hat sich seit einiger Zeit eine neue wirtschaftliche Bewegung unter der Bezeichnung „**New Space Economy**" herausgebildet. Ihr Ziel ist es, die Entwicklung der privaten Raumfahrtindustrie in einem gesamthaften Sinne zu erfassen. Adressaten bilden vor allem neue Raumfahrtunternehmen, die unabhängig von Regierungen und traditionellen Vertragspartnern arbeiten, um unter Einbeziehung der Digitalwirtschaft schneller, besser und günstiger kreative Raumfahrttechnologien zu entwickeln, mit denen der Zugang zum Weltraum ermöglicht wird. Auch die Bundesregierung ist an diesem neuen sozio-ökonomischen Trend interessiert und hat durch das Bundesministerium für Wirtschaft und Energie bereits Studien in Auftrag gegeben.[36]

8. Weltraumpolitik

36 Die dem Weltraumrecht am engsten verbundene weltraumwissenschaftliche Teildisziplin ist die Weltraumpolitik. Sie stellt zwingend die **Vorstufe für den Entwurf weltraumrechtlicher Vorschriften** dar und wird bei einem politisch organisierten Konsens in Weltraumrecht „umgegossen". Daher stellen weltraumpolitische Initiativen stets einen Indikator dafür dar, welche weltraumrechtlichen Neuerungen erwartet werden können, aber eben nicht automatisch erlassen werden müssen. Wird etwa im deutschen Koalitionsvertrag von 2018 politisch angekündigt, ein deutsches Weltraumgesetz schaffen zu wollen, so wird man damit die berechtigte Erwartung verbinden dürfen, dass ein solches auch erlassen wird. Werden auf der politischen Ebene Optionen diskutiert, den Mond für den Abbau von Bodenschätzen zu nutzen, so dürften daraus rechtliche Vorschläge zur Umgestaltung des Mondvertrags folgen.

37 Die deutsche Raumfahrtpolitik ist in historischer Perspektive umfassend erforscht worden[37] und basiert gegenwärtig auf der aus dem Jahr 2010 stammen-

---

[35] *Bardt*, IW-Kurzbericht 43/2019: Wirtschaft im Weltall.
[36] Space-tec, New Space: New business models at the interface of the space industry and digital economy, 2016.
[37] *Reinke*, Geschichte der deutschen Raumfahrtpolitik, 2004.

den Raumfahrtstrategie der Bundesregierung.[38] Auf europäischer Ebene wird die Weltraumpolitik vom **European Space Policy Institute** (**ESPI**) in Wien wissenschaftlich untersucht. Weiterhin ist das London Institute of Space Policy and Law als unabhängige Forschungseinrichtung zu nennen. Im weiteren Sinne wird man auch sämtliche in § 14 dieses Lehrbuchs vorgestellte internationale Weltraumrechtsinstitutionen als Foren verstehen können, in denen weltraumpolitische Grundsatzfragen behandelt und Vorschläge zur Weiterentwicklung des Weltraumrechts unterbreitet werden.

---

38 Raumfahrtstrategie der Bundesregierung: Für eine zukunftsfähige deutsche Raumfahrt, 2010; dazu *Remuß*, ZLW 2011, 231 ff.

§ 25 Kontrollfragen

Nach der aufmerksamen Lektüre des Lehrbuchs wird der Leser bzw. die Leserin in der Lage sein, folgende Kontrollfragen zu beantworten:

1. Teil: Grundlagen

1. Weshalb kann man Deutschland als „Raumfahrterfindungsnation" bezeichnen?
2. Mit welchem weltraumrelevanten Ereignis verbinden Sie *Juri Gagarin*?
3. Wer war *Neil Armstrong*?
4. Weshalb wurde der UN-Weltraumausschuss gegründet?
5. In welche politische Zeit fiel der Abschluss des Weltraumvertrags?
6. Wie kann der Begriff „Weltraumrecht" definiert werden?
7. Welche wesentlichen völkerrechtlichen Abkommen bilden das Weltraumrecht?
8. In welchem Verhältnis stehen das Weltraumrettungsübereinkommen, das Weltraumhaftungsübereinkommen und das Weltraumregistrierungsübereinkommen zum Weltraumvertrag?
9. Ist die Entstehung von Weltraumgewohnheitsrecht denkbar?
10. Wo beginnt und wo endet der Weltraum?

2. Teil: Grundentscheidungen

11. Welchen Rechtsstatus hat der Weltraum?
12. Welche Freiheiten des Weltraums werden den Vertragsstaaten durch Art. I WRV gewährt?
13. In welchem Verhältnis steht das Aneignungsverbot des Art. II WRV zu den Weltraumfreiheiten des Art. I WRV?
14. Enthält Art. II WRV eine Regelungslücke im Hinblick auf die Aneignung des Mondes durch Privatpersonen?
15. Kann das Aufstellen der US-Flagge auf dem Mond durch *Neil Armstrong* und *Buzz Aldrin* als verbotene Aneignung des Mondes verstanden werden?
16. Was bedeutet das Militarisierungsverbot des Art. IV WRV für den Mond und die anderen Himmelskörper?
17. Ist mit Art. IV WRV eine vollständige Entmilitarisierung des freien Weltraums verbunden?

18. Wer ist „Raumfahrer" im Sinne von Art. V WRV?
19. Besitzen Raumfahrer aufgrund ihrer Charakterisierung als „Boten der Menschheit" einen besonderen völkerrechtlichen Status?
20. Über welche „Erscheinungen" könnten Raumfahrer den UN-Generalsekretär nach Art. V Abs. 3 WRV informieren?
21. Ist der Vertragsstaat auch für Weltraumaktivitäten privater Raumfahrtunternehmen völkerrechtlich verantwortlich?
22. Wie hat der Vertragsstaat sicherzustellen, dass die privaten Raumfahrtunternehmen professionell agieren?
23. Welche beiden Haftungsarten sieht das Weltraumhaftungsübereinkommen vor?
24. Welcher Unfall stellt den bisher größten Haftungsfall dar?
25. Weshalb ist das Streitbeilegungsverfahren im Weltraumhaftungsübereinkommen wenig effektiv ausgestaltet?
26. Weshalb bestehen nationale Hoheitsgewalt und Kontrolle über den Weltraumgegenstand und die Besatzung im hoheitsfreien Weltraum fort?
27. Gilt diese Fortwirkung im hoheitsfreien Weltraum auch für das Eigentum am Weltraumgegenstand?
28. Was regelt das Berliner Weltraumprotokoll von 2012?
29. Welche Rolle spielt der Atomteststoppvertrag für die Weltraumumwelt?
30. Worin liegt die Bedeutung des weltraumrechtlichen Kontaminationsverbots?
31. Welche Rolle spielt der UN-Weltraumausschuss für das Weltraumrecht?
32. In welchem Verhältnis stehen die ESA und die EU zueinander?

3. Teil: Herausforderungen

33. Weshalb ist der Geostationäre Orbit eine besonders attraktive Erdumlaufbahn für Satelliten?
34. Auf welche Weise wird der Verteilungskampf um die Satellitenpositionen zwischen den Industrienationen und den Entwicklungsländern zu lösen versucht?
35. Weshalb kann die Internationale Raumstation als „polyterritoriales Gebilde" bezeichnet werden?
36. Was sind die Herausforderungen beim Weiterbetrieb dieses „Außenpostens der Menschheit im All"?
37. Was versteht man unter dem Begriff „Weltraummüll"?
38. Welche Maßnahmen sollten unternommen werden, um bestehenden Weltraummüll zu entsorgen und die Entstehung von neuem Weltraummüll zu vermeiden?
39. Was sind die Herausforderungen des Weltraumtourismus?
40. Weshalb lehnten die großen Raumfahrtnationen das im Mondvertrag vorgesehene Bergbauregime ab?
41. Mit welchem weltraumrechtlichen Grundprinzip kollidieren die nationalen Gesetze der USA und Luxemburgs über den Weltraumbergbau?

42. Ist der Schutz geistigen Eigentums im hoheitsfreien Weltraum möglich?
43. Für welche Erfindungen könnte eine Allgemeinwohlverpflichtung anerkannt werden?
44. Welche internationalen Gerichtshöfe kämen für die Entscheidung weltraumrechtlicher Streitigkeiten in Betracht?
45. Was spricht für einen eigenständigen Weltraumgerichtshof?
46. Woraus ergibt sich die Verpflichtung der Vertragsstaaten, nationales Weltraumrecht zu schaffen?
47. Was spricht aus praktischer Sicht für ein nationales Weltraumgesetz?
48. Was müsste in einem nationalen Weltraumgesetz geregelt werden?

4. Teil: Weltraumwissenschaften

49. Was versteht man unter dem Begriff „Weltraumwissenschaften"?
50. Nennen Sie drei Teildisziplinen der Weltraumwissenschaften, die neben dem Weltraumrecht bestehen.

§ 26 Anhang

I. Weltraumvertrag, BGBl. 1969 II S. 1967

**Vertrag über die Grundsätze zur Regelung der Tätigkeiten
von Staaten bei der Erforschung und Nutzung des Weltraums
einschließlich des Mondes und anderer Himmelskörper**

Die Vertragsstaaten,

Angespornt durch die großartigen Aussichten, die der Vorstoß des Menschen in den Weltraum der Menschheit eröffnet,

In Anerkennung des gemeinsamen Interesses der gesamten Menschheit an der fortschreitenden Erforschung und Nutzung des Weltraums zu friedlichen Zwecken,

In der Überzeugung, dass es wünschenswert ist, die Erforschung und Nutzung des Weltraums zum Wohle aller Völker ohne Ansehen ihres wirtschaftlichen und wissenschaftlichen Entwicklungsstandes fortzuführen,

In dem Wunsch, sowohl in wissenschaftlicher wie in rechtlicher Hinsicht zu einer umfassenden internationalen Zusammenarbeit bei der Erforschung und Nutzung des Weltraums zu friedlichen Zwecken beizutragen,

Im Vertrauen darauf, dass eine solche Zusammenarbeit das gegenseitige Verständnis zwischen den Staaten und Völkern fördern und die freundschaftlichen Beziehungen zwischen ihnen verstärken wird,

Eingedenk der von der Generalversammlung der Vereinten Nationen am 13. Dezember 1963 einstimmig als Entschließung Nr. 1962 (XVIII) angenommenen „Erklärung über die Rechtsgrundsätze zur Regelung der Tätigkeiten von Staaten bei der Erforschung und Nutzung des Weltraums",

Eingedenk der von der Generalversammlung der Vereinten Nationen am 17. Oktober 1963 einstimmig angenommenen Entschließung Nr. 1884 (XVIII), in der die Staaten aufgefordert werden, weder Gegenstände mit Kernwaffen oder anderen Massenvernichtungswaffen in Erdumlaufbahnen zu bringen noch Himmelskörper mit derartigen Waffen zu bestücken,

Unter Berücksichtigung der Entschließung Nr. 110 (II) der Generalversammlung der Vereinten Nationen vom 3. November 1947, mit der jede Propaganda verurteilt wird, die dazu bestimmt oder geeignet ist, eine Bedrohung oder einen Bruch des Friedens oder eine Aggression hervorzurufen oder zu unterstützen, und in der Erwägung, dass diese Entschließung auch für den Weltraum gilt,

In der Überzeugung, dass ein Vertrag über die Grundsätze zur Regelung der Tätigkeiten von Staaten bei der Erforschung und Nutzung des Weltraums einschließlich des Mondes und anderer Himmelskörper die Ziele und Grundsätze der Charta der Vereinten Nationen fördern wird,

Sind wie folgt übereingekommen:

Artikel I

Die Erforschung und Nutzung des Weltraums einschließlich des Mondes und anderer Himmelskörper wird zum Vorteil und im Interesse aller Länder ohne Ansehen ihres wirtschaftlichen und wissenschaftlichen Entwicklungsstandes durchgeführt und ist Sache der gesamten Menschheit.

Allen Staaten steht es frei, den Weltraum einschließlich des Mondes und anderer Himmelskörper ohne jegliche Diskriminierung, gleichberechtigt und im Einklang mit dem Völkerrecht zu erforschen und zu nutzen; es besteht uneingeschränkter Zugang zu allen Gebieten auf Himmelskörpern.

Die wissenschaftliche Forschung im Weltraum einschließlich des Mondes und anderer Himmelskörper ist frei; die Staaten erleichtern und fördern die internationale Zusammenarbeit bei dieser Forschung.

Artikel II

Der Weltraum einschließlich des Mondes und anderer Himmelskörper unterliegt keiner nationalen Aneignung durch Beanspruchung der Hoheitsgewalt, durch Benutzung oder Okkupation oder durch andere Mittel.

Artikel III

Bei der Erforschung und Nutzung des Weltraums einschließlich des Mondes und anderer Himmelskörper üben die Vertragsstaaten ihre Tätigkeit in Übereinstimmung mit dem Völkerrecht einschließlich der Charta der Vereinten Nationen im Interesse der Erhaltung des Weltfriedens und der internationalen Sicherheit sowie der Förderung internationaler Zusammenarbeit und Verständigung aus.

Artikel IV

Die Vertragsstaaten verpflichten sich, keine Gegenstände, die Kernwaffen oder andere Massenvernichtungswaffen tragen, in eine Erdumlaufbahn zu bringen und weder Himmelskörper mit derartigen Waffen zu bestücken noch solche Waffen im Weltraum zu stationieren.

Der Mond und die anderen Himmelskörper werden von allen Vertragsstaaten ausschließlich zu friedlichen Zwecken benutzt. Die Errichtung militärischer Stützpunkte, Anlagen und Befestigungen, das Erproben von Waffen jeglicher Art und die Durchführung militärischer Übungen auf Himmelskörpern sind verboten. Die Verwendung von Militärpersonal für die wissenschaftliche Forschung oder andere friedliche Zwecke ist nicht untersagt. Ebensowenig ist die Benutzung jeglicher für die friedliche Erforschung des Mondes und anderer Himmelskörper notwendiger Ausrüstungen oder Anlagen untersagt.

Artikel V

Die Vertragsstaaten betrachten Raumfahrer als Boten der Menschheit im Weltraum und gewähren ihnen bei Unfall oder wenn in Not oder bei einer Notlandung oder -wasserung im Hoheitsgebiet eines anderen Vertragsstaates oder auf hoher See jede mögliche Hilfe. Nehmen Raumfahrer eine Notlandung oder -wasserung vor, so werden sie rasch und unbehelligt in den Staat zurückgeführt, in dem ihr Raumfahrzeug registriert ist.

Bei Tätigkeiten im Weltraum und auf Himmelskörpern gewähren die Raumfahrer eines Vertragsstaates den Raumfahrern anderer Vertragsstaaten jede mögliche Hilfe. Jeder Vertragsstaat unterrichtet sofort die anderen Vertragsstaaten oder den Generalsekretär der Vereinten Nationen über alle von ihm im Weltraum einschließlich des Mondes und anderer Himmelskörper entdeckten Erscheinungen, die eine Gefahr für Leben oder Gesundheit von Raumfahrern darstellen könnten.

Artikel VI

Die Vertragsstaaten sind völkerrechtlich verantwortlich für nationale Tätigkeiten im Weltraum einschließlich des Mondes und anderer Himmelskörper, gleichviel ob staatliche Stellen oder nichtstaatliche Rechtsträger dort tätig werden, und sorgen dafür, dass nationale Tätigkeiten nach Maßgabe dieses Vertrags durchgeführt werden. Tätigkeiten nichtstaatlicher Rechtsträger im Weltraum einschließlich des Mondes und anderer Himmelskörper bedürfen der Genehmigung und ständigen Aufsicht durch den zuständigen Vertragsstaat. Wird eine internationale Organisation im Weltraum einschließlich des Mondes und anderer Himmelskörper tätig, so sind sowohl die internationale Organisation als auch die dieser Organisation angehörenden Vertragsstaaten für die Befolgung dieses Vertrags verantwortlich.

Artikel VII

Jeder Vertragsstaat, der einen Gegenstand in den Weltraum einschließlich des Mondes und anderer Himmelskörper startet oder starten lässt, sowie jeder Vertragsstaat, von dessen Hoheitsgebiet oder Anlagen aus ein Gegenstand gestartet wird, haftet völkerrechtlich für jeden Schaden, den ein solcher Gegenstand oder dessen Bestandteile einem anderen Vertragsstaat oder dessen natürlichen oder juristischen Personen auf der Erde, im Luftraum oder im Weltraum einschließlich des Mondes oder anderer Himmelskörper zufügen.

Artikel VIII

Ein Vertragsstaat, in dem ein in den Weltraum gestarteter Gegenstand registriert ist, behält die Hoheitsgewalt und Kontrolle über diesen Gegenstand und dessen gesamte Besatzung, während sie sich im Weltraum oder auf einem Himmelskörper befinden.

Das Eigentum an Gegenständen, die in den Weltraum gestartet werden, einschließlich der auf einem Himmelskörper gelandeten oder zusammengebauten Gegenstände, und an ihren Bestandteilen wird durch ihren Aufenthalt im Weltraum oder auf einem Himmelskörper oder durch ihre Rückkehr zur Erde nicht berührt. Werden solche Gegenstände oder Bestandteile davon außerhalb der Grenzen des Vertragsstaates aufgefunden, in dem sie registriert sind, so werden sie dem betreffenden Staat zurückgegeben; dieser teilt auf Ersuchen vor ihrer Rückgabe Erkennungsmerkmale mit.

Artikel IX

Bei der Erforschung und Nutzung des Weltraums einschließlich des Mondes und anderer Himmelskörper lassen sich die Vertragsstaaten von dem Grundsatz der Zusammenarbeit und gegenseitigen Hilfe leiten und üben ihre gesamte Tätigkeit im Weltraum einschließlich des Mondes und anderer Himmelskörper mit gebührender Rücksichtnahme auf die entsprechenden Interessen aller anderen Vertragsstaaten aus.

Die Vertragsstaaten führen die Untersuchung und Erforschung des Weltraums einschließlich des Mondes und anderer Himmelskörper so durch, dass deren Kontamination vermieden und in der irdischen Umwelt jede ungünstige Veränderung infolge des Einbringens außerirdischer Stoffe verhindert wird; zu diesem Zweck treffen sie, soweit erforderlich, geeignete Maßnahmen. Hat ein Vertragsstaat Grund zu der Annahme, dass ein von ihm oder seinen Staatsangehörigen geplantes Unternehmen oder Experiment im Weltraum einschließlich des Mondes und anderer Himmelskörper eine möglicherweise schädliche Beeinträchtigung von Tätigkeiten anderer Vertragsstaaten bei der friedlichen Erforschung und Nutzung des Weltraums einschließlich des Mondes und anderer Himmelskörper verursachen könnte, so leitet er geeignete internationale Konsultationen ein, bevor er das Unternehmen oder Experiment in Angriff nimmt. Hat ein Vertragsstaat Grund zu der Annahme, dass ein von einem anderen Vertragsstaat geplantes Unternehmen oder Experiment im Weltraum einschließlich des Mondes und anderer Himmelskörper eine möglicherweise schädliche Beeinträchtigung von Tätigkeiten bei der friedlichen Erforschung und Nutzung des Weltraums einschließlich des Mondes und anderer Himmelskörper verursachen könnte, so kann er Konsultationen über das Unternehmen oder Experiment verlangen.

Artikel X

Um die internationale Zusammenarbeit bei der Erforschung und Nutzung des Weltraums einschließlich des Mondes und anderer Himmelskörper im Einklang mit den Zielen dieses Vertrags zu fördern, prüfen die Vertragsstaaten auf der Grundlage der Gleichberechtigung jegliches Ersuchen anderer Vertragsstaaten, ihnen Gelegenheit zur Beobachtung des Flugs von Weltraumgegenständen zu geben, die von jenen Staaten gestartet werden.

Die Art dieser Beobachtungsgelegenheit und die Bedingungen, zu denen sie gegebenenfalls gewährt wird, bedürfen der Festlegung durch Übereinkunft zwischen den betreffenden Staaten.

Artikel XI

Um die internationale Zusammenarbeit bei der friedlichen Erforschung und Nutzung des Weltraums zu fördern, unterrichten die Vertragsstaaten, die im Weltraum einschließlich des Mondes und anderer Himmelskörper tätig sind, den Generalsekretär der Vereinten Nationen sowie die Öffentlichkeit und die wissenschaftliche Welt in größtmöglichem Umfang, soweit irgend tunlich, von der Art, der Durchführung, den Orten und den Ergebnissen dieser Tätigkeiten. Der Generalsekretär der Vereinten Nationen ist gehalten, diese Informationen unmittelbar nach ihrem Eingang wirksam weiterzuverbreiten.

Artikel XII

Alle Stationen, Einrichtungen, Geräte und Raumfahrzeuge auf dem Mond und anderen Himmelskörpern sind Vertretern anderer Vertragsstaaten auf der Grundlage der Gegenseitigkeit zugänglich. Die Vertreter melden einen geplanten Besuch so rechtzeitig an, dass geeignete Konsultationen stattfinden und größtmögliche Vorsichtsmassnahmen getroffen werden können, um in der zu besuchenden Anlage die Sicherheit zu gewährleisten und eine Beeinträchtigung des normalen Betriebs zu vermeiden.

Artikel XIII

Dieser Vertrag findet Anwendung auf alle Tätigkeiten der Vertragsstaaten bei der Erforschung und Nutzung des Weltraums einschließlich des Mondes und anderer Himmelskörper, gleichviel ob sie von einem Vertragsstaat allein oder gemeinsam mit anderen Staaten durchgeführt werden; hierunter fallen auch Tätigkeiten im Rahmen zwischenstaatlicher Organisationen.

Treten in Verbindung mit Tätigkeiten zwischenstaatlicher Organisationen zur Erforschung und Nutzung des Weltraums einschließlich des Mondes und anderer Himmelskörper in der Praxis Fragen auf, so werden sie von den Vertragsstaaten entweder mit der zuständigen zwischenstaatlichen Organisation oder mit einem oder mehreren Mitgliedstaaten dieser Organisation geregelt, die Vertragsstaaten sind.

Artikel XIV

1. Dieser Vertrag liegt für alle Staaten zur Unterzeichnung auf. Jeder Staat, der ihn vor seinem Inkrafttreten nach Absatz 3 nicht unterzeichnet hat, kann ihm jederzeit beitreten.

2. Dieser Vertrag bedarf der Ratifizierung durch die Unterzeichnerstaaten. Die Ratifikations- und Beitrittsurkunden sind bei den Regierungen der Union der Sozialistischen Sowjetrepubliken, des Vereinigten Königreichs Großbritannien und Nordirland sowie der Vereinigten Staaten von Amerika zu hinterlegen, die hiermit zu Depositarregierungen bestimmt werden.

3. Dieser Vertrag tritt in Kraft, sobald fünf Regierungen einschließlich der darin zu Depositarregierungen bestimmten ihre Ratifikationsurkunden hinterlegt haben.

4. Für Staaten, deren Ratifikations- oder Beitrittsurkunden nach dem Inkrafttreten dieses Vertrags hinterlegt werden, tritt er mit Hinterlegung ihrer Ratifikations- oder Beitrittsurkunden in Kraft.

5. Die Depositarregierungen unterrichten alsbald alle Unterzeichnerstaaten und alle beitretenden Staaten über den Zeitpunkt jeder Unterzeichnung und jeder Hinterlegung einer Ratifikations- oder Beitrittsurkunde zu diesem Vertrag, den Zeitpunkt seines Inkrafttretens und über sonstige Mitteilungen.

6. Dieser Vertrag wird von den Depositarregierungen nach Artikel 102 der Charta der Vereinten Nationen registriert.

Artikel XV
Jeder Vertragsstaat kann Änderungen dieses Vertrags vorschlagen. Änderungen treten für jeden Vertragsstaat, der sie annimmt, in Kraft, sobald die Mehrheit der Vertragsstaaten sie angenommen hat; für jeden weiteren Vertragsstaat treten sie mit der Annahme durch diesen in Kraft.

Artikel XVI
Jeder Vertragsstaat kann diesen Vertrag ein Jahr nach dessen Inkrafttreten durch eine schriftliche, an die Depositarregierungen gerichtete Notifikation für sich kündigen. Die Kündigung wird ein Jahr nach Eingang dieser Notifikation wirksam.

Artikel XVII
Dieser Vertrag, dessen chinesischer, englischer, französischer, russischer und spanischer Wortlaut gleichermaßen verbindlich ist, wird in den Archiven der Depositarregierungen hinterlegt. Beglaubigte Abschriften dieses Vertrags werden den Regierungen der Staaten, die ihn unterzeichnen oder ihm beitreten, von den Depositarregierungen zugeleitet.

Zu Urkund dessen haben die Unterzeichneten, hierzu gehörig befugt, diesen Vertrag unterschrieben.

Geschehen zu London, Moskau und Washington am 27. Januar 1967 in drei Urschriften.

II. Mondvertrag, ILM 18 (1979), 1434

Agreement[39] Governing the Activities of States in the Moon and other Celestial Bodies

The States Parties to this Agreement,

Noting the achievements of States in the exploration and use of the moon and other celestial bodies,

Recognizing that the moon, as a natural satellite of the earth, has an important role to play in the exploration of outer space,

Determined to promote on the basis of equality the further development of co-operation among States in the exploration and use of the moon and other celestial bodies,

Desiring to prevent the moon from becoming an area of international conflict,

Bearing in mind the benefits which may be derived from the exploitation of the natural resources of the moon and other celestial bodies,

Recalling the Treaty on Principles Governing the Activities of States in the Exploration and Use of Outer Space, including the Moon and Other Celestial Bodies,[40] the Agreement on the Rescue of Astronauts, the Return of Astronauts and the Return of Objects Launched into Outer Space,[41] the Convention on International Liability for Damage Caused by Space Objects,[42] and the Convention on Registration of Objects Launched into Outer Space,[43]

Taking into account the need to define and develop the provisions of these international instruments in relation to the moon and other celestial bodies, having regard to further progress in the exploration and use of outer space,

Have agreed on the following:

Article 1.

1. The provisions of this Agreement relating to the moon shall also apply to other celestial bodies within the solar system, other than the earth, except in so far as specific legal norms enter into force with respect to any of these celestial bodies.

---

[39] Came into force on 11 July 1984. i. e., the thirtieth day following the date of deposit of the fifth instrument of ratification with the Secretary-General of the United Nations, in accordance with article 19 (3):

State	Date of deposit of the instrument of ratification
Austria	11 June 1984
Chile	12 November 1981
Netherlands	17 February 1983 (For the Kingdom in Europe and the Netherlands Antilles)
Philippines	26 May 1981
Uruguay	9 November 1981

[40] United Nations, *Treaty Series*, vol. 610, p. 205.
[41] *Ibid.*, vol. 672, p. 119.
[42] *Ibid.*, vol. 961, p. 187.
[43] *Ibid.*, vol. 1023, p. 15.

2. For the purposes of this Agreement reference to the moon shall include orbits around or other trajectories to or around it.

3. This Agreement does not apply to extraterrestrial materials which reach the surface of the earth by natural means.

Article 2.

All activities on the moon, including its exploration and use, shall be carried out in accordance with international law, in particular the Charter of the United Nations, and taking into account the Declaration on Principles of International Law concerning Friendly Relations and Co-operation among States in accordance with the Charter of the United Nations, adopted by the General Assembly on 24 October 1970,[44] in the interests of maintaining international peace and security and promoting international co-operation and mutual understanding, and with due regard to the corresponding interests of all other States Parties.

Article 3.

1. The moon shall be used by all States Parties exclusively for peaceful purposes.

2. Any threat or use of force or any other hostile act or threat of hostile act on the moon is prohibited. It is likewise prohibited to use the moon in order to commit any such act or to engage in any such threat in relation to the earth, the moon, spacecraft, the personnel of spacecraft or man-made space objects.

3. States Parties shall not place in orbit around or other trajectory to or around the moon objects carrying nuclear weapons or any other kind of weapons of mass destruction or place or use such weapons on or in the moon.

4. The establishment of military bases, installations and fortifications, the testing of any type of weapons and the conduct of military manoeuvres on the moon shall be forbidden. The use of military personnel for scientific research or for any other peaceful purposes shall not be prohibited. The use of any equipment or facility necessary for peaceful exploration and use of the moon shall also not be prohibited.

Article 4.

1. The exploration and use of the moon shall be the province of all mankind and shall be carried out for the benefit and in the interests of all countries, irrespective of their degree of economic or scientific development. Due regard shall be paid to the interests of present and future generations as well as to the need to promote higher standards of living and conditions of economic and social progress and development in accordance with the Charter of the United Nations.

2. States Parties shall be guided by the principle of co-operation and mutual assistance in all their activities concerning the exploration and use of the moon.

---

44 United Nations, *Official Records of the General Assembly, Twenty-fifth Session, Supplement No. 28* (A/8028), Resolution No. 2625 (**XXV**), p. 121.

International co operation in pursuance of this Agreement should be as wide as possible and may take place on a multilateral basis, on a bilateral basis or through international intergovernmental organizations.

Article 5.
1. States Parties shall inform the Secretary-General of the United Nations as weil as the public and the international scientific community, to the greatest extent feasible and practicable, of their activities concerned with the exploration and use of the moon. Information on the time, purposes, locations, orbital parameters and duration shall be given in respect of each mission to the moon as soon as possible after launching, while information on the results of each mission, including scientific results, shall be furnished upon completion of the mission. In the case of a mission lasting more than thirty days, information on conduct of the mission, including any scientific results, shall be given periodically at thirty days' intervals. For missions lasting more than six months, only significant addi tions to such information need be reported thereafter.

2. If a State Party becomes aware that another State Party plans to operate simultaneously in the same area of or in the same orbit around or trajectory to or around the moon, it shall promptly inform the other State of the timing of and plans for its own operations.

3. In carrying out activities under this Agreement, States Parties shall promptly inform the Secretary-General, as well as the public and the international scientific community, of any phenomena they discover in outer space, including the moon, which could endanger human life or health, as well as of any indication of organic life.

Article 6.
1. There shall be freedom of scientific investigation on the moon by all States Parties without discrimination of any kind, on the basis of equality and in accordance with international law.

2. In carrying out scientific investigations and in furtherance of the provisions of this Agreement, the States Parties shall have the right to collect on and remove from the moon samples of its mineral and other substances. Such samples shall remain at the disposal of those States Parties which caused them to be collected and may be used by them for scientific purposes. States Parties shall have regard to the desirability of making a portion of such samples available to other interested States Parties and the international scientific community for scientific investigation. States Parties may in the course of scientific investigations also use mineral and other substances of the moon in quantities appropriate for the support of their missions.

3. States Parties agree on the desirability of exchanging scientific and other personnel on expeditions to or installations on the moon to the greatest extent feasible and practicable.

Article 7.

1. In exploring and using the moon, States Parties shall take measures to prevent the disruption of the existing balance of its environment whether by introducing adverse changes in that environment, by its harmful contamination through the introduction of extra-environmental matter or otherwise. States Parties shall also take measures to avoid harmfully affecting the environment of the earth through the introduction of extra terrestrial matter or otherwise.

2. States Parties shall inform the Secretary-General of the United Nations of the measures being adopted by them in accordance with paragraph 1 of this article and shall also, to the maximum extent feasible, notify him in advance of all placements by them of radio-active materials on the moon and of the purposes of such placements.

3. States Parties shall report to other States Parties and to the Secretary-General concerning areas of the moon having special scientific interest in order that, without prejudice to the rights of other States Parties, consideration may be given to the designation of such areas as international scientific preserves for which special protective arrangements are to be agreed upon in consultation with the competent bodies of the United Nations.

Article 8.

1. States Parties may pursue their activities in the exploration and use of the moon anywhere on or below its surface, subject to the provisions of this Agreement.

2. For these purposes States Parties may, in particular:

(a) Land their space objects on the moon and launch them from the moon;

(b) Place their personnel, space vehicles, equipment, facilities, stations and installations anywhere on or below the surface of the moon.

Personnel, space vehicles, equipment, facilities, stations and installations may move or be moved freely over or below the surface of the moon.

3. Activities of States Parties in accordance with paragraphs 1 and 2 of this article shall not interfere with the activities of other States Parties on the moon. Where such interference may occur, the States Parties concerned shall undertake consultations in accordance with article 15, paragraphs 2 and 3 of this Agreement.

Article 9.

1. States Parties may establish manned and unmanned stations on the moon. A State Party establishing a station shall use only that area which is required for the needs of the station and shall immediately inform the Secretary-General of the United Nations of the location and purposes of that station. Subsequently, at annual intervals that State shall likewise inform the Secretary-General whether the station continues in use and whether its purposes have changed.

2. Stations shall be installed in such a manner that they do not impede the free access to all areas of the moon by personnel, vehicles and equipment of other States Parties conducting activities on the moon in accordance with the provisions of this

Agreement or of article I of the Treaty on Principles Governing the Activities of States in the Exploration and Use of Outer Space, including the Moon and Other Celestial Bodies.

Article 10.
1. States Parties shall adopt all practicable measures to safeguard the life and health of persons on the moon. For this purpose they shall regard any person on the moon as an astronaut within the meaning of article V of the Treaty on Principles Governing the Activities of States in the Exploration and Use of Outer Space, including the Moon and Other Celestial Bodies and as part of the personnel of a spacecraft within the meaning of the Agreement on the Rescue of Astronauts, the Return of Astronauts and the Return of Objects Launched into Outer Space.
2. States Parties shall offer shelter in their stations, installations, vehicles and other facilities to persons in distress on the moon.

Article 11.
1. The moon and its natural resources are the common heritage of mankind, which finds its expression in the provisions of this Agreement and in particular in paragraph 5 of this article.
2. The moon is not subject to national appropriation by any claim of sovereignty, by means of use or occupation, or by any other means.
3. Neither the surface nor the subsurface of the moon, nor any part thereof or natural resources in place, shall become property of any State, international intergovernmental or non-governmental organization, national organization or non-governmental entity or of any natural person. The placement of personnel, space vehicles, equipment, facilities, stations and installations on or below the surface of the moon, including structures connected with its surface or subsurface, shall not create a right of ownership over the surface or the sub surface of the moon or any areas thereof. The foregoing provisions are without prejudice to the international regime referred to in paragraph 5 of this article.
4. States Parties have the right to exploration and use of the moon without discrimination of any kind, on a basis of equality and in accordance with international law and the terms of this Agreement.
5. States Parties to this Agreement hereby undertake to establish an international regime, including appropriate procedures, to govern the exploitation of the natural resources of the moon as such exploitation is about to become feasible. This provision shall be implemented in accordance with article 18 of this Agreement.
6. In order to facilitate the establishment of the international regime referred to in paragraph 5 of this article, States Parties shall inform the Secretary-General of the United Nations as well as the public and the international scientific community, to the greatest extent feasible and practicable, of any natural resources they may discover on the moon.
7. The main purposes of the international regime to be established shall include:

(a) The orderly and safe development of the natural resources of the moon;
(b) The rational management of those resources;
(c) The expansion of opportunities in the use of those resources;
(d) An equitable sharing by all States Parties in the benefits derived from those resources, whereby the interests and needs of the developing countries, as well as the efforts of those countries which have contributed either directly or indirectly to the exploration of the moon, shall be given special consideration.

8. All the activities with respect to the natural resources of the moon shall be carried out in a manner compatible with the purposes specified in paragraph 7 of this article and the provisions of article 6, paragraph 2, of this Agreement.

Article 12.

1. States Parties shall retain jurisdiction and control over their personnel, vehicles, equipment, facilities, stations and installations on the moon. The ownership of space vehicles, equipment, facilities, stations and installations shall not be affected by their presence on the moon.

2. Vehicles, installations and equipment or their component parts found in places other than their intended location shall be dealt with in accordance with article 5 of the Agreement on Rescue of Astronauts, the Return of Astronauts and the Return of Objects Launched into Outer Space.

3. In the event of an emergency involving a threat to human life, States Parties may use the equipment, vehicles, installations, facilities or supplies of other States Parties on the moon. Prompt notification of such use shall be made to the Secretary-General of the United Nations or the State Party concerned.

Article 13.

A State Party which learns of the crash landing, forced landing or other unintended landing on the moon of a space object, or its component parts, that were not launched by it, shall promptly inform the launching State Party and the Secretary-General of the United Nations.

Article 14.

1. States Parties to this Agreement shall bear international responsibility for national activities on the moon, whether such activities are carried on by governmental agencies or by non-governmental entities, and for assuring that national activities are carried out in conformity with the provisions set forth in this Agreement. States Parties shall ensure that non-governmental entities under their jurisdiction shall engage in activities on the moon only under the authority and continuing supervision of the appropriate State Party.

2. States Parties recognize that detailed arrangements concerning liability for damage caused on the moon, in addition to the provisions of the Treaty on Principles Governing the Activities of States in the Exploration and Use of Outer Space, including the Moon and Other Celestial Bodies and the Convention on International Liability for Damage Caused by Space Objects, may become necessary

as a result of more extensive activities on the moon. Any such arrangements shall be elaborated in accordance with the procedure provided for in article 18 of this Agreement.

Article 15.

1. Each State Party may assure itself that the activities of other States Parties in the exploration and use of the moon are compatible with the provisions of this Agreement. To this end, all space vehicles, equipment, facilities, stations and installations on the moon shall be open to other States Parties. Such States Parties shall give reasonable advance notice of a projected visit, in order that appropriate consultations may be held and that maximum precautions may be taken to assure safety and to avoid interference with normal operations in the facility to be visited. In pursuance of this article, any State Party may act on its own behalf or with the full or partial assistance of any other State Party or through appropriate international procedures within the framework of the United Nations and in accordance with the Charter.

2. A State Party which has reason to believe that another State Party is not fulfilling the obligations incumbent upon it pursuant to this Agreement or that another State Party is interfering with the rights which the former State has under this Agreement may request consultations with that State Party. A State Party receiving such a request shall enter into such consultations without delay. Any other State Party which requests to do so shall be entitled to take part in the consultations. Each State Party participating in such consultations shall seek a mutually acceptable resolution of any controversy and shall bear in mind the rights and interests of all States Parties. The Secretary-General of the United Nations shall be informed of the results of the consultations and shall transmit the information received to all States Parties concerned.

3. If the consultations do not lead to a mutually acceptable settlement which has due regard for the rights and interests of all States Parties, the parties concerned shall take all measures to settle the dispute by other peaceful means of their choice appropriate to the circumstances and the nature of the dispute. If difficulties arise in connexion with the opening of consultations or if consultations do not lead to a mutually acceptable settlement, any State Party may seek the assistance of the Secretary-General, without seeking the consent of any other State Party concerned, in order to resolve the controversy. A State Party which does not maintain diplomatic relations with another State Party concerned shall participate in such consultations, at its choice, either itself or through another State Party or the Secretary-General as intermediary.

Article 16.

With the exception of articles 17 to 21, references in this Agreement to States shall be deemed to apply to any international intergovernmental organization which conducts space activities if the organization declares its acceptance of the rights and obligations provided for in this Agreement and if a majority of the

States members of the organization are States Parties to this Agreement and to the Treaty on Principles Governing the Activities of States in the Exploration and Use of Outer Space, including the Moon and Other Celestial Bodies. States members of any such organization which are States Parties to this Agreement shall take all appropriate steps to ensure that the organization makes a declaration in accordance with the foregoing.

Article 17.

Any State Party to this Agreement may propose amendments to the Agreement. Amendments shall enter into force for each State Party to the Agreement accepting the amendments upon their acceptance by a majority of the States Parties to the Agreement and thereafter for each remaining State Party to the Agreement on the date of acceptance by it.

Article 18.

Ten years after the entry into force of this Agreement, the question of the review of the Agreement shall be included in the provisional agenda of the General Assembly of the United Nations in order to consider, in the light of past application of the Agreement, whether it requires revision. However, at any time after the Agreement has been in force for five years, the Secretary-General of the United Nations, as depositary, shall, at the request of one third of the States Parties to the Agreement and with the concurrence of the majority of the States Parties, convene a conference of the States Parties to review this Agreement. A review conference shall also consider the question of the implementation of the provisions of article 11, paragraph 5, on the basis of the principle referred to in paragraph 1 of that article and taking into account in particular any relevant technological developments.

Article 19.

1. This Agreement shall be open for signature by all States at United Nations Headquarters in New York.

2. This Agreement shall be subject to ratification by signatory States. Any State which does not sign this Agreement before its entry into force in accordance with paragraph 3 of this article may accede to it at any time. Instruments of ratification or accession shall be deposited with the Secretary-General of the United Nations.

3. This Agreement shall enter into force on the thirtieth day following the date of deposit of the fifth instrument of ratification.

4. For each State depositing its instrument of ratification or accession after the entry into force of this Agreement, it shall enter into force on the thirtieth day following the date of deposit of any such instrument.

5. The Secretary-General shall promptly inform all signatory and acceding States of the date of each signature, the date of deposit of each instrument of ratification or accession to this Agreement, the date of its entry into force and other notices.

Article 20.

Any State Party to this Agreement may give notice of its withdrawal from the Agreement one year after its entry into force by written notification to the Secretary-General of the United Nations. Such withdrawal shall take effect one year from the date of receipt of this notification.

Article 21.

The original of this Agreement, of which the Arabic, Chinese, English, French, Russian and Spanish texts are equally authentic, shall be deposited with the Secretary-General of the United Nations, who shall send certified copies thereof to all signatory and acceding States.

IN WITNESS WHEREOF the undersigned, being duly authorized thereto by their respective Governments, have signed this Agreement, opened for signature at New York on 18 December 1979.

III. ISS-Übereinkommen, BGBl. 1998 II S. 2445

Gesetz zu dem Übereinkommen vom 29. Januar 1998 zwischen der Regierung Kanadas, Regierungen von Mitgliedstaaten der Europäischen Weltraumorganisation, der Regierung Japans, der Regierung der Russischen Föderation und der Regierung der Vereinigten Staaten von Amerika über Zusammenarbeit bei der zivilen internationalen Raumstation (Raumstationsübereinkommen)

Der Bundestag hat das folgende Gesetz beschlossen:

Artikel 1

Dem in Washington am 29. Januar 1998 von der Bundesrepublik Deutschland unterzeichneten Übereinkommen zwischen der Regierung Kanadas, Regierungen von Mitgliedstaaten der Europäischen Weltraumorganisation, der Regierung Japans, der Regierung der Russischen Föderation und der Regierung der Vereinigten Staaten von Amerika über Zusammenarbeit bei der zivilen internationalen Raumstation und dem Briefwechsel der Verhandlungsleiter vom 26. Januar 1998 zur Auslegung des Übereinkommens wird zugestimmt. Das Übereinkommen und der Briefwechsel werden nachstehend veröffentlicht.

Artikel 2

Eine Tätigkeit, die in oder an einem von der Europäischen Weltraumorganisation registrierten Element durchgeführt wird, gilt für das Gebiet des gewerblichen Rechtsschutzes und des Urheberrechts als im Geltungsbereich dieses Gesetzes durchgeführt.

Artikel 3

Das deutsche Strafrecht gilt, unabhängig vom Recht des Tatorts, für Taten, die in oder an einem Flugelement der Raumstation im Weltraum begangen werden, wenn
1. der Täter zur Zeit der Tat Deutscher ist oder
2. die Tat gegen einen Deutschen begangen wird oder
3. sich die Tat gegen ein von der Europäischen Weltraumorganisation registriertes Flugelement richtet.

Artikel 4

(1) Dieses Gesetz tritt am Tage nach seiner Verkündung in Kraft.

(2) Der Tag, an dem das Übereinkommen nach seinem Artikel 25 Abs. 3 für die Bundesrepublik Deutschland in Kraft tritt, ist im Bundesgesetzblatt bekanntzugeben.

Die verfassungsmäßigen Rechte des Bundesrates sind gewahrt.

Das vorstehende Gesetz wird hiermit ausgefertigt und wird im Bundesgesetzblatt verkündet.

Berlin, den 11. September 1998

Der Bundespräsident Roman Herzog; der Bundeskanzler Dr. Helmut Kohl; der Bundesminister für Bildung, Wissenschaft, Forschung und Technologie Dr. Jürgen Rüttgers; der Bundesminister des Auswärtigen Kinkel; der Bundesminister der Justiz Schmidt-Jortzig

Übereinkommen
zwischen der Regierung Kanadas, Regierungen von Mitgliedstaaten der Europäischen Weltraumorganisation, der Regierung Japans, der Regierung der Russischen Föderation und der Regierung der Vereinigten Staaten von Amerika über Zusammenarbeit bei der zivilen internationalen Raumstation

Inhaltsverzeichnis
Präambel
Artikel 1 Zweck und Geltungsbereich
Artikel 2 Rechte und Pflichten nach dem Völkerrecht
Artikel 3 Begriffsbestimmungen
Artikel 4 Zusammenarbeitende Stellen
Artikel 5 Registrierung; Hoheitsgewalt und Kontrolle
Artikel 6 Eigentum an Elementen und Ausrüstungsgegenständen
Artikel 7 Management
Artikel 8 Detailentwurf und Entwicklung
Artikel 9 Nutzung
Artikel 10 Betrieb
Artikel 11 Mannschaft
Artikel 12 Transport
Artikel 13 Kommunikation
Artikel 14 Weiterentwicklung
Artikel 15 Finanzierung
Artikel 16 Gegenseitiger Haftungsausschluß
Artikel 17 Haftungsübereinkommen Artikel 18 Zoll und Einreise
Artikel 19 Austausch von Daten und Gütern
Artikel 20 Behandlung von Daten und Gütern im Transit
Artikel 21 Geistiges Eigentum Artikel 22 Strafgerichtsbarkeit
Artikel 23 Konsultationen
Artikel 24 Überprüfung der Zusammenarbeit bei der Raumstation
Artikel 25 Inkrafttreten
Artikel 26 Wirksamwerden zwischen bestimmten Vertragsparteien
Artikel 27 Änderungen
Artikel 28 Rücktritt
Anlage Von den Partnern bereitzustellende Elemente der Raumstation

Die Regierung Kanadas (im folgenden auch als „Kanada" bezeichnet),
    die Regierungen des Königreichs Belgien, des Königreichs Dänemark, der Bundesrepublik Deutschland, der Französischen Republik, der Italienischen Repu-

blik, des Königreichs der Niederlande, des Königreichs Norwegen, des Königreichs Schweden, der Schweizerischen Eidgenossenschaft, des Königreichs Spanien und des Vereinigten Königreichs Großbritannien und Nordirland, die Regierungen von Mitgliedstaaten der Europäischen Weltraumorganisation sind (im folgenden zusammen als „europäische Regierungen" oder „europäischer Partner" bezeichnet),

die Regierung Japans (im folgenden auch als „Japan" bezeichnet),

die Regierung der Russischen Föderation (im folgenden auch als „Rußland" bezeichnet) und

die Regierung der Vereinigten Staaten von Amerika (im folgenden als „Regierung der Vereinigten Staaten" oder „Vereinigte Staaten" bezeichnet) -

unter Hinweis darauf, daß der Präsident der Vereinigten Staaten im Januar 1984 die Nationale Luft und Raumfahrtorganisation (NASA) angewiesen hat, eine ständig bemannte Raumstation zu entwickeln und in eine Umlaufbahn zu bringen, und den Freunden und Verbündeten der Vereinigten Staaten angeboten hat, sich an der Entwicklung und Nutzung der Raumstation zu beteiligen und an dem daraus erwachsenden Nutzen teilzuhaben;

unter Hinweis darauf, daß der Premierminister von Kanada auf dem Gipfeltreffen mit dem Präsidenten der Vereinigten Staaten im März 1985 in Quebec dieses Angebot angenommen hat und daß beide Seiten auf dem Gipfeltreffen im März 1986 in Washington, D. C., ihr Interesse an einer Zusammenarbeit bekräftigt haben;

eingedenk der vom Rat der Europäischen Weltraumorganisation (ESA) am 31. Januar 1985 und am 20. Oktober 1995 auf den Tagungen auf Ministerebene angenommenen einschlägigen Entschließungen sowie unter Hinweis darauf, daß im Rahmen der ESA entsprechend dem in Artikel ff ihres Gründungsübereinkommens festgelegten Zweck das ColumbusProgramm und die europäische Beteiligung am Programm für die Entwicklung der internationalen Raumstation in Angriff genommen worden sind, um Elemente der zivilen internationalen Raumstation zu entwickeln;

eingedenk des von Japan während der Besuche des Administrators der NASA in Japan 1984 und 1985 bekundeten Interesses am Raumstationsprogramm und ‚der Beteiligung Japans am Weltraumprogramm der Vereinigten Staaten mit dem „First Materials Processing Test" (Erster Materialverarbeitungstest);

eingedenk der Beteiligung der ESA und Kanadas am Raumtransportsystem der Vereinigten Staaten mit dem in Europa entwickelten ersten bemannten Weltraumlaboratorium Spacelab und dem von Kanada entwickelten Telemanipulatorsystem;

eingedenk der Partnerschaft, die durch das am 29. September 1988 in Washington beschlossene Übereinkommen zwischen der Regierung der Vereinigten Staaten von Amerika, Regierungen von Mitgliedstaaten der Europäischen Weltraumorganisation, der Regierung Japans und der Regierung Kanadas über Zusammenarbeit bei Detailentwurf, Entwicklung, Betrieb und Nutzung der ständig bemannten zivilen Raumstation (im folgenden als „Übereinkommen von 1988" bezeichnet) sowie die zugehörigen Vereinbarungen zwischen der NASA und dem Staatsministerium für Wissenschaft und Technologie (MOSST) Kanadas, der NASA und der ESA sowie der NASA und der Regierung Japans geschaffen wurde;

in der Erkenntnis, daß das Übereinkommen von 1988 am 30. Januar 1992 im Verhältnis zwischen den Vereinigten Staaten und Japan in Kraft getreten ist;

im Hinblick darauf, daß die NASA, die ESA, die Regierung Japans und das MOSST Gemeinschaftsarbeiten ausgeführt haben, um die Partnerschaft beim Raumstationsprogramm nach dem Übereinkommen von 1988 und den zugehörigen Vereinbarungen zu verwirklichen, und in der Erkenntnis, daß die Kanadische Raumfahrtagentur (CSA) mit ihrer Gründung am 1. März 1989 die Verantwortung für die Durchführung des kanadischen Raumstationsprogramms vom MOSST übernommen hat;

überzeugt, daß angesichts der einzigartigen Erfahrung und Leistungen der Russischen Föderation in der bemannten Raumfahrt und bei Langzeitmissionen, einschließlich des erfolgreichen Langzeitbetriebs der russischen Raumstation Mir, ihre Beteiligung an der Partnerschaft die Leistungsfähigkeit der Raumstation zum Nutzen aller Partner erheblich verbessern wird;

eingedenk der von der Regierung Kanadas, den europäischen Regierungen, der Regierung Japans und der Regierung der Vereinigten Staaten am 6. Dezember 1993 an die Regierung der Russischen Föderation gerichteten Einladung, ein Partner bei Detailentwurf, Entwicklung, Betrieb und Nutzung der Raumstation im Rahmen der Raumstationsübereinkünfte zu werden, und der am 17. Dezember 1993 erfolgten positiven Antwort der Regierung der Russischen Föderation auf diese Einladung;

eingedenk der Abmachungen zwischen dem Vorsitzenden der Regierung der Russischen Föderation und dem Vizepräsidenten der Vereinigten Staaten zur Förderung der Zusammenarbeit bei wichtigen Tätigkeiten in der bemannten Raumfahrt, einschließlich des russischamerikanischen Mir/Raumtransporterprogramms, zur Vorbereitung des Baus der internationalen Raumstation;

eingedenk des Vertrags über die Grundsätze zur Regelung der Tätigkeiten von Staaten bei der Erforschung und Nutzung des Weltraums einschließlich des Mondes und anderer Himmelskörper (im folgenden als „Weltraumvertrag" bezeichnet), der am 10. Oktober 1967 in Kraft getreten ist;

eingedenk des Übereinkommens über die Rettung und Rückführung von Raumfahrern sowie die Rückgabe von in den Weltraum gestarteten Gegenständen (im folgenden als „Rettungsübereinkommen" bezeichnet), das am 3. Dezember 1968 in Kraft getreten ist;

eingedenk des Übereinkommens über die völkerrechtliche Haftung für Schäden durch Weltraumgegenstände (im folgenden als „Haftungsübereinkommen" bezeichnet), das am 1. September 1972 in Kraft getreten ist;

eingedenk des Übereinkommens über die Registrierung von in den Weltraum gestarteten Gegenständen (im folgenden als „Registrierungsübereinkommen" bezeichnet), das am 15. September 1976 in Kraft getreten ist;

überzeugt, daß die gemeinsame Arbeit an der zivilen internationalen Raumstation die Zusammenarbeit durch die Schaffung langfristiger und für alle Seiten nützlicher Beziehungen stärker ausweiten und die Zusammenarbeit bei der Erforschung und friedlichen Nutzung des Weltraums weiter fördern wird;

in der Erkenntnis, daß die NASA und die CSA, die NASA und die ESA, die NASA und die Regierung Japans sowie die NASA und die Russische Raumfahrtagentur (RKA) in Verbindung mit den Verhandlungen ihrer Regierungen über dieses Übereinkommen Vereinbarungen (im folgenden als „Vereinbarungen" bezeichnet) vorbereitet haben und daß die Vereinbarungen Einzelbestimmungen zur Durchführung des Übereinkommens enthalten;

in der Erkenntnis aufgrund der obigen Erwägungen, daß es wünschenswert ist, zwischen der Regierung Kanadas, den europäischen Regierungen, der Regierung Japans, der Regierung der Russischen Föderation und der Regierung der Vereinigten Staaten einen Rahmen für Entwurf, Entwicklung, Betrieb und Nutzung der Raumstation festzulegen

sind wie folgt übereingekommen:

Artikel 1 – Zweck und Geltungsbereich

(1) Zweck dieses Übereinkommens ist es, auf der Grundlage echter Partnerschaft den Rahmen für eine langfristige internationale Zusammenarbeit der Partner bei Detailentwurf, Entwicklung, Betrieb und Nutzung einer ständig bemannten zivilen internationalen Raumstation für friedliche Zwecke in Übereinstimmung mit dem Völkerrecht festzulegen. Diese zivile internationale Raumstation wird die Nutzung des Weltraums für Wissenschaft, Technik und Handel verstärken. Dieses Übereinkommen legt im einzelnen das Programm für die zivile internationale Raumstation dar und beschreibt, was unter dieser Partnerschaft zu verstehen ist, einschließlich der Rechte und Pflichten der Partner bei dieser Zusammenarbeit. Dieses Übereinkommen sieht ferner die Regelungen und Verfahren vor, die sicherstellen sollen, daß sein Zweck erfüllt wird.

(2) Unter der Führungsrolle der Vereinigten Staaten für das Gesamtmanagement und die Gesamtkoordinierung vereinen die Partner ihre Anstrengungen, um eine integrierte internationale Raumstation zu schaffen. Die Vereinigten Staaten und Rußland werden unter Nutzung ihrer weitreichenden Erfahrung in der bemannten Raumfahrt Elemente herstellen, die als Fundament für die internationale Raumstation dienen. Der europäische Partner und Japan werden Elemente herstellen, welche die Leistungsfähigkeit der Raumstation erheblich verbessern werden. Kanadas Beitrag wird ein wesentlicher Bestandteil der Raumstation sein. Dieses Übereinkommen führt in der Anlage die von den Partnern zur Schaffung der internationalen Raumstation bereitzustellenden Elemente auf.

(3) Die ständig bemannte zivile internationale Raumstation (im folgenden als „Raumstation" bezeichnet) wird eine vielseitig einsetzbare Einrichtung in einer niedrigen Erdumlaufbahn sein und von allen Partnern bereitgestellte Flugelemente und raumstationsspezifische Bodenelemente umfassen. Durch die Bereitstellung von Flugelementen für die Raumstation erwirbt jeder Partner gewisse Rechte zur Nutzung der Raumstation und beteiligt sich im Einklang mit diesem Übereinkommen, den Vereinbarungen und den Durchführungsregelungen an ihrem Management.

(4) Die Raumstation ist auf Weiterentwicklung hin ausgelegt. Die Rechte und Pflichten der Partnerstaaten in bezug auf die Weiterentwicklung werden nach Artikel 14 besonders geregelt.

Artikel 2 – Rechte und Pflichten nach dem Völkerrecht

(1) Die Raumstation wird in Übereinstimmung mit dem Völkerrecht einschließlich des Weltraumvertrags, des Rettungsübereinkommens, des Haftungsübereinkommens und des Registrierungsübereinkommens entwickelt, betrieben und genutzt.

(2) Dieses Übereinkommen ist nicht so auszulegen,

a) als ändere es die sich aus den in Absatz 1 aufgeführten Übereinkünften ergebenden Rechte und Pflichten der Partnerstaaten untereinander und gegenüber anderen Staaten, sofern Artikel 16 nichts anderes bestimmt;

b) als berühre es die Rechte und Pflichten der Partnerstaaten, wenn diese bei nicht mit der Raumstation zusammenhängenden Tätigkeiten den Weltraum einzeln oder in Zusammenarbeit mit anderen Staaten erforschen oder nutzen;

c) als begründe es einen Anspruch auf nationale Aneignung des Weltraums oder eines Teils des Weltraums.

Artikel 3 – Begriffsbestimmungen

In diesem Übereinkommen gelten die folgenden Begriffsbestimmungen:

a) „dieses Übereinkommen"

bezeichnet das vorliegende Übereinkommen einschließlich der Anlage;

b) „die Partner" (oder gegebenenfalls „jeder Partner")

bezeichnet die Regierung Kanadas, die in der Präambel aufgeführten europäischen Regierungen, die Vertragsparteien dieses Übereinkommens werden, sowie jede andere europäische Regierung, die diesem Übereinkommen nach Artikel 25 Absatz 3 beitritt, wobei diese europäischen Regierungen gemeinsam als ein Partner handeln, die Regierung Japans, die Regierung der Russischen Föderation und die Regierung der Vereinigten Staaten;

c) „Partnerstaat"

bezeichnet jede Vertragspartei, für die dieses Übereinkommen nach Artikel 25 in Kraft getreten ist.

Artikel 4 – Zusammenarbeitende Stellen

(1) Die Partner kommen überein, daß die Kanadische Raumfahrtagentur (im folgenden als „CSA" bezeichnet) für die Regierung Kanadas, die Europäische Weltraumorganisation (im folgenden als „ESA" bezeichnet) für die europäischen Regierungen, die Russische Raumfahrtagentur (im folgenden als „RKA" bezeichnet) für Rußland und die Nationale Luft und Raumfahrtorganisation (im folgenden als „NASA" bezeichnet) für die Vereinigten Staaten die für die Durchführung der Zusammenarbeit bei der Raumstation verantwortlichen zusammenarbeitenden Stellen sind. Die Regierung Japans benennt für die Durchführung der Zusammenarbeit

bei der Raumstation ihre zusammenarbeitende Stelle in der in Absatz 2 bezeichneten Vereinbarung zwischen der NASA und der Regierung Japans.

(2) Die zusammenarbeitenden Stellen führen die Zusammenarbeit bei der Raumstation nach den einschlägigen Bestimmungen dieses Übereinkommens, den Vereinbarungen zwischen der NASA und der CSA, der NASA und der ESA, der NASA und der Regierung Japans und der NASA und der RKA über Zusammenarbeit bei der zivilen internationalen Raumstation (Vereinbarungen) und nach den der Durchführung der Vereinbarungen dienenden Regelungen (Durchführungsregelungen) zwischen der NASA und den anderen zusammenarbeitenden Stellen durch. Die Vereinbarungen unterliegen diesem Übereinkommen; die Durchführungsregelungen entsprechen und unterliegen den Vereinbarungen.

(3) Legt eine Bestimmung einer Vereinbarung Rechte oder Pflichten fest, die von einer zusammenarbeitenden Stelle (oder im Fall Japans der Regierung Japans) angenommen wurden, die nicht Vertragspartei der betreffenden Vereinbarung ist, so darf die Bestimmung nur mit schriftlicher Zustimmung dieser zusammenarbeitenden Stelle (oder im Fall Japans der Regierung Japans) geändert werden.

Artikel 5 – Registrierung; Hoheitsgewalt und Kontrolle

(1) Jeder Partner registriert im Einklang mit Artikel II des Registrierungsübereinkommens die von ihm bereitgestellten in der Anlage aufgeführten Flugelemente als Weltraumgegenstände; der europäische Partner hat damit die ESA beauftragt, die in seinem Namen und in seinem Auftrag handelt.

(2) Jeder Partner behält nach Artikel VIII des Weltraumvertrags und Artikel II des Registrierungsübereinkommens die Hoheitsgewalt und Kontrolle über die von ihm nach Absatz 1 dieses Artikels registrierten Elemente und über Mitglieder des Personals in oder an der Raumstation, die seine Staatsangehörigkeit besitzen. Die Ausübung dieser Hoheitsgewalt und Kontrolle unterliegt den einschlägigen Bestimmungen dieses Übereinkommens, der Vereinbarungen und der Durchführungsregelungen, einschließlich der darin festgelegten einschlägigen Verfahrensregelungen.

Artikel 6 – Eigentum an Elementen und Ausrüstungsgegenständen

(1) Kanada, der europäische Partner, Rußland und die Vereinigten Staaten über ihre zusammenarbeitenden Stellen und ein von Japan im Zeitpunkt der Hinterlegung seiner Urkunde nach Artikel 25 Absatz 2 benannter Rechtsträger sind vorbehaltlich anderer Bestimmungen in diesem Übereinkommen Eigentümer der von ihnen bereitgestellten in der Anlage aufgeführten Elemente. Die Partner unterrichten einander über ihre zusammenarbeitenden Stellen über das Eigentum an Ausrüstungsgegenständen in oder an der Raumstation.

(2) Der europäische Partner überträgt der ESA, die in seinem Namen und in seinem Auftrag handelt, das Eigentum an den von ihm bereitgestellten Elementen sowie an den im Rahmen eines Programms der ESA als Beitrag zur Raumstation und zu deren Betrieb und Nutzung entwickelten und finanzierten Ausrüstungsgegenständen.

(3) Die Übertragung des Eigentums an den in der Anlage aufgeführten Elementen oder an Ausrüstungsgegenständen in oder an der Raumstation berührt nicht die Rechte und Pflichten der Partner nach diesem Übereinkommen, den Vereinbarungen oder den Durchführungsregelungen.

(4) Ausrüstungsgegenstände in oder an der Raumstation dürfen nur mit vorheriger Zustimmung der Partner Eigentum von Nichtpartnern oder ihrer Hoheitsgewalt unterstehenden privaten Rechtsträgern sein; desgleichen darf diesen das Eigentum an in der Anlage aufgeführten Elementen nur mit vorheriger Zustimmung der anderen Partner übertragen werden. Die Übertragung des Eigentums an in der Anlage aufgeführten Elementen bedarf der vorherigen Unterrichtung der anderen Partner.

(5) Das Eigentum an Ausrüstungsgegenständen oder Material, die ein Nutzer bereitstellt, wird durch die bloße Gegenwart dieser Gegenstände oder dieses Materials in oder an der Raumstation nicht berührt.

(6) Aus dem Eigentum an Elementen oder ihrer Registrierung und aus dem Eigentum an Ausrüstungsgegenständen kann kein Eigentum an Material oder Daten hergeleitet werden, die aus in oder an der Raumstation ausgeführten Arbeiten stammen.

(7) Die Ausübung des Eigentums an Elementen und Ausrüstungsgegenständen unterliegt den einschlägigen Bestimmungen dieses Übereinkommens, der Vereinbarungen und der Durchführungsregelungen, einschließlich der darin festgelegten einschlägigen Verfahrensregelungen.

Artikel 7 – Management
(1) Das Management der Raumstation wird auf multilateraler Grundlage organisiert, und die Partner beteiligen sich über ihre zusammenarbeitenden Stellen, wie nachstehend vorgesehen, an den im Einklang mit den Vereinbarungen und Durchführungsregelungen errichteten Managementgremien und nehmen darin Aufgaben wahr. Diese Managementgremien planen und koordinieren im Einklang mit diesem Übereinkommen und den Vereinbarungen die Tätigkeiten im Zusammenhang mit dem Entwurf und der Entwicklung der Raumstation sowie ihrem sicheren, wirtschaftlichen und wirksamen Betrieb und ihrer sicheren, wirtschaftlichen und wirksamen Nutzung. In diesen Managementgremien werden Entscheidungen durch Konsens angestrebt. Regelungen für die Beschlußfassung in den Managementgremien in denjenigen Fällen, in denen die zusammenarbeitenden Stellen keinen Konsens erzielen können, sind in den Vereinbarungen festgelegt. Entscheidungsbefugnisse der Partner und ihrer zusammenarbeitenden Stellen in bezug auf die von ihnen bereitgestellten Elemente sind in diesem Übereinkommen und den Vereinbarungen festgelegt.

(2) Die Vereinigten Staaten sind über die NASA und im Einklang mit den Vereinbarungen und Durchführungsregelungen für das Management ihres eigenen Programms einschließlich ihrer Nutzungstätigkeiten verantwortlich. Die Vereinigten Staaten sind über die NASA und im Einklang mit den Vereinbarungen und Durchführungsregelungen auch für folgendes verantwortlich: das Gesamtmanage-

ment und die Gesamtkoordinierung des Raumstationsprogramms sofern dieser Artikel und die Vereinbarungen nichts anderes bestimmen, die Gesamtsystemtechnik und integration, die Aufstellung von Gesamtsicherheitsanforderungen und plänen sowie die Gesamtplanung und koordinierung der Durchführung des gesamten integrierten Betriebs der Raumstation.

(3) Kanada, der europäische Partner, Japan und Rußland sind über ihre zusammenarbeitenden Stellen und im Einklang mit den Vereinbarungen und Durchführungsregelungen für folgendes verantwortlich: das Management ihrer eigenen Programme einschließlich ihrer Nutzungstätigkeiten, die Systemtechnik und integration der von ihnen bereitgestellten Elemente, die Aufstellung und Anwendung detaillierter Sicherheitsanforderungen und pläne für die von ihnen bereitgestellten Elemente sowie entsprechend Absatz 2 für die Unterstützung der Vereinigten Staaten bei der Wahrnehmung ihrer Gesamtaufgaben, einschließlich der Teilnahme an der Planung und Koordinierung der Durchführung des integrierten Betriebs der Raumstation.

(4) In Fragen des Entwurfs und der Entwicklung, die nur ein von Kanada, dem europäischen Partner, Japan oder Rußland bereitgestelltes Element der Raumstation betreffen und nicht von der in den Vereinbarungen vorgesehenen vereinbarten Programmdokumentation erfaßt sind, kann der betreffende Partner über seine zusammenarbeitende Stelle in bezug auf dieses Element entscheiden.

Artikel 8 – Detailentwurf und Entwicklung
Im Einklang mit Artikel 7 und den anderen einschlägigen Bestimmungen dieses Übereinkommens sowie den Vereinbarungen und Durchführungsregelungen entwirft und entwickelt jeder Partner über seine zusammenarbeitende Stelle die Elemente, die er bereitstellt, einschließlich der für den laufenden Betrieb und die uneingeschränkte internationale Nutzung der Flugelemente geeigneten raumstationsspezifischen Bodenelemente, und steht mit den anderen Partnern über ihre zusammenarbeitenden Stellen in Verbindung, um zu Lösungen betreffend den Entwurf und die Entwicklung ihrer Elemente zu gelangen.

Artikel 9 – Nutzung
(1) Nutzungsrechte leiten sich aus der Bereitstellung von Nutzerelementen, Infrastrukturelementen oder beidem durch die Partner her. Jeder Partner, der Nutzerelemente der Raumstation bereitstellt, behält die Nutzung dieser Elemente, sofern dieser Absatz nichts anderes bestimmt. Partner, die Ressourcen aus ihren Infrastrukturelementen der Raumstation für den Betrieb und die Nutzung der Raumstation bereitstellen, erhalten dafür einen festen Anteil an der Nutzung bestimmter Nutzerelemente. Die genauen Anteile der Partner an den Nutzerelementen der Raumstation und an den Ressourcen aus der Infrastruktur der Raumstation sind in den Vereinbarungen und Durchführungsregelungen angegeben.

(2) Die Partner können einen beliebigen Teil ihres jeweiligen Anteils auf dem Weg des Tausches oder Verkaufs weitergeben. Die Tausch oder Verkaufsbedingungen werden fallweise von den an dem betreffenden Geschäft Beteiligten festgelegt.

(3) Jeder Partner kann seine Anteile für jeden Zweck, der mit dem Ziel dieses Übereinkommens und den Vereinbarungen und Durchführungsregelungen vereinbar ist, nutzen oder durch von ihm gewählte Benutzer nutzen lassen; jedoch

a) bedarf jede geplante Nutzung eines Nutzerelements durch einen Nichtpartner oder einen der Hoheitsgewalt eines Nichtpartners unterstehenden privaten Rechtsträger der vorherigen Unterrichtung und des rechtzeitigen Konsenses aller Partner über ihre zusammenarbeitenden Stellen;

b) bestimmt der Partner, der ein Element bereitstellt, ob eine ins Auge gefaßte Nutzung des betreffenden Elements friedlichen Zwecken dient; diese Vorschrift kann jedoch nicht herangezogen werden, um einen Partner an der Nutzung von Ressourcen aus der Infrastruktur der Raumstation zu hindern.

(4) Bei der Nutzung der Raumstation bemüht sich jeder Partner über seine zusammenarbeitende Stelle und mit Hilfe der in den Vereinbarungen festgelegten Verfahren, schwerwiegende negative Auswirkungen auf die Nutzung der Raumstation durch die anderen Partner zu vermeiden.

(5) Jeder Partner garantiert den anderen Partnern den Zugang zu seinen Elementen der Raumstation und deren Nutzung entsprechend ihren Anteilen.

(6) Für die Zwecke dieses Artikels gilt ein Mitgliedstaat der ESA nicht als „Nichtpartner".

Artikel 10 – Betrieb

Die Partner nehmen über ihre zusammenarbeitenden Stellen im Einklang mit Artikel 7 und den anderen einschlägigen Bestimmungen dieses Übereinkommens sowie den Vereinbarungen und Durchführungsregelungen Aufgaben beim Betrieb der von ihnen bereitgestellten Elemente wahr. Die Partner arbeiten über ihre zusammenarbeitenden Stellen im Einklang mit den Vereinbarungen und Durchführungsregelungen Verfahren aus, nach denen die Raumstation auf eine für deren Nutzer und Betreiber sichere, wirtschaftliche und wirksame Weise betrieben werden kann, und wenden solche Verfahren an. Jeder Partner ist ferner über seine zusammenarbeitende Stelle für die Erhaltung der Funktionsfähigkeit der von ihm bereitgestellten Elemente verantwortlich.

Artikel 11 – Mannschaft

(1) Jeder Partner ist berechtigt, qualifiziertes Personal zu stellen, das mit angemessenem Anteil als Mannschaft der Raumstation eingesetzt wird. Die Auswahl um die Entscheidungen über die Flugeinsätze der Mannschaftsmitglieder eines Partners werden nach den in den Vereinbarungen und Durchführungsregelungen festgelegten Verfahren getroffen.

(2) Der Verhaltenskodex für die Mannschaft der Raumstation wird im Einklang mit den internen Verfahren der einzelnen Partner und den Vereinbarungen von allen Partnern ausgearbeitet und genehmigt. Ein Partner muß den Verhaltenskodex genehmigt haben, bevor er Mannschaft für die Raumstation stellt. Jeder Partner trägt, wenn er sein Recht auf Stellung von Mannschaft ausübt, dafür Sorge, daß seine Mannschaftsmitglieder den Verhaltenskodex einhalten.

Artikel 12 – Transport

(1) Jeder Partner hat das Recht auf Zugang zur Raumstation unter Verwendung seiner staatlichen und privatwirtschaftlichen Raumtransportsysteme, sofern sie mit der Raumstation kompatibel sind. Die Vereinigten Staaten, Rußland, der europäische Partner und Japan stellen über ihre zusammenarbeitenden Stellen Start und Rücktransportdienste für die Raumstation bereit (wobei sie Raumtransportsysteme wie den amerikanischen Raumtransporter, die russische Proton und Sojus, die europäische Ariane-5 und die japanische H-11 verwenden). Zunächst werden die amerikanischen und russischen Raumtransportsysteme zur Erbringung von Start und Rücktransportdiensten für die Raumstation verwendet; die anderen Raumtransportsysteme werden zusätzlich eingesetzt, sobald sie verfügbar werden. Der Zugang sowie die Start und Rücktransportdienste erfolgen nach Maßgabe der einschlägigen Vereinbarungen und Durchführungsregelungen.

(2) Diejenigen Partner, die den anderen Partnern und deren Nutzern gegen Entgelt oder auf einer anderen Grundlage Start und Rücktransportdienste erbringen, erbringen diese Dienste entsprechend den in den einschlägigen Vereinbarungen und Durchführungsregelungen festgelegten Bedingungen. Diejenigen Partner, die Start und Rücktransportdienste gegen Entgelt erbringen, erbringen diese Dienste einem anderen Partner oder den Nutzern dieses Partners unter vergleichbaren Umständen auf der gleichen Grundlage, auf der sie solche Dienste anderen Partnern oder deren Nutzern erbringen. Die Partner bemühen sich nach Kräften, die von den anderen Partnern vorgeschlagenen Anforderungen und Flugtermine zu berücksichtigen.

(3) Die Vereinigten Staaten planen und koordinieren über die NASA, die zusammen mit den zusammenarbeitenden Stellen der anderen Partner in Managementgremien tätig wird, Start und Rücktransportdienste für die Raumstation im Einklang mit dem in den Vereinbarungen und Durchführungsregelungen vorgesehenen Verfahren der integrierten Verkehrsplanung.

(4) Jeder Partner achtet die Schutzrechte an den entsprechend gekennzeichneten Daten und Gütern, die mit seinem Raumtransportsystem befördert werden sollen, und wahrt deren Vertraulichkeit.

Artikel 13 – Kommunikation

(1) Die Vereinigten Staaten und Rußland stellen über ihre zusammenarbeitenden Stellen die beiden Hauptnetze für Weltraum und Bodenkommunikation über Datenrelaissatellitensysteme für die Steuerung, die Überwachung und den Betrieb der Elemente und Nutzlasten der Raumstation sowie für andere Kommunikationszwecke der Raumstation bereit. Andere Partner können Netze für Weltraum und Bodenkommunikation über Datenrelaissatellitensysteme bereitstellen, wenn diese mit der Raumstation und der Nutzung der beiden Hauptnetze durch die Raumstation kompatibel sind. Die Bereitstellung der Raumstationskommunikation erfolgt nach Maßgabe der einschlägigen Vereinbarungen und Durchführungsregelungen.

(2) Die zusammenarbeitenden Stellen bemühen sich nach Kräften, mit ihren Kommunikationssystemen gegen Entgelt mit der Raumstation in Zusammenhang stehende spezifische Anforderungen der anderen zusammenarbeitenden Stellen ent-

sprechend den in den einschlägigen Vereinbarungen und Durchführungsregelungen festgelegten Bedingungen zu erfüllen.

(3) Die Vereinigten Staaten planen und koordinieren über die NASA, die zusammen mit den zusammenarbeitenden Stellen der anderen Partner in Managementgremien tätig wird, die Weltraum und Bodenkommunikationsdienste für die Raumstation im Einklang mit der in den Vereinbarungen und Durchführungsregelungen vorgesehenen einschlägigen Programmdokumentation.

(4) Im Einklang mit den Vereinbarungen können Maßnahmen zur Sicherung der Vertraulichkeit der Nutzungsdaten getroffen werden, die das Informationssystem der Raumstation und andere in Verbindung mit der Raumstation verwendete Kommunikationssysteme durchlaufen. Jeder Partner achtet bei der Erbringung von Kommunikationsdiensten für einen anderen Partner die Schutzrechte an den Nutzungsdaten, die seine Kommunikationssysteme einschließlich seines Bodennetzes und der Kommunikationssysteme seiner Auftragnehmer durchlaufen, und wahrt ihre Vertraulichkeit.

Artikel 14 – Weiterentwicklung

(1) Die Partner beabsichtigen, die Raumstation durch Erweiterung ihrer Kapazität weiterzuentwickeln, und bemühen sich darum, daß die Wahrscheinlichkeit möglichst groß sein wird, daß diese Weiterentwicklung durch Beiträge aller Partner bewirkt wird. Zu diesem Zweck ist jeder Partner bestrebt, wo zweckmäßig, den anderen Partnern Gelegenheit zu geben, an seinen Vorschlägen zur Einführung erweiternder Kapazität mitzuwirken. Die Raumstation mit ihrer erweiterten Kapazität bleibt eine zivile Station, deren Betrieb und Nutzung zu friedlichen Zwecken in Übereinstimmung mit dem Völkerrecht erfolgen werden.

(2) Dieses Übereinkommen regelt nur die Rechte und Pflichten in bezug auf die in der Anlage aufgeführten Elemente; jedoch finden dieser Artikel und Artikel 16 auch auf jede Kapazitätserweiterung Anwendung. Dieses Übereinkommen begründet für einen Partnerstaat weder die Verpflichtung zur Teilnahme an der Einführung erweiternder Kapazität noch gewährt es einem Partner Rechte an erweiterter Kapazität.

(3) Die Verfahren für die Koordinierung der Weiterentwicklungsstudien der Partner und für die Prüfung spezifischer Vorschläge zur Einführung erweiternder Kapazität sind in den Vereinbarungen niedergelegt.

(4) Die Zusammenarbeit zwischen zwei oder mehreren Partnern zur gemeinsamen Einführung erweiternder Kapazität(en) erfordert im Anschluß an die in Absatz 3 vorgesehene Koordinierung und Prüfung eine Änderung dieses Übereinkommens oder eine gesonderte Übereinkunft, deren Vertragsparteien einerseits die Vereinigten Staaten sind, um sicherzustellen, daß die Erweiterung mit dem Gesamtprogramm vereinbar ist, und andererseits andere Partner, für die sich betriebliche oder technische Auswirkungen auf ein von ihnen bereitgestelltes Element der Raumstation oder Raumtransportsystem ergeben.

(5) Im Anschluß an die in Absatz 3 vorgesehene Koordinierung und Prüfung erfordert die Einführung erweiternder Kapazität durch einen Partner die vorheri-

ge Unterrichtung der anderen Partner und eine Übereinkunft mit den Vereinigten Staaten, um sicherzustellen, daß die Erweiterung mit dem Gesamtprogramm vereinbar ist, und mit anderen Partnern, für die sich betriebliche oder technische Auswirkungen auf ein von ihnen bereitgestelltes Element der Raumstation oder Raumtransportsystem ergeben.

(6) Ein Partner, der etwa durch die Einführung erweiternder Kapazität nach Absatz 4 oder 5 berührt wird, kann um Konsultationen mit den anderen Partnern im Einklang mit Artikel 23 ersuchen.

(7) Die Einführung erweiternder Kapazität ändert nicht die Rechte und Pflichten der Partnerstaaten nach diesem Übereinkommen und den Vereinbarungen in bezug auf die in der Anlage aufgeführten Elemente, sofern der betroffene Partnerstaat nicht einer anderen Regelung zustimmt.

Artikel 15 – Finanzierung

(1) Jeder Partner trägt nach Maßgabe der Vereinbarungen und Durchführungsregelungen die Kosten für die Erfüllung der ihm nach diesem Übereinkommen obliegenden Aufgaben, wozu auch eine der Billigkeit entsprechende Beteiligung an den vereinbarten gemeinsamen Systembetriebskosten oder an Tätigkeiten gehört, die dem Betrieb der Raumstation als Ganzes zugeordnet werden.

(2) Jeder Partner kommt seinen finanziellen Verpflichtungen nach diesem Übereinkommen nach Maßgabe seiner Finanzierungsverfahren und unter der Voraussetzung nach, daß Haushaltsmittel verfügbar sind. In Anerkennung der Bedeutung der Zusammenarbeit bei der Raumstation verpflichtet sich jeder Partner, im Rahmen seiner Finanzierungsverfahren nach Kräften darauf hinzuwirken, daß die Mittel zur Erfüllung dieser Verpflichtungen bewilligt werden.

(3) Treten Finanzierungsprobleme auf, die sich auf die Fähigkeit eines Partners zur Erfüllung der ihm im Rahmen der Zusammenarbeit bei der Raumstation obliegenden Aufgaben auswirken können, so unterrichtet und konsultiert dieser Partner über seine zusammenarbeitende Stelle die anderen zusammenarbeitenden Stellen. Falls erforderlich, können auch die Partner einander konsultieren.

(4) Die Partner sind bestrebt, die Betriebskosten der Raumstation auf ein Mindestmaß zu beschränken. Im besonderen entwickeln die Partner über ihre zusammenarbeitenden Stellen im Einklang mit den Vereinbarungen Verfahren, die darauf abzielen, die gemeinsamen Systembetriebskosten und tätigkeiten innerhalb genehmigter geschätzter Grenzen zu halten.

(5) Die Partner sind ferner bestrebt, während der Durchführung der Zusammenarbeit bei der Raumstation den Zahlungsverkehr auf ein Mindestmaß zu beschränken, unter anderem durch die Ausführung besonderer Betriebstätigkeiten nach Maßgabe der Vereinbarungen und Durchführungsregelungen oder, wenn die betreffenden Partner dies vereinbaren, durch den Austausch von Leistungen.

Artikel 16 – Gegenseitiger Haftungsausschluß

(1) Zweck dieses Artikels ist es, die gegenseitige Haftung der Partnerstaaten und zugehörigen Stellen auszuschließen, um die Beteiligung an der Erforschung,

Erschließung und Nutzung des Weltraums mittels der Raumstation zu fördern. Um dies zu erreichen, wird dieser gegenseitige Haftungsausschluß weit ausgelegt.

(2) Im Sinn dieses Artikels

a) umfaßt der Ausdruck „Partnerstaat" auch seine zusammenarbeitende Stelle. Er umfaßt auch jeden in der Vereinbarung zwischen der NASA und der Regierung Japans benannten Rechtsträger, der die zusammenarbeitende Stelle der Regierung Japans bei der Durchführung der genannten Vereinbarung unterstützt;

b) bedeutet der Ausdruck „zugehörige Stelle"

1. einen Auftragnehmer oder Unterauftragnehmer eines Partnerstaats auf jeder Ebene,

2. einen Nutzer oder Kunden eines Partnerstaats auf jeder Ebene oder

3. einen Auftragnehmer oder Unterauftragnehmer eines Nutzers oder Kunden eines Partnerstaats auf jeder Ebene.

Dieser Buchstabe ist auch auf einen Staat beziehungsweise eine Organisation oder Einrichtung eines Staates anwendbar, die in derselben Beziehung zu einem Partnerstaat steht, wie unter den Nummern 1 bis 3 beschrieben, oder auf andere Weise an der Ausführung von geschützten Weltraumarbeiten nach Buchstabe f beteiligt ist.

Die Ausdrücke „Auftragnehmer" und „Unterauftragnehmer" umfassen Lieferanten jeder Art;

c) bedeutet der Ausdruck „Schaden"

1. Körperverletzung oder sonstige Gesundheitsbeeinträchtigung oder Tod einer Person,

2. Schädigung oder Verlust von Vermögen oder Nutzungsausfall in bezug auf Vermögen,

3. Einkommensverlust oder entgangenen Gewinn oder

4. andere unmittelbare, mittelbare oder Folgeschäden;

d) bedeutet der Ausdruck „Trägerfahrzeug" einen Gegenstand (oder Teil eines Gegenstands), der gestartet werden soll, von der Erde gestartet wurde oder zur Erde zurückkehrt, und Nutzlasten oder Personen oder beides trägt;

e) bedeutet der Ausdruck „Nutzlast" alle Sachen, die auf oder in einem Trägerfahrzeug oder der Raumstation mitgeführt oder eingesetzt werden sollen;

f) bedeutet der Ausdruck „geschützte Weltraumarbeiten" alle im Rahmen dieses Übereinkommens, der Vereinbarungen und der Durchführungsregelungen ausgeführten Trägerfahrzeug, Raumstations und Nutzlasttätigkeiten auf der Erde, im Weltraum und auf dem Weg zwischen der Erde und dem Weltraum. Hierzu gehört unter anderem folgendes:

1. Forschung, Entwurf, Entwicklung, Erprobung, Fertigung, Zusammenbau, Integration, Betrieb und Nutzung von Träger und Transferfahr zeugen, der Raumstation und von Nutzlasten sowie der zugehörigen Unterstützungsausrüstungen, anlagen und leistungen;

2. alle Tätigkeiten betreffend Bodenunterstützungs, Erprobungs-, Ausbildungs, Simulations, Lenkungs und Steuerungsausrüstungen sowie zugehörige Anlagen und Dienstleistungen.

Der Ausdruck „geschützte Weltraumarbeiten" umfaßt auch alle Tätigkeiten im Zusammenhang mit der Weiterentwicklung der Raumstation nach Artikel 14. Der Ausdruck „geschützte Weltraumarbeiten" umfaßt keine Tätigkeiten auf der Erde, die nach der Rückkehr von der Raumstation ausgeführt werden, um das Erzeugnis oder Verfahren einer Nutzlast für andere Zwecke als für die mit der Raumstation zusammenhängenden Tätigkeiten im Rahmen dieses Übereinkommens weiterzuentwickeln.

(3)

a) Jeder Partnerstaat erklärt sich mit einem gegenseitigen Haftungsausschluß einverstanden, wonach jeder Partnerstaat auf alle Ansprüche gegen die unter den Nummern 1 bis 3 aufgeführten Stellen und Personen wegen Schäden, die aus geschützten Weltraumarbeiten entstehen, verzichtet. Dieser gegenseitige Haftungsausschluß gilt nur, wenn die schädigende Person, Stelle oder Sache an geschützten Weltraumarbeiten beteiligt ist und die geschädigte Person, Stelle oder Sache infolge ihrer Beteiligung an geschützten Weltraumarbeiten geschädigt wird. Der gegenseitige Haftungsausschluß gilt für alle Schadensersatzansprüche ungeachtet ihres Rechtsgrunds gegen

1. einen anderen Partnerstaat;
2. eine zugehörige SteUe eines anderen Partnerstaats;
3. die Beschäftigten der unter den Nummern 1 und 2 bezeichneten Stellen.

b) Ferner dehnt jeder Partnerstaat durch Vertrag oder auf andere Weise den unter Buchstabe a vorgesehenen gegenseitigen Haftungsausschluß auf seine zugehörigen Stellen aus, indem er von ihnen verlangt,

1. auf alle Ansprüche gegen die unter Buchstabe a Nummern 1 bis 3 bezeichneten Stellen und Personen zu verzichten und
2. zu verlangen, daß ihre zugehörigen Stellen auf alle Ansprüche gegen die unter Buchstabe a Nummern 1 bis 3 bezeichneten Stellen und Personen verzichten.

c) Zur Vermeidung von Unklarheiten wird festgestellt, daß dieser gegenseitige Haftungsausschluß sich auch auf die gegenseitige Haftung nach dem Haftungsübereinkommen erstreckt, sofern die schädigende Person, Stelle oder Sache an geschützten Weltraumarbeiten beteiligt ist und die geschädigte Person, Stelle oder Sache infolge ihrer Beteiligung an geschützten Weltraumarbeiten geschädigt wird.

d) Ungeachtet der anderen Bestimmungen dieses Artikels gilt dieser gegenseitige Haftungsausschluß nicht für

1. Ansprüche zwischen einem Partnerstaat und seiner zugehörigen Stelle oder zwischen seinen zugehörigen Stellen;
2. Ansprüche, die von einer natürlichen Person, ihrem Nachlaßpfleger, ihren Hinterbliebenen oder Rechtsnachfolgern es sei denn, der Rechtsnachfolger ist ein Partnerstaat wegen Körperverletzung, sonstiger Gesundheitsbeeinträchtigung oder Tod dieser natürlichen Person geltend gemacht werden;
3. Ansprüche wegen Schäden, die durch vorsätzliches Fehlverhalten verursacht werden;
4. Ansprüche in bezug auf geistiges Eigentum;

5. Schadensersatzansprüche, die entstehen, weil ein Partnerstaat den gegenseitigen Haftungsausschluß nach Buchstabe b nicht auf seine zugehörigen Stellen ausgedehnt hat.

e) Mit Bezug auf Buchstabe d Nummer 2 kommt die Regierung Japans, falls sich ein an sie abgetretener Anspruch nicht auf das Gesetz über die Unfallentschädigung für Beschäftigte der Regierung gründet, ihrer Verpflichtung, auf solche abgetretene Ansprüche zu verzichten, nach, indem sie sicherstellt, daß jeder nach Absatz 2 Buchstabe a benannte unterstützende Rechtsträger jede in Buchstabe a Nummern 1 bis 3 aufgeführte Stelle oder Person entsprechend Artikel 15 Absatz 2 und in Einklang mit den anwendbaren Gesetzen und sonstigen Vorschriften Japans aufgrund der Haftung entschädigt, die sich aus dem an die Regierung Japans abgetretenen Anspruch herleitet. Dieser Artikel hindert die Regierung Japans nicht daran, auf die vorstehenden abgetretenen Ansprüche zu verzichten.

f) Dieser Artikel kann nicht so ausgelegt werden, als begründe er Ansprüche oder Klagen, die anderweitig nicht begründet sind.

Artikel 17 – Haftungsübereinkommen

(1) Sofern Artikel 16 nichts anderes bestimmt, bleiben die Partnerstaaten und die ESA nach dem Haftungsübereinkommen haftbar.

(2) Wird nach dem Haftungsübereinkommen ein Anspruch geltend gemacht, so konsultieren die Partner (und gegebenenfalls die ESA) einander umgehend über eine mögliche Haftung, über eine Aufteilung der Haftung und über die Verteidigung gegen diesen Anspruch.

(3) Für die Erbringung von Start und Rückführdiensten nach Artikel 12 Absatz 2 können die betreffenden Partner (und gegebenenfalls die ESA) gesonderte Übereinkünfte über die Aufteilung einer möglichen gesamtschuldnerischen Haftung nach dem Haftungsübereinkommen schließen.

Artikel 18 – Zoll und Einreise

(1) Jeder Partnerstaat erleichtert vorbehaltlich seiner Gesetze und sonstigen Vorschriften die für die Durchführung dieses Übereinkommens notwendigen Reisen von Personen und die für seine Durchführung notwendige Beförderung von Gütern in sein Hoheitsgebiet und aus seinem Hoheitsgebiet.

(2) Jeder Partnerstaat erleichtert vorbehaltlich seiner Gesetze und sonstigen Vorschriften die Ausstellung entsprechender Einreise und Aufenthaltsdokumente für Staatsangehörige eines anderen Partnerstaats und ihre Familienangehörigen, die in sein Hoheitsgebiet einreisen, aus ihm ausreisen oder sich darin aufhalten, um für die Durchführung dieses Übereinkommens notwendige Aufgaben wahrzunehmen.

(3) Jeder Partnerstaat erteilt die Genehmigung zur zollfreien Ein und Ausfuhr der für die Durchführung dieses Übereinkommens notwendigen Güter und Software in sein Hoheitsgebiet und aus seinem Hoheitsgebiet und sorgt dafür, daß sie von allen von den Zollbehörden erhobenen sonstigen Steuern und Abgaben befreit

sind. Dieser Absatz wird ungeachtet des Herkunftslands dieser notwendigen Güter und Software durchgeführt.

Artikel 19 – Austausch von Daten und Gütern

(1) Sofern in diesem Absatz nichts anderes bestimmt ist, gibt jeder Partner über seine zusammenarbeitende Stelle alle technischen Daten und Güter weiter, die (von den beiden an der Weitergabe Beteiligten) für erforderlich gehalten werden, um die Aufgaben der zusammenarbeitenden Stelle dieses Partners aufgrund der einschlägigen Vereinbarungen und Durchführungsregelungen zu erfüllen. Jeder Partner verpflichtet sich, jedes Ersuchen um technische Daten oder Güter, das von der zusammenarbeitenden Stelle eines anderen Partners für Zwecke der Zusammenarbeit bei der Raumstation vorgelegt wird, zügig zu erledigen. Dieser Artikel verpflichtet einen Partnerstaat nicht, technische Daten und Güter weiterzugeben, wenn seine innerstaatlichen Gesetze oder sonstigen Vorschriften dem entgegenstehen.

(2) Die Partner werden sich nach Kräften bemühen, Ersuchen um die Genehmigung der Weitergabe technischer Daten und Güter durch andere Personen oder Stellen als die Partner oder ihre zusammenarbeitenden Stellen (z. B. der sich wahrscheinlich entwickelnde Austausch von Unternehmen zu Unternehmen) zügig zu erledigen, und werden eine solche Weitergabe im Zusammenhang mit der Zusammenarbeit bei der Raumstation aufgrund dieses Übereinkommens fördern und erleichtern. Ansonsten fällt diese Weitergabe nicht unter die Bedingungen dieses Artikels. Auf diese Weitergabe finden die innerstaatlichen Gesetze und sonstigen Vorschriften Anwendung.

(3) Die Partner stimmen darin überein, daß für die Weitergabe technischer Daten und Güter aufgrund dieses Übereinkommens die in diesem Absatz vorgesehenen Einschränkungen gelten. Die Weitergabe technischer Daten zur Wahrnehmung der Aufgaben der Partner in bezug auf Schnittstellen, Integration und Sicherheit erfolgt in der Regel ohne die in diesem Absatz vorgesehenen Einschränkungen. Sind für Schnittstellen, Integration oder Sicherheit Daten über Detailentwurf, Fertigung und Verarbeitung sowie zugehörige Software erforderlich, so erfolgt die Weitergabe nach Absatz 1; die Daten und die zugehörige Software können jedoch im Einklang mit der nachstehenden Regelung entsprechend gekennzeichnet werden. Technische Daten und Güter, die nicht unter die in diesem Absatz vorgesehenen Einschränkungen fallen, werden uneingeschränkt weitergegeben, sofern die Weitergabe nicht durch innerstaatliche Gesetze oder sonstige Vorschriften anderweitig eingeschränkt ist.

a) Die zusammenarbeitende Stelle, welche die technischen Daten oder Güter liefert, versieht diejenigen, die für die Zwecke der Ausfuhrüberwachung geschützt werden müssen, mit einem Vermerk oder einem anderen besonderen Kennzeichen. In diesem Vermerk oder Kennzeichen sind alle besonderen Bedingungen anzugeben, unter denen solche technischen Daten oder Güter von der empfangenden zusammenarbeitenden Stelle und ihren Auftragnehmern und Unterauftragnehmern benutzt werden können, darunter 1. daß solche technischen Daten oder Güter nur zur Erfüllung der Aufgaben der empfangenden zusammenarbeitenden Stelle aufgrund dieses Übereinkommens und der einschlägigen Vereinbarungen benutzt werden dürfen und 2. daß solche technischen Daten oder Güter nur mit vorheriger schriftlicher Erlaubnis des liefernden Partnerstaats, die über seine zusammenarbeitende Stelle erteilt wird, von anderen Personen oder Stellen als der empfangenden zusammenarbeitenden Stelle, ihren Auftragnehmern oder Unterauftragnehmern oder zu anderen Zwecken benutzt werden dürfen.

b) Die liefernde zusammenarbeitende Stelle versieht die technischen Daten, die zur Wahrung von Schutzrechten geschützt werden müssen, mit einem Vermerk. In diesem Vermerk sind alle besonderen Bedingungen anzugeben, unter denen solche technischen Daten von der empfangenden zusammenarbeitenden Stelle und ihren Auftragnehmern und Unterauftragnehmern benutzt werden können, darunter 1. Daß solche technischen Daten nur für die Erfüllung der Aufgaben der empfangenden zusammenarbeitenden Stelle aufgrund dieses Übereinkommens und der einschlägigen Vereinbarungen benutzt, vervielfältigt oder mitgeteilt werden dürfen und 2. daß solche technischen Daten nur mit vorheriger schriftlicher Erlaubnis des liefernden Partnerstaats, die über seine zusammenarbeitende Stelle erteilt wird, von anderen Personen oder Stellen als der empfangenden zusammenarbeitenden Stelle, ihren Auftragnehmern oder Unterauftragnehmern oder zu anderen Zwecken benutzt werden dürfen.

c) Unterliegen technische Daten oder Güter, die aufgrund dieses Übereinkommens weitergegeben werden, der Geheimhaltung, so versieht die liefernde zusammenarbeitende Stelle sie mit einem Vermerk oder einem anderen besonderen Kennzeichen. Der ersuchte Partnerstaat kann verlangen, daß diese Weitergabe nach einer Geheimhaltungsübereinkunft erfolgt, welche die Bedingungen für die Weitergabe und den Schutz solcher technischen Daten oder Güter enthält. Eine Weitergabe braucht nicht zu erfolgen, wenn der empfangende Partnerstaat nicht für den Schutz der Geheimhaltung von Patentanmeldungen sorgt, die der Geheimhaltung unterliegende oder sonst für Zwecke der nationalen Sicherheit geheimgehaltene Informationen enthalten. Der Geheimhaltung unterliegende technische Daten oder Güter werden aufgrund dieses Übereinkommens nur weitergegeben, wenn beide Seiten der Weitergabe zustimmen.

(4) Jeder Partnerstaat unternimmt alle erforderlichen Schritte, um sicherzustellen, daß technische Daten oder Güter, die er nach Absatz 3 Buchstabe a, b oder c empfängt, von dem empfangenden Partnerstaat, seiner zusammenarbeitenden Stelle und anderen Personen und Stellen (einschließlich Auftragnehmern und Unterauftragnehmern), denen die technischen Daten oder Güter später weitergegeben werden, entsprechend den Bedingungen des Vermerks oder Kennzeichens behandelt werden. Jeder Partnerstaat und jede zusammenarbeitende Stelle unternehmen alle nach vernünftigem Ermessen erforderlichen Schritte, einschließlich der Gewährleistung angemessener Vertragsbedingungen in ihren Aufträgen und Unteraufträgen, um die unbefugte Benutzung, Mitteilung oder erneute Weitergabe solcher technischen Daten oder Güter oder den unbefugten Zugang dazu zu verhindern. Bei nach Absatz 3 Buchstabe c empfangenen technischen Daten oder Gütern gewährt der empfangende Partnerstaat oder die empfangende zusammenarbeitende Stelle

diesen technischen Daten oder Gütern einen Schutzumfang, der mindestens dem von dem liefernden Partnerstaat oder der liefernden zusammenarbeitenden Stelle gewährten Schutzumfang gleichwertig ist.

(5) Es ist nicht die Absicht der Partner, durch dieses Übereinkommen oder die einschlägigen Vereinbarungen einem Empfänger weitergehende Rechte als das Recht auf Benutzung, Mitteilung oder erneute Weitergabe empfangener technischer Daten oder Güter entsprechend den nach diesem Artikel auferlegten Bedingungen zu gewähren.

(6) Der Rücktritt eines Partnerstaats von diesem Übereinkommen läßt die Rechte oder Pflichten hinsichtlich des Schutzes technischer Daten oder Güter, die vor diesem Rücktritt aufgrund dieses Übereinkommens weitergegeben wurden, unberührt, sofern in einer Rücktrittsvereinbarung nach Artikel 28 nichts anderes vereinbart wird.

(7) Für die Zwecke dieses Artikels gilt jede Weitergabe technischer Daten und Güter durch eine zusammenarbeitende Stelle an die ESA als für die ESA, für alle europäischen Partnerstaaten und für die von der ESA bezeichneten Auftragnehmer und Unterauftragnehmer für die Raumstation bestimmt, sofern bei der Weitergabe nicht ausdrücklich etwas anderes bestimmt wird.

(8) Die Partner legen über ihre zusammenarbeitenden Stellen Leitlinien für die Sicherheit von Informationen fest.

Artikel 20 – Behandlung von Daten und Gütern im Transit
Im Hinblick auf die Bedeutung des kontinuierlichen Betriebs und der uneingeschränkten internationalen Nutzung der Raumstation gestattet jeder Partnerstaat, soweit es seine anwendbaren Gesetze und sonstigen Vorschriften zulassen, den raschen Transit von Daten und Gütern der anderen Partner, ihrer zusammenarbeitenden Stellen und ihrer Nutzer. Dieser Artikel gilt nur für Daten oder Güter, die sich im Transit zu oder von der Raumstation befinden, wozu unter anderem der Transit zwischen seiner Staatsgrenze und einem Start oder Landeplatz in seinem Hoheitsgebiet sowie zwischen einem Start oder Landeplatz und der Raumstation gehört.

Artikel 21 – *Geistiges Eigentum*
(1) Für die Zwecke dieses Übereinkommens ist der Begriff „geistiges Eigentum" im Sinn des Artikels 2 des am 14. Juli 1967 in Stockholm beschlossenen Übereinkommens zur Errichtung der Weltorganisation für geistiges Eigentum zu verstehen.

(2) Vorbehaltlich dieses Artikels gilt für die Zwecke des Rechts des geistigen Eigentums eine Tätigkeit, die in oder an einem Flugelement der Raumstation ausgeführt wird, als ausschließlich im Hoheitsgebiet des Partnerstaats ausgeführt, der das Element registriert hat; was jedoch die von der ESA registrierten Elemente betrifft, kann jeder europäische Partnerstaat die Tätigkeit als in seinem Hoheitsgebiet ausgeführt betrachten. Zur Vermeidung von Unklarheiten wird festgestellt, daß die Teilnahme eines Partnerstaats, seiner zusammenarbeitenden Stelle oder seiner zugehörigen Stellen an einer Tätigkeit, die in oder an einem Raumstationsflugelement

eines anderen Partners ausgeführt wird, an sich nicht die Hoheitsgewalt über eine solche Tätigkeit, wie in Satz 1 festgelegt, ändert oder berührt.

(3) Ein Partnerstaat wendet in bezug auf eine Erfindung, die in oder an einem Flugelement der Raumstation von einer Person gemacht wird, die nicht Staatsangehörige dieses Partnerstaats ist oder in diesem Staat ihren gewöhnlichen Aufenthalt hat, seine Rechtsvorschriften betreffend die Geheimhaltung von Erfindungen nicht so an, daß er die Einreichung einer Patentanmeldung in einem anderen Partnerstaat, der die Geheimhaltung von Patentanmeldungen schützt, die der Geheimhaltung unterliegende oder sonst für Zwecke der nationalen Sicherheit geschützte Informationen enthalten, verhindert (indem er z. B. eine Frist vorschreibt oder die Einholung einer vorherigen Genehmigung verlangt). Diese Bestimmung beeinträchtigt nicht a) das Recht eines Partnerstaats, in dem eine Patentanmeldung zuerst eingereicht wird, die Geheimhaltung der Patentanmeldung zu überwachen oder die weitere Anmeldung zu beschränken, oder b) das Recht eines anderen Partnerstaats, in dem eine Patentanmeldung später eingereicht wird, aufgrund einer internationalen Verpflichtung die Verbreitung einer Anmeldung zu beschränken.

(4) Ist eine natürliche oder juristische Person Inhaber von Rechten an geistigem Eigentum, die in mehr als einem europäischen Partnerstaat geschützt sind, so kann sie nur in einem dieser Staaten für ein und dieselbe in oder an einem von der ESA registrierten Element begangene Verletzung dieser Rechte an diesem geistigen Eigentum Schadensersatz erlangen. Führt ein und dieselbe Rechtsverletzung in oder an einem von der ESA registrierten Element zu Klagen mehrerer Inhaber von Rechten an geistigem Eigentum, weil mehr als ein europäischer Partnerstaat der Ansicht ist, daß die Tätigkeit in seinem Hoheitsgebiet ausgeführt wurde, so kann ein Gericht im Fall einer später erhobenen Klage eine einstweilige Aussetzung des Verfahrens beschließen, um das Ergebnis einer früher erhobenen Klage abzuwarten. Wurden mehrere Gerichtsverfahren eingeleitet, so schließt die Vollstreckung eines auf Entschädigung lautenden Urteils in einem dieser Verfahren jede weitere Entschädigung in jedem anhängigen oder künftigen, Verfahren aus, das auf dieselbe Rechtsverletzung gegründet ist.

(5) Hinsichtlich einer Tätigkeit, die in oder an einem von der ESA registrierten Element ausgeführt wird, darf sich ein europäischer Partnerstaat nicht weigern, eine Lizenz für die Ausübung eines Rechts an geistigem Eigentum anzuerkennen, wenn diese Lizenz nach dem Recht eines der europäischen Partnerstaaten durchsetzbar ist; die Einhaltung der Bestimmungen einer solchen Lizenz schließt auch jeden Schadensersatz für eine Verletzung in einem europäischen Partnerstaat aus.

(6) Die vorübergehende Anwesenheit von Gegenständen, einschließlich der Bestandteile eines Flugelements, im Hoheitsgebiet eines Partnerstaats im Transit zwischen einem beliebigen Ort auf der Erde und einem von einem anderen Partnerstaat oder der ESA registrierten Flugelement der Raumstation begründet an sich nicht die Einleitung eines Verfahrens wegen Patentverletzung im ersten Partnerstaat.

Artikel 22 – Strafgerichtsbarkeit

Angesichts der einzigartigen und neuartigen Natur dieser besonderen internationalen Zusammenarbeit im Weltraum

(1) können Kanada, die europäischen Partnerstaaten, Japan, Rußland und die Vereinigten Staaten Strafgerichtsbarkeit über in oder an Flugelementen tätige Mitglieder des Personals, die ihre Staatsangehörigkeit besitzen, ausüben.

(2) In einem Fall, der eine strafbare Handlung in der Umlaufbahn beinhaltet, die a) das Leben oder die Sicherheit eines Staatsangehörigen eines anderen Partnerstaats beeinträchtigt oder b) in oder an dem Flugelement eines anderen Partnerstaats erfolgt oder zur Beschädigung dieses Flugelements führt, konsultiert der Partnerstaat, dessen Staatsangehöriger der Tatverdächtige ist, auf Ersuchen eines betroffenen Partnerstaats diesen Staat im Hinblick auf ihr jeweiliges Interesse an einer Strafverfolgung. Ein betroffener Partnerstaat kann nach dieser Konsultation Strafgerichtsbarkeit über den Tatverdächtigen ausüben, sofern der Partnerstaat, dessen Staatsangehöriger der Tatverdächtige ist, binnen 90 Tagen nach dem Tag der Konsultation oder innerhalb einer anderen einvernehmlich festgelegten Frist entweder

1. der Ausübung der Strafgerichtsbarkeit zustimmt oder
2. nicht zusichert, daß er den Fall seinen zuständigen Behörden zur Strafverfolgung unterbreiten wird.

(3) Erhält ein Partnerstaat, der die Auslieferung vom Bestehen eines Vertrags abhängig macht, ein Auslieferungsersuchen eines anderen Partnerstaats, mit dem er keinen Auslieferungsvertrag hat, so kann er, wenn er dies wünscht, dieses Übereinkommen als Rechtsgrundlage für die Auslieferung in bezug auf die behauptete strafbare Handlung in der Umlaufbahn betrachten. Die Auslieferung unterliegt den Verfahrensvorschriften und sonstigen Bedingungen des Rechts des ersuchten Partnerstaats. Jeder Partnerstaat leistet vorbehaltlich seiner innerstaatlichen Gesetze und sonstigen Vorschriften den anderen Partnern Unterstützung im Zusammenhang mit einer behaupteten strafbaren Handlung in der Umlaufbahn.

(4) Mit diesem Artikel ist nicht beabsichtigt, die Befugnisse und Verfahren für die Aufrechterhaltung der Ordnung und die Ausführung von Mannschaftstätigkeiten in oder an der Raumstation einzuschränken, die im Verhaltenskodex nach Artikel 11 festgelegt werden, und mit dem Verhaltenskodex ist nicht beabsichtigt, die Anwendung dieses Artikels einzuschränken.

Artikel 23 – Konsultationen

(1) Die Partner können einander über ihre zusammenarbeitenden Stellen in allen sich aus der Zusammenarbeit bei der Raumstation ergebenden Fragen konsultieren. Die Partner bemühen sich nach Kräften, diese Fragen durch Konsultationen zwischen allen oder einzelnen zusammenarbeitenden Stellen nach den in den Vereinbarungen niedergelegten Verfahren zu regeln.

(2) Jeder Partner kann um Konsultationen auf Regierungsebene mit einem anderen Partner über alle sich aus der Zusammenarbeit bei der Raumstation ergebenden Fragen ersuchen. Der ersuchte Partner entspricht diesem Ersuchen umgehend.

Teilt der ersuchende Partner den Vereinigten Staaten mit, daß der Gegenstand der Konsultationen von allen Partnern geprüft werden sollte, so beraumen die Vereinigten Staaten zum frühestmöglichen Zeitpunkt multilaterale Konsultationen an und laden alle Partner dazu ein.

(3) Jeder Partner, der erhebliche Entwurfsänderungen an einem Flugelement vornehmen will, die sich auf die anderen Partner auswirken können, teilt dies den anderen Partnern bei der frühestmöglichen Gelegenheit mit. Ein Partner, der eine solche Mitteilung erhalten hat, kann darum ersuchen, daß die Angelegenheit zum Gegenstand von Konsultationen nach den Absätzen 1 und 2 gemacht wird.

(4) Bedarf eine durch Konsultationen nicht geregelte Angelegenheit weiterhin der Regelung, so können die beteiligten Partner sie einer vereinbarten Form der Beilegung von Streitigkeiten wie Vergleich, Vermittlung oder Schiedsspruch unterwerfen.

Artikel 24 – Überprüfung der Zusammenarbeit bei der Raumstation

Im Hinblick darauf, daß die Zusammenarbeit aufgrund dieses Übereinkommens langfristig angelegt und komplex ist und sich weiterentwickeln wird, halten die Partner einander über Entwicklungen, die sich auf diese Zusammenarbeit auswirken können, auf dem laufenden. Die Partner treten erstmals 1999 und danach alle drei Jahre zusammen, um Fragen der Zusammenarbeit zu behandeln und die Zusammenarbeit bei der Raumstation zu überprüfen und zu fördern.

Artikel 25 – Inkrafttreten

(1) Dieses Übereinkommen liegt für die in der Präambel aufgeführten Staaten zur Unterzeichnung auf.

(2) Dieses Übereinkommen bedarf der Ratifikation, der Annahme, der Genehmigung oder des Beitritts. Die Ratifikation, die Annahme, die Genehmigung oder der Beitritt erfolgt nach Maßgabe der verfassungsrechtlichen Verfahren jedes Staates. Die Ratifikations, Annahme, Genehmigungs oder Beitrittsurkunden werden bei der Regierung der Vereinigten Staaten, die hiermit zum Verwahrer bestimmt wird, hinterlegt.

(3)

a) Dieses Übereinkommen tritt an dem Tag in Kraft, an dem die letzte Ratifikations, Annahme oder Genehmigungsurkunde Japans, Rußlands und der Vereinigten Staaten hinterlegt worden ist. Der Verwahrer notifiziert allen Unterzeichnerstaaten das Inkrafttreten dieses Übereinkommens.

b) Dieses Übereinkommen tritt für einen europäischen Partnerstaat erst in Kraft, wenn es für den europäischen Partner in Kraft getreten ist. Es tritt für den europäischen Partner in Kraft, wenn der Verwahrer Ratifikations, Annahme-, Genehmigungs oder Beitrittsurkunden von mindestens vier europäischen Unterzeichnerstaaten oder beitretenden Staaten und außerdem eine förmliche Notifikation des Vorsitzenden des ESA-Rates erhalten hat.

c) Nach dem Inkrafttreten dieses Übereinkommens für den europäischen Partner tritt es für jeden in der Präambel aufgeführten europäischen Staat, der seine

Ratifikations, Annahme oder Genehmigungsurkunde noch nicht hinterlegt hat, mit der Hinterlegung dieser Urkunde in Kraft. Jeder in der Präambel nicht aufgeführte Mitgliedstaat der ESA kann diesem Übereinkommen durch Hinterlegung seiner Beitrittsurkunde beim Verwahrer beitreten.

(4) Mit dem Inkrafttreten dieses Übereinkommens tritt das Übereinkommen von 1988 außer Kraft.

(5) Falls dieses Übereinkommen für einen Partner binnen zwei Jahren nach seiner Unterzeichnung nicht in Kraft getreten ist, können die Vereinigten Staaten eine Konferenz der Unterzeichner dieses Übereinkommens einberufen, um zu prüfen, welche Schritte einschließlich der Modifikation dieses Übereinkommens erforderlich sind, um diesem Umstand Rechnung zu tragen.

Artikel 26 – Wirksamwerden zwischen bestimmten Vertragsparteien

Ungeachtet des Artikels 25 Absatz 3 Buchstabe a wird dieses Übereinkommen im Verhältnis zwischen den Vereinigten Staaten und Rußland an dem Tag wirksam, an dem sie ihre Zustimmung, gebunden zu sein, durch Hinterlegung ihrer Ratifikations, Annahme oder Genehmigungsurkunde ausgedrückt haben. Der Verwahrer notifiziert allen Unterzeichnerstaaten, ob dieses Übereinkommen zwischen den Vereinigten Staaten und Rußland nach diesem Artikel wirksam wird.

Artikel 27 – Änderungen

Dieses Übereinkommen einschließlich seiner Anlage kann durch schriftliche Vereinbarung der Regierungen der Partnerstaaten, für die es in Kraft getreten ist, geändert werden. Änderungen dieses Übereinkommens, ausgenommen Änderungen, die ausschließlich an der Anlage vorgenommen werden, bedürfen der Ratifikation, der Annahme, der Genehmigung oder des Beitritts der betreffenden Staaten nach Maßgabe ihrer verfassungsrechtlichen Verfahren. Änderungen, die ausschließlich an der Anlage vorgenommen werden, bedürfen nur der schriftlichen Zustimmung der Regierungen der Partnerstaaten, für die dieses Übereinkommen in Kraft getreten ist.

Artikel 28 – Rücktritt

(1) Jeder Partnerstaat kann von diesem Übereinkommen jederzeit unter Einhaltung einer Frist von einem Jahr durch eine an den Verwahrer gerichtete schriftliche Anzeige zurücktreten. Der Rücktritt eines europäischen Partnerstaats berührt nicht die Rechte und Pflichten des europäischen Partners nach diesem Übereinkommen.

(2) Zeigt ein Partner den Rücktritt von diesem Übereinkommen an, so bemühen sich die Partner im Hinblick auf die Sicherstellung der Fortsetzung des Gesamtprogramms, Einvernehmen über die Bedingungen des Rücktritts dieses Partners zu erzielen, bevor der Rücktritt wirksam wird.

(3)

a) Da Kanadas Beitrag ein wesentlicher Bestandteil der Raumstation ist, stellt Kanada nach seinem Rücktritt sicher, daß die Vereinigten Staaten die in der Anlage aufgeführten kanadischen Elemente wirksam nutzen und betreiben können. Zu diesem Zweck stellt Kanada umgehend Gerät, Zeichnungen, Dokumentation, Software, Ersatzteile, Werkzeuge, Sondererprobungsgerät und/oder andere notwendige Sachen bereit, um welche die Vereinigten Staaten ersuchen.

b) Sobald Kanada aus irgendeinem Grund seinen Rücktritt angezeigt hat, handeln die Vereinigten Staaten und Kanada umgehend eine Rücktrittsvereinbarung aus. Falls diese Vereinbarung die Übertragung der für die Fortsetzung des Gesamtprogramms benötigten Elemente auf die Vereinigten Staaten vorsieht, hat sie auch vorzusehen, daß die Vereinigten Staaten Kanada einen angemessenen Ausgleich für diese Übertragung leisten.

(4) Zeigt ein Partner den Rücktritt von diesem Übereinkommen an, so wird seine zusammenarbeitende Stelle mit Wirkung vom Zeitpunkt dieses Rücktritts als von der entsprechenden Vereinbarung mit der NASA zurückgetreten betrachtet.

(5) Der Rücktritt eines Partnerstaats berührt nicht die fortbestehenden Rechte und Pflichten dieses Partnerstaats nach den Artikeln 16, 17 und 19, sofern in einer Rücktrittsvereinbarung nach Absatz 2 oder 3 nichts anderes vereinbart wird.

Zu Urkund dessen haben die hierzu von ihren Regierungen gehörig befugten Unterzeichneten dieses Übereinkommen unterschrieben.

Geschehen zu Washington am 29. Januar 1998.

Der Wortlaut dieses Übereinkommens in deutscher, englischer, französischer, italienischer, japanischer und russischer Sprache ist gleichermaßen verbindlich. Eine Urschrift in jeder Sprache wird im Archiv der Regierung der Vereinigten Staaten hinterlegt. Der Verwahrer übermittelt allen Unterzeichnerstaaten beglaubigte Abschriften. Nach Inkrafttreten dieses Übereinkommens läßt es der Verwahrer nach Artikel 102 der Charta der Vereinten Nationen registrieren.

Epilog

Rund 400 Jahre nach der These *Johannes Keplers* über die mögliche „Himmelsluftfahrt" (siehe Einleitung) lässt sich auf dessen visionäre Worte heute antworten:

„Als man den Menschen Schiffe und richtige Segel für die Himmelsluftfahrt gab, da waren dort auch solche, die sich vor den entsetzlichen Weiten nicht fürchteten."

Die für diese „entsetzlichen Weiten" geltende Rechtsordnung sollte mit dem vorliegenden Lehrbuch dargestellt und erläutert werden.

Marcus Schladebach
30. Juni 2020

Sachwortregister

(Die Zahlenangaben beziehen sich auf **Paragraphen** und Randnummer)

Abgrenzung Luft- und Weltraum **5** 3
Ad-hoc-Weltraumausschuss **2** 6
Aldrin **1** 21
Allgemeinwohlverpflichtung **20** 10
Aneignungsverbot **7** 1
Armstrong **1** 17
Asteroiden **9** 27, **17** 4
Atomteststoppvertrag **13** 5
Außerirdisches Leben **9** 21

Besatzung **12** 27
Bogota-Deklaration **7** 4
Boten der Menschheit **9** 11
Braun von **1** 7
Bundesnetzagentur **15** 22

Collins **1** 23

Deutsches Weltraumgesetz **22** 4

Eigentum **12** 29
Eisenhower **2** 1
Erdumlaufbahnen **15** 5
Erscheinungen **9** 21
ESA **14** 11
ESA-Konvention **4** 24
EU-Recht **4** 25
Europarecht **4** 23
Explorer **1** 2 5

Forschungsfreiheit **6** 7
Fragmentierung des Völkerrechts **3** 8
Freedom **16** 4
Freiheiten des Weltraums **6** 4
Friedlichkeit **8** 5

Gagarin **1** 13
Gefahren durch Weltraummüll **17** 12
Geistiges Eigentum **20** 1

Genehmigung privater Raumfahrtaktivitäten **10** 11
Geostationärer Orbit **15** 7
Gewohnheitsrecht **4** 8
Goddard **1** 5
Golfbälle im Weltraum **13** 19

Haftung im Weltraum **11** 1
Haftungsarten **11** 14
Hilfeleistungspflichten **9** 16
Hoheitsgewalt **12** 1
Humanistische Auslegung **9** 10

IAU **14** 16
Instant Customary Law **4** 10
Internationaler Gerichtshof **21** 3
Internationale Raumstation **16** 6
ITU **10** 17, **14** 6

Komarow **1** 26
Konsultationsverfahren **13** 21
Kontamination **13** 12
Kontrolle **12** 4
Kooperationsprinzip **13** 13
Koroljow **1** 10

Meta Law **3** 11
Meteoriten **9** 27, **17** 4
Militarisierungsverbot **8** 1
MIR-Raumstation **16** 3
Mond-Effekt **24** 19
Mondgrundstücke **7** 5
Mondhotel **18** 10

Nationales Weltraumrecht **4** 27, **22** 1
Nuklearantriebe **13** 28
Nutzungsfreiheit **6** 10

Oberth **1** 6
Overview-Effekt **24** 16

Papiersatelliten 15 19
Parabelflüge 18 5
Pluto 14 17

Quasi-Territorialität 20 12

Raketenkonstrukteure 1 3
Raumfahrer 1 12, 9 1
Raumfahrt
– Geschichte 1 1
– Kommandant 9 12
– Risiken 1 25
– Unglücke 1 26
Raumstationen 16 1
Rechtsgrundsätze, allgemeine 4 15
Rechtsquellen des Weltraumrechts 4 1
Rechtsstatus des Weltraums 6 1
Regelungsvorschlag zum Weltraummüll 17 28
Rohstoffabbau 18 1
Rückholung von Weltraummüll 17 24

Schadensbegriff 11 23
Shepard 1 14
Sicherungsrechte 12 34
Sonnengrundstücke 7 8
Sputnik 1 2 3
Ständiger Schiedshof 21 5
Startstaat 11 7
Streitbeilegung 21 1
Suborbitalflüge 18 3

Tereschkowa 1 15
Territorialitätsprinzip 20 3
Transportsystem 16 23

Umweltrecht 13 1
Universalitätsprinzip 20 3
UN-Resolutionen 2 11

UN-Space Debris Mitigation Guidelines 17 18
UN-Weltraumausschuss 2 10, 14 2
Urheberrecht 20 2
US-Flagge auf dem Mond 7 3

Verantwortlichkeit 10 1
– private Missionen 10 7
– staatliche Missionen 10 1
Verfassungsrecht 22 8
Vergabe von Satellitenpositionen 15 1
Verwaltungsrecht 22 11

Weltraum
– Beginn 5 3
– Bergbau 19 1
– Ende 5 22
– Gegenstand 11 20
– Gerichtshof 21 10
– Geschichte 24 7
– Gesetz 22 1, 10 13
– Kultur 24 29
– Müll 17 1
– Philosophie 24 8
– Politik 24 35
– Protokoll 12 35
– Psychologie 24 15
– Recht 3 1
– Rechtsstudium 23 1
– Soziologie 24 10
– Technik 24 6
– Tourismus 18 1
– Vertrag 4 28
– Wirtschaft 24 33
– Wissenschaften 24 1

Ziolkowski 1 3
Zugangsfreiheit 6 5